PARA ESTAR BIEN

Florecer

La nueva psicología positiva y la búsqueda del bienestar

MARTIN E. P. SELIGMAN

Florecer

La nueva psicología positiva y la búsqueda del bienestar

OCEANO

Diseño de portada: Francisco Ibarra
Fotografía de Martin E.P. Seligman: cortesía del autor

FLORECER
La nueva psicología positiva y la búsqueda del bienestar

Título original: FLOURISH. A Visionary New Understanding of Happiness and
                Well-being

Tradujo: María del Pilar Carril

© 2011, Martin E.P. Seligman Ph.D.

D.R. © Editorial Océano de México, S.A. de C.V.
Blvd. Manuel Ávila Camacho 76, piso 10
Col. Lomas de Chapultepec
Miguel Hidalgo, C.P. 11000, México, D.F.
Tel. (55) 9178 5100 • info@oceano.com.mx

Primera edición: 2014

ISBN: 978-607-735-110-8
Depósito legal: B-29657-LVI

Hecho en México / Impreso en España
Made in Mexico / Printed in Spain

9003783010114

Este libro está dedicado a mis dos hijas menores:
Carly Dylan Seligman
y Jenny Emma Seligman
con todo el amor de su padre

Índice

Prefacio

Este libro te ayudará a florecer.

Ahí tienes, por fin lo dije.

He pasado mi vida profesional evitando las promesas vulnerables como ésta. Soy científico e investigador, y por cierto, muy conservador. El atractivo de lo que escribo nace del hecho de que está fundamentado en ciencia cuidadosa: pruebas estadísticas, cuestionarios validados, ejercicios minuciosamente investigados y muestras grandes y representativas. En contraste con la psicología popular y la mayor parte de las publicaciones de autosuperación, mis textos son verosímiles debido a la ciencia en la que se basan.

Lo que pienso sobre la meta de la psicología ha cambiado desde que publiqué mi último libro (*Authentic Happiness*, 2002) y, aún mejor, la psicología misma está cambiando. He pasado la mayor parte de mi vida trabajando en la venerable meta de la psicología de aliviar el sufrimiento y desarraigar las condiciones incapacitantes de la vida. La verdad sea dicha, esto puede ser un fastidio. Tomarse a pecho la psicología de la desdicha, como hay que hacer cuando uno trabaja con casos de depresión, alcoholismo, esquizofrenia, trauma y todo tipo de sufrimientos que componen el material primario de la psicología convencional, puede ser un agobio para el alma. Aunque hacemos todo lo que está a nuestro alcance por aumentar el bienestar de nuestros clientes, la psicología convencional, por lo general, no hace mucho por el bienestar de sus profesionales. Si algo cambia en el profesional es su personalidad que se vuelve más depresiva.[1]

He formado parte del cisma en la psicología que se conoce como psicología positiva, un movimiento científico y profesional. En 1998, como presidente de la American Psychological Association (APA), apremié a la psicología a complementar su venerable meta con un nuevo objetivo: explorar lo que hace que la vida valga la pena y crear las condiciones habilitadoras de una vida digna de ser vivida. La meta de entender el bienestar y crear condiciones habilitadoras para la vida no es de ningún modo idéntica a la meta de entender el sufrimiento y deshacer las condiciones incapacitantes de la vida. En este momento, varios miles de personas en todo el mundo trabajan en este campo y se esfuerzan por promover estas metas.[2] Este libro narra su historia, o por lo menos el lado público de esta historia.

El aspecto privado también necesita mostrarse. La psicología positiva hace a la gente más feliz. Enseñar la psicología positiva, investigar la psicología positiva, usar la psicología positiva en la práctica como orientador o terapeuta, poner ejercicios de psicología positiva a niños de secundaria en un aula, educar a niños pequeños con base en la psicología positiva, enseñar a sargentos de adiestramiento a fomentar el crecimiento postraumático, reunirse con otros psicólogos positivos o simplemente leer sobre la psicología positiva *hace a la gente más feliz*. Quienes trabajan en el campo de la psicología positiva son las personas con mayor bienestar que he conocido en mi vida.

El contenido (felicidad, flujo, sentido, amor, gratitud, logro, crecimiento, mejores relaciones) constituye el florecimiento del ser humano. Aprender que puedes tener más de todas estas cosas transformará tu vida. Contemplar la visión de un futuro humano floreciente transformará tu vida.

Y así, este libro aumentará tu bienestar, y te ayudará a florecer.

PARTE 1

Una nueva psicología positiva

1 ¿ Qué es el bienestar?

La verdad acerca de cómo empezó la psicología positiva ha sido un secreto hasta el día de hoy. Cuando me eligieron presidente de la American Psychological Association en 1997, el volumen de mi correo electrónico se triplicó. Rara vez contesto el teléfono y ya nunca uso el correo tradicional, pero como hay un juego de bridge que dura las veinticuatro horas del día en internet, respondo mi correo electrónico de manera veloz y diligente. Mis respuestas tienen apenas la extensión que se ajusta al tiempo que mi compañero necesita para jugar la mano cuando soy el "muerto". (Mi dirección electrónica es seligman@psych.upenn.edu, y te invito a escribirme por correo electrónico siempre que lo desees si no te molestan las respuestas de una oración.)

Sin embargo, un correo electrónico que recibí a finales de 1997 me desconcertó y lo guardé en mi carpeta titulada "¿Eeeh?". Decía simplemente: "¿Por qué no viene a verme a Nueva York?" y estaba firmado sólo con unas iniciales. Un par de semanas después, me hallaba en una fiesta con Judy Rodin, que a la sazón era la presidenta de la Universidad de Pennsylvania, donde he dado clases desde hace cuarenta años. Judy, hoy presidenta de la Rockefeller Foundation, era estudiante de último grado en Penn cuando yo era estudiante de posgrado de primer año, y ambos trabajamos en el laboratorio de experimentación con animales del profesor de psicología Richard Solomon. En seguida nos hicimos amigos, y observé con admiración y algo más que un poco de envidia cuando Judy, a una edad sorprendentemente joven, pasó de ser presidenta de la Eastern Psychological Association a presidenta del departamento de psicología de la Universidad de Yale, a decana y vicerrectora de Yale y luego a presidenta de Penn.[1] En el ínterin, nos las ingeniamos para colaborar en un estudio en el que investigamos la correlación del optimismo con un sistema inmunitario fuerte[2] en adultos mayores cuando Judy dirigía el formidable proyecto de la MacArthur Foundation sobre psico-neuroinmunología, ciencia que estudia las maneras en que los acontecimientos psicológicos influyen en los acontecimientos neurológicos, los cuales, a su vez, influyen en los acontecimientos inmunitarios.

–¿Conoces a un tal "PT" que haya podido enviarme un correo electrónico para invitarme a Nueva York? —pregunté a Judy, que conoce a todo aquel que es alguien en la vida.

–¡Ve a verlo! —exclamó entusiasmada.

Por consiguiente, dos semanas después me encontré ante una puerta sin letrero en el octavo piso de un edificio de oficinas pequeño y mugriento en las entrañas de la parte baja de Manhattan. Entré en una habitación sin adornos ni ventanas en la que estaban sentados dos hombres canosos, vestidos con traje gris, y había un teléfono con altavoz.

–Somos los abogados de una fundación anónima —explicó uno de ellos, que se presentó como PT—. Seleccionamos ganadores, y usted es un ganador. Nos gustaría saber qué tipo de beca e investigación desea realizar. No vigilaremos su trabajo. Sin embargo, debemos advertirle desde un principio que si revela nuestra identidad suspenderemos de inmediato el financiamiento que le otorgamos.

Expliqué brevemente a los abogados y al altavoz una de mis iniciativas de la APA: la guerra etnopolítica (decididamente, nada que ver con la psicología positiva), y comenté que me gustaría celebrar una reunión con las cuarenta personas principales que trabajaban en el tema del genocidio. Quería averiguar cuándo ocurren o no los genocidios mediante la comparación entre las circunstancias que rodearon la docena de genocidios del siglo XX con las cincuenta situaciones plagadas de odio en las que debería haberse producido un genocidio, pero que no acabaron así. Luego editaría un libro sobre cómo evitar el genocidio en el siglo XXI.

–Gracias por informarnos —respondieron ellos después de sólo unos cinco minutos—. Cuando llegue a su oficina, ¿sería tan amable de enviarnos una página al respecto? Y no olvide incluir el presupuesto.

Dos semanas después, apareció un cheque de más de 120,000 dólares en mi escritorio. Fue una sorpresa encantadora, puesto que casi toda la investigación académica que conozco se financia con tediosas solicitudes de subvenciones, revisiones arbitradas fastidiosas, retrasos burocráticos, oficiosos y desmesurados, correcciones dolorosas y luego el rechazo o, en el mejor de los casos, recortes presupuestarios desalentadores.

Celebré la reunión de una semana de duración y seleccioné Derry, en Irlanda del Norte, como ubicación simbólica. Cuarenta académicos, la crema y nata de la violencia etnopolítica, asistieron.[3] Todos salvo dos se conocían por el circuito de las ciencias sociales. Uno de ellos era mi suegro, Dennis McCarthy, un industrial británico jubilado. El otro era el tesorero de una fundación anónima, un profesor de ingeniería jubilado de la Universidad de Cornell. Y el volumen *Ethnopolitical Warfare*,[4] editado por Daniel Chirot y yo, se publicó, en efecto, en 2002. Vale la pena leerlo, pero no se trata de eso esta historia.

Casi había olvidado esta generosa fundación, cuyo nombre aún desconocía, cuando recibí una llamada del tesorero aproximadamente seis meses después.

–Fue una excelente reunión la que celebró en Derry, Marty. Conocí a dos personas brillantes ahí: el antropólogo médico Mel Konner[5] y a este amigo McCarthy. Por cierto, ¿a qué se dedica? ¿Y qué quiere hacer usted ahora?

–¿Ahora? —tartamudeé, totalmente desprevenido para solicitar más financiamiento—. Bueno, estoy pensando en algo que llamo "psicología positiva" —expliqué mi idea más o menos en un minuto.

–¿Por qué no viene a vernos a Nueva York? —invitó.

La mañana de esa visita, Mandy, mi esposa, me ofreció mi mejor camisa blanca.

–Me parece que debería ponerme la del cuello desgastado —respondí, pensando en la modesta oficina en la parte baja de Manhattan. El edificio de oficinas, sin embargo, había cambiado a uno de los más lujosos de Manhattan, y ahora la sala de juntas del último piso era espaciosa y tenía grandes ventanales, pero aún estaban los mismos dos abogados y el teléfono con altavoz, y la puerta seguía sin letrero alguno.

–¿Qué es esto de la psicología positiva? —preguntaron. Después de una explicación de más o menos diez minutos, me acompañaron a la salida y pidieron—: Cuando llegue a su oficina, ¿sería tan amable de enviarnos tres páginas sobre esto? Y no olvide incluir el presupuesto.

Un mes después, apareció un cheque por 1.5 millones de dólares.

Esta historia tiene un final tan extraño como su comienzo. La psicología positiva empezó a florecer con este financiamiento, y la fundación anónima debió de haberlo notado, porque dos años después recibí otro correo electrónico de un renglón enviado por PT.

–¿La dimensión Mandela-Milosevic es un continuo? —preguntó.

"Hmmm… ¿qué significará esto?", me pregunté. Sin embargo, como esta vez estaba seguro de que no se trataba de ninguna broma, reflexioné en la pregunta y envié a PT una respuesta larga y erudita en la que explicaba lo que conocía sobre el carácter y la naturaleza de los santos y los monstruos.

–¿Por qué no viene a visitarnos a Nueva York? —me respondió.

Esta vez me puse mi mejor camisa blanca y encontré un letrero en la puerta que decía "Atlantic Philanthropies". Resultó que la fundación era producto del donativo de una sola persona generosa, Charles Feeney,[6] que había hecho su fortuna con tiendas en zonas libres de impuestos y había donado todo el dinero (5,000 millones de dólares) a un fideicomiso dedicado a hacer buenas obras. La ley estadunidense lo había obligado a asumir un nombre público.

–¿Le gustaría reunir a los principales científicos y especialistas en el tema y responder la pregunta sobre Mandela y Milosevic desde el punto de vista genético hasta la perspectiva de las ciencias políticas y la sociología del bien y el mal? —inquirieron—. Y nos proponemos darle 20 millones de dólares para hacerlo.

Era mucho dinero; desde luego, una cantidad muy superior a mi sueldo, y mordí el anzuelo. Caí redondito. En los siguientes seis meses, los dos abogados y yo sostuvimos reuniones con especialistas y preparamos una y otra vez la propuesta para que el consejo de administración le diera el visto bueno a la siguiente semana. Contenía ciencia excelente.[7]

–Estamos muy avergonzados, Marty —comunicó PT por teléfono—. El consejo de administración rechazó nuestra propuesta por primera vez en nuestra historia. No les gustó la parte de la genética. Dicen que es un tema político demasiado explosivo.

En menos de un año, estos dos maravillosos guardianes de las buenas obras, personajes sacados directamente de *The Millionaire* (una serie de televisión de la década de 1950 que dejó su impronta en mí, que en aquel entonces era sólo un adolescente; en ese programa, una persona se presentaba de pronto a la puerta de tu casa con un cheque de un millón de dólares), habían renunciado.

Seguí las buenas obras que Atlantic Philanthropies hizo en los siguientes tres años (financiamiento para África, los ancianos, Irlanda y algunas escuelas) y decidí llamar por teléfono al nuevo director general, que aceptó la llamada. En seguida me di cuenta de que se estaba preparando para recibir otra solicitud de fondos.

–Llamé sólo para decirle gracias y pedirle que transmita mi profundo agradecimiento al señor Feeney —comencé—. Llegaron en el momento preciso e hicieron la inversión adecuada en la descabellada idea de una psicología sobre lo que hace que la vida valga la pena. Nos ayudaron cuando acabábamos de nacer, y ahora no necesitamos más financiamiento porque la psicología positiva es capaz de sostenerse por sí misma. Pero esto no habría sido posible sin Atlantic.

–Nunca había recibido una llamada así —respondió el director general, desconcertado.

El nacimiento de una nueva teoría

Mi encuentro con esa fundación anónima fue uno de los momentos más emocionantes de los últimos diez años en la psicología positiva, y este libro es la historia de lo que ese inicio forjó. Para explicar lo que la psicología positiva ha llegado a ser, empiezo con una reconsideración radical de qué son el positivismo y el florecimiento. Sin embargo, primero que nada y lo más importante, tengo que aclarar cuáles son mis nuevos pensamientos sobre lo que es la felicidad.

Tales de Mileto pensaba que todo era agua.[8]

Aristóteles creía que todos los actos del ser humano tenían como fin la consecución de la felicidad.[9]

Nietzsche pensaba que toda acción humana tenía como propósito alcanzar el poder.[10]

Freud pensaba que el fin de todos los actos del ser humano era evitar la angustia.[11]

Todos estos gigantes del pensamiento cayeron en el enorme error del monismo, según el cual todos los motivos humanos se reducen a uno solo. Los monismos avanzan más cuando existe la menor cantidad de variables y por eso pasan airosos la prueba de la "parsimonia", el principio filosófico que establece que la respuesta más sencilla suele ser la respuesta correcta. Pero la parsimonia también tiene un límite inferior: cuando hay muy pocas variables para explicar los abundantes matices del fenómeno en cuestión, nada logra explicarse.[12] El monismo es fatal para las teorías de estos cuatro gigantes.

De estos monismos, mi punto de vista original se parecía más al de Aristóteles: creía que todo lo que hacemos era para sentirnos felices, pero en realidad detesto la palabra *felicidad*, que se usa tanto[13] que casi ha perdido todo significado. Es un término inviable para la ciencia, o para cualquier objetivo práctico, como educación, terapia, política pública o simplemente para cambiar la vida personal. El primer paso de la psicología positiva es dividir el monismo de la "felicidad" en términos más manejables. Esto es algo mucho más importante que un mero ejercicio semántico. Para entender la felicidad se requiere una teoría y este capítulo es mi nueva teoría.

–Tu teoría de 2002 no puede ser acertada, Marty —concluyó Senia Maymin cuando hablábamos de mi teoría anterior en mi "Introducción a la psicología positiva" para la clase inaugural del programa de maestría en psicología positiva aplicada en 2005. Senia, de treinta y dos años, graduada con honores en matemáticas por la Universidad de Harvard, habla con soltura ruso y japonés y dirige su propio fondo de cobertura, es el ejemplo emblemático de la psicología positiva. Su sonrisa transmite calidez incluso a las aulas cavernosas de Huntsman Hall, apodado la "Estrella de la muerte" por los estudiantes de administración de la Wharton School de la Universidad de Pennsylvania que lo consideran su sede. Los estudiantes de este programa de maestría son muy especiales: treinta y cinco adultos exitosos de todas partes del mundo viajan a Filadelfia una vez al mes para participar en un festín de tres días de lo último y más novedoso en psicología positiva y cómo pueden aplicarlo a sus profesiones.

–Se supone que la teoría de 2002 que expones en el libro *Authentic Happiness* es una teoría sobre lo que los seres humanos escogen, pero tiene una enorme laguna: omite el éxito y la maestría. Nos esforzamos por lograr algo sólo por el mero hecho de ganar —continuó Senia.[14]

En ese momento empecé a repensar la felicidad.

Cuando escribí *Authentic Happiness* (*Felicidad auténtica*) hace una década, quise llamarlo *Psicología positiva*, pero el editor pensó que la palabra "felicidad" en el título vendería más libros. He podido ganar muchas escaramuzas con los editores, pero nunca una disputa por un título. Por lo tanto, me vi obligado a aceptar la palabra. (También me disgusta la palabra *auténtica*, que es un pariente cercano del término *yo*, ya muy trillado, en un mundo de yoes ampulosos.) El problema principal con ese título y con la "felicidad" no es sólo que no explican suficientemente bien lo que elegimos, sino que el oído moderno oye la palabra "feliz" e inmediatamente cree que significa estado de ánimo optimista, alborozo, alegría y sonreír. Igual de fastidioso, el título me endilgó esa odiosa carita sonriente que aparece siempre que se habla de psicología positiva en las noticias.

Históricamente, la "felicidad" no tiene relación estrecha con el hedonismo; sentirse alegre o jubiloso dista mucho de lo que Thomas Jefferson declaró que teníamos derecho a buscar,[15] y está aún más lejos de mis intenciones para la psicología positiva.

La teoría original: felicidad auténtica

La psicología positiva, como la propuse, trata de lo que escogemos por sí mismo. Hace algún tiempo decidí que me dieran un masaje en la espalda en el aeropuerto de Minneapolis porque pensé que me haría sentir bien. Elegí el masaje en la espalda por sí mismo, no porque le diera más sentido a mi vida o por ninguna otra razón. A menudo escogemos lo que nos hace sentir bien, pero es muy importante que nos demos cuenta de que no solemos tomar decisiones por el hecho de cómo nos sentiremos. Anoche decidí escuchar el insoportable recital de piano de mi hija de seis años, no porque me hiciera sentir bien, sino porque es mi deber de padre y forma parte de lo que da sentido a mi vida.

La teoría que expongo en *Authentic Happiness* es que la felicidad puede analizarse y dividirse en tres elementos que elegimos por sí mismos: emoción positiva, compromiso y sentido. Y cada uno de estos elementos se puede definir y medir mejor que la felicidad. El primero es la emoción positiva; lo que sentimos: placer, éxtasis, embelesamiento, calidez, comodidad, etcétera. Llamo "vida placentera" a una vida entera vivida exitosamente en torno de este elemento.

El segundo elemento, compromiso, se relaciona con el flujo: ser uno con la música, detener el tiempo y perder la conciencia de sí mismo durante una actividad absorbente. Me refiero a una vida vivida con estos fines como la "vida comprometida". El compromiso es diferente, incluso opuesto a la emoción positiva, pues si preguntamos a las personas que están en flujo qué piensan o sienten, por lo general responden que "nada".[16] En flujo nos fusionamos con el objeto. Creo que la atención concentrada que requiere el flujo agota todos los recursos cognoscitivos y emocionales que componen el pensamiento y el sentimiento.

No hay atajos para el flujo. Por el contrario, es necesario desplegar las mayores fortalezas y talentos para conocer el mundo en flujo.[17] Existen atajos que no exigen esfuerzo para sentir emoción positiva, que es otra diferencia entre compromiso y emoción positiva. Puedes masturbarte, ir de compras, drogarte o ver la televisión. De ahí la importancia de que identifiques tus mayores fortalezas y aprendas a usarlas más a menudo para entrar en flujo (www.authentichappiness.org).[18]

Existe un tercer elemento de la felicidad, que es el sentido. Entro en flujo al jugar bridge, pero después de un torneo largo, cuando me miro al espejo, me preocupa que simplemente siga jugueteando hasta que muera. La búsqueda del compromiso y el placer suele ser un empeño solitario, un solipsismo. Los seres humanos, ineludiblemente, necesitan sentido y propósito en la vida.[19] La vida significativa consiste en pertenecer y servir a algo que uno cree que es superior a su yo, y la humanidad crea todas las instituciones positivas para permitir esto: religión, partido político, ser ecologista, los boy scouts o la familia.

Ésta es la teoría de la felicidad auténtica: la psicología positiva trata de la felicidad en tres formas: emoción positiva, compromiso y sentido. El cuestionamiento de Senia concretó diez años de enseñar, pensar y probar esta teoría y me indujo a seguir desarrollándola. A partir de las clases de octubre en Huntsman Hall, cambié de opinión acerca de *lo que es la psicología positiva*. También cambié de parecer respecto a *cuáles son los elementos de la psicología positiva* y *cuál debería ser la meta de la psicología positiva*.

TEORÍA DE LA FELICIDAD AUTÉNTICA	TEORÍA DEL BIENESTAR
Tema: felicidad	Tema: bienestar
Medida: satisfacción con la vida	Medidas: emoción positiva, compromiso, sentido, relaciones positivas y logro
Meta: aumentar la satisfacción con la vida	Meta: florecer más mediante el aumento de emoción positiva, compromiso, sentido, relaciones positivas y logro

De la teoría de la felicidad auténtica a la teoría del bienestar

Antes pensaba que el tema de la psicología positiva era la felicidad, que la norma de oro para medir la felicidad era la satisfacción con la vida, y que la meta de la psicología positiva era aumentar la satisfacción con la vida. Ahora pienso que el tema de la psicología positiva es el bienestar, que la norma de oro para medir el bienestar es florecer, y que la meta de la psicología positiva es aumentar el florecimiento. Esta teoría, que llamo teoría del bienestar, es muy diferente de la teoría de la felicidad y la diferencia requiere explicación.

La teoría de la felicidad auténtica tiene tres defectos. El primero es que la connotación popular y dominante de "felicidad" está inextricablemente ligada a estar alegre. La emoción positiva es el significado más elemental de la felicidad. Los críticos sostienen de manera convincente que la teoría de la felicidad auténtica redefine la felicidad de modo arbitrario y preventivo, ya que inserta la desiderata del compromiso y el sentido para complementar la emoción positiva. Ni el compromiso ni el sentido se refieren a cómo nos sentimos, y aunque deseemos el compromiso y el sentido, no son ni pueden ser parte de lo que "felicidad" denota.

El segundo defecto de la teoría de la felicidad auténtica es que la satisfacción con la vida ocupa un lugar demasiado privilegiado en la medida de la felicidad. La felicidad, en la teoría de la felicidad auténtica, se mide con base en la norma de oro de la satisfacción con la vida, una medida de autoinforme ampliamente investigada, que pide calificar en una escala del 1 al 10 el grado de satisfacción con la propia vida;[20] dicha escala va de terrible (calificación de 1) a ideal (10). La meta de la psicología positiva se desprende de la norma de oro: aumentar la satisfacción con la vida en el planeta. Sin embargo, resulta que la cantidad de satisfacción que informamos está determinada por lo bien que nos *sentimos* en el preciso momento en que nos hacen la pregunta.[21] El promedio de muchas personas indica que el estado de ánimo en el que uno se encuentre determina más de 70 por ciento de cuánta satisfacción con la vida siente y lo bien que uno *considera* que va su vida en ese momento determina menos de 30 por ciento.

Por lo tanto, la norma de oro de la psicología positiva se relaciona de manera desproporcionada con el estado de ánimo, que es la forma de felicidad que los antiguos, con cierto esnobismo, pero también con mucha razón, consideraban vulgar. Mi razón para negarle un lugar privilegiado a un estado de ánimo no es esnobismo, sino liberación. Considerar la felicidad desde el punto de vista del estado de ánimo condena a la mitad de la población mundial que tiene "poca afectividad positiva" al infierno de la infelicidad. Aunque carezca de alegría, esta mitad alicaída puede tener más compromiso y sentido de la vida que las personas vivaces. Los introvertidos son mucho menos alegres que los extrovertidos,[22] pero si la política pública se basa (como investigaremos en el último capítulo) en maximizar la felicidad en su acepción de estado de ánimo, los extrovertidos obtienen muchos más votos que los introvertidos. Si la decisión de construir un circo en vez de una biblioteca se basa en la cantidad de felicidad adicional que dicha construcción producirá, tal decisión tomará más en cuenta a quienes son capaces de ese estado de ánimo festivo que a quienes son menos capaces. Una teoría que toma en cuenta los incrementos de compromiso y sentido, además de los incrementos de emoción positiva, es liberadora en el aspecto moral y más democrática para la política pública. Resulta que la satisfacción con la vida no toma en consideración el sentido de la vida ni el grado de compromiso que tenemos con nuestro trabajo o con las personas que amamos. *La satisfacción con la vida mide, en esencia, el estado de ánimo festivo, por lo que no puede ocupar un lugar central en ninguna teoría que aspire a ser más que una "felicidología".*[23]

El tercer defecto de la teoría de la felicidad auténtica es que la emoción positiva, el compromiso y el sentido no agotan los elementos que las personas escogen por sí mismos. La frase importante es "por sí mismos": para ser un elemento básico en una teoría, lo que uno escoge no puede servir a otro amo. Éste fue el cuestionamiento de Senia; ella afirmó que muchas personas viven para lograr algo sólo por el gusto de hacerlo. Una mejor teoría especificará de manera más completa los elementos de lo que las personas eligen. Por consiguiente, a continuación presento la nueva teoría y cómo resuelve estos tres problemas.

Teoría del bienestar

El bienestar es un constructo, y la felicidad es una cosa. Una "cosa real" es una entidad que puede medirse directamente. Dicha entidad puede "expresarse en términos cuantitativos", lo que significa que se define por un conjunto muy específico de medidas. Por ejemplo, la sensación térmica en meteorología se define por la combinación de temperatura y viento a la que el agua se congela (y aparecen los sabañones). La teoría de la felicidad auténtica es un intento por explicar una *cosa real* —la felicidad— que se define por la satisfacción con la vida, donde en una escala del 1 al 10, las personas califican cuán satisfechas están con su vida. Las personas que tienen más emoción positiva, más compromiso y más sentido de la vida son las más felices y las que están más satisfechas con su vida. La teoría del bienestar niega que el tema de la psicología positiva sea una cosa real; más bien, el tema es un *constructo* —el bienestar— que tiene, a su vez, varios elementos mensurables, porque cada uno de ellos es una cosa real y cada uno contribuye al bienestar, *pero ninguno lo define.*[24]

En meteorología, el "tiempo" es un constructo parecido. El tiempo no es en sí mismo, ni por sí mismo, una cosa real. Varios elementos, cada uno mensurable y, por tanto, cosas reales, contribuyen al tiempo: temperatura, humedad, velocidad del viento, presión barométrica, etcétera. Imagina que nuestro tema no fuera el estudio de la psicología positiva, sino el estudio de la "libertad". ¿Cómo se puede estudiar la libertad en términos científicos? La libertad es un constructo, no una cosa real, y varios elementos diferentes contribuyen a ella: si los ciudadanos se sienten libres, la frecuencia con la que se censura a la prensa, la frecuencia de las elecciones, la proporción de representantes en relación con la población, cuántos funcionarios son corruptos, entre otros factores. Cada uno de estos elementos, a diferencia del constructo de la libertad, es una cosa que se puede medir, pero sólo midiendo todos estos elementos obtenemos una idea general de cuánta libertad hay.

El bienestar es igual que el "tiempo" y la "libertad" en su estructura: ninguna medida por sí sola lo define exhaustivamente (en la jerga, "define exhaustivamente" equivale a "expresar cuantitativamente"), pero varias cosas contribuyen a él; éstos son los *elementos* del bienestar, y cada uno de los elementos es una cosa mensurable. En contraste, la satisfacción con la vida expresa la felicidad en términos cuantitativos en la teoría de la felicidad auténtica, así como la temperatura y la velocidad del viento definen la sensación térmica. Lo importante es que los elementos del bienestar son diferentes tipos de cosas; no son simples autoinformes de pensamientos y sentimientos de emoción positiva, de lo comprometido que uno está y cuánto sentido tiene la vida, como en la teoría original de la felicidad auténtica. Por lo tanto, el constructo de bienestar, y no la entidad de satisfacción con la vida, es el tema central de la psicología positiva. Nuestra siguiente tarea será la de enumerar los elementos del bienestar.

Los elementos del bienestar

La teoría de la felicidad auténtica se acerca peligrosamente al monismo de Aristóteles, porque ahí la felicidad se expresa cuantitativamente, o se define, por la satisfacción con la vida. El bienestar tiene varios elementos contribuyentes que nos alejan y nos ponen a salvo del monismo. En esencia, se trata de una teoría de elección sin coerción y sus cinco elementos comprenden lo que las personas libres eligen porque sí, sin buscar nada más. Cada elemento del bienestar debe tener tres propiedades para contar como elemento:

1. Contribuye al bienestar.
2. Muchas personas lo buscan por sí mismo,[25] y no sólo para obtener cualquiera de los otros elementos.
3. Se define independientemente de los demás elementos (exclusividad).

La teoría del bienestar tiene cinco elementos, y cada uno de los cinco tiene estas tres propiedades. Los cinco elementos son: emoción positiva, compromiso, sentido, relaciones positivas y logro. En adelante nos referiremos a estos cinco elementos por la regla mnemotécnica PERMA creada con los nombres de estos elementos en inglés: *positive emotion, engagement, positive relationships, meaning, accomplishments*. Examinemos cada uno de estos cinco elementos empezando con la emoción positiva.

Emoción positiva. El primer elemento de la teoría del bienestar es la emoción positiva (la vida placentera). También es el primero en la teoría de la felicidad auténtica; sin embargo, sigue siendo la piedra angular de la teoría del bienestar, aunque con dos cambios cruciales. La felicidad y la satisfacción con la vida, como medidas subjetivas, ahora se han degradado de ser la meta de toda la teoría a ser simplemente uno de los factores incluidos dentro del elemento de emoción positiva.

Compromiso. El compromiso sigue siendo un elemento. Al igual que la emoción positiva se evalúa sólo de manera subjetiva ("¿El tiempo se detuvo?" "¿Estabas completamente absorto en la tarea?" "¿Perdiste la conciencia de ti mismo?"). La emoción positiva y el compromiso son las dos categorías en la teoría del bienestar donde todos los factores se miden subjetivamente. Como el elemento hedónico, o placentero, la emoción positiva abarca todas las variables subjetivas del bienestar: placer, éxtasis, comodidad, calidez y otras cosas por el estilo. Sin embargo, recuerda que el pensamiento y el sentimiento por lo general están ausentes durante el estado de flujo, y sólo en retrospectiva decimos que algo fue divertido o maravilloso. Aunque el estado subjetivo para los placeres es el presente, el estado subjetivo para el compromiso es sólo retrospectivo.

La emoción positiva y el compromiso cumplen fácilmente los tres criterios para ser elementos del bienestar: 1. la emoción positiva y el compromiso contribuyen al bienestar. 2. Muchas personas los buscan por sí mismos, y no necesariamente para obtener ninguno de los otros elementos ("quiero este masaje en la espalda aunque no aporte ningún sentido, no represente logro alguno ni me permita establecer ninguna relación). 3. Se miden con independencia del resto de los elementos. (De hecho, hay una industria pequeña de científicos que miden todas las variables subjetivas del bienestar.)

Sentido. Conservo el sentido (pertenecer y servir a algo que uno considera superior al yo) como el tercer elemento del bienestar. El sentido tiene un componente subjetivo ("¿no fue esa sesión de toda la noche en el dormitorio de la residencia universitaria la conversación más significativa que hayamos tenido?") y, por lo tanto, podría subsumirse en la emoción positiva. Recuerda que el componente subjetivo es un *dispositivo* de la emoción positiva. La persona que la tiene no puede estar equivocada sobre su propio placer, éxtasis o comodidad. Lo que siente es lo que decide la cuestión. Sin embargo, no sucede así con el sentido o significado: uno puede pensar que la conversación de toda la noche fue significativa, pero cuando recuerda su esencia años después y ya no está drogado con marihuana, salta a la vista que sólo eran tonterías de adolescente.

El sentido no es exclusivamente un estado subjetivo. El juicio más objetivo y desapasionado de la historia, la lógica y la coherencia pueden contradecir un juicio subjetivo. Abraham Lincoln, melancólico profundo, puede haber juzgado, en su desesperación, que su vida carecía de sentido,[26] pero nosotros la consideramos llena de significado. Respecto a la obra existencialista *A puerta cerrada* de Jean-Paul Sartre,[27] puede que él y sus devotos seguidores de la era posterior a la Segunda Guerra Mundial hayan considerado que tenía sentido, pero ahora parece perversamente equivocada ("El infierno son los otros") y casi sin sentido, puesto que hoy se acepta sin disensión que las conexiones con otras personas y las relaciones son lo que dan sentido y propósito a la vida. El sentido cumple los tres criterios para ser un elemento: 1. contribuye al bienestar; 2. a menudo lo buscan por sí mismo; por ejemplo, tu defensa obcecada de la investigación del sida molesta a otros, te hace sufrir subjetivamente y es la causa de que te hayan despedido de tu trabajo como columnista del *Washington Post*, pero persistes sin desanimarte; y 3. el sentido se define y se mide de manera independiente de la emoción positiva y el compromiso y también es independiente de los otros dos elementos, logro y relaciones, que explicaré a continuación.

Logro. He aquí lo que generó el cuestionamiento de Senia a la teoría de la felicidad auténtica (su afirmación de que las personas buscan el éxito, logro, ganar, realización y maestría por sí mismos). Me he convencido de que Senia estaba en lo correcto y que los dos estados transitorios anteriores (la emoción positiva y el sentido, o la vida placentera y la vida significativa en sus formas ampliadas) no agotan lo que las personas buscan por sí mismo. Existen otros dos estados que contribuyen por igual al "bienestar" y no se buscan forzosamente en aras del placer o del sentido.

El logro (o realización) a menudo se busca por sí mismo, incluso cuando no produce emoción positiva, sentido o nada que se parezca a una relación positiva. Lo siguiente es lo que finalmente me convenció: juego mucho y muy en serio bridge duplicado. He jugado con y contra muchos de los mejores jugadores. Algunos jugadores expertos de bridge juegan para mejorar, aprender, resolver problemas y estar en flujo. Cuando ganan, es sensacional. Lo llaman "ganar bonito". Pero cuando pierden, siempre que hayan jugado bien, es casi igual de maravilloso. Estos expertos juegan porque buscan compromiso o emoción positiva, incluso de regocijo puro. Otros expertos juegan sólo para ganar. Para ellos, perder es terrible, sin importar que hayan jugado bien; sin embargo, si ganan, es fantástico, incluso si "ganan feo". Algunos incluso hacen trampa para ganar.[28] No parece que, para ellos, ganar se reduzca a emoción positiva (muchos de los expertos más fríos aseguran que no sienten nada en absoluto cuando ganan y de inmediato se preparan para empezar la siguiente partida o juegan backgammon hasta que se organiza el siguiente juego de bridge); la búsqueda tampoco se reduce al compromiso, puesto que la derrota anula la experiencia con suma facilidad. Tampoco se trata de sentido, puesto que el bridge no es ni por asomo algo superior al yo.

Ganar por el simple hecho de ganar también puede observarse en la búsqueda de riqueza. Algunos magnates buscan la riqueza y luego regalan una buena parte de ella en gestos sorprendentes de filantropía. John D. Rockefeller[29] y Andrew Carnegie pusieron este ejemplo, y Charles Feeney, Bill Gates y Warren Buffett son modelos contemporáneos de esta virtud: Rockefeller y Carnegie pasaron la segunda mitad de su vida regalando a la ciencia y la medicina, a la cultura y la educación, una gran parte de la fortuna que amasaron en la primera mitad de su vida. Crearon sentido en una etapa posterior de su vida, después de haberse dedicado a ganar por el gusto de ganar en sus años de juventud.

En contraste con estos "donadores", existen "acumuladores" que creen que la persona que tiene la mayor cantidad de juguetes en el momento de su muerte gana. Construyen sus vidas alrededor de ganar. Cuando pierden, es terrible y no regalan sus juguetes, excepto con el propósito de ganar más. Es innegable que estos acumuladores y las empresas que construyen proporcionan medios para que muchas otras personas subsistan, tengan familias y creen su propio sentido y propósito. Pero esto es sólo un efecto secundario del motivo de ganar en los acumuladores.

Por lo tanto, la teoría del bienestar requiere un cuarto elemento: el logro en su forma momentánea, y la "vida de realización", una vida dedicada al logro por el logro mismo, en su forma ampliada.

Admito abiertamente que una vida así casi nunca se ve en su forma pura (como tampoco ninguna de las otras vidas). Las personas que llevan una vida de realización suelen estar absortas en lo que hacen, a menudo buscan con avidez el placer y sienten emoción positiva (aunque fugaz) cuando ganan, y pueden ganar al servicio de algo superior. ("Dios me hizo rápido, y cuando corro, siento Su placer", dice el actor que representa el papel de Eric Liddell, el corredor olímpico de la vida real, en la película *Carros de fuego*.)[30] No obstante, creo que el logro es el cuarto elemento fundamental y distinguible del bienestar y que esta adición acerca la teoría del bienestar a una rendición más completa de lo que las personas escogen porque sí.

Agregué el logro que se busca por el logro mismo gracias a uno de los artículos más formativos que he leído. A principios de la década de 1960, trabajaba en el laboratorio de experimentación con ratas del profesor de psicología Byron Campbell en la Universidad de Princeton, y en ese entonces la teoría paraguas de la motivación que explicaba todo era la teoría de la "pulsión de reducción", es decir, la idea de que los animales actuaban sólo para satisfacer sus necesidades biológicas. En 1959 Robert White publicó un artículo herético,[31] "Motivation Reconsidered: The Concept of Competence", que cayó como balde de agua fría sobre la empresa de la pulsión de reducción, porque argumentaba que las ratas y las personas a menudo actuaban simplemente para ejercer dominio sobre su entorno. Nos reímos con desdén y lo tildamos de necio en aquel entonces, pero White, como descubrí después en mi largo y sinuoso camino, había dado justo en el clavo.

La adición de la vida de realización también destaca que la tarea de la psicología positiva es *describir*, y no *prescribir*, lo que la gente realmente hace para obtener bienestar. La adición de este elemento de ningún modo promueve la vida de realización o indica que uno deba desviarse de su camino hacia el bienestar para ganar más. Más bien, lo incluí para describir lo que los seres humanos, cuando están libres de coerción, eligen hacer sólo porque sí.

Relaciones positivas. Cuando se le pidió a Christopher Peterson, uno de los fundadores de la psicología positiva, que explicara en tres palabras o menos de qué se trataba esta psicología, respondió: "De los otros".

Muy poco de lo que es positivo es solitario. ¿Cuándo fue la última vez que te reíste a carcajadas? ¿La última vez que sentiste alegría indescriptible? ¿La última vez que tuviste sentido y propósito profundos? ¿Y la última vez que te sentiste enormemente orgulloso de un logro? Incluso sin conocer los detalles de estos momentos culminantes de tu vida, conozco su forma: todos ellos tuvieron lugar en medio de otras personas.[32]

Los otros son el mejor antídoto de las vicisitudes de la vida y el estimulante más confiable que existe, de ahí mi comentario despectivo sobre la frase de Sartre: "El infierno son los otros". Mi amigo Stephen Post,[33] profesor de Humanidades Médicas en Stony Brook, cuenta una anécdota sobre su madre. Cuando era pequeño y su madre se daba cuenta de que estaba de mal humor, le decía: "Stephen, te ves molesto. ¿Por qué no sales y ayudas a alguien?". Empíricamente, la máxima de la madre de mi amigo se ha sometido a pruebas rigurosas y los científicos hemos descubierto que los actos de bondad producen el aumento momentáneo más confiable de bienestar[34] que cualquier otro ejercicio que hayamos probado.

Ejercicio de generosidad

"¡Otro aumento de un centavo a las estampillas!", pensé furioso después de haber estado formado cuarenta y cinco minutos en una fila enorme y serpenteante para comprar una hoja de cien estampillas de un centavo. El ambiente en la fila era glacial mientras los ánimos se empezaban a caldear a mi alrededor. Por fin llegué al mostrador y pedí diez hojas de cien estampillas. ¡Diez dólares en total!

−¿Quién necesita estampillas de un centavo? —grité—. ¡Son gratis! —la gente me ovacionó y se arremolinó a mi alrededor mientras regalaba aquel tesoro. En menos de diez minutos todo el mundo se había marchado con casi todas mis estampillas. Fue uno de los momentos más satisfactorios de mi vida.

El ejercicio consiste en lo siguiente: piensa en algo bueno, totalmente inesperado que hacer mañana y hazlo. Observa lo que pasa con tu estado de ánimo.

Hay una isla cerca de la isla portuguesa de Madeira que tiene la forma de un cilindro enorme. La parte más alta del cilindro es una meseta de varias hectáreas en la que se cultivan las uvas más apreciadas para hacer el vino de Madeira. En esta meseta vive sólo un animal grande: un buey cuyo trabajo es tirar del arado para labrar la tierra. Hay una sola forma de subir a la cima, un sendero muy sinuoso y estrecho. ¿Cómo diablos sube el nuevo buey cuando su antecesor muere? Un labriego sube la montaña con una cría de buey a cuestas y la deja en la cima donde el animal pasa los siguientes cuarenta años arando la tierra solo. Si te conmovió esta historia, pregúntate por qué.

¿Hay alguien en tu vida a quien podrías llamar con toda confianza a las cuatro de la mañana para contarle tus problemas? Si tu respuesta es sí, es probable que vivas más tiempo que otra persona cuya respuesta es negativa. Para George Vaillant, el psiquiatra de Harvard que descubrió este hecho, la máxima fortaleza es la capacidad de *ser* amado.[35] Por el contrario, como el neurocientífico John Cacioppo ha sostenido, la soledad es un estado tan incapacitante[36] que obliga a creer que la búsqueda de relaciones es un aspecto primordial del bienestar del ser humano.

No puede negarse la profunda influencia que las relaciones positivas, o la falta de ellas, ejerce en el bienestar. Sin embargo, la cuestión teórica es si las relaciones positivas reúnen los requisitos para ser un *elemento* del bienestar. Desde luego, las relaciones positivas cumplen dos de los criterios: contribuyen al bienestar y pueden medirse con independencia de los otros elementos. Pero ¿alguna vez buscamos una relación *porque sí*, o la buscamos sólo porque nos produce emoción positiva, compromiso, sentido o logros? ¿Nos molestaríamos en buscar relaciones positivas si no nos produjeran emoción positiva, compromiso, sentido o logro?[37]

No tengo una respuesta certera a esta pregunta, y ni siquiera sé de alguna prueba experimental crucial, puesto que todas las relaciones positivas que conozco van acompañadas de emoción positiva o de compromiso o de sentido o de logro. Dos corrientes recientes de argumentos sobre la evolución humana señalan la importancia de las relaciones positivas por derecho propio y por su valor intrínseco.

¿Para qué sirve el cerebro humano grande? Hace aproximadamente 500,000 años, la capacidad craneal de nuestros ancestros homínidos duplicó su tamaño de 600 centímetros cúbicos a los 1,200 centímetros cúbicos que tiene en la actualidad. La explicación de moda es que esta masa cerebral adicional fue para permitirnos hacer utensilios y armas; hay que ser muy listo para enfrentarse con instrumentos al mundo físico. Nick Humphrey, psicólogo teórico británico, presentó una alternativa: el cerebro grande sirve para solucionar problemas sociales,[38] y no problemas físicos. Cuando converso con mis alumnos, ¿cómo resuelvo el problema de decir algo que a Marge le parezca gracioso, que no ofenda a Tom y que persuada a Derek de que está equivocado sin restregárselo en la cara? Estos problemas son sumamente complicados, son problemas que las computadoras, capaces de diseñar armas y herramientas en un abrir y cerrar de ojos, no pueden resolver. Sin embargo, los seres humanos pueden y resuelven problemas sociales cada hora del día. La enorme corteza prefrontal que tenemos usa constantemente esos miles de millones de conexiones para simular posibilidades sociales y luego elegir la forma óptima de proceder. Por lo tanto, el cerebro grande es una máquina simuladora de relaciones, y ha sido seleccionada por la evolución precisamente para la función de diseñar y entablar relaciones humanas armoniosas, pero eficaces.

El otro argumento evolutivo sobre el cerebro grande como simulador social es la *selección de grupo*. El eminente biólogo y polemista británico Richard Dawkins[39] ha popularizado la teoría del gen egoísta según la cual el individuo es la única unidad de la selección natural. Dos de los biólogos más prominentes del mundo, que no están emparentados, pero ambos se apellidan Wilson (Edmund O. y David Sloan), reunieron pruebas en fechas recientes de que el grupo es la unidad primaria de la selección natural.[40] Su argumentación empieza con los insectos sociales: avispas, abejas, termitas y hormigas; todos ellos tienen fábricas, fortalezas y sistemas de comunicación y dominan el mundo de los insectos así como los seres humanos dominan el mundo de los vertebrados. El ser social es la forma más exitosa de adaptación superior que se conoce. Yo diría que es incluso una mejor adaptación que tener ojos, y la explicación más verosímil de la selección de los insectos sociales es que se realiza por grupos y no por individuos.

La intuición de la selección grupal es simple. Pensemos en dos grupos de primates, cada uno compuesto por individuos genéticamente diversos. Imaginemos que el grupo "social" tiene las estructuras cerebrales relacionadas con las emociones que sirven para el amor, la compasión, la bondad, el trabajo en equipo y la abnegación —las "emociones de colmena"— y las estructuras cerebrales cognoscitivas, como las neuronas espejo, que reflejan otras mentes. El grupo "no social", igual de inteligente en lo que se refiere al mundo físico e igual de fuerte, no posee estas emociones de colmena. Estos dos grupos se enfrentan en una competencia mortal en la que sólo puede haber un vencedor, como en el caso de una guerra o hambruna. El grupo social ganará porque es capaz de colaborar, cazar en grupo y crear agricultura. El grupo de genes no relacionados de todo el grupo social se preserva y reproduce, y estos genes incluyen los mecanismos cerebrales para alojar las emociones de colmena y para creer en otras mentes, es decir, la capacidad de entender lo que los demás piensan y sienten.[41]

Nunca sabremos si los insectos sociales tienen emociones de colmena y si los artrópodos han encontrado y explotado formas no emotivas de sostener la cooperación en grupo. Pero conocemos bien la emoción humana positiva: se orienta en su mayor parte hacia la vida social y las relaciones. En términos emocionales, somos criaturas de la colmena, criaturas que ineludiblemente buscan relaciones positivas con otros miembros de la colmena.

Por lo tanto, el gran cerebro social, las emociones de colmena y la selección de grupo me convencen de que las relaciones positivas son uno de los cinco elementos básicos del bienestar. El hecho importante de que las relaciones positivas siempre producen ventajas emocionales, de compromiso, de sentido o de logro no quiere decir que las relaciones se entablen sólo para recibir emoción positiva, sentido o logro. Más bien, las relaciones positivas son tan fundamentales para el éxito del *Homo sapiens* que la evolución las ha reforzado con el apoyo adicional de los demás elementos para asegurarse de que busquemos las relaciones positivas.

Resumen de la teoría del bienestar

Así pues, la teoría del bienestar se resume como sigue: el bienestar es un constructo; y el bienestar, no la felicidad, es el tema de estudio de la psicología positiva. El bienestar tiene cinco elementos mensurables (PERMA) que la constituyen:

- Emoción positiva (de la cual la felicidad y la satisfacción con la vida forman parte)
- Compromiso
- Relaciones
- Sentido
- Logros

Ningún elemento define por sí solo el bienestar, pero cada uno de ellos contribuye a alcanzarlo. Algunos aspectos de estos cinco elementos se miden de manera subjetiva por medio de información dada por uno mismo, pero otros aspectos se miden objetivamente.

Por el contrario, en la teoría de la felicidad auténtica, la felicidad es el eje de la psicología positiva. Es algo real que se define por la medida de la satisfacción con la vida. La felicidad tiene tres aspectos: emoción positiva, compromiso y sentido, cada uno de los cuales aumenta la satisfacción con la vida y se mide en su totalidad por medio del informe subjetivo.

Hay un cabo suelto que falta aclarar: en la teoría de la felicidad auténtica, las fortalezas y virtudes —bondad, inteligencia social, humor, valor, integridad y otras cosas por el estilo (veinticuatro en total)— son el soporte del compromiso. Uno entra en flujo cuando despliega sus mayores fortalezas para superar los retos más difíciles que se le presentan.[42] En la teoría del bienestar, estas veinticuatro fortalezas apuntalan los cinco elementos, y no sólo el compromiso: el despliegue de las fortalezas más importantes produce más emoción positiva, más sentido, más logro y mejores relaciones.

La teoría de la felicidad auténtica es unidimensional: se trata de sentirse bien y propone que la manera correcta de escoger el curso de nuestra vida es tratar de maximizar cómo nos sentimos. La teoría del bienestar se basa en los cinco pilares y los soportes de los cinco elementos son las fortalezas. El método y sustancia de la teoría del bienestar es plural: la emoción positiva es una variable subjetiva que se define por lo que uno piensa y siente. El compromiso, el sentido, las relaciones y los logros tienen componentes subjetivos y objetivos, puesto que uno puede creer que tiene compromiso, sentido, buenas relaciones y muchos logros y estar *equivocado*, o incluso engañado. La conclusión es que el bienestar no puede existir sólo en nuestra mente: el bienestar es una combinación de sentirse bien y de tener realmente sentido, buenas relaciones y logros. La forma de elegir el rumbo de nuestra vida es maximizar los cinco elementos en su totalidad.

Esta diferencia entre la teoría de la felicidad y la teoría del bienestar es de importancia real. La teoría de la felicidad supone que la forma de tomar decisiones es calcular cuánta felicidad (satisfacción con la vida) nos producirán y luego actuar de la manera que maximiza la felicidad futura. Maximizar la felicidad es el camino final común de la decisión individual. Como sostiene el economista Richard Layard,[43] así es como los individuos deciden, y además, maximizar la felicidad debe convertirse en la norma de oro para medir todas las decisiones de política del gobierno. Richard, asesor de los primeros ministros Tony Blair y Gordon Brown en el tema del desempleo, buen amigo mío y maestro, es un economista hecho y derecho, y su opinión —para ser economista— es extraordinaria. Acertadamente se desvía de la visión típica de la riqueza que tienen los economistas, esto es, que el propósito de la riqueza es producir más riqueza. Para Richard, la única razón para aumentar la riqueza es aumentar la felicidad, por lo que promueve la felicidad no sólo como el criterio en el que nos basamos para decidir lo que hacemos como individuos, sino como la única medida de los resultados que debe usar el gobierno para decidir las políticas que desea poner en práctica. Aunque me complace este acontecimiento, es otro monismo descarado, y no estoy de acuerdo con la idea de que la felicidad sea el único y exclusivo fin del bienestar o su mejor medida.

El último capítulo de este libro trata de la política y la economía del bienestar, pero por ahora me limito a dar un ejemplo de por qué la teoría de la felicidad falla de manera rotunda como la única explicación de cómo decidimos. Está bien establecido que las parejas con hijos tienen en promedio menos felicidad y satisfacción con la vida que las parejas sin hijos. Si la evolución hubiera dependido de maximizar la felicidad, la raza humana se habría extinguido hace mucho tiempo. Por lo tanto, es evidente que, o bien los seres humanos se engañan respecto a cuánta satisfacción con la vida producen los hijos, o usamos una medida diferente para decidir si nos reproducimos o no. Del mismo modo, si la felicidad personal futura fuera nuestro único fin, abandonaríamos a nuestros padres ancianos en un témpano de hielo flotante y los dejaríamos morir. Por lo tanto, el monismo de la felicidad no sólo contradice los hechos, sino que también es una guía moral muy imperfecta: si todo dependiera de la teoría de la felicidad como guía de decisión en la vida, las parejas decidirían no tener hijos. Cuando ampliamos nuestro punto de vista del bienestar para incluir el sentido y las relaciones, se pone de manifiesto la razón por la que decidimos tener hijos[44] y velar por nuestros padres ancianos.

La felicidad y la satisfacción con la vida son un elemento del bienestar y son medidas objetivas sutiles, pero el bienestar no puede existir sólo en nuestra mente. La política pública dirigida únicamente al bienestar subjetivo es susceptible de caer en la caricatura de *Un mundo feliz*,[45] en que el gobierno fomenta la felicidad simplemente drogando a la población con un agente euforizante llamado "soma". Así como decidimos cómo vivir con base en criterios plurales y no sólo para maximizar la felicidad, las medidas verdaderamente útiles del bienestar para la política pública tienen que ser tanto objetivas como objetivas y tomar en cuenta la emoción positiva, compromiso, sentido,[46] buenas relaciones y logros positivos.

Florecer como la meta de la psicología positiva

La meta de la psicología positiva en la teoría de la felicidad auténtica es, como el objetivo que propone Richard Layard, aumentar la felicidad en nuestra vida y en el planeta. Por el contrario, la meta de la psicología positiva en la teoría del bienestar es plural y difiere en aspectos diferentes: es *florecer* más en nuestra vida y en el planeta.

¿Qué es florecer?

Felicia Huppert y Timothy So de la Universidad de Cambridge han definido y medido el florecimiento en cada uno de los veintitrés países que conforman la Unión Europea.[47] Su definición de florecer concuerda con el espíritu de la teoría del bienestar: para florecer, el individuo debe tener todas las "características básicas" que se enumeran a continuación y tres de las seis "características adicionales".

CARACTERÍSTICAS BÁSICAS	CARACTERÍSTICAS ADICIONALES
Emociones positivas Compromiso, interés Sentido, propósito	Autoestima Optimismo Resiliencia Vitalidad Autodeterminación Relaciones positivas

Estos investigadores administraron los siguientes reactivos del bienestar a más de dos mil adultos en cada país para averiguar cómo se clasificaba cada país en términos del florecimiento de sus ciudadanos.

Emoción positiva	Pensando en general, ¿cuán feliz dirías que eres?
Compromiso, interés	Me encanta aprender cosas nuevas.
Sentido, propósito	Por lo general, siento que lo que hago en mi vida es valioso y digno.
Autoestima	En general, me siento muy positivo respecto a mí mismo.
Optimismo	Siempre soy optimista respecto a mi futuro.
Resiliencia	Cuando las cosas van mal en mi vida, casi siempre necesito mucho tiempo para recuperarme y volver a la normalidad. (Respuestas contrarias indican mayor resiliencia.)
Relaciones positivas	Hay personas en mi vida que realmente se interesan por mí.

Dinamarca ocupa el primer lugar de Europa porque 33 por ciento de sus ciudadanos florece. El Reino Unido tiene aproximadamente la mitad de esa tasa: 18 por ciento de sus ciudadanos florece; y Rusia ocupa el último lugar, con sólo 6 por ciento de florecimiento.

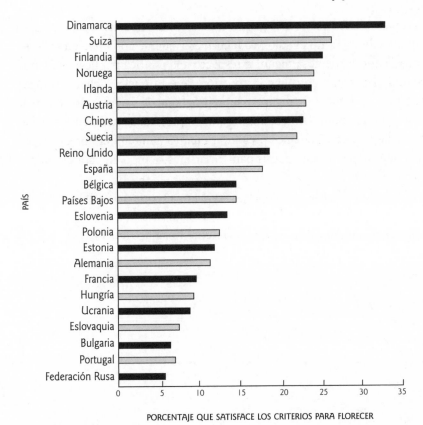

PORCENTAJE QUE SATISFACE LOS CRITERIOS PARA FLORECER

Este tipo de estudio conduce a la muy ambiciosa meta[48] de la psicología positiva, que es de lo que trata el último capítulo y a lo que este libro realmente aspira. A medida que mejore nuestra capacidad para medir la emoción positiva, el compromiso, el sentido, los logros y las relaciones positivas, podremos preguntar con rigor cuántas personas de un país, una ciudad o una empresa florecen. Podremos preguntar con rigor cuándo florece en la vida una persona. Podremos preguntar con rigor si una institución de beneficencia promueve el florecimiento de sus beneficiarios. Podremos preguntar con rigor si nuestros sistemas escolares ayudan a nuestros niños a florecer.

La política pública se desprende sólo de lo que medimos, y hasta hace poco tiempo, medíamos sólo el dinero, el producto interno bruto (PIB).[49] Por lo tanto, el éxito del gobierno podía cuantificarse sólo en la medida en que creaba riqueza. Pero ¿qué es la riqueza a todo esto? La meta de la riqueza, desde mi punto de vista, no es sólo producir más riqueza, sino engendrar florecimiento. Ahora podemos preguntar respecto a la política pública: "¿Cuánto contribuirá al florecimiento la construcción de esta nueva escuela en lugar de este parque?". Podemos preguntar si un programa de vacunación contra el sarampión producirá más florecimiento que un programa igualmente caro de trasplante de córneas. Podemos preguntar cuánto aumenta el florecimiento un programa de padres que pagan para pasar más tiempo en casa criando a sus hijos.

Así, la meta de la psicología positiva en la teoría del bienestar es medir y generar el florecimiento humano. Para alcanzar esta meta tenemos que empezar por preguntar qué es lo que realmente nos hace felices.

2 Crear tu felicidad: ejercicios de psicología positiva que funcionan

El siguiente ejercicio es breve, pero aumentará tu bienestar y reducirá tu depresión:

La visita de gratitud

Cierra los ojos. Piensa en el rostro de alguien que aún esté con vida que hace años dijo o hizo algo que cambió para bien tu vida. Alguien a quien nunca le hayas dado las gracias como merecía; alguien con quien podrías toparte la próxima semana. ¿Ya pensaste en un rostro?

La gratitud puede hacer tu vida más feliz y satisfactoria. Cuando sentimos gratitud, nos beneficiamos del recuerdo placentero de un acontecimiento positivo en nuestra vida. Además, cuando expresamos nuestra gratitud a los demás, fortalecemos nuestra relación con ellos. Pero a veces, manifestamos nuestro agradecimiento de manera tan descuidada o rápida que pierde casi todo su significado. En este ejercicio llamado "La visita de gratitud" tendrás la oportunidad de experimentar lo que se siente cuando uno expresa gratitud de manera reflexiva y deliberada.

Tu tarea consiste en escribir una carta de gratitud a esta persona y entregársela en persona. La carta debe ser concreta y contener aproximadamente 300 palabras: sé específico respecto a lo que esa persona hizo por ti y cómo afectó tu vida. Comunícale lo que estás haciendo ahora y menciona que recuerdas a menudo lo que hizo. ¡Exprésate con elocuencia!

Una vez que hayas escrito este testimonio, llama a la persona y dile que te gustaría visitarla, pero no entres en muchos detalles sobre el propósito de la reunión; este ejercicio es mucho más divertido cuando es una sorpresa. Cuando te reúnas con ella, tómate tu tiempo para leer la carta. Observa sus reacciones así como las tuyas. Si te interrumpe mientras lees, dile que quieres que te escuche hasta que termines. Después de leer la carta (cada palabra), hablen sobre el contenido y de sus sentimientos mutuos.

Serás más feliz y te sentirás menos deprimido durante un mes a partir de ese momento.[1]

¿Es posible cambiar el bienestar?

Si la psicología positiva aspira a crear bienestar en el planeta, es indispensable que sea factible crearlo. Esto puede parecer una trivialidad, pero no lo es. Los conductistas de la primera mitad del siglo xx eran optimistas: creían que si se pudiera liberar al mundo de las condiciones incapacitantes de la vida —pobreza, racismo, injusticia—, la vida humana se transformaría para bien. Al contrario de su optimismo despreocupado, resulta que muchos aspectos de la conducta humana no cambian de manera duradera.[2] La cintura es un ejemplo excelente. Hacer dieta es una estafa que escamotea a los estadunidenses más de 50,000 millones de dólares al año. Puedes seguir cualquier dieta de la lista de *best sellers* y bajar 5 por ciento de tu peso corporal en menos de un mes. Yo hice la dieta de la sandía treinta días y bajé casi diez kilos.[3] Tuve diarrea un mes. Sin embargo, como ocurre a 80 o 95 por ciento de las personas que hacen dieta, recuperé ese peso (y más) en menos de tres años.[4] Asimismo, como veremos en el siguiente capítulo, una buena parte de la psicoterapia y muchos fármacos son simplemente cosméticos: alivian los síntomas durante un tiempo, pero el paciente no tarda en volver descorazonado al punto de partida.

¿El bienestar es como la cintura, sólo una euforia temporal seguida por una recaída en la amargura y el mal genio, o puede cambiarse de manera duradera? Antes de que la psicología positiva comenzara hace una década, muchos psicólogos se mostraban pesimistas respecto a los cambios duraderos en la felicidad. La esperanza de que mejores circunstancias externas pudieran influir para que la gente fuera más feliz durante más tiempo se perdió cuando un estudio sobre ganadores de la lotería demostró que estas personas habían sido más felices durante algunos meses después de su buena fortuna, pero pronto habían vuelto a su nivel habitual de mal humor o alegría.[5] Nos adaptamos pronto a los golpes de buena suerte, un ascenso en el trabajo o el matrimonio, según argumentan los teóricos, y no tardamos en querer conseguir cosas aún mejores que aumenten nuestra felicidad que empieza a caer en picada. Si lo logramos, nos quedamos en el camino hedonista, pero siempre necesitaremos otro estímulo.[6]

No es un panorama atractivo para la búsqueda del bienestar.

Si el bienestar no aumenta en forma duradera, habría que abandonar la meta de la psicología positiva, pero estoy convencido de que el bienestar puede aumentar de manera permanente. Así, este capítulo trata de mi búsqueda de ejercicios que nos vuelvan más felices de forma duradera. Desde Buda hasta la moderna psicología pop, se han propuesto por lo menos doscientos empeños que supuestamente consiguen esto. ¿Cuáles de éstos, si acaso, producen en realidad aumentos perdurables del bienestar, cuáles son estímulos temporales y cuáles son falsos?[7]

Soy un científico poco ortodoxo[8] que trata de vislumbrar la verdad; un empirista, en otras palabras, que acicatea y empuja a los demás para llegar a una verdad que no podemos percibir de otro modo, y parte de mi trabajo anterior incluyó ensayos con terapias y fármacos que disminuyen la depresión. Hay una norma de oro que rige los ensayos terapéuticos: estudios de asignación aleatoria controlados con placebos[9] (que consisten en asignar al azar a algunos voluntarios al grupo de tratamiento que recibe la terapia en investigación, y a otros sujetos a los que se denomina grupo de control, al que se le da un tratamiento inactivo o la terapia estándar en vigor). La asignación aleatoria de algunos individuos al tratamiento y a los demás al grupo de control sirve para regular los factores internos que podrían dar lugar a confusión, como estar muy motivado a mejorar; en principio, las personas que carecen por completo de motivación y las que están muy motivadas se distribuyen por igual entre los dos grupos gracias a la aleatoriedad. Además, el placebo que se administra en el grupo de control regula los factores externos: una cantidad igual de personas de cada grupo seguirá cada tratamiento cuando llueva o cuando haga un día soleado. Por consiguiente, si el tratamiento funciona y el grupo experimental mejora más que el grupo aleatorio controlado por el placebo, se considera que es "eficaz" según la norma de oro y es la verdadera causa de la mejoría.

La misma lógica aplica a los ejercicios de prueba que pretenden aumentar el bienestar. A partir de 2001, en el Positive Psychology Center de la Universidad de Pennsylvania (que yo dirijo; visita el sitio www.ppc.sas. upenn.edu/ en internet) empezamos a preguntarnos qué es lo que en realidad nos hace más felices. En estos estudios no medimos todos los elementos del bienestar, sino sólo el elemento emocional: los aumentos de la satisfacción con la vida y las reducciones de la depresión.

A continuación propongo un segundo ejercicio para darte una idea de las intervenciones que hemos validado en estudios de asignación aleatoria, controlados con placebo:

Ejercicio "Lo que salió bien" (también llamado "Las tres bendiciones")

Pensamos demasiado en lo que sale mal y nunca lo suficiente en lo que sale bien en nuestra vida. Por supuesto, a veces es conveniente analizar los acontecimientos malos para aprender de ellos y prevenirlos en el futuro. Sin embargo, tendemos a pasar más tiempo pensando en lo que está mal en la vida que en lo que es útil. Peor aún, este interés en los acontecimientos negativos nos predispone a la angustia y a la depresión. Una forma de evitar que esto suceda es aprender a pensar y saborear lo que sale bien.

Por razones evolutivas de peso, la mayoría de nosotros no somos ni por asomo tan buenos para meditar en los acontecimientos favorables como para analizar los acontecimientos desfavorables. Nuestros antepasados que pasaban mucho tiempo deleitándose en los buenos acontecimientos en lugar de prepararse para el desastre no sobrevivieron a la Edad del Hielo. Por lo tanto, para superar la inclinación natural de nuestro cerebro a pensar demasiado en las catástrofes, es necesario trabajar y practicar la habilidad de pensar en lo que salió bien.

Todas las noches de la próxima semana, reserva diez minutos antes de ir a acostarte. *Anota tres cosas que salieron bien ese día y por qué salieron bien.* Puedes usar tu diario o tu computadora para escribir sobre estos acontecimientos, pero es importante que lleves un registro físico de que escribiste. No es necesario que las tres cosas tengan importancia primordial ("De camino del trabajo a casa, mi esposo compró mi helado favorito para el postre de hoy"), aunque pueden ser importantes ("Mi hermana acaba de tener un bebé sano").

Al lado de cada acontecimiento positivo, responde la pregunta "¿Por qué ocurrió esto?". Por ejemplo, si escribiste que tu esposo compró el helado, escribe: "porque mi esposo es muy detallista en ocasiones" o "porque le llamé a la oficina para recordarle que pasara al supermercado". O si escribiste "Mi hermana acaba de tener un bebé sano", podrías anotar como causa "porque Dios la cuidó" o "porque hizo todo lo que debía durante su embarazo".

Al principio puede resultarte incómodo escribir por qué ocurrieron los acontecimientos positivos en tu vida, pero no dejes de hacerlo toda la semana. Cada vez te resultará más fácil. Lo más probable es que te sientas menos deprimida, más feliz y te vuelvas adicta a este ejercicio seis meses contados a partir de ahora.[10]

Además de ser un tipo poco ortodoxo, tomo mi propia medicina. Cuando realicé experimentos con electrochoques y perros hace cuarenta y cinco años, yo mismo me di una descarga eléctrica y probé las croquetas que los perros comían, que fue peor que la descarga. Por lo tanto, cuando pensé en el ejercicio de lo que salió bien, primero lo probé yo. Funcionó. En seguida lo probé con mi esposa y mis hijos. Volvió a funcionar. Luego lo probé con mis alumnos.

En los últimos 45 años, he dado clases de casi todos los temas en psicología. Sin embargo, nunca me he divertido tanto en las clases, ni mis calificaciones como profesor han sido tan altas como cuando doy clases de psicología positiva. En los veinticinco años que enseñé psicología anormal, no pude dejarles a mis alumnos una tarea significativa y experiencial: ¡no podían volverse esquizofrénicos un fin de semana! Todo era aprendizaje en libros, pero nunca podrían conocer la locura por experiencia propia.[11] Sin embargo, cuando doy clases de psicología positiva, puedo pedir a mis estudiantes que hagan la visita de gratitud o el ejercicio de lo que salió bien.

De hecho, muchos de los ejercicios que funcionan empezaron en mis cursos. Por ejemplo, después de haber leído las publicaciones académicas sobre gratitud, pedí a mis alumnos que crearan un ejercicio de gratitud como tarea: de ahí nació la visita de gratitud que Marisa Lascher imaginó. En cinco cursos de psicología positiva, pedí a mis alumnos que practicaran en persona los ejercicios que habíamos ideado. Lo que siguió fue increíble. Nunca había visto un cambio de vida tan positivo en mis alumnos ni oído tantas veces las palabras más dulces que puede oír un maestro —*me cambió la vida*— para describir el curso.

Luego probé con una nueva divergencia. En lugar de dar clases a estudiantes universitarios, impartí cursos de psicología positiva a profesionales de la salud mental de todo el mundo. Impartí cuatro cursos telefónicos en vivo bajo los auspicios del doctor Ben Dean,[12] que ha hecho su carrera profesional impartiendo cursos telefónicos de asesoramiento para educación continua de psicólogos clínicos titulados. Cada curso era de dos horas a la semana durante seis meses, y más de ochocientos profesionales (incluidos psicólogos, especialistas en crecimiento personal, terapeutas y psiquiatras) tomaron mi curso. Cada semana daba una conferencia en directo y luego asignaba un ejercicio de psicología positiva que seleccionaba de alrededor de una docena que tenía preparados para que lo practicaran con sus pacientes y clientes, además de hacerlo en su vida personal.

Intervenciones y casos de psicología positiva

Me quedé pasmado cuando me di cuenta de lo bien que funcionaron esas intervenciones incluso con mis pacientes más deprimidos. Entiendo que los testimonios despiertan suspicacia, pero, por si sirve de algo, como terapeuta e instructor de terapeutas desde hace treinta años y director de capacitación clínica desde hace catorce años, nunca había recibido una cantidad tan grande de informes positivos. Los tres siguientes son de terapeutas que no conocían la psicología positiva y probaron los ejercicios por primera vez:

Historia de caso

La paciente es una mujer de treinta y seis años que actualmente recibe terapia en la clínica de pacientes externos y toma medicamentos para la depresión (y trabaja a tiempo completo). Trabajo con ella desde hace ocho semanas y, en esencia, la he guiado siguiendo el curso telefónico más o menos en la misma secuencia. Una asignación funcionó especialmente bien:

"Tres momentos felices" (o lo que salió bien). Mencionó que se le habían olvidado todos esos acontecimientos positivos del pasado. Usamos este ejercicio como transición al de las "bendiciones", que describimos como los "momentos felices de todos los días" y que le han ayudado a ver su vida diaria bajo una luz más positiva.

En resumen, todo ha "funcionado" muy bien. Las puntuaciones que ha obtenido con las escalas del sitio web son mucho más positivas que antes y ella lo atribuye en definitiva al proceso de la terapia.

Historia de caso

La paciente es una mujer deprimida, de mediana edad, con obesidad mórbida, depresión subyacente y bloqueos para su salud y reducción de peso. Entre otras intervenciones, tomó la prueba de "aproximaciones a la felicidad" (que está disponible en internet en www. authentichappiness.org) luego de estar casi tres meses en terapia. La paciente estaba trabajando en equilibrar su vida con base en las ideas de flujo, sentido y cortesías. Señaló que se dio cuenta desde el principio de que no tenía flujo en su vida y que todo lo que tenía sentido se originaba en ayudar a los demás, pero que ciertamente no tenía nada que ver con atender sus necesidades y deseos personales (cortesías). Después de trabajar mucho durante tres meses, presentó la prueba y le complació notar que estas tres áreas se hallaban en buen equilibrio, aproximadamente en 3.5 en la escala de 5. Le entusiasmó y alentó que hubiera una medida para obtener retroalimentación sobre su progreso. En resumen, hizo planes para seguir trabajando en las tres áreas e incorporar todo tipo de nuevas formas de agregar más flujo y sentido a su vida.

Los terapeutas me comentaron que era especialmente benéfico para sus pacientes entrar en contacto con sus fortalezas en lugar de limitarse a corregir sus debilidades. El paso crucial en este proceso es sistemático: empieza cuando los pacientes toman la prueba de valores en acción y fortalezas básicas (disponible en una versión corta en el apéndice y en versión completa en el sitio electrónico de Felicidad auténtica, en www.authentichappiness.org).

Historia de caso

He trabajado con Emma aproximadamente seis años, con una interrupción de un año. Volvió hace dos años después de la muerte de una de sus pocas amigas. Recientemente he usado algunos de los ejercicios e intervenciones de la psicología positiva con Emma, una paciente gravemente deprimida con ideas suicidas que ha sido víctima de abuso en todas las formas posibles desde que era bebé, e inclusive hasta el día de hoy. En los últimos meses, decidí utilizar algunos de los materiales de la psicología positiva. Comencé con la prueba de valores en acción y fortalezas básicas con el fin de ayudarla a ver la verdad de quién era ella en el fondo, en lugar de lo que había creído que era hasta ahora (nada mejor que "espuma de charca"). Esta encuesta fue la plataforma de lanzamiento y el fundamento sobre el cual logramos construir una clara reflexión. Fue un instrumento en el que usé la metáfora de una imagen clara que reflejó un espejo limpio que puse frente a ella. Avanzamos despacio, pero pronto pudo hablar de cada fortaleza y aceptar como "verdadera" cada una de las que tenía; se dio cuenta de que algunas fortalezas la metían en problemas y entendió cuándo usaba las fortalezas en su beneficio y cuándo en beneficio de otros y distinguió cuáles fortalezas podían ayudarla a desarrollar otras con las que necesitaba trabajar. Tres días después, llegó a su cita con dos páginas en la mano [...] con siete elementos y los pasos que estaba dispuesta a dar. Lloré mientras leía esas dos páginas y ella no dejó de sonreír. ¡Y es una mujer que rara vez sonríe! Fue un momento de celebración y, más allá de eso, estaba que daba brincos de alegría por haber entendido algunas de las áreas más importantes y complicadas en las que estaba "estancada" y que tenían que ver con la impotencia aprendida y todos los demás problemas personales que han sido parte de su trabajo en la terapia.

Quiero que tomes la prueba que Emma presentó, la de valores en acción y fortalezas básicas, ya sea la versión que viene en el apéndice de este libro o la de mi sitio web y luego haremos el ejercicio que ayudó a Emma a emprender el camino a la recuperación.

Déjame contarte antes por qué construí la página de internet, que tiene las principales pruebas validadas del lado positivo de la vida y te ofrece retroalimentación sobre tu situación personal. El uso de este sitio web es gratuito y está planeado como un servicio público. También es una mina de oro para los investigadores interesados en la psicología positiva, mucho mejor para obtener resultados válidos que para hacer preguntas, como acostumbran los investigadores, a estudiantes universitarios o voluntarios clínicos.

A la fecha en que escribo 1.8 millones de personas se han registrado en la página y han tomado las pruebas. Entre 500 y 1,500 nuevas personas se registran todos los días y de vez en cuando coloco un enlace. Uno de ellos es sobre los ejercicios. Se invita a las personas que seleccionan este enlace a ayudarnos a probar nuevos ejercicios. Primero toman las pruebas de depresión y felicidad, como la escala de depresión del Center for Epidemiological Studies y el inventario de la felicidad auténtica, que encontrarás en www. authentichappiness.org. A continuación, les asignamos un solo ejercicio que es activo o un placebo. Todos los ejercicios requieren invertir entre dos y tres horas en el curso de una semana. En nuestro primer estudio web probamos seis ejercicios, incluidos los de la visita de gratitud y el de lo que salió bien. De los 577 participantes que contestaron los cuestionarios básicos, 471 finalizaron las cinco evaluaciones de seguimiento. Concluimos que los participantes de todas las condiciones (incluida la del control con placebo, que consistía en escribir un recuerdo de la niñez todas las noches durante una semana) se sintieron más felices y menos deprimidos una semana después de haber recibido el ejercicio asignado. De ahí en adelante, las personas que participaron en el grupo de control ya no fueron más felices ni se sintieron menos deprimidas de lo que estaban al principio.

Dos de los ejercicios, el de lo que salió bien y el de las fortalezas básicas que se presenta a continuación, redujeron de manera muy marcada la depresión tres meses y seis meses después.[13] Estos dos ejercicios también aumentaron considerablemente la felicidad en esos seis meses. La visita de gratitud produjo grandes disminuciones de depresión y aumentos significativos de felicidad un mes después, pero el efecto desapareció al cabo de tres meses. Como era de esperar, descubrimos que el grado en que los participantes continuaban realizando activamente sus ejercicios asignados más allá de la semana obligatoria predecía cuánto tiempo durarían los cambios en la felicidad.

Ejercicio "Fortalezas básicas"

El propósito de este ejercicio es ayudarte a reconocer tus fortalezas básicas y aprender a usarlas de maneras nuevas y más frecuentes. Una fortaleza básica tiene las siguientes características distintivas:

- Sentido de propiedad y autenticidad ("Éste es mi verdadero yo").
- Sentimiento de emoción al usarla, en especial al principio.
- Curva de aprendizaje rápida cuando la fortaleza se practica por primera vez.
- Sensación de impaciencia por encontrar nuevas formas de usarla.
- Sentimiento de inevitabilidad respecto al uso de la fortaleza ("Traten de impedírmelo").
- Vigor, en vez de cansancio, al usar la fortaleza.
- Creación y búsqueda de proyectos personales que giran alrededor de ella.
- Alegría, celo, entusiasmo, incluso éxtasis al usarla.

Ahora te ruego que contestes la encuesta de fortalezas. Si no tienes acceso a internet, consulta el apéndice y toma la versión corta de esta prueba. En el sitio web obtendrás tus resultados de inmediato y podrás imprimirlos si así lo deseas. Este cuestionario fue elaborado por Chris Peterson, profesor de la Universidad de Michigan,[14] y más de un millón de personas de doscientos países lo han respondido. Tendrás la ventaja de poder compararte con otras personas como tú.

Cuando contestes el cuestionario, presta mucha atención al orden de clasificación de tus fortalezas. ¿Algo te sorprendió? En seguida, toma sus cinco fortalezas más importantes, una a la vez, y pregúntate: "¿es una fortaleza *básica*?".

Cuando termines la prueba, realiza el siguiente ejercicio: esta semana quiero que apartes un tiempo designado en tu horario en el que ejercitarás una o más de tus fortalezas básicas de una manera nueva, ya sea en el trabajo, en el hogar, o en actividades de esparcimiento; sólo asegúrate de crear una oportunidad definida con toda claridad para usarla. Por ejemplo:

- Si tu fortaleza básica es la creatividad, reserva dos horas una noche para empezar a trabajar en un guión cinematográfico.
- Si identificas la esperanza o el optimismo como una de tus fortalezas, podrías escribir una columna para un periódico local en el que expreses esperanza sobre el futuro del programa espacial.
- Si consideras que el autocontrol es una fortaleza, podrías trabajar en el gimnasio en lugar de ver la televisión una noche.

• Si tu fortaleza es la apreciación de la belleza y la excelencia, podrías tomar una ruta más larga y bella de ida y vuelta del trabajo, aunque tardes veinte minutos más en llegar.

Lo mejor que puedes hacer es crear tú misma la nueva forma de usar tu fortaleza. Escribe sobre tu experiencia. ¿Cómo te sentiste antes, durante y después de realizar la actividad? ¿La actividad fue difícil? ¿Fácil? ¿El tiempo pasó volando? ¿Perdiste la conciencia de ti misma? ¿Piensas repetir el ejercicio?

Estos ejercicios de psicología positiva me dieron buenos resultados, funcionaron con mi familia y con mis alumnos, y se los enseñé a los profesionales que trabajaron con ellos con sus pacientes, incluso los más deprimidos. Los ejercicios funcionaron incluso en la prueba de asignación aleatoria y control con placebos, según la norma de oro.

Psicoterapia positiva

Los psicólogos positivos continuamos nuestro trabajo en estos ejercicios con personas normales y aproximadamente una docena resultaron eficaces. Incluyo algunos de ellos en las partes correspondientes a lo largo de este libro.[15]

Sin embargo, el siguiente paso en nuestra investigación fue probar nuestros mejores ejercicios con personas deprimidas. Acacia Parks, que en ese momento era mi alumna de posgrado y ahora es profesora de Reed College, creó un paquete de seis ejercicios para seis semanas, pensados para realizarse en terapia grupal, como medio para tratar síntomas depresivos en adultos jóvenes con depresión de leve a moderada. Descubrimos efectos espectaculares: los ejercicios disminuyeron marcadamente la depresión hasta el rango de no deprimido, en relación con controles de depresión asignados aleatoriamente, y estos pacientes siguieron sin depresión durante el año que les dimos seguimiento.[16]

Finalmente, el doctor Tayyab Rashid creó la psicoterapia positiva (PTP)[17] para los pacientes deprimidos que acudían a tratamiento al departamento de servicios de orientación y psicología de la Universidad de Pennsylvania. Como sucede con otras psicoterapias, la psicoterapia positiva es un conjunto de técnicas que se aplican de la manera más eficaz con las bases terapéuticas esenciales, como calidez, empatía precisa, confianza básica y autenticidad y entendimiento mutuo. Creemos que estos fundamentos permiten adaptar las técnicas a las necesidades individuales de los pacientes deprimidos. Primero realizamos una evaluación cuidadosa de los síntomas de depresión del paciente y las puntuaciones de bienestar de www.authentichappiness.org. Luego analizamos cómo la falta de bienestar (falta de emoción positiva, compromiso y sentido de la vida) puede explicar los síntomas de depresión. Como muestra el siguiente resumen, siguen trece sesiones más en las que adaptamos los ejercicios de la psicología positiva a la medida del paciente. Encontrarás los detalles en mi libro *Positive Psychotherapy: A Treatment Manual,* que escribí en coautoría con el doctor Rashid (Rashid y Seligman, 2011):[18]

RESUMEN DE CATORCE SESIONES DE PTP
(Rashid y Seligman, 2011)

Sesión 1: la ausencia o falta de recursos positivos (emociones positivas, fortalezas de carácter y sentido) pueden causar y mantener la depresión, además de crear una vida vacía. Tarea: el paciente escribe en una página (aproximadamente trescientas palabras) una "introducción positiva" en la que cuenta una historia completa de uno de sus mejores momentos e ilustra cómo usó sus fortalezas de carácter más importantes.

Sesión 2: el paciente identifica sus fortalezas de carácter en la introducción positiva y analiza situaciones en las que estas fortalezas de carácter le han ayudado anteriormente. Tarea: el paciente contesta el cuestionario de valores en acción en línea para identificar sus fortalezas de carácter.

Sesión 3: nos centramos en situaciones específicas en las que las fortalezas de carácter pueden facilitar el cultivo del placer, compromiso y sentido. Tarea (a partir de ahora y hasta que termine todo el tratamiento de terapia): el paciente comienza un "diario de bendiciones" en el que escribe, todas las noches, tres cosas buenas (importantes o menores) que sucedieron ese día.

Sesión 4: analizamos cómo influyen los buenos y malos recuerdos en la persistencia de la depresión. Aferrarse a la rabia y la amargura mantiene la depresión y mengua el bienestar. Tarea: el paciente escribe sobre sus sentimientos de rabia y amargura y cómo alimentaron su depresión.

Sesión 5: introducimos el perdón como un instrumento poderoso[19] capaz de transformar los sentimientos de rabia y amargura en neutralidad, o incluso, para algunos, en emociones positivas. Tarea: el paciente escribe una carta de perdón en la que describe una transgresión y las emociones que suscitó y se compromete a perdonar al transgresor (sólo si corresponde), pero no entrega la carta.

Sesión 6: se habla de la gratitud como agradecimiento perdurable. Tarea: el paciente escribe una carta de gratitud a alguien a quien nunca le dio las gracias como merecía y se le insta a entregarla en persona.

Sesión 7: revisamos la importancia de cultivar las emociones positivas escribiendo en el diario de bendiciones y usando las fortalezas de carácter.

Sesión 8: analizamos el hecho de que los "satisfactores" ("esto es aceptable y me basta") tienen más bienestar que los "maximizadores" ("Tengo que encontrar la esposa, lavavajillas o centro vacacional perfectos). Es preferible ser satisfactor a maximizador.[20] Tarea: el paciente revisa las formas de aumentar las formas de satisfacerse y elabora un plan para lograrlo.

Sesión 9: hablamos sobre el optimismo y la esperanza en estilo explicativo: el estilo optimista es ver los acontecimientos malos como algo temporal, modificable y local. Tarea: el paciente piensa en tres puertas que se le cerraron. ¿Qué puertas se abrieron?

Sesión 10: se invita al paciente a reconocer las fortalezas del carácter de sus seres queridos. Tarea: enseñamos al paciente a responder de manera activa y constructiva a los acontecimientos positivos que otros reportan, y el paciente establece una fecha para celebrar sus fortalezas de carácter y las de sus seres queridos.

Sesión 11: explicamos cómo reconocer las fortalezas de carácter de los miembros de la familia y de dónde provienen las fortalezas de carácter propias. Tarea: el paciente pide a sus familiares que contesten el cuestionario de valores en acción en línea y luego dibuja un árbol que incluye las fortalezas de carácter de todos los miembros de la familia.

Sesión 12: se introduce la técnica de saborear para aumentar la intensidad y duración de la emoción positiva. Tarea: el paciente planea actividades placenteras y las lleva a cabo tal como las planeó. Se proporciona al paciente una lista de técnicas específicas para aprender a saborear.

Sesión 13: el paciente tiene el poder de dar uno de los mayores regalos que existen: el regalo del tiempo. Tarea: el paciente da el regalo del tiempo haciendo algo que requiere un buen tiempo y la aplicación de sus fortalezas de carácter.

Sesión 14: hablamos de la vida plena que integra placer, compromiso y sentido.

En una de nuestras pruebas de psicoterapia positiva con depresión grave, los pacientes fueron asignados aleatoriamente ya sea a la psicoterapia positiva individual que sigue el resumen anterior o al tratamiento habitual. Un grupo correspondiente pero no aleatorio de pacientes igualmente deprimidos se sometió al tratamiento habitual más medicamentos antidepresivos. (No creo que sea ético asignar aleatoriamente a los pacientes a tomar medicamentos, por lo que establecimos una correlación con los datos demográficos y la intensidad de la depresión.) La psicoterapia positiva alivió los síntomas de la depresión en todas las medidas de resultados mejor que el tratamiento habitual y mejor que los fármacos. Descubrimos que 55 por ciento de los pacientes en psicoterapia positiva, 20 por ciento en el tratamiento habitual y sólo 8 por ciento en el tratamiento habitual más medicamentos lograron la remisión.[21]

La psicoterapia positiva se encuentra en sus primeras etapas de práctica y aplicación, por lo que estos resultados son preliminares y necesitan reproducirse muchas veces. Será importante adaptar el orden y la duración de los ejercicios a las reacciones del paciente. A pesar de que son nuevos en paquete, cada uno de los ejercicios ha sido validado rigurosamente.

Probablemente el resultado más sorprendente de los ejercicios se obtuvo en enero de 2005. La revista *Time* publicó un reportaje de fondo sobre la psicología positiva,[22] y previendo una oleada de peticiones, abrimos un sitio web para ofrecer un ejercicio gratis: lo que salió bien. Miles de personas se registraron. Mi interés especial se centró en las cincuenta personas con depresión más grave que llegaron al sitio web, tomaron las pruebas de depresión y felicidad y luego hicieron el ejercicio de lo que salió bien. Estas cincuenta personas tenían una puntuación media de depresión de 34, que las colocaba en la categoría de "sumamente" deprimidas que apenas podían levantarse de la cama para ir a la computadora y luego volvían a acostarse. Cada una de ellas hizo el ejercicio de lo que salió bien y escribió tres cosas que salieron bien cada día durante una semana y luego volvieron a iniciar la sesión en el sitio web. En promedio, la puntuación de depresión se redujo de 34 a 17, de extrema a leve o moderada, y su puntuación de felicidad aumentó de 15° percentil a 50° percentil. Cuarenta y siete de las cincuenta personas son ahora más felices y están menos deprimidas.

De ninguna manera se puede decir que éste fue un estudio controlado, como los dos estudios antes mencionados; no hubo asignación aleatoria, ni placebo y había un sesgo potencial porque las personas, en su mayoría, acudieron a la página en internet porque querían mejorar. Por otra parte, he trabajado con psicoterapia y fármacos para la depresión desde hace cuarenta años, y nunca había visto resultados como éstos. Todo lo cual me lleva a hablar del secreto vergonzoso de las drogas y la terapia.

3 El vergonzoso secreto de las drogas y la terapia

Soy veterano de las colectas de fondos para la ciencia. He pasado buena parte de los últimos cuarenta años suplicando tanto para conseguir financiamiento gubernamental que ya me duelen las rodillas. He recibido financiamiento continuo durante cuarenta años del National Institute of Mental Health (NIMH) y sé reconocer un descubrimiento importante cuando lo veo. Los resultados presentados en el último capítulo son como uno de estos descubrimientos: desde luego, no son concluyentes, pero son suficientemente intrigantes para merecer una buena cantidad de dinero para financiar el esfuerzo de averiguar si estos tratamientos baratos para la depresión funcionan de manera confiable.

Según la Organización Mundial de la Salud (OMS), la depresión es la enfermedad más costosa del mundo,[1] y los tratamientos preferentes son las drogas y la psicoterapia.[2] En promedio, tratar un caso de depresión cuesta aproximadamente 5,000 dólares al año y existen alrededor de diez millones de estos casos anualmente en Estados Unidos.[3] Las drogas antidepresivas son una industria de miles de millones de dólares.[4] Imaginemos un tratamiento que prescribe ejercicios de psicología positiva en internet, que es muy barato, se difunde masivamente y es por lo menos tan eficaz como la terapia y los fármacos.[5] Por consiguiente, cuando solicité financiamiento al NIMH tres veces para seguir estudiando estos resultados, me indignó que las propuestas fueran rechazadas sin revisión cada vez. (Este capítulo no es una súplica especial de financiamiento personal, ya que me complace informar que tengo más dinero de lo que se me ocurre hacer con él. Más bien, es sobre prioridades equivocadas tanto del gobierno como de la industria.) Para que entiendas por qué rechazaron esta propuesta, tengo que contarte un poco acerca del control que ejercen dos industrias (las empresas farmacéuticas y el gremio de la psicoterapia) sobre el tratamiento de los trastornos del estado de ánimo, entre los que figura la depresión.

Curación o alivio de los síntomas

El primer secreto vergonzoso de la psiquiatría biológica y la psicología clínica es que ambas han abandonado la idea de curación.[6] La curación tarda mucho tiempo, si acaso puede lograrse, y las aseguradoras sólo reembolsan lo que cuesta un tratamiento breve.[7] Por lo tanto, la terapia y las drogas ahora se centran en la administración de crisis a corto plazo y los tratamientos cosméticos.

Hay dos tipos de medicamentos: las drogas cosméticas y las drogas curativas.[8] Si tomas un antibiótico el tiempo indicado, el fármaco te cura porque mata los invasores bacterianos. Cuando terminas de tomarlo, la enfermedad no reaparece porque los agentes patógenos están muertos. Los antibióticos son drogas curativas. Por otro lado, si tomas quinina para la malaria, sólo obtendrás una supresión temporal de los síntomas. Cuando dejes de tomar la quinina, la malaria reaparecerá con toda su fuerza. La quinina es una droga cosmética, es decir, un paliativo, y todos los medicamentos pueden clasificarse como curativos o cosméticos por sus efectos. Los cuidados paliativos son buenos (yo uso audífonos para la sordera), pero no son el bien mayor ni tampoco son el fin último de la intervención. El alivio de los síntomas debe ser una parada en el camino de la curación.

Sin embargo, el camino llega a un callejón sin salida con el alivio de los síntomas. *Todas y cada una de las drogas en el área de la psicofarmacopea son cosméticas.*[9] No hay drogas curativas y, hasta donde yo sé, no hay ninguna en desarrollo que aspire a curar. La psiquiatría biológica se ha dado por vencida en cuanto toca a curar. De ningún modo se puede decir que yo sea freudiano, pero si algo me parece ejemplar de Freud es que él buscaba una cura. Freud quería una psicoterapia que funcionara como un antibiótico; la cura consistente en dejar que el paciente hablara era un intento por curarlo y liberarlo de los síntomas para siempre mediante la catarsis y el conocimiento profundo. Freud no trataba de aliviar los síntomas; el alivio de los síntomas puede considerarse incluso una defensa llamada "escape a la salud",[10] que mantiene intacta la enfermedad y la paliación no es un objetivo importante en la psicoterapia psicodinámica. Las restricciones impuestas por la atención administrada, mucho más que la decadencia de la influencia freudiana, han llevado a la psicología y la psiquiatría a trabajar sólo en el alivio de los síntomas y no en la cura.

La barrera de 65 por ciento

He pasado una buena parte de mi vida midiendo los efectos de la psicoterapia y de las drogas, y gracias a este trabajo descubrí el segundo secreto vergonzoso. Casi siempre, los efectos son lo que técnicamente se denomina "menores".[11] La depresión es típica. Pensemos en dos tratamientos que un amplio volumen de publicaciones certifica que "funcionan": la teoría cognoscitiva para la depresión (que cambia la manera de pensar sobre los acontecimientos negativos) y los inhibidores selectivos de recaptación de serotonina (como Prozac, Zoloft, Lexapro, por mencionar sólo algunos). Sacando un promedio del enorme acervo de estudios publicados, en cada uno se obtiene una tasa de alivio de 65 por ciento, acompañada por un efecto de placebo que varía entre 45 y 55 por ciento.[12] Cuanto más realista y elaborado sea el placebo, mayor será el porcentaje del placebo: es tan alta la respuesta al placebo que en la mitad de los estudios en los que la U. S. Food and Drug Administration (FDA) basó su aprobación oficial de las drogas antidepresivas no hubo diferencia alguna entre el placebo y el fármaco.[13]

Estudios recientes de los fármacos antidepresivos son todavía más desalentadores. Un prestigioso consorcio de psicólogos y psiquiatras tomaron los datos de 718 pacientes de los seis estudios mejor realizados de fármaco y placebo, y dividieron a los pacientes según la gravedad de su depresión. Para la depresión muy grave (si tuvieras una depresión así de grave, lo más probable es que no estarías leyendo un párrafo tan provocativo como éste), las drogas mostraron efectos confiables, pero para la depresión de moderada a leve, los efectos fueron inexistentes.[14] La gran mayoría de las recetas de fármacos antidepresivos, desafortunadamente, se expiden sólo para estos pacientes, los que tienen depresión moderada y leve. Por consiguiente, una ventaja de

20 por ciento de las drogas sobre el placebo sería una estimación máxima generosa de esos beneficios. Esta cifra de 65 por ciento se repite una y otra vez, ya sea que se examine el porcentaje de pacientes que sienten alivio o el porcentaje de alivio de los síntomas en los pacientes. Llamo a este problema la "barrera de 65 por ciento".

¿Por qué existe una barrera de 65 por ciento y por qué los efectos son tan menores?

Desde el primer día que empecé a esquiar hasta cinco años después que dejé de practicar ese deporte, siempre tuve que luchar contra la montaña. Esquiar nunca fue fácil. Toda forma de psicoterapia que conozco, todo ejercicio, es una intervención parecida a "luchar contra la montaña". En otras palabras, estas terapias no se autorrefuerzan y, por lo tanto, los beneficios desaparecen poco a poco al paso del tiempo. En general, las técnicas de terapia hablada tienen en común la característica de ser difíciles de hacer, no son nada divertidas y es difícil incorporarlas a la vida personal. De hecho, la manera en que medimos la eficacia de las terapias habladas es con base en cuánto tiempo duran antes de "desaparecer" una vez que el tratamiento termina. Todos los fármacos tienen exactamente esa misma propiedad: una vez que el paciente deja de tomarlos, vuelve al punto de partida y la recurrencia y la recaída son la regla.[15]

Por el contrario, prueba el siguiente ejercicio de psicología positiva. Es divertido y se mantiene por sí mismo una vez que le tomas el gusto.

Respuesta activa y constructiva

Es extraño, pero la terapia conyugal por lo general consiste en enseñar a la pareja a pelear mejor. Esto puede convertir una relación intolerable en otra apenas tolerable. No está nada mal. Sin embargo, la psicología positiva está más interesada en convertir una buena relación en otra excelente. Shelly Gable, profesora de psicología de la Universidad de California en Santa Bárbara, ha demostrado que la forma de celebrar predice mejor las relaciones fuertes y sólidas que la forma de pelear.[16] Las personas que amamos a menudo nos cuentan de una victoria, un triunfo y de cosas buenas menos importantes que les suceden. La manera como respondemos puede mejorar la relación o debilitarla. Hay cuatro formas básicas de responder y sólo una de ellas mejora las relaciones:

Respuesta activa y constructiva

Esta tabla ilustra dos ejemplos de los cuatro estilos

TU PAREJA COMPARTE UN ACONTECIMIENTO POSITIVO	TIPO DE RESPUESTA	TU RESPUESTA
"¡Me ascendieron y me dieron un aumento de sueldo en el trabajo!"	Activa y constructiva	"¡Excelente! Estoy muy orgulloso de ti. Sé que este ascenso era muy importante para ti. Cuéntame lo que pasó con todos los detalles. ¿Dónde estabas cuando tu jefe te dio la noticia? ¿Qué te dijo? ¿Cómo reaccionaste? Tenemos que salir a celebrar." No verbal: mantener contacto visual, manifestaciones de emociones positivas, como sonrisa sincera, caricias, risas.
	Pasiva y constructiva	"¡Qué buena noticia! Te lo mereces." No verbal: expresión emocional activa ausente o muy poca.
	Activa y destructiva	"Parece que tendrás que asumir mucha responsabilidad. ¿Ahora vas a pasar menos noches en casa?" No verbal: manifestaciones de emociones negativas, como fruncir el ceño, hacer gestos de desaprobación.
	Pasiva y destructiva	"¿Qué vamos a cenar?" No verbal: contacto visual escaso o inexistente, darse media vuelta, salir de la habitación.
"¡Me acabo de ganar quinientos dólares en una rifa de beneficencia!"	Activa y constructiva	"¡Vaya, qué suerte! ¿Te vas a comprar algo bonito? ¿Cómo compraste ese boleto? ¿Verdad que se siente increíble ganar algo?" No verbal: mantener contacto visual, manifestaciones de emociones positivas.

	Pasiva y constructiva	"Qué bien." No verbal: expresión emocional escasa o inexistente.
	Activa y destructiva	"Apuesto a que vas a tener que pagar impuestos sobre el premio. Yo nunca gano nada." No verbal: manifestaciones de emociones negativas.
	Pasiva y destructiva	"Tuve un mal día en el trabajo hoy." No verbal: poco contacto visual, alejarse.

Respuesta activa y constructiva

Ésta es tu tarea para la semana: escucha atentamente cada vez que alguien que quieres te cuente algo bueno que le sucedió. Haz lo posible por responder de manera activa y constructiva. Pide a la persona que te cuente los detalles del acontecimiento; cuanto más tiempo pase contando todo lo que pasó, mejor. Dedica mucho tiempo a responder. (No es bueno ser lacónico.) Busca buenos acontecimientos durante toda la semana y anótalos por la noche de la siguiente manera:

ACONTECIMIENTO DEL OTRO	MI RESPUESTA (AL PIE DE LA LETRA)	LA RESPUESTA DEL OTRO A MÍ

Si te parece que no eres muy hábil para esto, planea. Anota algunos acontecimientos positivos concretos que te hayan contado últimamente. Escribe cómo debiste haber respondido. Cuando despiertes por la mañana, dedica cinco minutos a visualizar con quiénes te toparás ese día y las cosas buenas que probablemente te contarán sobre ellos. Planea tu respuesta activa y constructiva. Usa variantes de estas respuestas activas y constructivas a lo largo de la semana.

65

A diferencia de luchar contra la montaña, esta técnica se automantiene. Sin embargo, no es algo que se nos dé naturalmente a muchos de nosotros y por eso necesitamos practicarla con diligencia hasta que se vuelva un hábito. Me encantó ver a mi hijo Darryl, de dieciséis años, sentado en la primera fila de un taller que impartí en Berlín en julio de 2010. Finalmente tenía una oportunidad de mostrarle a Darryl lo que hago para ganarme la vida, aparte de sentarme frente a mi computadora a escribir y jugar bridge. En la primera hora, asigné a los seiscientos participantes el ejercicio de respuesta activa y constructiva, dividiéndolos en parejas donde la persona A presentaba un acontecimiento bueno y la persona B respondía, y luego se invertían los papeles. Noté que Darryl buscó a un extraño y también hizo el ejercicio.

Al día siguiente, toda la familia fue al enorme mercado de pulgas en Tiergarten. Nos dispersamos y compramos varias chucherías y algunos recuerdos de nuestro viaje por Europa Oriental. Mis dos hijas pequeñas, Carly, de nueve años, y Jenny, de seis, estaban muy emocionadas con esta aventura y corrieron de puesto en puesto. Fue un día caluroso como nunca en Berlín (¡más de treinta y ocho grados!) y pronto nos quedamos sin aliento y sin dinero, por lo que nos reagrupamos y fuimos en busca de aire acondicionado y café helado al café más cercano. Carly y Jenny lucían diademas doradas hechas de plástico con incrustaciones de pedrería.

–Las conseguimos por trece euros —anunció Carly con orgullo.

–¿No regatearon? —respondí sin pensar.

–Pero bueno, ¡qué excelente ejemplo de una respuesta activa y destructiva, papá! —comentó Darryl.

Así que, como verás, sigo practicando, con mucha ayuda.

Sin embargo, una vez que empieces a hacerlo, le simpatizarás más a otras personas y pasarán más tiempo contigo; además, compartirán contigo más detalles íntimos de su vida. Te sentirás mejor contigo misma y todo esto fortalecerá la habilidad para responder de manera activa y constructiva.

Hacer frente a las emociones negativas

En el siglo terapéutico que acabamos de terminar, el trabajo del terapeuta consistió en reducir al mínimo la emoción negativa: administrar drogas o intervenciones psicológicas que ayudaran a los pacientes a sentirse menos ansiosos, enojados o deprimidos. En la actualidad, también, el trabajo del curador consiste en reducir al mínimo la ansiedad, la ira y la tristeza. Padres y maestros han asumido esta misma labor y esto me preocupa porque existe otra aproximación más realista a estas disforias: aprender a funcionar bien aunque uno se sienta triste, angustiado o enojado, en otras palabras, aprender a *hacerles frente*.[17]

Mi postura tiene su origen en el descubrimiento de investigación más importante (y en términos políticos, el menos deseable) en el campo de la personalidad en el último cuarto del siglo XX. Este descubrimiento fundamental desilusionó a toda una generación de investigadores ambientalistas (yo incluido), pero es verdad que la mayoría de los rasgos de la personalidad son hereditarios, lo que quiere decir que es posible que una persona haya heredado genéticamente una fuerte predisposición a la tristeza, a la angustia o a la religiosidad. A menudo, pero no siempre, las disforias son producto de estos rasgos de personalidad.[18] Los sólidos apuntalamientos biológicos predisponen a algunos de nosotros a la tristeza, ansiedad e ira. Los terapeutas pueden modificar estas emociones, pero sólo hasta cierto punto. Es probable que la depresión, la ansiedad y la ira provengan de rasgos de personalidad heredados que sólo pueden atenuarse, pero no eliminarse por completo. Esto significa que, como pesimista nato, aun cuando conozco y uso todos los trucos terapéuticos que hay en los libros para refutar con argumentos lógicos mis pensamientos catastróficos automáticos, todavía oigo con frecuencia las voces que me dicen que soy un fracaso y que no vale la pena vivir. Por lo general, puedo bajar el volumen de estas voces y discutir con ellas, pero siempre estarán ahí, acechando en el fondo, listas para aprovecharse de cualquier revés.

¿Qué puede hacer un terapeuta si la herencia de la disforia es una de las causas de la barrera de 65 por ciento? Por extraño que parezca, los terapeutas pueden aprovechar la información de los métodos de adiestramiento militar de los francotiradores y los pilotos de combate. (Por cierto, no estoy abogando por los francotiradores; sólo quiero describir cómo se lleva a cabo su adiestramiento.) Un francotirador puede necesitar aproximadamente veinticuatro horas para llegar a su posición. Y luego tal vez pasen otras treinta y seis horas para hacer el disparo. Esto significa que los francotiradores no duermen dos días antes de disparar. Están completamente exhaustos. Ahora, supongamos que el ejército acudiera a una psicoterapeuta y le preguntara cómo entrenar a un francotirador. El terapeuta usaría drogas para mantenerlo despierto (Provigil es una muy buena) o realizaría una intervención psicológica que aliviara la somnolencia (una banda elástica en la muñeca que lo hiciera recobrar el estado de alerta temporalmente es una buena técnica).

No obstante, no es así como se entrenan los francotiradores. En cambio, se mantienen despiertos tres días y practican el tiro al blanco cuando están muy cansados. Es decir, a los francotiradores se les enseña a *hacer frente* al estado negativo en el que se encuentran, esto es, a funcionar bien incluso en presencia de fatiga extrema. Del mismo modo, los pilotos de combate son seleccionados entre hombres rudos que no se asustan con facilidad. Sin embargo, muchas cosas ocurren a los pilotos de combate que dejan muerto de miedo incluso al más rudo de ellos. Una vez más, los instructores de vuelo no llaman a los terapeutas para que les enseñen a los candidatos trucos de reducción de la ansiedad (que hay muchas) que les ayuden a llegar a ser pilotos de combate tranquilos. En cambio, el instructor pone el avión en picada hasta que el aprendiz está aterrorizado y entonces, en ese estado de terror, aprende a levantar el avión.

Las emociones negativas y los rasgos de personalidad negativos tienen límites biológicos claramente definidos, y lo mejor que un terapeuta clínico puede hacer con la estrategia cosmética es conseguir que los pacientes vivan en la mejor parte de su rango establecido de depresión, ansiedad o ira. Pensemos en Abraham Lincoln[19] y Winston Churchill,[20] dos depresivos profundos. Ambos eran seres humanos que funcionaban extraordinariamente bien e hicieron frente a sus "demonios" y sus pensamientos suicidas. (Lincoln estuvo a punto de suicidarse en enero de 1841.)[21] Los dos aprendieron a funcionar sumamente bien a pesar de que estaban muy deprimidos. Por consiguiente, algo que la psicología clínica necesita desarrollar en vista de la obstinación hereditaria de las patologías humanas es una psicología para "hacerles frente". Necesitamos decirle a nuestro paciente: "Mire, la verdad es que muchos días, sin importar el éxito que tengamos en la terapia, se despertará sintiéndose triste y pensando que la vida no tiene remedio. Su tarea consiste no sólo en combatir esos pensamientos, sino también en vivir con heroísmo: funcionar bien a pesar de que se sienta muy triste".

Una nueva perspectiva de la curación

Hasta el momento he sostenido que todas las drogas y la mayoría de la psicoterapia son cosméticas y que lo más que pueden lograr es aproximarse a un 65 por ciento de alivio. Una manera de conseguir más de 65 por ciento es enseñar a los pacientes a hacer frente a sus problemas. Sin embargo, lo más importante es la posibilidad de que las intervenciones positivas derriben la barrera de 65 por ciento y lleven a la psicoterapia más allá del alivio cosmético de los síntomas y la acerquen a la curación.

La psicoterapia y las drogas como se usan en la actualidad están mal concebidas. En las raras ocasiones que tienen éxito completo liberan al paciente del sufrimiento, la tristeza y los síntomas negativos. En resumen, eliminan las condiciones incapacitantes internas de la vida. Sin embargo, eliminar las condiciones incapacitantes no es ni remotamente lo mismo que construir condiciones habilitadoras para la vida. Si queremos florecer y deseamos el bienestar, no hay duda de que tenemos que reducir nuestro sufrimiento, pero, además, debemos tener emoción positiva, sentido, logros y relaciones positivas. Las habilidades y ejercicios que cultivan todo esto son totalmente diferentes de las habilidades que reducen el sufrimiento.

Me gusta cultivar rosas. Paso mucho tiempo desmalezando y podando los arbustos. La maleza quita vigor a las rosas; la maleza es una condición incapacitante. Pero si uno quiere tener rosas, no basta podar y desmalezar. Hay que abonar la tierra con musgo esfagnáceo, plantar un buen rosal, regarlo y alimentarlo con nutrientes. (En Pennsylvania, también es necesario bañarlos con las drogas maravillosas más recientes de la horticultura química moderna.) Hay que suministrar las condiciones habilitadoras para que florezcan.

Del mismo modo, como terapeuta, de vez en cuando he ayudado a un paciente a liberarse de toda su ira, ansiedad y tristeza. Pensé que entonces tendría un paciente feliz, pero nunca fue así. Lo que tenía era un paciente *vacío*. Y eso se debe a que las habilidades para florecer (tener emoción positiva, sentido, un buen trabajo y relaciones positivas) son algo muy superior a las habilidades para reducir el sufrimiento.

Cuando empecé como terapeuta hace casi cuarenta años, era común que un paciente me dijera: "Sólo quiero ser feliz, doctor". Yo lo traduje en: "Quiere decir que desea liberarse de su depresión". En aquel entonces no tenía a la mano los instrumentos para construir el bienestar y estaba cegado por Sigmund Freud y Arthur Schopenhauer (que enseñaban que lo más que los seres humanos pueden lograr es reducir su sufrimiento); aún no se me ocurría la diferencia. Sólo tenía los instrumentos para aliviar la depresión. Pero todas las personas, todos los pacientes "sólo quieren ser felices", y esta meta legítima combina el alivio del sufrimiento y la construcción del bienestar. Desde mi punto de vista, la curación debe hacer uso de todo el arsenal para reducir el sufrimiento —las drogas y la psicoterapia— y añadir la psicología positiva.

Así pues, ésta es mi visión de la terapia del futuro, mi visión de la curación.

En primer lugar, es necesario informar a los pacientes de que las drogas y las terapias alivian los síntomas sólo de manera temporal y que deben esperar recaídas cuando suspendan el tratamiento; por lo tanto, la práctica explícita y exitosa de hacer frente a la depresión y funcionar bien aun en presencia de los síntomas debe ser parte importante de la terapia.

Segundo, el tratamiento no debe terminar cuando se alivia el sufrimiento. Los pacientes tienen que aprender las habilidades específicas de la psicología positiva: cómo tener más emoción positiva, más compromiso, más sentido, más logros y mejores relaciones humanas. A diferencia de las habilidades para reducir el sufrimiento, estas habilidades se autosustentan. Es probable que traten la depresión y la ansiedad y que también ayuden a prevenirlas. Más importante que aliviar la patología, estas habilidades son lo que significa florecer y son cruciales para la búsqueda del bienestar.

Pero ¿quién difundirá estas habilidades en el mundo?

Psicología aplicada frente a psicología básica: problemas frente a rompecabezas

Cuando la alta dirección de la Universidad de Pennsylvania se debatía en 2004 entre ofrecer o no un nuevo posgrado para capitalizar la demanda del público de psicología positiva, el decano de ciencias naturales comentó, con un dejo de veneno: "Asegurémonos de ponerle una A. A final de cuentas, el departamento de psicología es el que hace ciencia pura y no queremos que la gente se confunda, ¿no es cierto?".

–¿Lo aceptará el profesor Seligman? —inquirió el decano de ciencias sociales—. Es un poco insultante. Una A de "aplicada",[22] ¿una maestría en psicología positiva aplicada?

Lejos de sentirme insultado, acepté con agrado la A. A pesar de que la Universidad de Pennsylvania fue fundada por Benjamin Franklin para enseñar tanto lo "aplicado" como lo "ornamental",[23] con lo que en realidad se refería a "sin utilidad en la actualidad", lo ornamental terminó por imponerse y he trabajado durante cuatro décadas como el rebelde "aplicado" en un departamento casi meramente ornamental. El acondicionamiento pavloviano, la visión en color, el escudriñamiento mental en serie o en paralelo, los modelos matemáticos del laberinto de aprendizaje en T que se utiliza con ratas, la ilusión lunar, ésas son las empresas de prestigio en mi departamento. La investigación del mundo real tiene un olor ligeramente fétido en las altas esferas de la psicología académica, un olor que flotó en el aire mientras los decanos debatían la creación de un nuevo curso de posgrado.

Mi intención original cuando decidí estudiar psicología fue aliviar el sufrimiento humano y aumentar el bienestar de mis congéneres. Pensé que estaba bien preparado para hacerlo, pero en realidad me *maleduqué* para esta tarea. Necesité décadas para recuperarme y para librarme de resolver rompecabezas para empezar a resolver problemas reales, como explico a continuación. De hecho, ésta es la historia de todo mi desarrollo intelectual y profesional.

Mi mala educación fue instructiva. Fui a Princeton a principios de la década de 1960 con la viva esperanza de cambiar el mundo. Me emboscaron de una manera tan sutil que ni siquiera me di cuenta de que estuve emboscado casi veinte años. La psicología me atraía, pero la investigación en ese departamento me parecía prosaica: estudios de laboratorio con estudiantes de segundo año de licenciatura y ratas blancas. Los peces gordos de talla mundial en Princeton estaban en el departamento de filosofía. Por ese motivo estudié filosofía y, al igual que muchos jóvenes brillantes, me sedujo el fantasma de Ludwig Wittgenstein.

Wittgenstein, Popper y Penn

El amo supremo de la filosofía en la Universidad de Cambridge, Wittgenstein (1889-1951), fue la figura más carismática de la filosofía del siglo xx. Engendró dos movimientos importantes. Nació en Viena, combatió con gallardía por Austria y fue hecho prisionero por los italianos. Siendo prisionero de guerra en 1919 terminó el *Tractatus Logico-Philosophicus*,[24] una colección de epigramas numerados en secuencia que condujeron a la fundación del atomismo lógico y el positivismo lógico. El atomismo lógico es la doctrina de que la realidad puede entenderse como una jerarquía de hechos últimos, y el positivismo lógico es la doctrina que postula que sólo las tautologías y los enunciados empíricamente verificables tienen significado. Veinte años después, Wittgenstein cambió de opinión acerca de lo que la filosofía debería hacer y argumentó en *Investigaciones filosóficas*[25] que la tarea no consistía en analizar los elementos fundamentales de la realidad (atomismo lógico), sino en analizar los "juegos de lenguaje" de los seres humanos. Éste fue un llamado con fanfarrias a la filosofía del lenguaje ordinario, al análisis sistemático de las palabras como las usa la gente común y corriente.

En el fondo de las dos vertientes del movimiento wittgensteiniano está el análisis. La labor de la filosofía es analizar en detalle estricto y minucioso los elementos básicos de la realidad y el lenguaje. Los problemas más importantes que atañen a la filosofía (libre albedrío, Dios, ética, belleza) no pueden acometerse (si es que esto es posible) sino hasta que este análisis preliminar se realice correctamente. "De lo que no se puede hablar, es mejor guardar silencio", es la célebre conclusión del *Tractatus*.

Igual de importante que las ideas de Wittgenstein era el hecho de que era un maestro fascinante.[26] Multitudes de los estudiantes más brillantes de Cambridge se presentaban a verlo dar vueltas por su aula austera, pronunciando en silencio sus epigramas, esforzándose por llegar a la pureza moral, avasallando a los estudiantes con las respuestas a sus preguntas, mientras se menospreciaba por ser tan poco elocuente. La combinación de su brillantez, su apostura impresionante, su sexualidad magnética y extraña y su exótico desapego de este mundo (renunció a una enorme fortuna familiar) era seductora, y sus estudiantes se enamoraban del hombre y de su pensamiento. (Es un lugar común que los estudiantes aprenden mejor cuando se enamoran de su maestro.) Estos estudiantes se dispersaron después por el mundo intelectual de la década de 1950 y dominaron la filosofía académica anglófona en los siguientes cuarenta años, al tiempo que transmitían su enamoramiento a sus propios alumnos. Los fanáticos de Wittgenstein dominaban sin duda alguna el departamento de filosofía de Princeton y nos inculcaban a los estudiantes el dogma wittgensteiniano.

Lo llamo dogma porque nos premiaban por hacer análisis lingüísticos rigurosos. Por ejemplo, mi tesis de maestría, que después fue tema de un libro asombrosamente parecido que mi asesor publicó con su nombre, era un análisis cuidadoso de las palabras *mismo* e *idéntico*. Nos castigaban por tratar de hablar sobre "lo que no podíamos hablar". Los estudiantes que tomaban en serio a Walter Kaufmann,[27] el carismático maestro de Nietzsche ("el fin de la filosofía es cambiar tu vida"), eran objeto de burlas y se les consideraba confundidos e inmaduros. No hacíamos las preguntas obvias, como "¿para qué molestarse en hacer análisis lingüístico en primer lugar?"

Por supuesto, no nos enseñaron nada sobre el histórico encuentro entre Ludwig Wittgenstein y Karl Popper en el Moral Philosophy Club de Cambridge en octubre de 1947. (Este acontecimiento se recrea en el apasionante libro *Wittgenstein's Poker* de David Edmonds y John Eidinow.)[28] Popper acusó a Wittgenstein de sobornar a toda una generación de filósofos al ponerlos a trabajar con *rompecabezas lingüísticos,* lo preliminar de los preliminares. La filosofía, argumentó Popper, no debe ocuparse de rompecabezas, sino de *problemas:* moralidad, ciencia, política, religión y derecho. Wittgenstein estaba tan furioso que lanzó un atizador a Popper y salió dando un portazo.

Cómo me hubiera gustado sospechar en mis años de estudiante que Wittgenstein no era el Sócrates, sino el Darth Vader de la filosofía moderna. Ojalá hubiera tenido la sofisticación para reconocerlo como un fantoche académico. Con el paso del tiempo me di cuenta de que me habían orientado en la dirección equivocada y empecé a corregir el rumbo cuando llegué a la Universidad de Pennsylvania a estudiar psicología como estudiante de posgrado en 1964, después de haber rechazado una beca en Oxford para estudiar filosofía analítica. La filosofía era un juego alucinante, pero la psicología no era un juego y podía ayudar realmente a la humanidad; ésa era mi esperanza ferviente. Robert Nozick (mi maestro de licenciatura con quien estudié a René Descartes) me ayudó a darme cuenta de esto cuando acudí a él en busca de consejo cuando me otorgaron la beca. En el consejo más cruel, y sabio, que he recibido en toda mi carrera, Bob comentó: "La filosofía es una buena preparación para otra cosa, Marty". Tiempo después, Bob, como profesor de Harvard, cuestionaría el desfile de rompecabezas de Wittgenstein y desarrollaría su propio método para resolver problemas filosóficos en lugar de rompecabezas lingüísticos. Sin embargo, lo hizo con tanta destreza que nadie lo amenazó con un atizador y así contribuyó a dar un empujón a la filosofía académica de altos vuelos en la dirección que Popper quería.

También rechacé la oportunidad de ser jugador profesional de bridge por la misma razón: porque también era un juego. A pesar de que había cambiado del campo de la filosofía al de la psicología, seguía siendo wittgensteiniano por formación, y resultó que había entrado en un departamento idóneo que era y es el santuario del conocimiento ornamental y de la resolución de rompecabezas psicológicos. El prestigio académico en Penn nació de trabajar rigurosamente en los rompecabezas, pero mi anhelo de trabajar con problemas de la vida real, como el logro y la desesperación, me atormentaba incesantemente.

Hice mi doctorado con ratas blancas,[29] pero aunque satisfizo a los maestros de los rompecabezas que editaban las revistas, se enfocó de manera titubeante en los problemas: la descarga impredecible producía más miedo que la predecible porque la rata nunca sabía cuándo no corría riesgos. También trabajé en la impotencia aprendida, la pasividad inducida por el choque incontrolable. Pero eso también era un modelo de laboratorio, aceptable, por consiguiente, en las publicaciones académicas, pero apuntaba con titubeos al problema humano. El momento decisivo llegó poco después de que tomé el equivalente de una residencia psiquiátrica con los profesores de psiquiatría Aaron (Tim) Beck y Albert (Mickey) Stunkard de 1970 a 1971. Había renunciado al puesto de profesor adjunto en Cornell, mi primer trabajo después de terminar mi doctorado en 1967, como protesta política, y con Tim y Mickey intenté aprender algo de los verdaderos problemas psiquiátricos para relacionar mis habilidades para resolver rompecabezas con los problemas de la vida real. Tim y yo nos reunimos durante una comida informal en Kelly y Cohen, nuestro *delicatessen* local (Kelly era ficticio) después de que me reincorporé al departamento de psicología de Penn en 1972.

–Marty, si sigues trabajando como psicólogo experimental con animales vas a desperdiciar tu vida —advirtió Tim cuando me dio el segundo mejor consejo que he recibido mientras veía cómo me atragantaba con mi sándwich Reuben a la plancha. Y así fue que me convertí en psicólogo aplicado y trabajé de manera explícita con problemas. Me daba cuenta de que estaba destinado desde ese momento al papel del rebelde, "populista" y lobo con piel de oveja entre mis colegas. Mis días como académico dedicado a la ciencia básica estaban contados.

Para mi sorpresa, Penn me nombró profesor adjunto con plaza pese a todo, y me cuentan que el debate secreto entre los profesores se centró en la espantosa posibilidad de que mi trabajo se desviara en dirección de la ciencia aplicada. Ha sido una batalla cuesta arriba para mí en Penn desde entonces, pero nunca entendí el significado de cuesta arriba hasta que formé parte de un comité para contratar a un psicólogo social en 1995. Mi colega Jon Baron hizo la revolucionaria sugerencia de que pusiéramos un anuncio para solicitar a alguien que hiciera investigación en temas como el trabajo, el amor o el juego.

–Eso es de lo que se trata la vida –afirmó y yo asentí con entusiasmo. Entonces pasé la noche sin dormir.

Escudriñé mentalmente (en serie) el cuerpo docente de los diez principales departamentos de psicología del mundo. Ni uno solo se dedicaba a estudiar el trabajo, el amor o el juego. Todos trabajaban en los procesos "básicos": cognición, emoción, teoría de decisión, percepción. ¿Dónde estaban los académicos que nos guiarían en lo que hace que la vida valga la pena?

Al día siguiente, comí por casualidad con el psicólogo Jerome Bruner. En esos días, a los ochenta y cinco años y casi ciego, Jerry era la historia viviente de la psicología estadunidense.[30] Le pregunté por qué los cuerpos docentes de las grandes universidades trabajaban sólo en los llamados procesos básicos y no en el mundo real.

–Sucedió en un momento específico, Marty –respondió Jerry–, y yo estuve ahí. Fue en 1946, en una reunión de la Society of Experimental Psychologists. [Soy miembro no asistente de esta fraternidad de elite, hoy también una hermandad femenina, de profesores de las más prestigiosas universidades.] Edwin Boring, Herbert Langfeld y Samuel Fernberger, los presidentes de Harvard, Princeton y Penn, respectivamente, se reunieron a comer y acordaron que la psicología debía parecerse más a la física y la química y hacer sólo investigación básica, y que no contratarían psicólogos aplicados. El resto de la academia se alineó de inmediato.

Esta decisión fue un error monumental. Para una ciencia insegura como la psicología en 1946, imitar a la física y a la química podía ganarle algunos puntos con los decanos, pero no tenía ningún sentido en cuanto a la ciencia. La física estaba precedida por la antigua ciencia de la ingeniería, que resolvía problemas verdaderos, antes de injertar en el campo la investigación básica abstracta. La física aplicada predecía eclipses, inundaciones y los movimientos de los cuerpos celestiales, y acuñaba dinero. Isaac Newton dirigió la casa de moneda británica en 1696. Los químicos fabricaban pólvora y aprendían una gran cantidad de hechos científicos al tiempo que perseguían el ideal de convertir el plomo en oro, que al final resultó ser un callejón sin salida. Estos problemas y aplicaciones reales establecieron los límites de los rompecabezas básicos que la física aplicada procedería a desentrañar. Por el contrario, la psicología no tenía a la ingeniería, nada que hubiera demostrado que funcionaba en el mundo real, no tenía ningún sustento que guiara y delimitara lo que debía ser su investigación básica.

La buena ciencia requiere la interacción del análisis y la síntesis. Uno nunca sabe si la investigación básica es realmente básica hasta que sabe de qué es básica. La física moderna tomó forma no por sus teorías, que pueden ser enormemente contrarias a la lógica y muy controvertidas (muones, ondículas, supercuerdas, el principio antrópico y todo eso), sino porque los físicos construyeron la bomba atómica y las modernas centrales de energía nuclear. La inmunología, una empresa de menor importancia en la investigación médica en la década de 1940, demostró su enorme utilidad tras el descubrimiento de las vacunas de Salk y Sabin contra la polio. A partir de ahí siguió el ascenso vertiginoso de la investigación básica.

En el siglo XIX surgió una feroz disputa en la física en torno de cómo volaban las aves. La controversia se resolvió en doce segundos el 17 de diciembre de 1903, cuando los hermanos Wright hicieron volar el aeroplano que habían construido. En consecuencia, muchos concluyeron que todas las aves debían de volar así. De hecho, ésta es la lógica de la investigación con la inteligencia artificial:[31] si la ciencia básica puede construir una computadora capaz de comprender el lenguaje, o de hablar, o de percibir objetos, simplemente conectando una red de circuitos de conmutación binarios, así es como los seres humanos deben de hacer estas cosas maravillosas. La aplicación señala a menudo el camino de la investigación básica, mientras que la investigación básica, sin un indicio de cómo puede aplicarse, por lo general es sólo una necedad.

El principio de que la buena ciencia necesariamente incluye la interrelación activa entre la aplicación y la ciencia pura entra en conflicto tanto con los científicos puros como con los aplicados. En virtud de que sigo siendo un rebelde inconformista en el departamento de psicología de Penn hasta la fecha, recibo recordatorios semanales de cómo los científicos puros ven con suspicacia la aplicación, pero no sabía hasta dónde llegaba el escepticismo de los aplicadores respecto a la ciencia hasta que llegué a la presidencia de la American Psychological Association (APA) en 1998. Me eligieron por la mayoría más amplia que se haya registrado en su historia y atribuyo este desliz al hecho de que mi trabajo se sitúa justo en medio de la ciencia y la aplicación y, por tanto, atrajo a muchos científicos y clínicos. El trabajo emblemático que realicé fue contribuir al estudio de la eficacia de la psicoterapia realizado en 1995 por *Consumer Reports*. Utilizando herramientas estadísticas avanzadas, *Consumer Reports*, en una encuesta masiva, encontró buenos resultados de la psicoterapia en general, pero la sorpresa fue que los beneficios no eran exclusivos de un tipo de terapia en especial ni para un tipo específico de trastorno.[32] Este resultado fue bien acogido por la gran mayoría de psicólogos aplicados que hacen todo tipo de terapia para todo tipo de trastornos.

Cuando llegué a Washington para presidir la American Psychological Association, me encontré exactamente en la misma situación entre los líderes del trabajo aplicado que la que tenía con mis colegas devotos de la ciencia pura: un lobo con piel de oveja. Mi primera iniciativa como presidente, la psicoterapia basada en hechos científicos, nunca logró despegar. Steve Hyman, a la sazón director del National Institute of Mental Health, me había dicho que podía conseguir aproximadamente 40 millones de dólares para apoyar el trabajo de esta iniciativa. Muy animado, me reuní con el Committee for the Advancement of Professional Practice, el consejo superior de profesionales independientes que, salvo por mi elección, tenía el dominio absoluto sobre la elección de los presidentes de la APA. Expuse mi iniciativa ante un grupo de veinte de estos formadores de opinión que se veían cada vez más serios e inexpresivos mientras les hablaba de las bondades de basar la terapia en pruebas científicas de su eficacia. Stan Moldawsky, uno de los veteranos más intransigentes, cerró el telón sobre mi iniciativa cuando preguntó: "¿Y si las pruebas no nos favorecen?".

En seguida, Ron Levant, uno de los aliados de Stan, me contó mientras bebíamos una copa: "Estás jodido, Marty". A decir verdad, la psicología positiva —un empeño no tan antagónico al ejercicio independiente de la profesión como la terapia basada en pruebas— nació de la nariz ensangrentada de Levant.

Fue precisamente pensando en esta tensión entre la aplicación y la ciencia que en 2005 acepté con mucho gusto dirigir el Positive Psychology Center de la Universidad de Pennsylvania y crear un nuevo posgrado —la maestría en psicología positiva aplicada (MPPA)— cuya misión sería combinar la investigación vanguardista con la aplicación del conocimiento en el mundo real.

4 Enseñar el bienestar: la magia del programa de MPPA

> [...] *una vez llegué a una encrucijada*
> *Donde busqué refugio por un corto tiempo.*
> *Pero al tender mi saco y quitarme los zapatos,*
> *Observé que la encrucijada era como ninguna otra.*
> *El aire en este lugar era acogedor*
> *Y una vibración permeaba todas las cosas.*
> *Al presentarme con los viajeros que por ahí pasaban,*
> *No sentí duda ni desaliento*
> *Sino sinceridad y optimismo en su lugar.*
> *En sus ojos noté algo que no pude nombrar*
> *Pero que se sentía como estar en casa.*
> *En este lugar, juntos, compartimos y nos dimos aliento*
> *Y nos regodeamos en la abundancia de la vida...*
>
> "Crossroads", Derrick Carpenter[1]

Quiero una revolución en la educación mundial. Todos los jóvenes necesitan aprender habilidades laborales, que han sido la materia del sistema educativo desde hace doscientos años. Además, ahora podemos enseñar las habilidades del bienestar: cómo tener mayor emoción positiva, más sentido, mejores relaciones y mejores logros positivos. Las escuelas de cada nivel deben enseñar estas habilidades y los siguientes cinco capítulos giran en torno de esta idea. En este capítulo, explico la educación a nivel de posgrado en psicología positiva aplicada y quien enseñará el bienestar. El capítulo 5 tiene que ver con la enseñanza del bienestar en las escuelas. El capítulo 6 es una nueva teoría sobre la inteligencia y los capítulos 7 y 8 tratan de cómo se enseña el bienestar en el ejército de Estados Unidos. La meta es que los jóvenes de la siguiente generación florezcan.

Aunque he impartido clases a nivel de licenciatura, posgrado y en preparatorias, la más extraordinaria de mis experiencias ocurrió en los últimos diez años al enseñar psicología positiva. Y no soy sólo yo: otras personas que enseñan psicología positiva en el mundo tienen historias maravillosas similares. Al narrarlas, trato de comprender por qué es tan extraordinaria y por qué la enseñanza tradicional falla tan a menudo. Lo que sigue trata del programa MPPA, la maestría en psicología positiva aplicada,[2] y revela por qué sus ingredientes son "mágicos". Estos ingredientes mágicos incluyen: primero, el *contenido* es provocador, informativo y animoso. Segundo, la psicología positiva es *transformadora tanto a nivel personal como profesional*. El tercer ingrediente es que la psicología positiva es un *llamado*.

El primer programa de MPPA

En febrero de 2005 la Universidad de Pennsylvania, un poco renuente, aprobó la maestría en psicología positiva aplicada. El plazo para recibir solicitudes vencía el 30 de marzo de 2005. No buscábamos jóvenes recién graduados de la universidad ni psicólogos, sino personas maduras que tuvieran éxito en el mundo y quisieran integrar la psicología positiva en sus profesiones. También debían tener un excelente currículo académico. El formato es de educación ejecutiva; nueve largos fines de semana al año más un proyecto como punto culminante. Y es muy caro: más de 40,000 dólares de colegiatura, más hoteles, alimentos y aviones.

Comenzamos con una hazaña, cuando Penn atrajo a un extraordinario profesor de religión, filosofía y psicología de la Vanderbilt University, el doctor James Pawelski.[3] Él, a su vez, reclutó a Debbie Swick,[4] que estaba por terminar su maestría en administración de empresas ahí. Ellos dirigen el programa de MPPA. Debbie, James y yo esperábamos con optimismo, con sólo un mes de ventaja, que podíamos convencer de alguna manera a once solicitantes de que asistieran a nuestro programa; once era el mínimo para costear el programa, como nos recordaron más de una vez los decanos.

De forma sorprendente, recibimos más de 120 solicitudes; más de cinco veces el número que esperábamos, casi sin publicidad y en poco tiempo, y sesenta de los solicitantes reunían los altos estándares de admisión de Penn que pertenece a la Ivy League. Aceptamos a treinta y seis, y treinta y cinco aceptaron nuestra oferta. A las ocho de la mañana del 8 de septiembre, los treinta y cinco se reunieron en el Salón Benjamin Franklin del Houston Hall. Este grupo de estudiantes incluía a:

- Tom Rath,[5] autor famoso y ejecutivo de Gallup Corporation.
- Shawna Mitchell, investigadora en finanzas en Tanzania, y finalista del programa de televisión *Survivor*.
- Angus Skinner, director de servicios sociales del gobierno de Escocia, en Edimburgo.
- Yakov Smirnoff, [6] el famoso comediante y pintor, recién salido de su espectáculo en Broadway.
- Senia Maymin,[7] una vivaz estudiante del posgrado de matemáticas de Harvard y directora de su propia fundación (que conocieron en el capítulo 1).
- Peter Minich, neurocirujano y doctorado en filosofía de Canadá.
- Juan Humberto Young, de Zurich, Suiza; director de una consultoría financiera.

Ingredientes de la psicología positiva aplicada

Contenido aplicable intelectualmente estimulante

Para enseñar a estos estudiantes, reunimos a los profesores líderes en psicología positiva del mundo. Ellos, como los estudiantes, vinieron a Filadelfia para el festín intelectual mensual. Barbara Fredrickson, la genio de laboratorio de la psicología positiva[8] y ganadora del primer premio Templeton de 100,000 dólares por investigación en psicología positiva, es una perenne introductora de la "semana de inmersión", los cinco días de septiembre que dura la introducción a la disciplina. El *contenido* de la disciplina de la psicología positiva es el primer ingrediente en la alquimia que es la magia del MPPA.

Barb comenzó por detallar su teoría de "aumentar y construir" la emoción positiva.[9] A diferencia de las emociones negativas, que identifican, aíslan y combaten irritantes externos, las emociones positivas aumentan y construyen recursos psicológicos importantes que luego podemos utilizar en la vida. Así que cuando nos enriquecemos con una conversación con nuestro mejor amigo, estamos sentando las bases de las habilidades sociales que utilizaremos el resto de la vida. Cuando un niño siente alegría en el juego rudo construye la coordinación motora que le servirá en los deportes escolares. La emoción positiva es más que sentir cosas agradables; es una señal de neón de que el crecimiento se está dando, de que el capital psicológico se acumula.

–Éste es nuestro descubrimiento más reciente —explicó Barb a los treinta y cinco estudiantes y cinco profesores, todos sentados en la orilla del asiento–. Vamos a empresas y transcribimos cada palabra que se dice en sus reuniones de trabajo. Hemos hecho esto en sesenta compañías. Un tercio de las compañías florecen económicamente, un tercio va bien y un tercio va mal. Codificamos cada oración para buscar palabras positivas o negativas y luego hacemos un balance de afirmaciones positivas y negativas.

"Hay una línea divisoria muy notable —continuó Barb—. Las compañías con una razón mejor que 2.9:1 de afirmaciones positivas a negativas florecen.[10] Por debajo de esa proporción, a las compañías no les va muy bien económicamente. Llamamos a esto 'la proporción Losada',[11] por mi colega brasileño Marcel Losada, que descubrió este hecho.

"Pero no desborden positividad. La vida es un barco con velas y timón. Por encima de 13:1, sin un timón negativo, las velas positivas ondean sin dirección y se pierde toda credibilidad".

–Espera un momento —objetó Dave Shearon con su discreto acento de Tennessee. Dave, abogado y estudiante nuevo, es director del programa educativo del Colegio de Abogados de Tennessee–. Nosotros los abogados peleamos todo el día. Apuesto a que nuestras proporciones son muy negativas; tal vez de 1:3. Es la naturaleza misma de la litigación. ¿Estás diciendo que debemos obligarnos a pasar un día diciendo zalamerías?

–Una proporción Losada negativa puede contribuir a la eficacia de un abogado —contestó Barb—, pero puede tener un gran costo personal. El derecho es la profesión con mayor índice de depresión, suicidio y divorcio.[12] Si tus colegas llevan esa proporción a casa, están en problemas. John

Gottman computó la misma estadística[13] al escuchar conversaciones de parejas durante fines de semana completos. Una proporción de 2.9:1 significa que vas camino del divorcio. Necesitas una proporción de 5:1 para predecir un matrimonio sólido y amoroso: cinco enunciados positivos por cada comentario crítico que le haces a tu pareja. Un hábito de 1:3 en una pareja es una catástrofe irreparable.

Una de los estudiantes me confesó después:

–Aunque Barb hablaba de equipos de trabajo, lo único en lo que pude pensar fue en mi "equipo" en casa: mi familia. Los ojos se me llenaron de lágrimas cuando habló, porque me di cuenta de inmediato de que tengo una proporción de 1:1 con mi hijo mayor. Hemos caído en una dinámica en la que lo único en lo que me concentro es lo que él no hace bien en lugar de lo que hace bien. Mientras Barb hablaba, lo único que veía en mi mente era una película que trataba de llevar una relación amorosa de al menos 5:1, yuxtapuesta al intercambio tenso que tengo a diario con mi hijo de dieciséis años. De verdad quería guardar mis libros y dirigirme a casa, porque Barb me dio una idea sobre cómo manejar las cosas de forma diferente. Me imaginé comenzando conversaciones con un elogio genuino y algo ligero, seguido de algo sobre el trabajo escolar, la velocidad al conducir o algo que fuera a criticar. Quería ir a casa a intentar hacer las cosas bien.

Hace poco pregunté a esta estudiante por el resultado.

–Ahora tiene veinte años —me respondió— y la relación es mejor que nunca. La proporción positiva la saneó.

Y no son sólo los estudiantes que cambiaron sus vidas a partir de las cátedras.

"¡*Papaaaaaá!*, ¿me puedes llevar a casa de Alexis? Es importante. *Por favoooooooor*", me ruega mi hija Nikki de catorce años. En *Authentic Happiness* relaté un intercambio significativo que tuve poco después de su quinto cumpleaños, mientras trabajábamos en el jardín. En ese entonces, me reprendió por decirle a gritos que se pusiera a trabajar. Era quejumbrosa, explicó entonces, pero había resuelto cambiar su forma de ser cuando cumplió cinco años. "Fue lo más difícil que he hecho", comentó con orgullo, "y si puedo dejar de quejarme, puedes tú dejar de ser tan gruñón."

La psicología positiva surgió de lo que Nikki me dijo. Me di cuenta de que había sido gruñón cincuenta años, que la crianza de mis hijos había sido para mí corregir debilidades en lugar de construir fortalezas y que la profesión de la psicología, que recién había escogido liderar, había tratado exclusivamente de eliminar las condiciones incapacitantes en lugar de crear las condiciones habilitadoras que permiten florecer.

Sin embargo, eran las once con quince una noche de viernes, y había estado rompiéndome la cabeza intentando pensar en las implicaciones de la nueva teoría que Barbara Fredrickson introdujo en su cátedra de MPPA. No podía dejar de pensar en sus ideas sobre una proporción positiva mínima para inducir el florecimiento y había estado obsesionado con esto durante la cena con la familia.

–Nikki, es casi medianoche. ¿No entiendes que estoy trabajando? ¡Ve a hacer tu tarea o acuéstate! —grité. Vi la mirada que me lanzó Nikki, la misma que había visto hace años en el jardín.

–Papá, tienes una proporción Losada terrible —comentó.

Por lo tanto, el primer ingrediente del mágico MPPA es el *contenido* de la psicología positiva en sí. Es un reto intelectual como en cualquier campo académico, pero a diferencia de otras disciplinas, es personalmente informativo e incluso transformador además de divertido. Enseñar sobre depresión y suicidio, como lo hice durante veinticinco años, causa pesimismo. Si uno lo toma con seriedad, enseñar y aprender al respecto afecta el estado de ánimo personal. Pasas mucho tiempo sumido en la tristeza. En cambio, aprender psicología positiva es *divertido*; no sólo es la emoción normal de aprender, sino la alegría de aprender sobre cosas que son alegres.

Hablando de diversión, el programa de MPPA redescubrió la importancia del cambio de energía; actividades escolares tan físicas que avergonzarían a mis decanos mojigatos. El "ciclo básico de descanso y actividad"[14] o BRAC (por sus siglas en inglés) es característico de los seres humanos y otros animales diurnos (que pasan el día en estado de vigilia). En promedio, estamos más alertas a media mañana y al atardecer. Nos hallamos en el fondo del ciclo (cansados, enojados, inatentos y pesimistas) a la mitad de la tarde y durante las primeras horas de la mañana. Es tan biológico este ciclo que la muerte ocurre de forma desproporcionada en el fondo del BRAC. El fondo del BRAC se exagera en MPPA, ya que las clases son una vez al mes durante fines de semana de tres días, durante nueve horas diarias y después de viajar desde lugares tan lejanos como Kuala Lumpur, Londres o Seúl (uno de nuestros estudiantes batió el récord de millas viajadas de Air New Zealand el año pasado, mientras que el año anterior otro batió el récord Qantas).

Por eso debemos tener actividad física cuando estamos en el fondo del BRAC. En un inicio, la psicología positiva era para hombres de mediana edad que se estaban quedando calvos. Sin embargo, al menos la mitad de la psicología positiva ocurre debajo del cuello y es importante que varios de los estudiantes de MPPA cada año sean personas activas del cuello para abajo: instructores de yoga, terapeutas de baile, entrenadores deportivos, maratonistas y triatlonistas. A las tres de la tarde todos los días, un grupo nos guía en una actividad de baile, ejercicio vigoroso, meditación o una caminata a paso rápido. Al principio los calvos se escondían, se ruborizaban, pero al observar como desaparecía la fatiga y regresaba la energía intelectual, nos volvimos participantes ávidos. No puedo decir cuántos cambios de energía sucedían en el salón. No son sólo los niños de kínder los que lo necesitan. Mientras más viejos somos, más nos ayudan a aprender y enseñar.

Transformación personal y profesional

El primer ingrediente mágico de MPPA es el contenido provocativo, personalmente aplicable y divertido. El segundo ingrediente es que MPPA transforma tanto de forma personal como profesional.

Una forma de ver esto es el efecto que tiene la psicología positiva en los entrenadores. Hay más de cincuenta mil profesionales en Estados Unidos que se dedican a ser entrenadores: entrenadores de vida, ejecutivos y personales. Me temo que esta profesión se ha disparado.[15] Cerca de 20 por ciento de los estudiantes de MPPA son entrenadores y una de nuestras metas es calmar y transformar el entrenamiento.

El entrenamiento y la psicología positiva

Entrenar es una práctica en busca de una columna vertebral. *Dos* columnas vertebrales en realidad: una basada en pruebas científicas y otra basada en un contexto teórico. La psicología positiva puede proveer ambas.[16] Puede

85

dar al entrenamiento un alcance limitado de práctica, con intervenciones y medidas que funcionan,[17] y con las técnicas y reconocimientos adecuados para ser entrenador.

Con la situación presente de los entrenadores, les dije a mis estudiantes de posgrado que su alcance de práctica no tiene límites: cómo arreglar el clóset, cómo pegar recuerdos en un álbum, cómo pedir un aumento, cómo ser un líder más asertivo, cómo inspirar al equipo de volibol, cómo encontrar mayor flujo en el trabajo, cómo combatir los pensamientos sombríos, cómo tener mayor propósito en la vida. También tiene un repertorio ilimitado de técnicas: afirmaciones, visualizaciones, masaje, yoga, entrenamiento asertivo, corrección de distorsiones cognoscitivas, aromaterapia, feng shui, meditación, contar bendiciones, etcétera. El derecho a llamarse entrenador no está regulado y es por eso que se necesitan con urgencia las columnas científicas y teóricas.

Para esta transformación del entrenamiento, primero se necesita la teoría, luego la ciencia y después las aplicaciones.

Primero, la teoría: la psicología positiva es el estudio de la emoción positiva, compromiso, sentido, logros positivos y buenas relaciones. Intenta medir, clasificar y construir estos cinco aspectos de la vida. Practicar estos aspectos llevará orden al caos al definir el alcance de la práctica y distinguirla de profesiones similares, como psicología clínica, trabajo social y terapia matrimonial y familiar.

Segundo, la ciencia: la psicología positiva tiene su fundamento en datos científicos que funcionan. Utiliza métodos probados de medidas, experimentos, investigación longitudinal y asignación aleatoria, estudios controlados con placebos para evaluar cuáles intervenciones funcionan y cuáles no. Descarta aquellas que no pasan esta norma de oro por considerarlas ineficaces, y perfecciona las que la aprueban. El entrenamiento con estas intervenciones basadas en pruebas y medidas validadas de bienestar establecerá los límites de una práctica de entrenamiento responsable.

Finalmente, lo que hacemos en MPPA ayudará a establecer las directrices para el entrenamiento y la acreditación. Seguramente no necesitas ser psicólogo con licencia para practicar la psicología positiva o para ser entrenador. Los seguidores de Freud cometieron el monumental error de restringir la psicología a los médicos y la psicología positiva no tiene la intención de servir de paraguas para otro gremio autoprotector. Si tienes capacitación adecuada en las técnicas de entrenamiento, en las teorías de la psicología positiva, en la medición válida de los estados y rasgos positivos, en las intervenciones que funcionan y sabes cuándo derivar a un paciente con alguien que esté mejor preparado,[18] serás, en mi opinión, difusor de buena fe de la psicología positiva.

Transformaciones

Caroline Adams Miller, tal vez la más sobresaliente alumna de la primera generación de MPPA —mide uno ochenta de estatura, es musculosa y no es fácil intimidarla—, está de acuerdo conmigo.

–Soy entrenadora profesional, Marty, y estoy orgullosa de serlo. Sin embargo, una cosa que odio es que no nos respetan. Prácticamente se ríen de nosotras en las reuniones profesionales. Quiero dar más respetabilidad al entrenamiento y tú me has dado las armas que necesito.

Caroline cumplió su objetivo. En los años después de obtener su título de MPPA, agregó una pieza faltante al mundo del entrenamiento. MPPA la introdujo a la teoría de establecimiento de metas,[19] que nunca había sido parte de ningún programa de entrenamiento hasta donde ella sabía. En su proyecto final, relacionó la teoría de establecimiento de metas con la investigación de felicidad y las técnicas de entrenamiento. Luego publicó *Creating Your Best Life: The Ultimate Life List Guide*,[20] el primer libro en la sección de autoayuda de cualquier librería que habla del establecimiento de metas basado en estudios de investigación para entrenadores como también para el público general. Ahora da conferencias en auditorios y su libro se utiliza en grupos de estudio por todo el mundo.

De su transformación profesional, Caroline dice: "MPPA convirtió mi trabajo en un llamado y me dio la capacidad de ayudar a otros a encontrar metas significativas y a comprender su papel en su felicidad cotidiana. Siento que marco una gran diferencia en formas que jamás creí posibles y me despierto pensando que soy la entrenadora profesional más afortunada del mundo.

David Cooperrider, cofundador de Appreciative Inquiry,[21] es maestro favorito perenne en MPPA. Su historia explica más detalladamente por qué la psicología positiva puede ser profesionalmente transformadora.

–¿Cuándo cambiamos como individuos? ¿Cuándo cambian las organizaciones? –pregunta David en clase.

Una estudiante se levanta y dice:

–Cuando nos esforzamos siempre que las cosas salen mal. La crítica despiadada de los otros es lo que estimula a cambiar.

–Es exactamente lo que quería oír, Gail —replica David—. Eso es lo que casi todo el mundo cree sobre el cambio: la visión de la noche oscura del alma. Es por esta razón que muchas corporaciones utilizan 360,[22] donde los compañeros de trabajo cuentan historias terribles sobre lo peor de ti. Esta perspectiva de 360 grados de tus errores y fracasos se te entrega para que la leas y, cuando quedas abrumado con todas estas críticas, se espera que cambies.

"Appreciative Inquiry, sin embargo, nos dice precisamente lo contrario. La crítica despiadada por lo general nos pone a la defensiva, o peor, nos hace sentir vulnerables. No cambiamos. Sin embargo, cambiamos cuando descubrimos lo mejor en nosotros mismos y cuando encontramos formas específicas de utilizar nuestras fortalezas. Voy a grandes organizaciones y hago que todo el personal se centre en lo que hace bien. Los empleados detallan las fortalezas de la corporación y cuentan historias sobre sus compañeros en su mejor momento. El Center for Positive Organizational Scholarship de la Universidad de Michigan creó un programa 360 positivo.

"Estar en contacto con lo que hacemos bien refuerza el cambio —continuó David—. Esto se relaciona con la proporción Losada. Para permitirnos escuchar la crítica sin adoptar una actitud a la defensiva y actuar de forma creativa frente a ella, necesitamos sentirnos seguros.

Ésta fue una intuición transformadora para Michelle McQuaid, que viajó en avión desde Melbourne, donde trabaja como la mano derecha del presidente de PricewaterhouseCoopers: "¿Por qué PWC no puede funcionar con los principios de la psicología positiva y Appreciative Inquiry?", le preguntó al CEO. "Hagamos algo al respecto." Entonces, Michelle y Bobby Dauman, su compañero de MPPA y el mejor vendedor de Land Rover en el mundo por varios años, además de ser el gerente de Land Rover más importante del mundo durante un año, agregaron un día a MPPA y ofrecieron una conferencia que tuvo un público nutrido: "¿De qué sirven los negocios positivos?". Su conferencia partió de la idea de que hemos entrado en una economía de satisfacción con la vida, por encima y más allá del dinero, y para que un negocio prospere, se deben cultivar relaciones y crear significado. Con este fin, llevaron a cabo talleres para crear una mejor proporción Losada, usando la gratitud y la respuesta activa y constructiva, creando mejores oportunidades para el flujo, la esperanza y el establecimiento de metas, además de transformar los trabajos en llamados. Dada su recepción entusiasta, ofrecieron otra conferencia en Melbourne, patrocinada por PWC, en diciembre de 2009.

Aprender psicología positiva es *transformador profesionalmente*. Esto es lo que Aren Cohen escribió sobre su *transformación personal*.

Cuando era estudiante de psicología positiva en 2006-2007, era soltera. A menudo me frustraba cuando nuestros profesores mencionaban la investigación sobre las ventajas del matrimonio. Los adultos casados, en particular aquéllos con relaciones estables, tienden a ser más sanos y a vivir más que las personas solteras.[23] Marty explicó que el matrimonio nos permite tres tipos de amor: uno en el que nos cuidan, otro en el que cuidamos a otra persona y el amor romántico.

No necesitaba nada más convincente; esto es lo que quería. Pero como miembro de una minoría de mujeres solteras de más de treinta sentada en un salón de felices psicólogos positivos, me vi obligada a preguntarme: ¿cómo puedo casarme para tener todos esos beneficios emocionales y físicos?

Por supuesto, no era tan calculadora como parecería, pero era una neoyorquina de treinta y cuatro, experimentada, que había visto demasiados episodios de *Sex and the City*, y comenzaba a preguntarme si me había convertido en una solterona. He salido con muchos, muchos hombres al pasar de los años y por alguna razón no ocurría nada. Así que al aprender intervenciones positivas en MPPA, decidí poner en práctica mi conocimiento de psicología positiva y, sorprendentemente, André, mi esposo, apareció en mi vida en el momento adecuado.

¿Cómo cambié mi vida para que esto ocurriera en el "momento adecuado"? Primero que nada, gracias a lo que aprendí en MPPA, me volví una persona más feliz, más en sintonía con mi propia espiritualidad y con mis razones para celebrar la gratitud. Llevé un diario de gratitud y comencé a utilizar el método de establecimiento de metas para el futuro y a visualizar lo que quería. Elaboré mi lista, comenzando con frases que van desde "Encontraré un hombre que sea…" hasta "Mi hombre será…", pensando que tal vez distintas expresiones lingüísticas fueran más amigables con mi personalidad y mi búsqueda. También dejé de ver *Sex and the City*.

Utilicé técnicas de visualización, como meditación y hacer collages. Mi collage tenía palabras e imágenes que delineaban cómo quería que fuera mi vida. Finalmente, escogí mi canción de amor favorita, la versión de James Taylor de "How Sweet It Is (To Be Loved by You)", y cada noche antes de dormir en los tres meses anteriores a conocer a mi esposo la oí de forma religiosa, como para que el amor entrara a mi vida. Las palabras "How Sweet It Is" también estaban en mi collage, justo encima de las palabras "Suite nupcial".

Ésos fueron los cambios que hice para que el amor romántico llegara a mi vida. Hoy es nuestro primer aniversario, y ¿cuál es mi mayor reto en la vida en este momento? Bueno, algunas cosas. Me comprometo más. Doy y recibo muchos abrazos. Sonrío más. Digo y escucho las palabras "te amo" más a menudo. Tengo un nuevo sobrenombre. De forma más importante, tengo alguien en quien confiar, que amo y me ama.

Y una cosa más: ¡cocino más! Nada me produce más emociones positivas que preparar una comida casera con amor. Parte de la psicología positiva que practicamos juntos con la mayor frecuencia posible es cenar en casa. En la tradición de la psicología positiva, siempre decimos alguna versión de una bendición para recordar todo lo que tenemos que agradecer. Particularmente del otro.

MPPA es *personal y profesionalmente transformadora*, además de ser un reto, aplicable y divertida en *contenido* intelectual. El ingrediente final es que los estudiantes de MPPA son *llamados* a la psicología positiva.

Llamado a la psicología positiva

Yo no escogí la psicología positiva. Me llamó. Es lo que quería desde el principio, pero la psicología experimental y luego la psicología clínica eran los únicos campos existentes cercanos a lo que me llamaba. No tengo una forma menos mística de decirlo. *Vocación*, como ser llamado a actuar en lugar de decidir actuar, es una vieja palabra, pero es algo real. La psicología positiva me llamó como la zarza ardiente llamó a Moisés.

Los sociólogos distinguen entre un trabajo, una carrera y un llamado.[24] Haces un trabajo por el dinero, y cuando el dinero se acaba, dejas de trabajar en ello. Buscas una carrera por los ascensos, y cuando dejas de subir de puesto, renuncias o te vuelves un autómata. En contraste, un llamado se hace porque así se quiere. Lo harías de cualquier forma, aunque no hubiera pago ni ascensos. "¡Trata de impedírmelo!", es lo que el corazón grita cuando sientes el llamado.

Cada mes, organizo una noche de películas con palomitas, vino, pizza y almohadas en el suelo. Presento películas que transmiten la psicología mejor que las lecciones llenas de palabras, pero sin música, como puede hacerlo el cine. Siempre abro con *Hechizo del tiempo*,[25] e incluso después de verla por quinta vez, sigo impresionado por cuánto nos incentiva a una transformación positiva. También he pasado la película *El diablo viste a la moda*,[26] una película sobre integridad, de Meryl Streep, la jefa malvada, y no de Anne Hathaway, la "gorda". También *Sueños de fuga*,[27] y no por Andy Dufresne (Tim Robbins), el banquero falsamente acusado que se redime, sino por el narrador, Red (Morgan Freeman); *Carros de fuego*,[28] con la encarnación de tres motivos para ganar: Eric Liddell corriendo por Dios; lord Andrew Linley, por la belleza; y Harold Abrahams, por él y su tribu; y *Sunday in the Park with George*,[29] que incluso después de verla más de veinticinco veces, me conmueve hasta el llanto en la gran escena final del primer acto en que el arte, los niños, París y lo que permanece y lo que es efímero en la vida se difuminan.

El año pasado terminé con la serie *Field of Dreams*,[30] un trabajo genial, incluso mejor que la novela de W. P. Kinsella *Shoeless Joe*,[31] en la que está basada. Vi la película en circunstancias extrañas. Llegué a casa una tarde lluviosa de invierno en 1989 para encontrar en mi puerta a un psicólogo exhausto y empapado. Al presentarse con un inglés muy malo como Vadim

Rotenberg[32] de Moscú, explicó que había dejado la Unión Soviética y que yo era la única persona que conocía en Estados Unidos. El "conocernos" consistía en que le había escrito para pedirle reproducciones de su fantástico trabajo sobre la muerte súbita en animales y luego él me invitó a hablar en Bakú, Azerbaiyán, en 1979; un viaje que abruptamente se canceló por sugerencia del Departamento de Estado durante un conflicto súbito durante la Guerra Fría.

Sin aliento me explicó que apenas había podido escapar de la URSS. Me contó fragmentos de su historia: era el único judío al que le habían dado todo un laboratorio durante el régimen de Leonid Brezhnev, ya que el politburó consideraba que su trabajo sobre impotencia aprendida y muerte súbita era importante para los militares. Cuando Brezhnev murió en 1982, la buena estrella de Rotenberg se apagó, el antisemitismo volvió a surgir y las cosas empeoraron.

Me sentía mucho más intranquilo de lo que por lo general me siento cuando estoy con extraños, por lo que lo llevé al cine. Sucedió que *Field of Dreams* estaba en cartelera. Fascinados, vimos que un campo de beisbol surgió de una esquina de un campo en Iowa, el Chicago Black Sox se materializó del maíz, y el tablero del marcador del Fenway Park de Boston destellaba "Moonlight Graham". Rotenberg se acercó a mí mientras el padre difunto de Ray Kinsella (Kevin Costner) le pregunta si quiere atrapar la bola. Entre lágrimas, el psicólogo me susurró: "¡Esta película no es de beisbol!".

En verdad que no era de beisbol. Esta película era sobre vocación, sobre ser llamado, sobre construir donde no había nada: "Si lo construyes, vendrán". Un llamado, así pasó conmigo. A pesar de las objeciones de los decanos, de mi propio departamento y compañeros, el programa de MPPA surgió de los maizales de Filadelfia ("¿Es el paraíso?", pregunta Shoeless Joe. "No, es Iowa", contesta Ray Kinsella). ¿Y quién vino?

–¿Cuántos de ustedes sintieron el llamado para ver? —pregunté con timidez. Todos levantaron la mano, todos.

–Vendí mi Mercedes para estar aquí.

–Era como un personaje de *Encuentros cercanos*,[33] esculpiendo la torre que veía en sueños recurrentes. Luego vi la publicidad del MPPA, y aquí estoy, en la "torre".

–Dejé mi práctica clínica y a mis pacientes.

–Detesto volar y me subí a un avión y volé sesenta horas de ida y vuelta a Nueva Zelanda cada mes para estar aquí.

MPPA ha sido mágico, más allá de cualquier otra experiencia que he tenido en los cuarenta y cinco años que llevo de dar clases. En resumen, éstos son los ingredientes:

- Contenido intelectual: provocativo, personalmente aplicable y divertido.
- Transformador: tanto personal como profesionalmente.
- Llamado: los estudiantes y los profesores sienten el llamado.

Estos ingredientes implican la posibilidad de la educación positiva para estudiantes de todas las edades, y es a esta versión en grande a la que ahora me dedicaré.

5 Educación positiva: enseñar el bienestar a los jóvenes

Primero, un breve cuestionario:

Primera pregunta: en una o dos palabras, ¿qué es lo que más quieres para tus hijos?

Si eres como miles de padres a los que he encuestado, habrás respondido: "felicidad", "confianza", "alegría", "realización", "equilibrio", "buenas cosas", "bondad", "salud", "satisfacción", "amor", "ser civilizado", "tener sentido en la vida", entre otras respuestas similares. En pocas palabras, el *bienestar* es tu mayor prioridad para tus hijos.

Pregunta dos: en una o dos palabras, ¿qué enseñan en las escuelas?

Si eres como otros padres, habrás respondido: "logros", "habilidades del pensamiento", "éxito", "conformidad", "leer y escribir", "matemáticas", "trabajo", "presentar pruebas", "disciplina" y respuestas similares. En pocas palabras, lo que las escuelas enseñan es cómo tener éxito en el trabajo.

Observa que casi no se superponen los elementos de las dos listas.

La instrucción escolar de los niños ha allanado el camino, desde hace más de un siglo, para la vida laboral adulta. Estoy de acuerdo con el éxito, saber leer y escribir, la perseverancia y la disciplina; sin embargo, quiero que imagines que las escuelas pudieran, sin comprometer nada, enseñar tanto las habilidades del bienestar como las habilidades del desempeño. Quiero que imagines la educación positiva.

¿Debe enseñarse el bienestar en la escuela?

El predominio de la depresión entre los jóvenes es sorprendentemente alto a nivel mundial. Según algunos estimados, la depresión es diez veces mayor ahora que hace cincuenta años.[1] Esto no es un artefacto del mayor conocimiento de la depresión como enfermedad mental, ya que mucha de la información surge de encuestas de puerta en puerta que preguntan a miles de personas: "¿Alguna vez has intentado suicidarte?", "¿Has llorado a diario durante dos semanas?", y preguntas similares sin mencionar la depresión. La depresión ataca ahora a los adolescentes. Hace cincuenta años, la edad promedio de depresión era cerca de los treinta años. Ahora los primeros episodios de depresión ocurren en niños menores de quince años.[2] Aunque existe una controversia acerca de si se debe denominar *epidemia* a esta situación,[3] muchos de nosotros, los expertos en el campo, estamos muy sorprendidos por cuánta depresión existe en la actualidad y que la mayoría de los casos no es tratada.

Es una paradoja,[4] en particular si crees que el bienestar viene de un buen ambiente. Tendrías que estar ciego por la ideología para no darte cuenta de que casi todo ha mejorado en los países desarrollados respecto a cómo era hace cincuenta años. Ahora hemos triplicado el poder adquisitivo en Estados Unidos. El tamaño de la vivienda típica se ha duplicado de 111.5 metros cuadrados a 232 metros cuadrados. En 1950 había un automóvil por cada dos conductores; ahora hay más automóviles que conductores con licencia. Uno de cada cinco niños llegaba a la educación superior; ahora uno de cada dos lo hace. La ropa, e incluso la gente, parece ser más atractiva físicamente. El progreso no se ha limitado a lo material:[5] ahora hay más música, más derechos para las mujeres, menos racismo, más entretenimiento y más libros. Si les hubieran comentado a mis padres, que vivían en una casa de 111 metros cuadrados conmigo y con Beth, mi hermana mayor, que obtendrían todo esto en sólo cincuenta años, me habrían dicho: "Eso sería el paraíso".

Sin embargo, no es el paraíso.

Hay más depresión que afecta a los más jóvenes, y el promedio de felicidad a nivel nacional, que se ha medido con cuidado durante medio siglo, no se encuentra al parejo de cómo ha mejorado el mundo objetivo. La felicidad ha aumentado únicamente en ciertos aspectos, si acaso.[6] El ciudadano danés, italiano y mexicano típico tiene un poco más de satisfacción con la vida que hace cincuenta años, pero el estadunidense, el japonés y el australiano típicos no están más satisfechos con la vida que hace cincuenta años, mientras que el británico y el alemán promedio están menos satisfechos. El ciudadano ruso típico es mucho más infeliz.

No sabemos por qué ha sucedido así. Ciertamente no es algo biológico o genético; nuestros genes y los cromosomas no han cambiado en cincuenta años. Tampoco es una cuestión ecológica: la vieja orden de los amish del condado de Lancaster,[7] que viven a 50 km de mí, tienen solamente una décima parte de la tasa de depresión de Filadelfia, incluso aunque respiren el mismo aire (sí, con gases del escape de los vehículos), beban la misma agua (sí, con flúor), y se alimenten de la misma manera (sí, con conservadores). Tiene que ver por completo con la modernidad y tal vez con lo que erróneamente hemos denominado "prosperidad".

Dos buenas razones para que el bienestar se enseñe en las escuelas son la situación presente de depresión y el aumento nominal de la felicidad en las últimas dos generaciones. Una tercera razón de peso es que un mayor bienestar mejora el aprendizaje, que es la meta tradicional de la educación. Un estado de ánimo positivo produce mayor atención,[8] más pensamiento creativo[9] y también pensamiento holístico.[10] Esto contrasta con el estado de ánimo negativo, que produce menor atención,[11] más pensamiento crítico y más pensamiento analítico. Cuando estás de mal humor, es más probable que te preguntes "¿qué está saliendo mal?". Cuando estás de buen humor, es más probable que te preguntes "¿qué está saliendo bien?". Aún peor: cuando estás de mal humor, te pones a la defensiva y te apoyas en lo que ya sabes, y sigues órdenes. Tanto el pensamiento positivo como el negativo son importantes en situaciones específicas; sin embargo, a menudo las escuelas destacan el pensamiento crítico y seguir órdenes en lugar de incentivar el pensamiento creativo y aprender cosas nuevas. El resultado es que los niños califican la escuela apenas por encima de ir al dentista. En el mundo moderno, creo que finalmente hemos llegado a una era en la que el pensamiento creativo, menos seguir órdenes ciegamente, y un mayor disfrute, tendrán más éxito.

Concluyo que, si fuera posible, el bienestar debería enseñarse en las escuelas ya que sería un antídoto contra la incidencia disparada de depresión, una forma de aumentar la satisfacción con la vida y una forma de mejorar el aprendizaje con mayor uso de pensamiento creativo.

El *Programa de Resiliencia de Penn*: una manera de enseñar el bienestar en la escuela

Mi equipo de investigación, dirigido por Karen Reivich y Jane Gillham, ha dedicado los últimos veinte años a investigar, utilizando métodos rigurosos, si el bienestar puede enseñarse en la escuela. Creemos que los programas de bienestar, como cualquier intervención médica, *deben basarse en pruebas*, razón por la que hemos probado dos programas diferentes para las escuelas: el Programa de Resiliencia de Penn (PRP) y el Currículo de Psicología Positiva de Strath Haven. Éstos son nuestros resultados.

Primero, permítanme contarles del Programa de Resiliencia de Penn. Su meta principal es aumentar la capacidad de los estudiantes para enfrentar los problemas cotidianos comunes durante la adolescencia. El PRP promueve el entusiasmo porque enseña a los estudiantes a pensar en forma más realista y flexible sobre los problemas que enfrentan. El PRP también los enseña a ser asertivos, a pensar de forma creativa, a tomar decisiones, a relajarse, entre otras habilidades para enfrentar problemas. El PRP es el programa relacionado con la depresión con mayor investigación a nivel mundial. Durante las últimas dos décadas, veintiún estudios han evaluado al PRP en comparación con otros grupos de control. Muchos de estos estudios usan diseños de control aleatorios. Todos estos estudios incluyen más de tres mil niños y adolescentes de edades entre ocho y veintidós años. Los resultados de dichos estudios sobre el PRP incluyen:

- Muestras diversas. El Programa de Resiliencia de Penn incluye adolescentes de distintos trasfondos raciales y étnicos, de distintas comunidades (urbanas, suburbanas y rurales; blancos, negros, hispanos, ricos y pobres) y países (por ejemplo, Estados Unidos, Reino Unido, Australia, China y Portugal).
- Variedad de líderes de grupo. Los líderes de grupo incluyen profesores, consejeros, psicólogos, trabajadores sociales, sargentos del ejército y estudiantes de posgrado en educación y psicología.
- Evaluaciones independientes del Programa de Resiliencia de Penn. Llevamos a cabo muchas de las evaluaciones del PRP; sin embargo, varios equipos de investigación independientes también lo han

evaluado, incluida una investigación a gran escala por parte del gobierno británico, con más de mil profesores y tres mil estudiantes.

Éstas son las conclusiones básicas del estudio:

- El Programa de Resiliencia de Penn reduce y previene los síntomas de la depresión. Un "metaanálisis" promedia todos los estudios[12] metodológicamente sólidos sobre un tema en toda la literatura científica y un metaanálisis de todos los estudios revela beneficios significativos del PRP y todas sus evaluaciones de seguimiento (inmediatamente después de la intervención, así como seis o doce meses después del programa) en comparación con estudios controlados. Los efectos perduran al menos dos años.
- El Programa de Resiliencia de Penn reduce la desesperación. El metaanálisis concluyó que el PRP reduce significativamente la desesperación, aumentando el optimismo y el bienestar.
- El Programa de Resiliencia de Penn previene niveles clínicos de depresión y ansiedad. En varios estudios, el PRP previno síntomas de depresión de moderados a graves. Por ejemplo, en el primer estudio del PRP, el programa redujo a la mitad los síntomas de moderados a graves durante el seguimiento de dos años.[13] En un contexto médico, el PRP previno los trastornos de depresión y ansiedad[14] entre los adolescentes con altos niveles de depresión al principio.
- El Programa de Resiliencia de Penn reduce y previene la ansiedad. Hay menos investigación sobre los efectos del PRP en los síntomas de ansiedad; sin embargo, la mayoría de los estudios encuentran efectos significativos y duraderos.
- El Programa de Resiliencia de Penn reduce los problemas de conducta. Existe aún menos investigación sobre los efectos del PRP en los problemas de conducta de los adolescentes (como la agresión y la delincuencia); sin embargo, la mayoría de los estudios encuentra efectos significativos. Por ejemplo, un programa reciente a gran escala descubrió beneficios significativos en los informes de los padres sobre los problemas de conducta de los adolescentes tres años después de que terminaron el programa.[15]

- El PRP funciona también para niños de diferentes contextos raciales y étnicos.[16]
- El Programa de Resiliencia de Penn mejora comportamientos relacionados con la salud de jóvenes adultos que completan el programa y tienen como resultado menos síntomas de enfermedades físicas, menos visitas al médico, mejores dietas y más ejercicio.
- La capacitación y la supervisión de los líderes de grupo es de suma importancia. La eficacia del PRP varía considerablemente en los distintos estudios.[17] Esto se relaciona, en parte, con cuánta capacitación y supervisión reciben los profesores. Los efectos son fuertes cuando los profesores son miembros del equipo del PRP. Los efectos son menos robustos y menos consistentes cuando los maestros tienen capacitación y supervisión mínimas.
- La fidelidad en la entrega del programa es de suma importancia.[18] Por ejemplo, un estudio del PRP en un ámbito de atención primaria reveló reducciones significativas en síntomas de depresión en grupos con alta adherencia al programa. En contraste, el PRP no redujo los síntomas de depresión en grupos de pacientes con bajo nivel de adherencia al programa. Por lo tanto, recomendamos que los profesores del PRP reciban capacitación intensiva y mucha supervisión.

El Programa de Resiliencia de Penn previene de forma confiable la depresión, la ansiedad y los problemas de conducta de los jóvenes. Sin embargo, la resiliencia es sólo un aspecto de la psicología positiva: el aspecto emocional. Diseñamos un currículo mucho más amplio que aumenta las fortalezas de carácter y el sentido de la vida, como también aumenta las emociones positivas y reduce las negativas. Con una subvención de 2.8 millones de dólares del Departamento de Educación de Estados Unidos, llevamos a cabo una evaluación aleatoria, controlada, a gran escala del currículo de psicología positiva a nivel preparatoria. En la preparatoria Strath Haven, en las afueras de Filadelfia, asignamos de forma aleatoria a 347 estudiantes del tercer grado de secundaria (de catorce y quince años) a clases de ciencias del lenguaje. La mitad de las clases incorporaron el currículo de la psicología positiva mientras que la otra mitad no. Los estudiantes, sus padres y sus maestros contestaron los cuestionarios estandarizados antes y después del programa y después de un seguimiento de dos años. Evaluamos las fortalezas de los estudiantes[19] (por ejemplo: amor por el conocimiento, bondad), habilidades sociales, problemas conductuales y cuánto disfrutaban de la escuela. Además, examinamos sus calificaciones.

Las metas principales de dicho programa global son: 1) ayudar a los estudiantes a identificar sus fortalezas de carácter personales, y 2) aumentar el uso de dichas fortalezas en la vida diaria. Además de estas metas, la intervención busca promover la resiliencia, la emoción positiva, el sentido y el propósito, además de las relaciones sociales positivas. El currículo consta de más de veinte sesiones de ocho minutos que se imparten en el tercer año de secundaria. Dichas sesiones consisten en discutir las fortalezas de carácter y otros conceptos y habilidades de la psicología positiva, una actividad semanal en clase, tareas de la vida real en la que los estudiantes aplican estas habilidades en sus propias vidas, y reflexiones que anotan en diarios.

A continuación se presentan dos ejemplos de los ejercicios que usamos en el currículo:

Ejercicio "Tres cosas buenas"

Les pedimos a los estudiantes que escriban a diario tres cosas buenas que hayan sucedido cada día durante una semana. Las tres cosas pueden ser de importancia menor ("Contesté correctamente una pregunta difícil en la clase de ciencias del lenguaje hoy") o mayor ("¡El chico que me gusta desde hace meses me invitó a salir!"). Al lado de cada acontecimiento positivo deben escribir la respuesta a una de las siguientes preguntas: "¿Por qué sucedió esta cosa buena?" "¿Qué significa para ti?" "¿Cómo puedes obtener más de esta cosa buena en el futuro?"

Uso de las fortalezas básicas de maneras nuevas

Honestidad. Lealtad. Perseverancia. Creatividad. Bondad. Sabiduría. Valor. Justicia. Estas y otras dieciséis fortalezas son valoradas en todas las culturas del mundo. Creemos que puedes sentir mayor satisfacción con la vida si identificas cuáles de estas fortalezas de carácter tienes en abundancia para luego utilizarlas cuantas veces sea posible en la escuela, en los pasatiempos y con amigos y familiares.

Los estudiantes hacen la prueba de Valores en acción y fortalezas básicas (www.authentichappiness.org) y utilizan su mayor fortaleza de nuevas formas la semana siguiente en la escuela. Varias sesiones del currículo se dedican a identificar las fortalezas de carácter en uno mismo, los amigos y los personajes literarios de los que leen para utilizar esas fortalezas con el fin de superar retos.

Éstos son los resultados básicos del programa de psicología positiva en Strath Haven:

Compromiso con el aprendizaje, disfrute de la escuela y rendimiento escolar

El programa de psicología positiva mejoró las fortalezas de curiosidad, amor por el aprendizaje y creatividad,[20] según los informes de los profesores que no sabían si los estudiantes estaban en el grupo de psicología positiva o en el grupo de control. (Eso es lo que se denomina un estudio "en ciego", ya que los evaluadores no conocen la situación de los estudiantes que evalúan.) El programa también aumenta el disfrute y compromiso de los estudiantes. Esto fue particularmente alto en las clases regulares (sin estudiantes distinguidos), donde la psicología positiva aumentó las calificaciones en ciencias del lenguaje y las habilidades de escritura de los estudiantes hasta llegar al segundo año de preparatoria. En las clases de estudiantes distinguidos, las calificaciones son muy buenas en general y casi todos los estudiantes obtienen dieces, así que hay poco espacio para mejoras. De forma importante, aumentar el bienestar no afecta las metas tradicionales del aprendizaje escolar; en cambio, las promueve.

Habilidades sociales y problemas de conducta

El programa de psicología positiva mejoró las habilidades sociales[21] (empatía, cooperación, asertividad, autocontrol), de acuerdo con los informes "ciegos" de las madres y los profesores. El programa redujo la mala conducta, según informan las madres.

Por lo tanto, concluyo que el bienestar debe enseñarse y que puede enseñarse en cada salón de clases. De hecho, ¿es posible que *toda una escuela* pueda imbuirse de psicología positiva?

El proyecto de la Geelong Grammar School

Estaba de gira en Australia en enero de 2005 cuando llamó por teléfono alguien cuya voz no reconocí:

–Buen día, amigo —saludó—. Soy tu estudiante, el doctor Trent Barry.

–¿Mi estudiante? —pregunté sin reconocer su nombre.

–Sí, ya sabes, del curso telefónico en vivo que duró seis meses; me despertaba a las cuatro de la mañana cada semana para escuchar tu cátedra desde las afueras de Melbourne, donde vivo. Era fantástico y soy fanático tuyo, pero nunca hablé.

"Queremos llevarte en helicóptero a la Geelong Grammar School. Soy miembro del consejo de la escuela y estamos a la mitad de una campaña de recolección de fondos para un centro de bienestar. Queremos que hables con los exalumnos y nos ayudes a juntar dinero para la campaña."

–¿Qué es la Geelong Grammar School?[22] —pregunté.

–En primer lugar, se pronuncia *Yii-long*, no *Yilong*, Marty. Es uno de los internados más viejos de Australia, fundado hace más de ciento cincuenta años. Tiene cuatro campus, incluido el de Timbertop, allá en las montañas, donde todos los estudiantes de tercero de secundaria van todo un año. Si quieren ducharse con agua caliente en Timbertop, deben cortar su propia leña. El príncipe Carlos fue a Timbertop; la única escuela de la que tiene buenos recuerdos. Corio, el campus principal, se encuentra a ochenta kilómetros al sur de Melbourne. Hay mil doscientos alumnos y doscientos profesores en total. Son increíblemente ricos.

"La escuela necesita un nuevo gimnasio –continuó—, pero el consejo dijo que necesitamos bienestar para los niños, además de un edificio. Les conté de Seligman. Nunca habían oído hablar de ti. Quieren que vayas a convencer a los alumnos ricos de que es posible enseñar el bienestar y que se puede armar un currículo para darle al nuevo edificio, que será el centro de bienestar, un verdadero significado. Hemos reunido catorce millones de dólares en seis meses y necesitamos dos millones más."

Así que mi familia y yo abordamos un helicóptero en un helipuerto desvencijado a la mitad del río Yarra en Melbourne, y seis minutos después llegamos al jardín frontal del palacio residencial de Trent. Mi esposa, Mandy, me susurró en el oído mientras aterrizábamos: "Tengo la extraña sensación de que vamos a pasar nuestro año sabático aquí".

Hablé aquella tarde frente a un auditorio de cerca de ochenta profesores ceñudos. Observé en particular que una de las personas más reservadas era el nuevo director, Stephen Meek. Alto, bien parecido, muy bien vestido, muy británico, orador melifluo con una voz de bajo como la mía; era la persona más estirada del lugar. Entonces esa noche, después de que Stephen me presentó, hablé sobre psicología positiva a casi cincuenta exalumnos impecablemente bien vestidos y vi que giraron suficientes cheques para alcanzar la meta de 16 millones de dólares. Me comentaron que Helen Handbury, la hermana de Rupert Murdoch, había contribuido con una gran parte de los 16 millones. En su lecho de muerte, poco después, Helen musitó: "No quiero otro gimnasio; quiero bienestar para los jóvenes".

Una semana después de que regresé a Filadelfia, Stephen Meek llamó: "Marty, quisiera enviar una delegación a Filadelfia para que se reúna contigo y analicen la posibilidad de enseñar el bienestar a toda la escuela". Unas semanas después, un trío de líderes de opinión del profesorado llegó para pasar una semana comprando cursos de bienestar en Penn: Debbie Cling, la encargada del currículo, John Hendry, el decano de los estudiantes, y Charlie Scudamore, el director de Corio (el campus principal).

–¿Qué harían —nos preguntaron a Karen Reivich y a mí— para imbuir de psicología positiva a toda la escuela si les diéramos carta blanca y recursos ilimitados?

–En primer lugar —respondió Karen—, capacitaría a todos los profesores durante dos semanas en los principios y ejercicios de la psicología positiva. Hemos estado haciendo esto con muchos profesores británicos. Los maestros primero aprenden a utilizar estas técnicas en su vida y luego aprenden a enseñárselas a sus estudiantes.

–Está bien —repuso Charlie—, ¿y luego?

–Luego —continuó Karen—, dejaría a uno o dos de los mejores profesores estadunidenses de psicología positiva a nivel de preparatoria como residentes en la escuela para corregir la trayectoria de los profesores mientras enseñan bienestar en todos los niveles.

–Muy bien. ¿Algo más?

–Claro que sí —intervine, y me atreví a pedir la luna—, lleven a las estrellas de la psicología positiva: Barb Fredrickson, Stephen Post, Roy Baumeister, Diane Tice, George Vaillant, Kate Hays, Frank Mosca, Ray Fowler, uno cada mes, para crear una serie de conferencias para los profesores, estudiantes y la comunidad. Luego, que se queden en el campus por un par de semanas a enseñar a los estudiantes y maestros, además de evaluar el currículo.

–Está bien.

–Y si Geelong Grammar puede pagar todo eso, me voy de año sabático con mi familia para vivir en la escuela y dirigir el proyecto. ¡Traten de detenerme!

Y así sucedió exactamente. En enero de 2008, Karen, yo y quince de nuestros instructores de Penn (la mayoría graduados de MPPA) volamos a Australia para enseñar a cien profesores de la Geelong Grammar School. En un curso de nueve días, primero enseñamos a los profesores a utilizar las habilidades en su vida diaria, tanto en lo profesional como en lo personal, y luego les dimos ejemplos y currículos detallados para enseñar a los niños. Se enseñaron los principios y habilidades en sesiones plenarias y se reforzaron con ejercicios y aplicaciones en grupos de treinta, como también en parejas y grupos pequeños. Además de excelentes calificaciones que recibimos de los profesores (4.8 de 5.0) y el hecho de que los profesores tuvieron que sacrificar dos semanas de sus vacaciones de verano sin paga, la transformación de Stephen Meek fue emblemática.

El director inauguró las sesiones el primer día con un discurso de bienvenida serio y frío en el que sin ambages hizo patente su escepticismo sobre el proyecto. Stephen, hijo de un vicario, es una persona absolutamente honesta. Aún no sabía esto de él, por lo que pensé en empacar y regresar a casa después de su "bienvenida". Sin embargo, al segundo día, Stephen participó en todo y apoyó el proyecto. Al final de los nueve días, estaba radiante y abrazaba a mis profesores (que son muy abrazables, pero por lo general no por directores británicos). Quería más y les comentó a sus profesores que éste era el cuarto acontecimiento más importante en la historia de la escuela: primero fue la mudanza de la ciudad de Geelong al campus Corio en 1910; segundo, la fundación de Timbertop en 1955; tercero, la escuela mixta en 1978; y ahora, en sus palabras, la "educación positiva".

Después del curso de capacitación, varios de nosotros nos quedamos en el campus todo un año, y cerca de una docena de académicos visitantes llegaron a pasar una semana o poco más para enseñar a los profesores sus especialidades en psicología positiva. Esto es lo que ideamos, que en esencia se divide en "Enseñar", "Incorporar" y "Vivir".

Enseñanza de la educación positiva (los cursos autónomos)

Los cursos autónomos y las unidades de los cursos se imparten en varios grados para enseñar los elementos de la psicología positiva: resiliencia, gratitud, fortalezas, sentido, flujo, relaciones positivas y emociones positivas. Los doscientos estudiantes de primero de preparatoria del campus Corio (la escuela principal) asistieron a clases de educación positiva dos veces a la semana, impartidas por los directores de cada uno de los diez internados. Los estudiantes escucharon distintas conferencias de los profesores invitados; sin embargo, la columna vertebral del curso era descubrir y usar sus propias fortalezas de carácter.

Durante la primera lección antes de tomar la prueba de Valores en acción y fortalezas básicas, los estudiantes escribieron relatos sobre cuándo se sentían mejor. Una vez que recibieron sus resultados de la prueba, los estudiantes releyeron sus historias, buscando ejemplos de sus fortalezas de carácter. Casi todos los estudiantes encontraron dos y muchos encontraron hasta tres.

Otras lecciones de fortalezas básicas incluían entrevistar a familiares para crear un "árbol genealógico" de fortalezas, aprender a utilizarlas para superar dificultades, y desarrollar fortalezas que no figuraran entre sus cinco principales. Para la última lección de fortalezas, los estudiantes nominaron a líderes del campus a los que consideraban modelos de cada fortaleza. Profesores y estudiantes ahora tienen un nuevo lenguaje común para hablar de sus vidas.

Después de las fortalezas básicas, la siguiente serie de lecciones para los estudiantes de primero de preparatoria era sobre cómo crear más emociones positivas. Los estudiantes escribieron cartas de gratitud a sus padres, aprendieron a saborear los buenos recuerdos, a superar el sesgo de negatividad y que la generosidad es muy grata para quien da. El diario de bendiciones, en el que cada estudiante lleva un registro de lo que sale bien cada día, es ahora una actividad en todos los grados.

En el campus Timbertop, construido sobre una montaña cerca de Mansfield, Victoria, los doscientos veinte estudiantes de tercero de secundaria llevan un estilo de vida rural arduo y penoso durante todo un año que culmina con una carrera de maratón entre las montañas. El curso autónomo de educación positiva en Timbertop destaca la resiliencia. En primer lugar, los estudiantes aprenden el modelo CAC:[23] cómo las creencias (C) sobre una adversidad (A), y no la adversidad en sí, provocan los sentimientos consiguientes (C). Éste es un punto importante de aprendizaje para los estudiantes: las emociones no son consecuencia inexorable de los acontecimientos externos, sino de lo que uno *piensa* de dichos acontecimientos y que es posible cambiar lo que uno piensa. Entonces los estudiantes aprenden a desacelerar este proceso CAC utilizando un pensamiento más flexible y atinado. Por último, los estudiantes aprenden "resiliencia en tiempo real"[24] para enfrentar las adversidades "al calor del momento" que los niños de tercero de secundaria enfrentan constantemente en Timbertop.

Después de la resiliencia, la siguiente serie de lecciones en Timbertop abordan la respuesta activa constructiva (RAC)[25] con un amigo y la importancia de una proporción Losada 3:1 de positivo a negativo.[26] Tanto la primera como la segunda unidad las enseñan profesores de educación física, porque se adecuan muy bien a las metas difíciles de Timbertop.

Aunque estos cursos autónomos enseñan contenido y habilidades, la educación positiva es mucho más que sólo estos cursos.

Incorporación de la educación positiva

Los profesores de Geelong Grammar School incorporan la educación positiva a los cursos académicos, los deportes, los consejos pastorales, la música y en la capilla. Primero presentaré unos ejemplos en el salón de clases:

Los profesores de inglés usan las fortalezas básicas y la resiliencia para analizar novelas. Aunque *El rey Lear* de Shakespeare[27] es una lectura muy deprimente (la leí de nuevo recientemente), los estudiantes identifican las fortalezas de los personajes principales y cómo estas fortalezas tienen un lado positivo y otro negativo. Los profesores de inglés enseñan la resiliencia para demostrar el pensamiento catastrófico en personajes de la obra de Arthur Miller *Muerte de un viajante*[28] y *La metamorfosis* de Franz Kafka.[29]

Los profesores de retórica cambiaron sus tareas de "Dar un discurso sobre algún momento en el que hiciste el ridículo" a "Dar un discurso sobre cuando fuiste valioso para los demás". La preparación para estos discursos[30] toma menos tiempo, los chicos hablan con más entusiasmo y los que escuchan están menos inquietos durante los discursos positivos.

Los profesores de religión les preguntan a sus alumnos sobre la relación entre la ética y el placer. Los estudiantes consideran a los filósofos Aristóteles, Jeremy Bentham y John Stuart Mill a la luz de la investigación neurológica más reciente sobre el placer y el altruismo, que indican que el altruismo y la compasión tienen conexiones cerebrales favorecidas por la selección natural. Los estudiantes examinan perspectivas (incluida la suya) sobre lo que le da sentido a la vida. Los estudiantes y sus padres entablan "un diálogo con sentido" en el que escriben una serie de correos electrónicos sobre lo que le da sentido a la vida con base en una serie de citas célebres sobre el significado de la vida.

Los profesores de geografía por lo general miden las variables tristes: pobreza, sequías, malaria; sin embargo los profesores de geografía de Geelong Grammar también enseñan a sus alumnos a medir el bienestar de las naciones y cómo varían los criterios del bienestar entre Australia, Irán e Indonesia. También investigan cómo la geografía física del lugar (por ejemplo, el espacio verde) contribuye al bienestar. Los instructores que hablan otros idiomas que no es el inglés piden a los estudiantes que examinen las fortalezas de carácter en el folclor y la cultura japonesa, china y francesa.

Los profesores de primaria empiezan cada día preguntando: "¿Qué salió bien?",[31] y los estudiantes nominan a los compañeros que mostraron "las fortalezas de la semana". Los profesores de música utilizan las habilidades de resiliencia para aumentar el optimismo cuando las interpretaciones no salen bien. Los profesores de arte de todos los niveles enseñan a apreciar la belleza.

Los entrenadores de atletismo enseñan la habilidad de "no guardar resentimientos" contra compañeros que tienen desempeño deficiente.

Algunos entrenadores utilizan las habilidades de reenfoque para recordar a los miembros de los equipos las cosas buenas que hacen y esos entrenadores reportan un mejor desempeño entre aquellos jugadores que superan el sesgo de negatividad.

Un entrenador ideó un ejercicio de fortalezas de carácter para debatir con el equipo lo que ocurrió después del partido. Durante la sesión, los estudiantes analizan los éxitos y los retos del partido bajo la lente de las fortalezas de carácter. Los miembros del equipo identifican, en sí mismos, en sus compañeros y sus entrenadores, ejemplos de fortalezas específicas que surgieron durante el juego. Además, los estudiantes identifican las "oportunidades perdidas" para usar ciertas fortalezas; la idea es que la identificación de estas oportunidades perdidas aumente la atención para detectar oportunidades futuras de utilizar las fortalezas.

La capilla es otro lugar de educación positiva. Se hace referencia a pasajes bíblicos sobre el valor, perdón, persistencia y casi todas las fortalezas durante los servicios diarios para reforzar los debates en el aula. Por ejemplo, cuando la gratitud era el tema que se trataría en el salón de clases de primero de preparatoria, el sermón de Hugh Kempster en la capilla y las lecturas bíblicas eran sobre la gratitud.

Además de los cursos y la incorporación de la educación positiva en la vida escolar, los estudiantes y profesores viven ahora en formas que no imaginaban.

Vivir la educación positiva

Como todos los niños de seis años de Geelong Grammar, Kevin comienza su día en un semicírculo con sus compañeros uniformados de primer grado. Frente a su maestra, Kevin levanta la mano cuando ella pregunta al grupo:

–Niños, ¿qué salió bien anoche?

Deseosos de contestar, varios niños de primer grado comparten pequeñas anécdotas, como "cenamos lo que más me gusta: espagueti" y "jugué damas con mi hermano mayor y gané".

–Mi hermana y yo lavamos el patio después de la cena y mamá nos abrazó cuando terminamos —dice Kevin.

–¿Por qué es importante compartir lo que salió bien? —pregunta la maestra.

–Me hace sentir bien —responde el niño sin dudar.

–¿Algo más, Kevin?

–Ah, sí, mi mamá me pregunta qué salió bien cuando llego a casa todos los días y la hace feliz que le cuente. Y cuando mamá está contenta, todos lo estamos.

Elise acaba de regresar de una residencia de ancianos donde ella y sus compañeros de quinto grado llevaron a cabo su proyecto de "panología", en el que Jon Ashton, un célebre chef de la televisión, y uno de nuestros visitantes académicos enseñaron a todos los niños del cuarto grado a hornear pan como la abuela. Entonces visitaron una casa de ancianos y regalaron el pan a los residentes. Elise explica el proyecto:

–Primero aprendimos qué era la buena nutrición —comenzó—. Luego aprendimos a preparar una comida saludable, pero en lugar de comerla, la regalamos a otras personas.

–¿Te molestó que no pudieras comer todo lo que preparaste con tanto esfuerzo? Olía muy bien.

–No, al contrario —responde ella con una sonrisa—. Al principio los ancianos me daban miedo, pero luego sentí como si se hubiera prendido una lucecita dentro de mí y ahora quiero volver a hacerlo.

–Hacer algo por los demás me hace sentir mejor que cualquier videojuego —interviene la mejor amiga de Elise.

Kevin y Elise son dos ejemplos de cómo se "vive la educación positiva" en Geelong Grammar School. Kevin comienza su día escolar con: "¿Qué salió bien?", pero cuando regresa a casa, vive la educación positiva. El ejercicio de qué salió bien no quita tiempo a ningún curso, pero con este impulso, los días comienzan mejor. Incluso las reuniones de profesores comienzan mejor.

La educación positiva en Geelong Grammar School es un trabajo continuo y no un experimento controlado. Los directivos de Melbourne Grammar School, que está cerca de Geelong, no quisieron ser voluntarios para formar el grupo de control, así que no puedo más que relacionar historias de antes y después. Sin embargo, el cambio es palpable y trasciende las estadísticas. Los estudiantes ya no están malhumorados. Regresé un mes en 2009 y nunca había visto una escuela con la moral tan alta. Me molestó tener que marcharme y regresar a mi propia universidad con estudiantes malhumorados. No se fue ni un profesor de Geelong al final del año escolar. Aumentaron las admisiones, solicitudes y donaciones.

La educación positiva por sí sola es una manera lenta de aumentar poco a poco el bienestar en todo el mundo. Está limitada por el número de profesores capacitados y el número de escuelas dispuestas a adoptar la educación positiva. La computación positiva podría ser el conejo que sale del sombrero.

Computación positiva

–Tenemos quinientos millones de usuarios y la mitad de ellos se conectan al menos una vez al día —aseguró Mark Slee, jefe de investigación de Facebook, un hombre sumamente apuesto—. Cien millones de usuarios se conectan a través de teléfonos móviles.

Nos quedamos boquiabiertos. Los sorprendidos eran los principales investigadores de Microsoft, del laboratorio de medios del Massachusetts Institute of Technology, del laboratorio de persuasión de Stanford, un par de diseñadores de videojuegos y media docena de psicólogos positivos. Nos hallábamos en el Centro de Psicología Positiva de Penn para una reunión sobre computación positiva a principios de mayo de 2010. Nuestro tema era cómo superar el lento progreso en la educación positiva para difundir un método a gran escala de florecimiento. Las nuevas y futuras tecnologías informáticas podían ser la clave.

El organizador era Tomas Sanders, un visionario investigador de privacidad de Hewlett-Packard. Él estableció el tono del encuentro: "Una condición necesaria para el florecimiento a gran escala, en particular entre los jóvenes, es que la psicología positiva desarrolle un modelo para sus intervenciones para mejorar el bienestar que llegue a nivel global. La tecnología de la información está posicionada de forma única para asistir a los individuos en su florecimiento de manera eficaz, escalable y éticamente responsable". Tomas procedió a definir la computación positiva como el estudio y desarrollo de tecnología de la información y comunicación que se diseña conscientemente para apoyar el florecimiento psicológico de las personas de tal manera que respeta las diferentes ideas de las personas y las comunidades sobre la buena vida.

Pasamos mucho tiempo discutiendo cómo adaptar en concreto las tecnologías existentes al florecimiento individual. Rosalind Picard, la investigadora líder en computación afectiva, que promueve el uso de computadoras para mejorar la vida emocional, presentó la idea de un "asistente personal de florecimiento" (PFA, por sus siglas en inglés). El PFA es una aplicación para teléfonos móviles que correlaciona dónde estás, con quién estás y cuál es tu nivel de excitación emocional. Luego brinda información relevante y ejercicios. Por ejemplo: "La última vez que estabas aquí a esta hora, tu felicidad era máxima. Toma una fotografía del atardecer y mándasela a Becky y a Lucius". El PFA etiqueta tus experiencias y puede ser consultado posteriormente: "Muéstrame los cuatro momentos culminantes de la semana pasada". Así se construye un "portafolio positivo".

Por coincidencia, mientras la reunión estaba en marcha se presentó el general de división Chuck Anderson de nuestro programa de capacitación de aptitud integral del soldado (ver capítulos 7 y 8).

—Es sorprendente —comentó—. Lo primero que mis soldados en Afganistán me piden cuando regresan del combate no es una hamburguesa, sino una red Wi-Fi. El general [George] Casey ha decidido que la aptitud psicológica es tan importante para el ejército como la aptitud física. Sin embargo, les recuerda a mis soldados todos los días, entre lagartijas y caminatas a paso veloz, la importancia de la salud física. He estado pensando cómo lograr que la salud psicológica sea tan importante para ellos como la salud física. Pensé que podría hacer que las mañanas de los jueves fueran de salud psicológica y que mis brigadas realizaran ejercicios de psicología positiva. Mis soldados están todos conectados; todos tienen teléfono móvil y la mayoría usa BlackBerry o iPhone. Al escucharlos a todos ustedes, creo que el ejército puede mejorar; podemos crear aplicaciones de resiliencia adecuadas, o tal vez puedan crear incluso los juegos adecuados para enseñar fortalezas, habilidades sociales y resiliencia.

Entonces Jane McGonigal hizo uso de la palabra.

—Yo diseño juegos serios; juegos que fomentan los aspectos positivos de la vida —manifestó. (Ir a www.avantgame.com para jugar uno.)

En los juegos de Jane, por ejemplo, el juego Gaming to Save the World, los jugadores resuelven problemas reales como la escasez de alimentos y la paz mundial.

–Podemos enseñar fortalezas por medio de los juegos —nos dijo—. Los niños pueden identificar sus fortalezas básicas y luego, en los juegos, resolver problemas que les ayuden a aumentar esas fortalezas.

Además de los acontecimientos en la creatividad de los juegos, Facebook parece ser un lugar natural para medir el florecimiento. Facebook tiene la audiencia, la capacidad y las aplicaciones que sirven para desarrollar y medir el bienestar a nivel mundial. ¿Es posible dar seguimiento diario al bienestar en todo el mundo? Éste es un inicio: Mark Slee contó cuántas veces apareció el término *despedido* en Facebook todos los días y trazó una gráfica para comparar este recuento con los despidos a nivel mundial. Como es lógico, iban de la mano. No es emocionante, podrías pensar.

Pero ahora consideremos los cinco elementos del bienestar: emoción positiva, compromiso, sentido, relaciones positivas y logros. Cada elemento tiene un léxico particular, un extenso vocabulario. Por ejemplo, el inglés tiene cerca de ochenta palabras para describir una emoción positiva (para comprobarlo, usa un diccionario de sinónimos, busca una palabra como *joy*, *alegría*, y todos los términos relacionados; luego cuenta los sinónimos de todas las palabras relacionadas, que en números redondos ascienden a ochenta). Se puede acceder a la base de datos hipermasiva de Facebook a diario para contar las palabras de emoción positiva (palabras que indican sentido, relaciones positivas y logros) como una primera aproximación al bienestar de cualquier país o como una función de un acontecimiento importante.

No es sólo la medida del bienestar lo que Facebook y sus similares pueden hacer, sino que también son capaces de aumentar el bienestar.

–Tenemos una nueva aplicación: goals.com —anunció Mark—. En esta aplicación la gente registra sus metas y el progreso en su consecución.

Comenté sobre las posibilidades de Facebook para infundir bienestar: "En su estado actual, Facebook puede en verdad aumentar cuatro de los elementos del bienestar: emoción positiva, compromiso (compartir todas esas fotografías de buenos eventos), relaciones positivas (la esencia de lo que significa la amistad) y ahora los logros. Todo para el bien. El quinto elemento del bienestar, sin embargo, necesita trabajo y, en el ambiente narcisista de

Facebook, este trabajo es urgente, y se refiere a pertenecer y servir a algo superior al yo: el elemento del sentido. Facebook puede ayudar a dar sentido a la vida de quinientos millones de usuarios. Piensa en ello, Mark".

Una nueva medida de la prosperidad

¿Para qué sirve la riqueza? Seguro que no es, como dicen los economistas, para crear más riqueza. Durante la revolución industrial, el producto interno bruto (PIB) fue una primera aproximación para medir el desarrollo de un país. Sin embargo, ahora, cada vez que construimos un centro penitenciario, cada vez que hay un divorcio, un accidente automovilístico o un suicidio, el PIB, que es una medida de la cantidad de bienes y servicios que se utilizan, aumenta. El objetivo de la riqueza no debe ser producir un PIB más alto a costa de lo que sea, sino producir mayor bienestar. El bienestar general, como emoción positiva, compromiso con el trabajo, relaciones positivas y una vida llena de sentido, ya es cuantificable y complementa al PIB. La política pública puede dirigirse a aumentar el bienestar general, y los éxitos y fracasos de la política pueden examinarse contra este estándar.

La prosperidad, como la entendemos en la actualidad, se equipara con la riqueza. Con base en esta fórmula, comúnmente se dice que tal vez ésta sea la última generación de las naciones ricas en la que a los hijos les va mejor que a los padres. Esto puede ser cierto con respecto al dinero, pero ¿es mayor riqueza lo que los padres quieren para sus hijos? No lo creo. Pienso que lo que los padres quieren para sus hijos es mayor bienestar que el que ellos tuvieron. Con esta medida, hay esperanza de que nuestros hijos tengan un mejor futuro que nosotros.

Llegó la hora de una nueva prosperidad que tome en serio el florecimiento como meta de la educación y la crianza de los hijos. Aprender a valorar y a florecer debe empezar desde una edad temprana, en los años formativos de la escuela; y es esta nueva prosperidad, nutrida por la educación positiva, lo que el mundo debe elegir ahora. Uno de los cuatro componentes del florecimiento es el logro positivo. El siguiente capítulo explora los ingredientes del logro y presenta una nueva teoría del éxito y la inteligencia.

PARTE 2

Las maneras de florecer

6   TEMPLE, carácter y logro: una nueva teoría de la inteligencia

El **Departamento de Psicología** de la Universidad de Pennsylvania tiene un programa de doctorado muy competitivo. Cada año, recibimos cientos de solicitudes y aceptamos a diez personas aproximadamente. La psicología positiva recibe cerca de treinta solicitudes al año y acepta a una. El candidato modelo es un licenciado en psicología, con un promedio cercano a la perfección, de alguna universidad importante estadunidense o europea, con un examen GRE superior a 700 puntos y tres cartas de recomendación; en cada una de las cartas deben haber palomeado la opción que dice que el candidato es "verdaderamente excepcional; de lo mejor en muchos años". El comité de admisiones es tradicional, pero está constipado (nunca he participado en él) y ha rechazado a algunos candidatos excelentes.

Una persona que me viene a la mente fue una de las primeras mujeres en ganar un torneo importante de póquer. En su ensayo, ella comenta que ahorró mucho dinero, voló a Las Vegas y participó en el campeonato para ganarlo. Tanto Sheldon Hackney, rector de la universidad, como yo argumentamos que deberían admitirla por haber demostrado no sólo potencial sino desempeño de clase mundial; sin embargo, no tuvo éxito. Nos comentaron que la calificación de su examen GRE no era lo suficientemente alto. Sin embargo, estoy agradecido por haber pasado tiempo con ella durante una parte de la entrevista, en la que corrigió algunos errores que cometo en el póquer, y me ahorró miles de dólares en la siguiente década.

—El valor —afirmó ella— es la clave del juego de póquer con apuestas importantes. Debes tratar a la ficha blanca simplemente como una ficha blanca, ya sea que valga veinticinco centavos o mil dólares.

Éxito e inteligencia

El límite de recepción de solicitudes es el primero de enero y, después de pasar la fase de entrevistas, las cartas de aceptación salen a finales de febrero. Éste ha sido el procedimiento a seguir durante los cuarenta y cinco años que he estado en este departamento. Hasta donde sé, sólo ha habido una sola excepción en todo este tiempo: Angela Lee Duckworth.

En junio de 2002 recibimos una solicitud tardía para el semestre que empezaba en septiembre de 2002. Habría sido rechazada de inmediato si no hubiera sido por la intercesión del director de educación de posgrado, John Sabini. John (que, descanse en paz, murió súbitamente a los cincuenta y nueve años en 2005)[1] siempre había sido un rebelde. Trabajaba con temas poco convencionales como el chisme, afirmando que éste era una forma legítima de sanción moral menos punitiva que una sanción legal.[2] En lo que hiciera, siempre nadaba contra la corriente, contra la psicología social académica. Yo siempre fui el otro rebelde del departamento, de ordinario leal a los argumentos impopulares; aquellos argumentos que necesitaban escuchas. John y yo podíamos distinguir a otro rebelde a kilómetros de distancia.

—Sé que esta solicitud llegó intolerablemente tarde, pero debes leer este ensayo, Marty —John me escribió en un correo electrónico—. Lo escribió Angela Lee Duckworth. Éste es un fragmento de su ensayo:

> Para cuando me gradué, había pasado tantas horas de voluntaria en los salones de clases de las Cambridge Public Schools como lo hice en los salones y laboratorios de Harvard. Al atestiguar en persona el fracaso de estudiantes urbanos en escuelas públicas urbanas decadentes, escogí la conciencia sobre la curiosidad. Me comprometí a buscar la reforma de la educación pública después de graduarme. Durante mi último año, fundé una escuela de verano sin fines de lucro para estudiantes de preparatoria con ingresos bajos. [...] Summerbridge Cambridge[3] se desarrolló como un modelo para otras escuelas públicas en todo el país. Apareció en NPR y en muchos periódicos; se escribió un caso de estudio para la Kennedy School of Government y ganó el concurso Better Government Competition por parte del estado de Massachusetts.

Pasé los siguientes dos años en la Universidad de Oxford con una beca Marshall. Mi investigación se centró en las vías a nivel mag-nocelular y parvocelular de información visual en la dislexia. [...] Decidí buscar mi doctorado en este punto de mi carrera. [...] Pasé los siguientes seis años como profesora de una escuela pública, líder de un organismo sin fines de lucro, consultora de una escuela pública independiente e investigadora de políticas educativas.

Después de años de trabajar con estudiantes en ambos extremos del espectro de la realización, ahora tengo un punto de vista radi-calmente diferente de la reforma educativa. El problema, según yo, no son solamente las escuelas, sino los alumnos también. Y ésta es la razón: aprender es difícil. Es cierto que aprender es divertido, emocionante y gratificante; sin embargo, a menudo también resulta difícil, exhaustivo y muchas veces decepcionante. En general, los es-tudiantes que ya no quieren aprender, que no creen poder aprender y que no tienen una razón para aprender simplemente no lo harán; sin importar lo maravillosa que sea la escuela o el profesor...

Para ayudar a los estudiantes inteligentes pero con desempeño bajo crónico, los educadores y los padres deben reconocer que el carácter es tan importante como el intelecto.

Decidí no exhumar mi ensayo de admisión a la escuela de graduados de Penn en 1965 para compararlo con este ensayo.

La creencia general y el ser políticamente correcto han culpado por casi un siglo a los profesores, las escuelas, el tamaño del salón de clases, los libros de texto, los fondos públicos, los políticos y a los padres por el fracaso de los estudiantes. La culpa se le endilga a cualquier cosa o persona excepto a los estudiantes. ¿Cómo? ¿Culpar a la víctima? ¿Culpar al carácter de los estudiantes? ¡Qué atrevimiento! El carácter pasó de moda en las ciencias sociales hace mucho.[4]

Carácter positivo

En el siglo xix la política, la moral y la psicología trataban del carácter. El primer discurso público de Lincoln, que apela a los "mejores ángeles de nuestra naturaleza",[5] resulta emblemático de cómo los estadunidenses explicaban el buen comportamiento y el malo. La revuelta de Haymarket Square de 1886 en Chicago es un momento crucial.[6] Hubo una huelga general y alguien, desconocido hasta el presente, lanzó una bomba; la policía abrió fuego y, en cinco minutos de agresiones, ocho policías y un número desconocido de civiles murieron. Se culpó a los inmigrantes alemanes y la prensa los condenó tachándolos de "brutos sanguinarios", "monstruos" y "demonios". En el sentimiento popular, las muertes eran producto de un carácter moral malo de los inmigrantes y se les calificó de anarquistas. Cuatro de ellos murieron ahorcados; una quinta persona se suicidó antes de su ejecución.

Hubo una enorme reacción contra las ejecuciones por parte de la izquierda. Escondida tras los faldones de esta propuesta había una gran idea; se dio una explicación alternativa del mal carácter. Todos los condenados venían de la clase de trabajadores más baja. Todos eran analfabetas del inglés; estaban desesperados, tenían ingresos escasos y vivían hacinados, ya que familias completas se amontonaban en un pequeño cuarto. La gran idea afirmaba que no se trataba de mal carácter sino de un ambiente dañino que propiciaba los actos delictivos. Los teólogos y filósofos se unieron bajo este argumento, y el resultado fue el origen de las "ciencias sociales". Dichas ciencias demostrarían que el ambiente, en lugar del carácter o la herencia, es una mejor explicación del comportamiento de la gente. Casi toda la historia de la psicología del siglo xx[7] y de sus disciplinas hermanadas como la sociología, la antropología y las ciencias políticas se desarrolló a partir de esta premisa.

Atraídos por el futuro y no impulsados por el pasado

Observen la cascada de cambios que conlleva renunciar al carácter como explicación del mal comportamiento humano en favor del ambiente.[8] En primer lugar, los individuos ya no son responsables de sus acciones, ya que las causas subyacen, más allá de la persona, en su situación. Esto significa que las intervenciones deben cambiar. Si queremos lograr un mejor mundo, debemos cambiar las circunstancias que producen malas acciones en lugar de perder el tiempo tratando de cambiar el carácter o castigando el mal carácter y premiando el bueno. En segundo lugar, la ciencia progresista debe aislar las situaciones que determinan la delincuencia, la ignorancia, el prejuicio y todos los males que acaecen sobre la humanidad, para que dichas situaciones sean corregidas. Usar dinero para corregir los problemas sociales se vuelve entonces la intervención primaria. En tercer lugar, el foco de investigación deben ser los acontecimientos malos, no los buenos. En las ciencias sociales, tiene sentido disculpar el fracaso de Sammy en la escuela debido a que estaba hambrienta, o abusaron de ella o porque viene de un hogar donde no se valora el aprendizaje. En cambio, no se le quita el mérito a la gente que realiza buenas acciones, ya que no tiene sentido "disculpar" el buen comportamiento invocando las circunstancias que llevaron a éste. Resultaría extraño decir que Sammy dio un buen discurso porque fue a buenas escuelas, tenía padres amorosos y estaba bien alimentada. Finalmente, y de forma tan obvia que resulta casi invisible, el punto de vista situacional defiende la premisa de que *somos impulsados por el pasado en lugar de ser atraídos por el futuro.*

La psicología ortodoxa, aquella que se ocupa de víctimas, emociones negativas, alienación, patologías y tragedia, es la hijastra de lo sucedido en Haymarket Square. El punto de vista de la psicología positiva es radicalmente diferente de la psicología ortodoxa. En ocasiones la gente es realmente víctima (estoy escribiendo esto un día después del terrible terremoto de Haití, donde cientos de miles de víctimas genuinas ahora sufren o murieron), sin embargo, a menudo la gente es responsable por sus acciones, y sus decisiones futuras surgen de su carácter. La responsabilidad y la voluntad son procesos necesarios dentro de la psicología positiva. Si se culpa a las circunstancias, la responsabilidad y la voluntad del individuo se minimizan, si no es que quedan eliminadas. Si, por el contrario, la acción emana del carácter y la decisión, la responsabilidad y voluntad del individuo serán, al menos en parte, causales.

Esto tiene implicaciones directas en cómo intervenir. En la psicología positiva, se puede mejorar el mundo no sólo al deshacer circunstancias malignas (no defiendo de ninguna manera renunciar a la reforma), sino también al identificar y formar el carácter, tanto bueno como malo. Las buenas acciones, el buen desempeño y las emociones positivas son objetos tan legítimos de investigación para la psicología positiva como lo son los acontecimientos funestos, el rechazo, la tragedia y las emociones negativas. Una vez que tomamos con seriedad los acontecimientos positivos como objeto de investigación, podemos entonces observar que no disculpamos ni le quitamos mérito al desempeño brillante de Sammy sólo por estar bien alimentada o por haber tenido buenos profesores a los que les importaba el aprendizaje. Nos importa el carácter de Sammy, sus talentos y sus fortalezas. Finalmente, los seres humanos a menudo, y tal vez muy a menudo, son atraídos por el futuro más que impulsados por el pasado, y así una ciencia que mida y construya expectativas, planeación y decisiones conscientes será más eficaz que una ciencia de hábitos, impulsos y circunstancias. El hecho de que el futuro nos atraiga en lugar de solamente ser impulsados por el pasado es muy importante y se opone abiertamente a la herencia de las ciencias sociales y la historia de la psicología. Sin embargo, es una premisa básica e implícita de la psicología positiva.

La propuesta de Angela de que el fracaso escolar puede deberse en parte al carácter de los estudiantes que fracasan y no sólo al sistema que los victimiza llamó mi atención y me hizo pensar en la necesidad de apoyar a los investigadores rebeldes de la pedagogía de John Sabini. Ante nosotros estaba el tipo de rebelde adecuado: alguien con credenciales intelectuales muy altas y una buena educación pero no formada por la política como para evitar que realizara una investigación seria sobre las fortalezas de carácter de los estudiantes que tienen éxito y las deficiencias de carácter de los estudiantes que fracasan.

Qué es la inteligencia

Agilidad

Entrevistamos a Angela de inmediato. Mi primera impresión de ella evocó un recuerdo que debo contar. Durante la década de los años setenta, yo fui uno de los dos profesores en Penn que fundamos un sistema de casas universitarias; Alan Kors, un profesor de historia de las ideas europeas, creía que la educación universitaria en realidad trataba sobre la vida de la mente.

Sin embargo, cuando les enseñábamos a nuestros estudiantes de licenciatura, nos parecía palpable el abismo que separaba el salón de clases de lo que ellos consideraban su vida real. Podían simular pasión intelectual en el salón para obtener buenas calificaciones, pero una vez que salían, iban de fiesta tras fiesta. Alan y yo experimentamos esto de primera mano en los dormitorios de Princeton a principios de los sesenta, pero nos concedieron un refugio seguro que nos cambiaría a ambos la vida: el comedor Wilson Lodge de Princeton. Hasta el día de hoy, después de toda una vida de festines intelectuales, sigue siendo como la mejor experiencia intelectual de mi vida. El presidente de la generación saliente, Darwin Labarthe, de quien escucharán en el próximo capítulo, inspirado por el presidente de la universidad, Robert Goheen, fue líder de una protesta contra el sistema cerrado, antiintelectual y antisemítico de Princeton. Juntos crearon el comedor Wilson Lodge,[9] cuyas puertas estaban abiertas para cualquier estudiante o profesor, y más de cien de los estudiantes más intensamente intelectuales se unieron, junto con cuarenta de los profesores más devotos.

Alan y yo creíamos que un sistema en el que tan devotos profesores vivieran en los dormitorios con los estudiantes de licenciatura proporcionaría el mismo antídoto a la vida animal en los dormitorios de Penn. Así que fundamos las College Houses de Penn en 1976. La Van Pelt College House fue la primera, y Alan, estudiante en aquel entonces, accedió a ser el primer director del internado, ya que no pudimos conseguir a un profesor suficientemente devoto como para dejar su vida familiar para vivir con 180 estudiantes de licenciatura. Después de mi divorcio, yo relevé a Alan en 1980. No puedo decir que fue una tarea sencilla. De hecho, es el único trabajo que he tenido que considero un fracaso. Mis propias fallas al desempeñar el papel de padre veinticuatro horas al día con jóvenes universitarios, tratar de resolver interminables riñas entre ellos, los intentos de suicidio, las violaciones, la maldad de las bromas, la ausencia de privacidad y, lo peor de todo, la administración tan poco empática que trataba a los profesores residentes como empleados por hora, hicieron que la vida como director de residencia fuera un problema sin fin.

Sin embargo, la vida intelectual que creamos fue una gran mejora, y sobrevive hasta el día de hoy. Y las fiestas fueron fabulosas. Los estudiantes llamaban a las fiestas "master blasters". El alma de las fiestas era una estudiante llamada Lisa, que era una increíble bailarina llena de gracia y elegancia. La música que ponían casi siempre era rock pesado, con un ritmo muy rápido. Lisa se las ingeniaba de alguna manera para dar dos pasos por cada tiempo, y bailaba el doble de rápido que los demás, desde el inicio de la fiesta hasta el final.

Esto me regresa a la primera impresión que tuve de Angela Lee Duckworth; ella era el equivalente verbal de Lisa: hablaba el doble de rápido que cualquier persona que conociera, sin parar y con perfecta coherencia.

La agilidad es algo que atrae y, al mismo tiempo, repele en la vida académica y desempeña un papel central en lo que creo que la inteligencia realmente es. La agilidad mental era algo que apreciaban mucho mis padres y mis maestros. Las personas que eran modelo de conducta en este aspecto eran Dickie Freeman y Joel Kupperman, dos prodigios que salían en *Quiz Kids*,[10] un programa semanal de radio a inicios de los años cincuenta. Contestaban las preguntas más rápido que otros participantes, preguntas como: "¿Qué estado termina en *ut*?" Lo sé porque competí en la radio local cuando estaba en cuarto grado y respondí correctamente esta pregunta y adiviné la respuesta de que había cinco Little Peppers (una serie de libros vieja). Sin embargo, quedé en segundo lugar después de Rocco Giacomino y, por lo tanto, no logré llegar al programa nacional cuando me ganaron en la pregunta: "¿Quién escribió 'Flow Gently Sweet Afton'?"

El sesgo de mis padres y mis profesores hacia la agilidad no era una convención social accidental. Resulta que la agilidad y el coeficiente intelectual (CI) tienen una relación sorprendentemente fuerte. En el procedimiento experimental llamado "tiempo de reacción de elección", los sujetos se sientan frente a un panel con una luz y dos botones. Se les indica que presionen el botón izquierdo cuando la luz sea verde y que presionen el botón derecho cuando la luz sea roja, además de tener que hacerlo lo más rápido posible. El CI se correlaciona tan alto como +0.50 con la agilidad con lo que la gente puede hacer esto.[11] Ser ágil con esta reacción a la elección no es simplemente una cuestión de atletismo. Sin embargo, su correlación con el tiempo de reacción simple (cuando diga "ya" presiona el botón lo más rápido que puedas) es muy insignificante.

¿Por qué debería relacionarse tan íntimamente la inteligencia con la agilidad mental? Mi padre, Adrian Seligman, era secretario estatal adjunto del Tribunal de Apelaciones del Estado de Nueva York. Su trabajo consistía en capturar las opiniones sin sentido y gramaticalmente incorrectas de los siete jueces de la corte y traducirlas a una versión legible en jerga legal que semejara al inglés. Él era increíblemente rápido. Según mi madre, Irene, que como taquígrafa legal era una aguda observadora, Adrian podía hacer en una hora lo que a otros abogados les tomaba todo un día, lo que le permitía disponer de siete horas para verificar y refinar su trabajo y reescribirlo de modo que el producto final fuera mucho mejor de lo que otros podían hacer.

Cualquier tarea mental compleja, como reescribir opiniones legales, multiplicar cifras de tres dígitos, calcular mentalmente el número de ventanas de la casa de tu niñez, decidir qué vaso sanguíneo suturar primero o si la siguiente cima es probablemente un sitio de emboscada, tiene componentes automáticos rápidos y componentes voluntarios más lentos que requieren mayor esfuerzo. Eres un sargento segundo que se aproxima urgentemente a una cima en Afganistán. Analizas la aproximación, y con base en encuentros previos, sabes que la tierra recién removida, el silencio y la ausencia de ruidos de animales son señales de peligro. Mientras más componentes de la tarea conozcas en automático, más tiempo tendrás para el trabajo duro. Ahora tienes dos minutos para llamar a la base y pedir el último informe de presencia de fuerzas hostiles en la zona. Se te informa que la gente del pueblo más cercano avistó extranjeros esa mañana. Todo esto indica una emboscada o un aparato explosivo improvisado, así que decides tomar la ruta alrededor del cerro. Los dos minutos extra salvan vidas.

La agilidad mental del sargento segundo es sustituta de la proporción de la tarea que ya tenía en automático. Observo esto cada vez que juego bridge (que en promedio son tres horas al día en internet). He jugado más de 250,000 partidas en mi vida en las cuatro diferentes combinaciones de trece (en el bridge, cada jugador tiene trece cartas de cuatro diferentes palos), por lo que juego en automático. Si descubro que un oponente tiene seis espadas y cinco corazones, sé al instante que tiene dos diamantes y ningún trébol, o dos tréboles y ningún diamante, o una de cada uno. Los jugadores menos experimentados tienen que calcular las cartas restantes y algunos incluso tienen que hablarse en voz alta para calcular. De hecho, yo tuve que decir "dos diamantes y ningún trébol, o dos tréboles y ningún diamante o un trébol y un diamante" en silencio tal vez hasta mi juego número 100,000. Una mano de bridge, como otros retos en la vida, es un acontecimiento donde el tiempo es relevante. Sólo tienes siete minutos por cada mano en un juego de bridge duplicado, así que mientras más combinaciones logres en automático, más tiempo tienes para cálculos más complejos y para decidir si la jugada para ganar más probable será sencilla y fina o requerirá un apretón en la última ronda.

Lo que distingue a un gran jugador de bridge, un gran cirujano o un gran piloto del resto de los mortales es cuántas acciones realiza en automático. Cuando la mayoría de las acciones que realiza un experto son en automático, se dice que tiene "grandes intuiciones".[12] Por lo tanto, tomo la agilidad mental muy en serio.

Angela (cuya teoría compone este capítulo) lo plantea de la siguiente manera:

> La mayoría de nosotros recuerda de la clase de física de la preparatoria que el movimiento de los objetos se describe en los siguientes términos: distancia = velocidad × tiempo. Esta ecuación especifica que el efecto de la velocidad y el tiempo son interdependientes y multiplicativos en lugar de independientes y aditivos. Si el tiempo es cero, sin importar la velocidad, la distancia también será cero...
>
> La distancia me pareció una buena metáfora del logro. ¿Qué es el logro sino un avanzar desde un punto inicial hacia una meta? Mientras más lejana sea la meta del punto inicial, mayores serán los logros. Así como la distancia es el producto de la multiplicación de la velocidad por el tiempo, parece posible que, al tener una oportunidad constante, los logros sean el producto multiplicativo de la habilidad y el esfuerzo. Dejando a un lado los coeficientes, logro es igual a habilidades × esfuerzo.[13]
>
> Un esfuerzo tremendo puede compensar habilidades modestas, así como una tremenda habilidad puede compensar un esfuerzo modesto, excepto si alguno es igual a cero. Además, los beneficios de un esfuerzo adicional son mayores para individuos con habilidades mayores. Un maestro carpintero logrará más en dos horas que un aprendiz en el mismo periodo.

Por lo tanto, un componente importante de la habilidad es cuántas acciones existen en automático, lo que determina la rapidez con que puedes realizar las acciones para completar una tarea. De joven, me volví ágil, muy ágil, y comencé mi carrera académica con la misma agilidad verbal que Angela. Así pasé por los estudios de posgrado; no sólo con agilidad verbal sino realizando investigación de manera ágil. Obtuve mi doctorado apenas dos años y ocho meses después de obtener mi título de licenciatura, por lo que recibí una nota de molestia de John Corbit, mi exprofesor de Brown University, por haber roto su viejo récord de tres años exactos.

La virtud de la lentitud

Existen muchos otros elementos que componen la inteligencia y los grandes logros además de la agilidad. Lo que la agilidad brinda es tiempo extra para llevar a cabo las partes no automáticas de una tarea. El segundo componente de la inteligencia y el logro es la lentitud y *lo que uno hace con ese tiempo extra* que la agilidad te regala.

La agilidad mental tiene un costo. Me encontré con matices faltantes y tomando atajos cuando debería haber tomado el equivalente mental de un respiro profundo. Resumía y escudriñaba mientras debía leer cada palabra.[14] Descubrí que no prestaba atención a los otros. Resumía la intención de la gente después de unas pocas palabras y luego interrumpía. Estaba ansioso la mayoría del tiempo; la ansiedad y la agilidad van mano con mano.

En 1974 contratamos a Ed Pugh, un psicólogo de la percepción que buscaba respuestas a preguntas como: ¿cuántos fotones se necesitan para disparar un solo receptor visual? Ed era lento. No era físicamente lento (había sido mariscal de campo de su equipo de futbol americano en su preparatoria en Luisiana) y tampoco era que hablara lento; lo era más respecto a su tiempo de reacción a una pregunta. Lo llamábamos Ed "el pensativo".

Ed era la encarnación de Penn del legendario William K. Estes,[15] el más grande de los teóricos del aprendizaje matemático[16] y uno de los psicólogos más lentos que he conocido. Las conversaciones con Bill eran un tormento. Había trabajado unos años estudiando el sueño; en particular investigando lo que los sueños hacían por el *Homo sapiens*, dado que permanecemos acostados, físicamente paralizados y vulnerables a los depredadores en la fase de movimientos oculares rápidos durante dos horas por noche. Me encontré a Bill en una convención hace treinta años y le pregunté: "¿Cuál crees que sea la función evolutiva del sueño?".

Bill se me quedó viendo sin parpadear durante cinco, diez, treinta segundos (fue tan extraño que de verdad conté el tiempo). Después de un minuto me preguntó: "¿Cuál crees tú, Marty, que sea la función evolutiva de la vigilia?".

En una ocasión, estaba en una fiesta con Ed, y durante una larga pausa que me recordó los pensamientos profundos que podían surgir después de semejante pausa en Bill, le pregunté a Ed: "¿Cómo es que te volviste tan lento?".

–No siempre he sido lento, Marty. Solía ser más ágil, casi como tú. Aprendí a ser lento. Antes de mi doctorado, era jesuita. Mi *socius* (el mentor que socializa al estudiante jesuita, a diferencia del mentor que lo califica) me dijo que hacía las cosas demasiado rápido. Así que cada día me daba una oración para leer y luego me hacía sentarme bajo un árbol para pensar en aquella oración.

–¿Me puedes enseñar a ser lento, Ed?

Por supuesto que lo hizo. Leímos *Temor y temblor* de Søren Kierkegaard[17] juntos, pero sólo una página a la semana. Aunado a esto, mi hermana me enseñó meditación trascendental. Practiqué la meditación con fervor cuarenta minutos al día durante veinte años. Cultivé la lentitud, y ahora soy incluso más lento de lo que era Ed.

¿Qué logra la lentitud en la ecuación logro = habilidad × esfuerzo?

Función ejecutiva

Adele Diamond, profesora de psicología del desarrollo en la Universidad de British Columbia y una de mis neurocientíficas favoritas, trata de enseñar a los niños de preescolar a ser más lentos. Los niños impulsivos son conocidos porque su comportamiento empeora cada vez más al crecer. El estudio clásico de Walter Mischel con malvaviscos[18] demostró que los niños que se comían el malvavisco en frente de ellos en lugar de esperar dos minutos y recibir dos malvaviscos, tenían muy mal desempeño. Más de una década después, estos mismos niños tenían las calificaciones más bajas y los peores promedios que los niños que podían esperar. Adele considera que la falta de control de los niños de sus impulsos emocionales y cognoscitivos es el punto base de donde comienza su cascada de fracasos escolares.[19] Los maestros se molestan y se frustran con estos niños y la escuela se vuelve menos divertida para ellos. Se les dificulta seguir las reglas y se vuelven más ansiosos y esquivos. Los maestros esperan cada vez menos de ellos y la escuela se vuelve una experiencia de sufrimiento; el ciclo vicioso del fracaso ha comenzado.

Adele considera que es crucial interrumpir estos procesos rápidos y desacelerar el ritmo de los niños. Esto permite que la función ejecutiva tome el control. Dicha función consiste en concentrarse e ignorar las distracciones, recordar y utilizar nueva información, planear las acciones y revisar el plan para inhibir los pensamientos y acciones rápidas e impulsivas.

Adele utiliza técnicas del currículo de Deborah Leong y Elena Bodrova llamado "Herramientas de la mente" para disminuir la impulsividad de los niños. Una de sus técnicas es el juego estructurado. Cuando un maestro pide a un niño de cuatro años que permanezca parado y quieto por el mayor tiempo posible, el promedio es de un minuto. En contraste, cuando se hacen juegos donde el niño es el guardia de una fábrica, puede permanecer parado durante cuatro minutos. Adele descubrió que los niños que utilizan las Herramientas de la mente tenían un mejor desempeño en los exámenes que requieren la función ejecutiva.[20]

¿Qué otros procesos lentos, además de una mayor utilización de la función ejecutiva, permite realizar una gran parte de una tarea con rapidez y en automático? La creatividad es uno, definitivamente. En la ecuación logro = habilidad × esfuerzo, el logro se define no sólo por un movimiento, sino por el movimiento hacia una meta fija y específica, un vector, en oposición a mera distancia. Por lo general existen muchos caminos para llegar a una meta. Algunos te llevan de forma rápida, otros más despacio, y algunos caminos son callejones sin salida. Decidir qué camino tomar es el proceso lento que denominamos "planeación" y, más allá de esto, la invención de nuevos caminos capta mucho de lo que implica la creatividad.

Tasa de aprendizaje: la primera derivada de la velocidad

La agilidad mental para cualquier tarea refleja cuánto del material relevante para dicha tarea está ya en automático. Llamamos a este material "conocimiento", es decir, cuánto sabes ya que es relevante para la tarea. La agilidad para realizar una tarea puede cambiar con el tiempo y esto se asemeja a la "aceleración", la primera derivada de la velocidad en la mecánica. ¿Existe algo así como la aceleración mental, como un incremento en la agilidad mental con el tiempo? ¿Con qué rapidez se adquiere nuevo conocimiento? Es decir, con el tiempo y la experiencia, ¿un aumento de cuánto de una tarea puede hacerse en automático? A esto le denominamos "tasa de aprendizaje": cuánto puede aprenderse por unidad de tiempo.

Angela era rápida, tan ágil mentalmente como es posible en un ser humano, y nos dejó boquiabiertos en la entrevista. En una franca infracción del precedente, el comité la aceptó. Ella comenzó a trabajar de inmediato en su gran proyecto de examinar el carácter de los buenos y los malos estudiantes, pero luego algo vergonzoso sucedió. Para explicarlo, debemos ahondar en la naturaleza del logro.

Aunque Angela era muy ágil, desconocía ampliamente el campo de la psicología quizá porque toda su educación anterior se encontraba fuera de aquel ámbito. Para que conociera la psicología positiva, la invité en agosto de 2002 a una función de gala. Cada verano yo organizaba un encuentro de una semana que reunía a veinte estudiantes de posgrado y de posdoctorado brillantes de todo el mundo con varios expertos en psicología positiva. La competencia para asistir era feroz y el nivel de sofisticación era muy alto. Angela, que no se amedrentaba ante nada, participó en las conversaciones, pero la retroalimentación que recibí de ella fue decepcionante. Uno de los comentarios que recibí de una persona fue: "¿Quién es este cacharro que nos impusiste?".

Un criterio para medir la calidad de un automóvil es su velocidad. La agilidad mental es una muy buena cualidad, ya que implica cuánto conocimiento anterior está en automático. Sin embargo, adquirir conocimiento nuevo que no está en automático puede ser un proceso rápido o lento. La aceleración, es decir, la velocidad que aumenta por unidad de tiempo, es la primera derivada de la velocidad y es un criterio adicional de la calidad de un automóvil. La aceleración mental, es decir, la tasa a la que se aprenden nuevas cosas por unidad de tiempo dedicado al aprendizaje, es otra parte del paquete al que denominamos "inteligencia". Resultó que la aceleración mental de Angela era tan impresionante como su velocidad.

Todo el mundo aprende en los posgrados; se espera que un estudiante de posgrado se vuelva un experto en su área rápidamente. Sin embargo, no conozco otro estudiante que aprenda al mismo nivel que Angela. Ella se volvió la gran maestra de la literatura vasta y metodológicamente compleja sobre la inteligencia, la motivación y el éxito. En cuestión de meses, mis otros estudiantes (y yo) nos dirigíamos a Angela para pedir consejos sobre la literatura y metodología de la psicología de la inteligencia. Ella pasó de ser un cacharro a un Ferrari (el modelo Enzo) en alrededor de doce meses.

Hasta este punto hemos explorado lo siguiente en nuestra teoría del logro:

- Agilidad: cuanto más rápido, más material se realiza en automático, más sabe uno sobre la tarea a realizar.
- Lentitud: los procesos de logro voluntarios para tareas complicadas como planear, perfeccionar, buscar errores y la creatividad. Cuanto más alta sea la velocidad, hay más conocimiento y, por lo tanto, más tiempo extra para realizar estas funciones ejecutivas.
- Tasa de aprendizaje: cuán rápido puede depositarse en automático la información nueva, dejando más tiempo para los procesos ejecutivos lentos.

Autocontrol y TEMPLE

Los tres procesos cognoscitivos descritos anteriormente determinan la "habilidad" en nuestra ecuación básica de logro = habilidad × esfuerzo. Sin embargo, la gran investigación de Angela no trataba sobre los procesos cognoscitivos del logro académico, sino del papel del carácter y cómo éste entra en la ecuación por medio del "esfuerzo". El esfuerzo es el tiempo necesario para realizar una tarea. Como ella afirma en su ensayo, lo que estaba determinada a explorar eran los elementos no cognoscitivos. Estos elementos del rendimiento se resumen en el esfuerzo. Éste a su vez se simplifica en "tiempo dedicado a una tarea". El gran investigador en el campo del esfuerzo es un hombre alto y esquivo, que nunca se rinde: el profesor Anders Ericsson de la Florida State University.

Ericsson argumentaba que la piedra angular de toda pericia no era el genio concedido por Dios, sino la práctica deliberada; la cantidad de tiempo y energía que uno pasa en la práctica.[21] Mozart fue Mozart no por su genio innato para la música sino por todo el tiempo que dedicó en su infancia a desarrollar su genio. Los grandes jugadores de ajedrez a nivel mundial no son rápidos de pensamiento, ni tienen una memoria poco usual para los movimientos. En cambio, tienen tanta experiencia que pueden reconocer mucho mejor los patrones en las posiciones del ajedrez que los jugadores menos experimentados. Esto se debe a la cantidad de experiencia que tienen. Los grandes pianistas tienen más de 10,000 horas de práctica para cuando tienen veinte años, en contraste con las 5,000 horas del siguiente nivel de pianista y las 2,000 horas de un pianista amateur. El prototipo de lo que logra la práctica es uno de los estudiantes de posgrado de Ericsson, Chao Lu, que tiene el récord mundial Guinness por la increíble cantidad de dígitos del número pi que se memorizó: ¡67,890! El consejo que sigue es sencillo: si quieres ser de clase mundial en lo que sea, debes pasar 60 horas a la semana practicando durante diez años.

¿Qué determina cuánto tiempo y práctica está dispuesto un niño a dedicar a su rendimiento? ¿Nada menos que su carácter? La autodisciplina es el rasgo de carácter que genera la práctica deliberada, y la primera exploración de Angela sobre la autodisciplina fue con sus estudiantes de la preparatoria Masterman, la gran escuela del centro de Filadelfia. Masterman acepta estudiantes prometedores a partir del quinto grado; sin embargo, muchos de ellos se van diluyendo, por lo que la verdadera competencia comienza en tercero de secundaria. Angela quería descubrir cómo se compara la autodisciplina con el ci en la predicción de quién tendrá éxito.

El ci y el desempeño académico son parte de un campo bien estudiado con muchas medidas establecidas, pero la autodisciplina no es una de ellas. Así que Angela creó una medida que comprendía los diferentes aspectos de autodisciplina que muestran los alumnos de segundo de secundaria. La Eysenck Junior Impulsiveness Scale (preguntas de sí/no sobre hacer y decir cosas impulsivas), una escala de autocontrol para padres y maestros ("comparado con el niño típico [4], este niño es impulsivo al máximo nivel [7] o tiene el máximo nivel de autocontrol [1]"), y el retraso de la gratificación (en un rango de dólares y tiempo; por ejemplo: "¿Preferirías que te diera un dólar hoy o dos dólares dentro de dos semanas?"). Observados durante el siguiente año, los estudiantes de segundo de secundaria con alto nivel de disciplina

- lograron mejores promedios totales,
- tenían mejores resultados en pruebas,
- tenían mayor posibilidad de ingresar a preparatorias de alto nivel,
- pasaban más tiempo haciendo la tarea y comenzaban su día más temprano,
- se ausentaban menos,
- veían menos televisión.

¿Cómo se compara el CI con la autodisciplina para predecir calificaciones? El CI y la autodisciplina no se correlacionan entre ellos de forma significativa. En otras palabras, existe la misma cantidad de niños con bajo CI que son muy autodisciplinados que la cantidad de niños con CI alto que son muy disciplinados y viceversa. La autodisciplina predice en mayor medida el éxito por un factor de aproximadamente el doble.[22]

Este proyecto fue la tesis del primer año de Angela y yo la alenté a que la publicara, y así lo hizo. Tengo mucha experiencia en el proceso de publicación de artículos, pero ésta era la primera vez que veía que regresaba una carta de aceptación de una revista de alto nivel sin que pidieran correcciones mayores. Angela concluyó su artículo con estas oraciones provocadoras:

A menudo se responsabiliza a los profesores inadecuados del bajo rendimiento de los estudiantes estadunidenses, como también a los libros de texto aburridos y a los salones con muchos estudiantes. Nosotros proponemos otra razón para el desempeño deficiente de su potencial intelectual: su falta de autodisciplina. [...] Pensamos que a muchos de los niños de Estados Unidos se les dificulta tomar decisiones que requieren sacrificar el placer a corto plazo por un beneficio a largo plazo, y que los programas que aumentan la autodisciplina pueden ser la ruta para aumentar el desempeño académico.

Esto también resuelve uno de los enigmas perennes sobre la diferencia en el desempeño entre niños y niñas.[23] Las niñas obtienen mejores calificaciones

133

que los niños desde la primaria hasta la universidad en todos los campos, incluso cuando las niñas, en promedio, no tienen un CI mayor que los niños. En realidad, los niños a menudo tienen un desempeño ligeramente mejor que las niñas en las pruebas de inteligencia y rendimiento. El CI predice de más las calificaciones que los niños obtendrán mientras que se queda corto en la predicción de las calificaciones de las niñas. ¿Podría ser la autodisciplina la pieza faltante en el rompecabezas?

Angela utilizó su batería de medidas de autodisciplina con niñas y niños desde el inicio del segundo grado de secundaria para predecir las calificaciones en álgebra, puntualidad y pruebas de desempeño en matemáticas al final del año. Las niñas recibieron, en efecto, mejores calificaciones que los niños, pero las calificaciones de la prueba de matemáticas no tenían diferencias significativas. La prueba de desempeño se quedaba corta en la predicción de las calificaciones de las niñas, como se esperaba. De forma importante, las niñas eran mucho más disciplinadas que los niños en todos los elementos de las medidas de prueba. La pregunta entonces es: ¿la superioridad de las niñas en autodisciplina es responsable de las calificaciones más altas? Para contestar esto se usa una técnica de estadística denominada "regresión jerárquica múltiple". Dicha técnica lleva a la pregunta: cuando se elimina la diferencia en autodisciplina, ¿desaparece la diferencia de calificaciones? Y la respuesta es afirmativa.

Entonces Angela repitió el experimento utilizando el CI el siguiente año en Masterman. Una vez más las niñas obtuvieron mejores calificaciones en álgebra, inglés y ciencias sociales, además de ser más autodisciplinadas. Los niños tenían puntuaciones de CI significativamente superiores que este grupo de niñas y, una vez más, el CI y las pruebas estandarizadas se quedaron cortas en la predicción de las calificaciones de las niñas.

Al utilizar la regresión múltiple, la autodisciplina de las niñas fue de nuevo el factor principal de sus calificaciones superiores.

Aunque esto resuelve la pregunta de por qué las mujeres obtienen mejores calificaciones hasta la universidad, definitivamente no nos dice por qué los hombres logran más grados profesionales y ganan mejores salarios que las mujeres. El autocontrol superior de las mujeres no se apaga con la madurez, pero después de la universidad, muchas quedan atrapadas por factores culturales que acortan la ventaja femenina en autodisciplina.

El autocontrol predice asuntos académicos, pero ¿cómo puede predecir otros resultados? La obesidad, por ejemplo, puede tener su origen en otro periodo crítico como es el aumento de peso durante la pubertad. Angela observó los registros que las enfermerías escolares llevaban del peso de los estudiantes de quinto grado que midió en cuestión de autodisciplina en 2003 y observó cuánto habían aumentado de peso cuando llegaron al segundo grado de secundaria. La autodisciplina logró lo mismo con el aumento de peso que con las calificaciones.[24] Los niños con mayor autodisciplina no aumentaron tanto de peso como los niños con un nivel de autodisciplina bajo. El CI no tuvo impacto sobre el aumento de peso.

TEMPLE frente a autodisciplina

Si queremos maximizar el desempeño de los niños, necesitamos promover la autodisciplina. Mi psicólogo social favorito, Roy Baumeister, considera que la autodisciplina es la reina de todas las virtudes,[25] la fortaleza que permite que exista el resto de las fortalezas. Sin embargo, hay un rasgo extremo de la autodisciplina: el TEMPLE. Así, Angela comenzó a explorar el temple, entendido como la combinación de un alto nivel de perseverancia y también de pasión por un objetivo.[26] Una cantidad mínima de autodisciplina, como hemos visto, explica logros considerables, pero ¿qué provoca un logro verdaderamente extraordinario?

El logro extraordinario es muy raro. Esto en realidad parece cierto por definición, una tautología: "muy raro" es lo mismo que "extraordinario"; sin embargo, no es una tautología y la razón por la que no lo es expone el andamiaje oculto detrás de la genialidad. Muchas personas consideran que la "genialidad", un término que utilizaré como sinónimo de logro verdaderamente extraordinario, es simplemente estar en el extremo positivo de una curva de distribución de éxito en forma de campana o "normal". La curva de campana funciona bien para cosas ordinarias, como el carisma, la belleza, las calificaciones escolares y la estatura, pero falla por completo para describir la distribución del logro.

Logro humano superior

Charles Murray, el eminente sociólogo, en su magna obra *Human Accomplishment*,[27] comienza con los deportes. ¿Cuántos torneos PGA gana el golfista promedio en su vida? La media es entre cero y uno. (El modo, o valor más frecuente, es cero.) Sin embargo, cuatro golfistas profesionales han ganado treinta torneos o más: Arnold Palmer ha ganado sesenta y un torneos, y Jack Nicklaus, setenta y uno (la misma cantidad que Tiger Woods al momento de escribir esto). La forma de la curva de distribución del número de torneos PGA ganados por un jugador no tiene ni remotamente la forma de campana sino que es cóncava hacia arriba y extremadamente pronunciada (como un precipicio) hacia la izquierda.

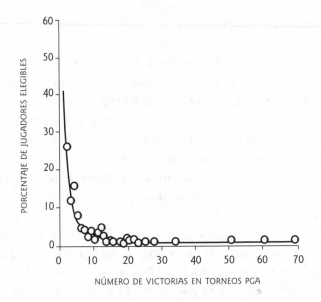

El nombre técnico de este tipo de curva es logarítmica normal, lo que significa que el logaritmo de la variable tiene distribución normal. El mismo patrón se repite en campeonatos de tenis, maratones, ajedrez y bateo, y a medida que el logro se vuelve más exigente, la curva aparece más pronunciada. En cada uno de estos dominios, existen muchos buenos competidores, pero sólo uno o dos gigantes. Concentran toda la atención en ellos y no están en un continuo con los jugadores que son simplemente buenos. Lo mismo sucede con la riqueza en toda sociedad: unas pocas personas tienen muchísimo más que todos los demás. Lo mismo sucede en las empresas donde se sabe que 20 por ciento de los empleados son responsables de 80 por ciento de las ganancias.

Para documentar esto, Murray cuantifica la forma de la genialidad en veintiún áreas intelectuales, como la astronomía, la música, las matemáticas, la filosofía oriental y occidental y la literatura. En cada uno de estos campos, la tasa de mención de las figuras principales no tiene forma de campana ni remotamente; en su lugar existen uno, dos o tres gigantes que se llevan la gloria y la influencia. Uno en la filosofía china: Confucio. Dos en tecnología: James Watt y Thomas Edison. Dos en la música occidental: Beethoven y Mozart. Uno en literatura occidental: William Shakespeare.

Una vez descrito, tu reacción, así como la mía, de seguro fue: "Claro, esto ya lo sabía, por lo menos intuitivamente". ¿Por qué sucede esto y por qué es una cuestión universal en todos los campos del conocimiento?

La forma de la curva de la genialidad, en la que los grandes personajes tienen una ventaja muy grande sobre el personaje excelente típico, mucho mayor que si se tratara de una distribución en forma de campana, se desprende de multiplicar, en lugar de sumar, las causas subyacentes de la genialidad. William Shockley, el premio Nobel que inventó el transistor, encontró este patrón en las publicaciones de artículos científicos:[28] muy pocas personas escriben muchos artículos, pero la mayoría de los científicos publican uno o ninguno. Shockley escribió:

> Por ejemplo, pensemos en los factores que intervienen en la publicación de un artículo científico. Una lista parcial, sin orden de importancia, puede ser: 1) habilidad para pensar en un buen problema, 2) habilidad para trabajar en él, 3) habilidad para reconocer un resultado que valga la pena, 4) habilidad para tomar la decisión para detenerse y recopilar los resultados, 5) habilidad para escribirlo de forma adecuada, 6) habilidad para construir a partir de las críticas, 7) determinación para enviar el artículo a una revista, 8) persistencia para hacer cambios (como resultado de una exigencia por parte de la revista). [...] Ahora bien, si un hombre sobrepasa a otro por cincuenta por ciento en cada uno de los ocho factores, su productividad será mayor por un factor de 25 (página 286).

Éste es el argumento en el que se basa el TEMPLE, la forma inflexible de la autodisciplina. Un esfuerzo muy grande es provocado por una característica de extrema persistencia en la personalidad. Mientras más TEMPLE tengas, más tiempo le dedicarás a una tarea, y todas esas horas no sólo se suman a las destrezas innatas que uno posee, sino que multiplican el progreso hacia la meta. Así que Angela desarrolló una prueba de TEMPLE. Toma la prueba de TEMPLE ahora y dásela a tus hijos también.

Por favor responde a las siguientes afirmaciones utilizando la siguiente escala:[29]

> 1 = *Completamente opuesto a mí*, 2 = *Diferente a mí*,
> 3 = *Parecido a mí*, 4 = *Muy parecido a mí*,
> 5 = *Igual que yo*

1. Las nuevas ideas y proyectos a veces me distraen de viejas ideas.* _____

2. Los contratiempos no me desalientan. _____

3. Me he obsesionado con cierta idea o proyecto por un corto periodo pero luego pierdo el interés.*_____

4. Trabajo mucho. _____

5. A menudo me pongo una meta pero luego decido perseguir otra meta.* _____

6. Me cuesta trabajo mantener la atención en los proyectos que requieren más de unos meses para terminarlos.* _____

7. Termino todo lo que empiezo. _____

8. Soy diligente. _____

* *Las afirmaciones con asterisco se califican de forma inversa.*

Para obtener tu resultado

1. Suma tu puntuación de las afirmaciones 2, 4, 7 y 8.

2. Ahora suma las afirmaciones 1, 3, 5 y 6 y sustrae ese total de 24.

3. Ahora suma los dos pasos y divide entre 8.

Éstas son las normas por sexo:

DECIL (DÉCIMAS)	MASCULINO (N = 4,169)	FEMENINO (N = 6,972)
1°	2.50	2.50
2°	2.83	2.88
3°	3.06	3.13
4°	3.25	3.25
5°	3.38	3.50
6°	3.54	3.63
7°	3.75	3.79
8°	3.92	4.00
9°	4.21	4.25
10°	5.00	5.00
Media, DE (desviación estándar)	3.37, 0.66	3.43, 0.68

¿Qué descubrió Angela sobre el TEMPLE? A mayor educación, más TEMPLE. Esto no sorprende; sin embargo, ¿qué viene primero? ¿La educación produce más TEMPLE?, o más probablemente, ¿la gente con temple persevera a pesar de las derrotas y humillaciones y sigue esforzándose hasta conseguir más educación? Esto aún se desconoce. Más sorprendente es el hecho de que, controlando la educación, la gente mayor tiene más TEMPLE que la gente joven; las personas mayores de sesenta y cinco años tienen mucho más temple que cualquier otro grupo de edades.

Ventajas de tener TEMPLE

Promedio académico

La prueba de TEMPLE la presentaron 139 estudiantes de posgrado de psicología de Penn. Conocíamos sus puntuaciones del examen SAT, que son un buen estimado del CI. Angela los siguió a lo largo de sus estudios y observó las calificaciones que siguieron obteniendo. Una puntuación alta en el SAT predice calificaciones altas; ésta es la única ventaja comprobada de tener una puntuación alta en el SAT; y un promedio de TEMPLE también predice calificaciones altas. Es importante señalar que, manteniendo constante el SAT, un nivel alto de TEMPLE continuó prediciendo calificaciones altas. En cada nivel de SAT, los estudiantes con más temple obtuvieron mejores calificaciones que el resto, y los estudiantes con menor puntuación en el SAT tendían a tener más TEMPLE.

West Point

En julio de 2004, 1,218 personas de escasos recursos que querían ingresar a la Academia Militar de Estados Unidos tomaron el test de TEMPLE junto con un sinnúmero de otras pruebas. El ejército hace cálculos y se toma muy en serio tratar de predecir el rendimiento por medio de pruebas psicológicas. De forma interesante, TEMPLE parecía una prueba excepcional, ya que no se correlacionaba con la "puntuación total del candidato": la suma de las puntuaciones del SAT, calificaciones de potencial de liderazgo y aptitud física. TEMPLE predecía quiénes de los recién llegados terminarían el extenuante entrenamiento de verano (qué solía llamarse "barracas de bestias") y quiénes renunciarían con mayor precisión que cualquier otra prueba y mejor que todas las pruebas combinadas. TEMPLE también predecía el promedio académico y las puntuaciones de desempeño militar durante el primer año, pero también lo hacían las otras pruebas más tradicionales, y TEMPLE no hacía mejores predicciones que éstas. De hecho, una pequeña prueba de autocontrol (una versión menos extrema de TEMPLE) superó el nivel de predicción de TEMPLE en cuanto al promedio académico. Angela reprodujo este estudio en West Point en 2006 y luego descubrió que TEMPLE predecía la retención en las Fuerzas Especiales del Ejército de Estados Unidos como también en las ventas de bienes raíces.

El concurso nacional de ortografía

En el concurso nacional de ortografía Scripps participan miles de niños de siete a quince años de todo el mundo. En 2005, 273 lograron llegar a la difícil final en Washington y Angela administró un examen de CI y el test TEMPLE a una muestra grande. También registró cuánto tiempo pasaban estudiando la ortografía de palabras complicadas. TEMPLE predijo quiénes lograrían pasar a la ronda final, mientras que la de autocontrol no. El CI verbal, el componente del CI referente a las palabras, también predecía quiénes lograrían llegar a la última ronda. Los finalistas que estaban muy por encima del promedio TEMPLE, de la misma edad y CI, tenían 21 por ciento de ventaja para avanzar a la ronda final. Las estadísticas demuestran que los finalistas con temple superaron al resto de los participantes, al menos en parte porque pasaban más tiempo estudiando palabras. Angela repitió esta prueba el año siguiente y esta vez concluyó que el tiempo de práctica adicional era responsable de toda la ventaja que TEMPLE les daba.

Construcción de los elementos del éxito

Revisemos los elementos del logro que han surgido de la teoría según la cual logro = habilidad × esfuerzo:

1. Agilidad. La agilidad del pensamiento en una tarea refleja cuánto de la tarea se realiza en automático; cuánta habilidad o conocimiento relevante posee la persona para completar la tarea.
2. Lentitud. A diferencia de la habilidad o conocimiento subyacente, las funciones ejecutivas de planeación, revisión, evocación de recuerdos y creatividad son procesos lentos. Cuanto más conocimiento y habilidad tengas (adquiridos anteriormente por agilidad y práctica), más tiempo extra tendrás para usar los procesos lentos y obtener así mejores resultados.
3. Tasa de aprendizaje. Cuanto más alta sea la tasa de aprendizaje (y éste no es el mismo factor que la agilidad de pensamiento), más conocimiento podrás acumular por cada unidad de tiempo que trabajes en la tarea.
4. Esfuerzo = tiempo dedicado a la tarea. El tiempo que dedicas a la tarea multiplica la habilidad que posees para lograr tu meta. También tiene que ver con el primer factor: mientras más tiempo

pases en la tarea, más conocimiento y habilidad adquirirás, o se "te pegará". Las principales determinantes de carácter de cuánto tiempo dedicas a una tarea son la autodisciplina y el TEMPLE.

Por lo tanto, si tu meta es lograr más para ti o tu hijo, ¿qué es lo que tienes que hacer?

No se sabe mucho sobre cómo aumentar el primer factor, es decir, para aumentar la agilidad de pensamiento. Lo que la agilidad logra, sin embargo, es conocimiento. Mientras más rápido seas, más conocimiento adquirirás y pondrás en automático por cada unidad de tiempo que pases practicando. Entonces, dedicar más tiempo a la tarea aumenta las posibilidades de logro. Así que incluso si tu hijo no es superdotado nato, la práctica le ayudará mucho a aumentar su base de conocimientos. Práctica, práctica, práctica.

Fomentar la lentitud permite dar espacio a las funciones ejecutivas como planear, recordar, inhibir impulsos y la creatividad para crecer. Así como el psiquiatra Ed Hallowell[30] les dice a los niños con trastorno de déficit de atención con hiperactividad, o TDAH: "Tienes un Ferrari en la mente y yo soy especialista en frenos. Estoy aquí para ayudarte a aprender a aplicar los frenos". Todas estas técnicas funcionan: la meditación y cultivar la deliberación, hablar, leer y comer despacio, además de no interrumpir. Para niños pequeños, las Herramientas de la Mente pueden funcionar. Necesitamos saber más sobre cómo aumentar la paciencia, una virtud pasada de moda, pero crucial.

Hasta donde yo sé, la tasa de aprendizaje, es decir cuánto se aprende por unidad de tiempo, casi nunca se mide de forma aislada de la cantidad de conocimiento. Así que nada se sabe sobre cómo aumentar la tasa de aprendizaje.

La mayor ventaja para tener más logros es un mayor esfuerzo. El esfuerzo es nada más ni nada menos que cuánto tiempo pasas practicando una tarea. El tiempo dedicado a la tarea actúa de dos formas para aumentar los logros: multiplica la habilidad y el conocimiento existentes y también aumenta directamente la habilidad y el conocimiento. Las buenas noticias son que el esfuerzo es muy maleable. Cuánto tiempo dediques a una tarea depende del ejercicio de decisión consciente, de la voluntad. Optar por dedicar tiempo a una tarea proviene al menos de dos aspectos del carácter positivo: autocontrol y TEMPLE.

El logro superior del ser humano es uno de los cuatro componentes del florecimiento y es otra razón por la que la voluntad y el carácter son objetos indispensables de la ciencia de la psicología positiva. Mi esperanza (en realidad, mi predicción) es que en esta década habrá grandes descubrimientos sobre cómo aumentar el TEMPLE y el autocontrol.

Hasta hace poco pensaba que la educación positiva era un ideal valioso, pero luego me pregunté si podría afianzarse en el mundo real. Algo grande sucedió que se volvió un punto de inflexión para la educación positiva, que es la historia de los siguientes dos capítulos.

7 Fortaleza del ejército: aptitud integral del soldado

—En veinticinco palabras o menos describe tu filosofía de vida —ordenó Pete Carroll, uno de los entrenadores universitarios de futbol americano, poco después de su victoria en el Tazón de la Rosa con los Troyanos de la University of Southern California.

Teníamos dos minutos, y junto con la mayoría de los cien invitados, entre soldados de las Fuerzas Especiales, oficiales de inteligencia, psicólogos, un puñado de generales, me quedé atónito. Una de las pocas personas que de verdad escribía era la general brigadier Rhonda Cornum.

Pete le dijo a Rhonda sobre su filosofía de la vida:

"Prioriza.

"A.

"B.

"C.

"Descarta C."

Trabajar en colaboración con Rhonda ha sido una de las grandes alegrías de mi vida. Nuestra colaboración comenzó en agosto de 2008 después de una visita a mi hogar de Jill Chambers, directora de un programa del Pentágono para soldados que regresan de la guerra.

Un ejército psicológicamente apto

Jill, una coronela pequeña y angulosa, explicó: "No queremos que nuestro legado sean las calles de Washington llenas de veteranos mendicantes con trastorno de estrés postraumático, depresión, adicciones, divorcios y suicidios. Hemos leído sus libros y queremos saber qué puede sugerir para el ejército".

Casi había olvidado la visita de Jill, cuando a finales de noviembre de 2008 me invitaron a almorzar en el Pentágono con el legendario George Casey,[1] jefe de Estado Mayor del Ejército, excomandante de la fuerza multinacional y héroe de la Delta Force. El general Casey, ágil, de corta estatura, en sus cincuenta años, con corte militar y cabello grisáceo, entró y todos nos paramos firmes. Nos sentamos y observé que el general de tres estrellas a mi izquierda había escrito en sus notas: "Almuerzo Seligman".

–Quiero crear un ejército que sea tan apto a nivel psicológico como lo es a nivel físico —inició el general Casey—. Usted está aquí para aconsejarme cómo lograr esta transformación cultural.

"Vaya que es una transformación cultural", pensé. Pero adelante. Mi perspectiva civil sobre el futuro de la guerra se formó por el general de división Bob Scales, director jubilado del U. S. Army War College, historiador militar y autor del ensayo brillante "Clausewitz y la Cuarta Guerra Mundial" para el *Armed Forces Journal*.[2] El general Scales argumentaba que la Primera Guerra Mundial fue una guerra química. La Segunda Guerra Mundial fue una guerra de matemáticas y física; la Tercera Guerra Mundial fue una guerra informática; la Cuarta Guerra Mundial (que ya comenzó) sería una guerra humana. Ningún enemigo en su sano juicio enfrentaría a Estados Unidos por aire, mar o con misiles. Somos lo mejor en este tipo de guerra. Desafortunadamente, todas las guerras que hemos peleado recientemente son guerras humanas, y vamos perdiendo cero de siete en este tipo de guerras. Vietnam e Irak son ejemplos paradigmáticos. Por consiguiente, es tiempo de que el ejército tome con seriedad las ciencias humanas, concluye Scales. Un ejército apto física y psicológicamente sería sólo el inicio.

–La clave de la aptitud psicológica es la resiliencia —continuó el general Casey—, y de aquí en adelante se enseñará y medirá en todo el ejército de Estados Unidos. El doctor Seligman es el experto en resiliencia y él nos dirá cómo lograrlo.

Cuando me invitaron, yo esperaba que me hablaran del trastorno de estrés postraumático (TEPT) y sobre cómo trataba el ejército a sus veteranos. Ahora, sorprendido por el giro inesperado en la conversación, dije algunas palabras sentidas sobre el honor que era estar un esa mesa con ese grupo de gente. Posteriormente, repetí lo que le comenté a Jill: que concentrarse en las patologías de la depresión, ansiedad, suicidio y TEPT era una interpretación incorrecta. Lo que el ejército podía hacer era mudar la distribución completa de la reacción a la adversidad hacia la resiliencia y el crecimiento. Esto no sólo ayudaría a prevenir el TEPT, sino que también aumentaría el número de soldados que se recuperarían de la adversidad. De forma más importante, aumentaría el número de soldados que crecerían psicológicamente en el crisol del combate.

La resiliencia, al menos entre los jóvenes civiles, puede enseñarse. Esto es el principal motor de la educación positiva, y hemos descubierto que la depresión, ansiedad y problemas conductuales pueden reducirse en niños y adolescentes a través del entrenamiento de resiliencia.

—Esto es compatible con la misión del ejército, general Casey —aseguró Richard Carmona, secretario de Salud de Estados Unidos[3] en la administración del presidente George W. Bush—. Hemos gastado dos billones de dólares cada año en salud,[4] y setenta y cinco por ciento de este dinero se gasta en tratar enfermedades crónicas[5] y en atención a adultos mayores, como yo y el doctor Seligman aquí presente. La medicina civil se incentiva perversamente. Si queremos salud, debemos concentrarnos en aumentar la resiliencia física y psicológica; particularmente entre los jóvenes. Queremos una fuerza de combate que pueda recuperarse y que sea capaz de enfrentar los conflictos bélicos que esta década nos depara. La medicina en el ejército se incentiva exactamente de esta manera. Si el entrenamiento de resiliencia funciona, podrá ser modelo para la medicina civil.

—Llevemos este programa fuera de los cuerpos de sanidad, quitemos el estigma psiquiátrico e insertemos la resiliencia en la educación y el entrenamiento —propuso el teniente general Eric Schoomaker, secretario de salud del ejército y comandante de los cuerpos de sanidad—. Si funciona y logra prevenir la enfermedad, sé que reducirá el presupuesto, ya que se le paga a mi gente por cuántas enfermedades trata. Sin embargo, es lo correcto.

—Eso es lo que comenzamos a hacer —explicó el jefe de Estado Mayor—. Doctor Seligman, el programa Aptitud integral del soldado comenzó hace dos meses. El programa está dirigido por la general Cornum. El soldado estadunidense ha alternado entre el combate y el hogar por más de ocho años. El ejército ha provocado un nivel acumulativo de estrés que degrada el desempeño de los soldados y, en muchos casos, ha arruinado sus relaciones en el hogar. No sé cuándo termine esta época de constantes conflictos, pero tengo la certeza de que en el corto plazo los soldados estadunidenses estarán en peligro. Es mi responsabilidad asegurar que nuestros soldados, sus familias y los civiles en el ejército estén preparados tanto física como psicológicamente para continuar sirviendo y apoyando en los combates futuros.[6] General Cornum, quiero que usted y Marty (¡Marty!) trabajen juntos, pongan a funcionar el programa Aptitud integral del soldado y me entreguen un informe en sesenta días.

A la semana siguiente, Rhonda estaba en mi oficina de Penn.

—Sesenta días —dijo ella— no es mucho tiempo para avanzar en las tres partes del programa Aptitud integral del soldado que pensaba crear. Los tres componentes para los que solicito su ayuda para crear son: una prueba de aptitud psicológica, cursos de cuidado personal y un programa piloto de entrenamiento de resiliencia.

Herramienta de evaluación global

Empezamos por reclutar gente para crear la Herramienta de evaluación global (Global Assessment Tool o GAT, por sus siglas en inglés),[7] un cuestionario de autoinforme planeado para medir el bienestar psicológico de los soldados de todas las jerarquías en cuatro campos: aptitud emocional, aptitud social, aptitud familiar y aptitud espiritual. GAT se utilizará para dirigir a los soldados a diferentes programas de entrenamiento (básico y avanzado), como también para evaluar el éxito de dichos programas. También nos brindará una medición de la aptitud emocional del ejército en su conjunto.

El modelo tenaz e inflexible del cuestionario GAT es trabajo que Rhonda realizó sobre "aptitud financiera". Era común que los soldados quedaran en mala situación financiera al partir a su servicio. Rhonda creó y difundió una prueba de aptitud financiera en conjunto con un curso de finanzas y descubrió que éste reducía el número de préstamos con intereses de usura entre los veteranos. Por consiguiente, nuestro trabajo era construir los cuatro campos de aptitud en forma paralela a la forma en que el ejército examina y luego entrena para un alto nivel de aptitud física.

El ejército tiene una historia extraordinaria en la creación de pruebas psicológicas[8] que luego se estandarizan en la esfera civil. Durante la Primera Guerra Mundial surgió la prueba Army Alpha para soldados alfabetizados y la prueba Army Beta para soldados no alfabetizados. La prueba se realizó con dos millones de soldados y su propósito era separar a los soldados mentalmente "competentes" de los "incompetentes" para luego separar a los soldados competentes para posiciones de responsabilidad. Aunque polémicas, las pruebas grupales de inteligencia rápidamente se extendieron a la esfera civil y, casi un siglo después, las pruebas de inteligencia siguen siendo el paradigma en el mundo contemporáneo. Durante la Segunda Guerra Mundial, el ejército desarrolló una serie de pruebas para habilidades más específicas. Una fue el Aviation Psychology Program,[9] en el que se desarrollaron nuevos procedimientos para seleccionar y clasificar al personal de vuelo.[10] Dicho programa fue dirigido por un grupo selecto de importantes psicólogos del siglo xx. Antes de la Segunda Guerra Mundial, los pilotos se seleccionaban por educación. Sin embargo, no había suficientes hombres para llenar los puestos tomando como único criterio la educación. Así que se desarrolló un programa comprehensivo que incluía pruebas de inteligencia, personalidad, intereses específicos e inventarios biográficos, junto con las pruebas clínicas de atención, agudeza visual, velocidad de percepción y coordinación. Este programa tuvo éxito. Predecía errores de piloto actuales, aunque no resultó tan útil para identificar los mejores pilotos como era para identificar los malos pilotos.

Cuando se realiza de manera correcta, la investigación básica y la investigación aplicada son simbióticas y, tal vez no de forma coincidente, la psicología mostró un gran crecimiento después de ambas guerras. La evaluación durante la Primera Guerra Mundial se concentraba en la habilidad general, y la evaluación durante la Segunda Guerra Mundial se concentraba en actitudes y habilidades específicas. El programa de Aptitud integral del soldado se concentra en activos, y tal vez se logre un mayor desarrollo si el programa tiene éxito al evaluar y predecir el desempeño de los soldados. Si es así, esperamos que GAT sea útil para los negocios, escuelas, policía, departamentos de bomberos y hospitales: en cualquier campo donde el buen desempeño se reconoce, se celebra en lugar de solamente eliminarse o redimirse lo que se hace mal.

Ésta era la esperanza que Rhonda y yo teníamos en mente para una prueba de aptitud psicológica. Así que juntamos a un grupo de trabajo de diez expertos en realización de pruebas, la mitad del sector militar y la otra del sector civil, guiados por Chris Peterson, un reconocido profesor de la Universidad de Michigan y el creador de la prueba Valores en acción y fortalezas básicas, junto con el coronel Carl Castro. Dichas personas, junto con Nansook Park, colega de Chris en Michigan, trabajaron mucho durante los siguientes meses. Ellos analizaron los miles de reactivos relevantes utilizados anteriormente en pruebas bien validadas para crear el GAT, que toma sólo veinte minutos en completar.

El liderazgo de Rhonda, que combina la orientación hacia la acción de una cirujana uróloga con la intuición relampagueante de un general, quedó probado durante la creación de la Herramienta de evaluación global. Poco después de idearse y luego de hacer la prueba piloto con varios miles de soldados, un psicólogo civil le sugirió un modo de mejorar algunas preguntas. En un correo escueto dirigido a todos nosotros, la general Cornum escribió: "El enemigo de lo bueno es lo mejor".

Una muestra de las preguntas de la Herramienta de evaluación global se presenta a continuación. Observa que a diferencia de muchas pruebas psicológicas, GAT examina tanto las fortalezas como las debilidades; los aciertos como los problemas; lo positivo como también lo negativo. También es absolutamente confidencial: sólo el soldado puede ver sus resultados. Ningún superior verá los resultados individuales por dos razones: derecho legal a la privacidad, incluso en el ejército, y para aumentar la probabilidad de obtener respuestas sinceras.

Primero, la Herramienta de evaluación global examina la *satisfacción general* (preguntas de muestra):

En lo general, indica tu grado de satisfacción con estas partes de tu vida en las últimas cuatro semanas.

(Encierra un número en un círculo)

Muy insatisfecho				Neutral				Muy satisfecho	
1	2	3	4	5	6	7	8	9	10

Mi *vida en general*
Mi *trabajo*
Mis *amigos*
La *moral de mi unidad*
Mi *familia entera*

Piensa cómo has actuado en situaciones reales descritas a continuación en las últimas cuatro semanas. Contesta sólo en función de lo que realmente hiciste. (Puedes contestar una versión más completa de la parte de fortalezas básicas de la Herramienta de evaluación global en el apéndice del libro.)

Nunca									*Siempre*
1	2	3	4	5	6	7	8	9	10

Fortalezas

Piensa en situaciones reales en las que hayas tenido la oportunidad de hacer algo novedoso o innovador. ¿Con qué frecuencia utilizaste la creatividad o el ingenio en estas situaciones?

Piensa en situaciones reales en las que hayas tenido que tomar decisiones complejas e importantes. ¿Con qué frecuencia utilizaste el pensamiento crítico, la apertura mental o el buen juicio?

Piensa en situaciones reales en las que hayas experimentado miedo, amenazas, vergüenza o incomodidad. ¿Con qué frecuencia utilizaste el valor o el coraje en estas situaciones?

Piensa en situaciones reales en las que hayas enfrentado un reto difícil que implique mucho tiempo en resolver. ¿Con qué frecuencia utilizas la persistencia en estas situaciones?

Piensa en situaciones reales en las que te haya sido posible mentir, engañar o despistar. ¿Con qué frecuencia muestras honestidad en estas situaciones?

Piensa en la vida cotidiana. ¿Con qué frecuencia sientes y muestras ánimo o entusiasmo cuando te resulta posible hacerlo?

Piensa en tu vida cotidiana. ¿Con qué frecuencia expresas tu amor o amistad a los demás (amigos, familiares) y aceptas el amor de los demás cuando te es posible?

Piensa en situaciones reales en las que hayas necesitado comprender las necesidades y deseos de otras personas y saber cómo reaccionar. ¿Con qué frecuencia utilizaste tus habilidades sociales o conciencia social en estas situaciones?

Piensa en situaciones reales en las que hayas sido miembro de un grupo que necesita tu ayuda y lealtad. ¿Con qué frecuencia mostraste capacidad para trabajar en equipo en estas situaciones?

Piensa en situaciones reales en las que hayas tenido poder o influencia sobre dos o más personas. ¿Con qué frecuencia fuiste justo en estas situaciones?

Piensa en situaciones reales en las que hayas sido miembro de un grupo que necesita dirección. ¿Con qué frecuencia mostraste liderazgo en estas situaciones?

Piensa en situaciones reales en las que hayas estado tentado a hacer algo de lo que te podías arrepentir después. ¿Con qué frecuencia utilizaste la prudencia o la cautela en estas situaciones?

Piensa en situaciones reales en las que hayas experimentado deseos, impulsos o emociones que desearías poder controlar. ¿Con qué frecuencia utilizaste el autocontrol en estas situaciones?

Aptitud emocional (preguntas de muestra)

Contesta en términos de cómo piensas normalmente.

> *Completamente opuesto a mí*
> *Diferente a mí*
> *Neutral*
> *Parecido a mí*
> *Muy parecido a mí*
> *Cuando me ocurren cosas malas, espero que sucedan más cosas malas.*
> *No tengo control sobre las cosas que me suceden.*
> *Respondo al estrés empeorando las cosas.*

Estos últimos tres reactivos son importantes para la ocurrencia de TEPT y depresión. Son elementos "catastrofistas"; una trampa del pensamiento cognoscitivo[11] del que estamos especialmente preocupados por cambiar en el entrenamiento de resiliencia que discutiré en el siguiente capítulo. Si contestaste a estas afirmaciones con "completamente como yo", estás en riesgo de ansiedad, depresión y TEPT.

Algunas otras afirmaciones de aptitud emocional son:

En momentos de incertidumbre, casi siempre espero que suceda lo mejor.
Si algo puede salir mal, así sucederá.
Rara vez confío en que me sucederán cosas buenas.
En general, espero en mayor medida que me sucedan cosas buenas que malas.

Estos cuatro son reactivos de optimismo, predictores probables de perseverancia bajo presión y salud física:

Mi trabajo es una de las cosas más importantes en mi vida.
Volvería a escoger mi trabajo actual si tuviera la oportunidad.
Estoy comprometido con mi trabajo.
Mi desempeño laboral tiene influencia sobre cómo me siento.

Estos cuatro son reactivos de compromiso, predictores probables del desempeño laboral:

Me ha obsesionado una idea o un proyecto en específico por un periodo corto pero luego pierdo interés en él [un reactivo del test de TEMPLE].
Me es difícil adaptarme a los cambios.
Por lo general me reservo mis sentimientos.
En tiempos inciertos, usualmente espero que ocurra lo mejor.

Aptitud social (reactivos de muestra)

Indica qué tan de acuerdo o en desacuerdo estás con las siguientes afirmaciones

1 = en total desacuerdo
2 = desacuerdo
3 = neutral

4 = *acuerdo*
5 = *totalmente de acuerdo*

Mi trabajo hace del mundo un lugar mejor.
Confío en mis compañeros soldados para que cuiden mi bienestar y mi seguridad.
Mis amigos más cercanos son personas de mi unidad.
En general, confío en mi superior inmediato.

Aptitud espiritual (reactivos de muestra)

Mi vida tiene sentido duradero.
Creo que de alguna manera mi vida está conectada al resto de la humanidad y al mundo.
El trabajo que realizo en el ejército tiene un sentido duradero.

Aptitud familiar (reactivos de muestra)

Tengo una relación cercana con mi familia.
Estoy seguro de que el ejército cuidará de mi familia.
El ejército pone una gran carga sobre mi familia.
El ejército hace sencillo el bienestar de mi familia.

Dado que está basada en fortalezas, la Herramienta de evaluación global introduce un vocabulario común para describir lo que es correcto para los soldados, y al irse volviendo el vocabulario más familiar, pasa a ser una manera de hablar sobre sus propias virtudes como también las de otros soldados. Debido a que todos los soldados deben tomar el GAT, esto puede reducir el estigma alrededor de los servicios de salud mental.[12] Ningún soldado se sentirá señalado y todos los soldados recibirán retroalimentación basada en sus fortalezas. Finalmente, la GAT se utilizará para derivar a los soldados a cursos en internet de acuerdo con su propio perfil de aptitud psicológica.

La prueba fue terminada en el otoño de 2009 cuando comenzó su uso masivo. Todos los soldados tomarán esta prueba por lo menos una vez al año a lo largo de sus carreras. Al momento de escribir este libro (septiembre de 2010), más de 800,000 soldados han tomado el examen. Los resultados iniciales demuestran su validez. Al subir de rango y experiencia, también aumenta la aptitud psicológica. Al aumentar la aptitud emocional, los síntomas de TEPT disminuyen. Al aumentar la aptitud emocional, bajan los costos del cuidado de atención médica. Una quinta parte del ejército es del género femenino y tiene la misma aptitud emocional que los hombres. Sólo existe una diferencia notable: las mujeres sacan un puntaje más bajo en asuntos de confianza que los hombres.

Ya que existen 1.1 millones de soldados en el ejército, y muchos más miembros familiares, esto creará una de las más grandes y completas bases de datos físicas y psicológicas en la historia. El ejército juntará los perfiles psicológicos con el desempeño y los resultados médicos con el tiempo. Esto involucra la tarea masiva de juntar veintinueve bases de datos inmensas. Es emocionante imaginar los resultados definitivos que obtendremos de preguntas que nadie ha podido contestar anteriormente, como las siguientes:

- ¿Qué fortalezas protegen contra el suicidio?
- ¿Un sentido superior de la vida produce una mejor salud física?
- ¿Sanan más rápido los soldados con un alto nivel de emoción positiva?
- ¿Predice la fortaleza de la amabilidad más medallas de valentía?
- ¿La aptitud familiar alta predice una promoción rápida?
- ¿Un alto nivel de confianza predice más crecimiento postraumático?
- ¿Un buen matrimonio protege contra enfermedades infecciosas?
- ¿La aptitud psicológica provoca menos costos de atención médica mientras se mantienen los factores de riesgo físico constantes?
- ¿Existen soldados "supersanos", caracterizados por un alto nivel de aptitud física y psicológica, que rara vez se enferman, se recuperan rápido y tienen un excelente desempeño bajo estrés?
- ¿Es contagioso el optimismo del comandante hacia la tropa?

La Herramienta de evaluación global está unida al Soldier Fitness Tracker (SFT), que costó $1.3 millones y se creó para este propósito. El Soldier Fitness

Tracker es un sistema masivo de registro de datos que ofrece una plataforma tecnológica de información sin paralelo para apoyar la visión del jefe de Estado Mayor sobre la Aptitud integral del soldado. El SFT ofrece un mecanismo ágil al servicio de la Herramienta de evaluación global, como también una poderosa colección de datos y capacidad de elaborar informes. Se hizo para medir, supervisar y evaluar la aptitud psicológica de todos los soldados del ejército de Estados Unidos; no sólo para los activos, sino también para la Guardia Nacional y también para los cuerpos de reserva. La capacitación en internet para mejorar la aptitud del soldado en cada campo está inmediatamente disponible al terminar la evaluación. Explicaré dichos módulos de capacitación en breve. Una versión modificada de la GAT y sus módulos de capacitación están disponibles para los familiares adultos de los soldados y para los empleados civiles del Departamento del Ejército. El Soldier Fitness Tracker evalúa a los soldados recién reclutados[13] y se realizan revaluaciones a intervalos apropiados que continúan hasta la transición de regreso a la vida civil.

Completar la Herramienta de evaluación global es un requisito para todos los soldados y para asegurar su cumplimiento los comandantes podrán "observar" quién completó la GAT, mientras se mantiene la confidencialidad de los resultados individuales. Los comandantes pueden supervisar el porcentaje que ha tomado la prueba por unidad y por individuo. El Soldier Fitness Tracker también dará seguimiento al uso de los módulos de capacitación en línea (ver más adelante) para los distintos campos de la aptitud. En el nivel del Departamento del Ejército se pueden generar reportes adicionales acordes al rango, sexo, edad, tiempo promedio para completar la GAT y distribución de resultados por locación.

Ten en cuenta esta fantástica base de datos y tecnología cuando hablemos de la aptitud positiva en el capítulo 9. Esta base de datos permitirá a la ciencia descubrir con precisión las fortalezas de aptitud que predicen la salud y la enfermedad por encima de los usuales factores de riesgo.

Cursos por internet

El ejército da créditos universitarios por cursos en historia militar, economía y similares. El segundo motor del programa de Aptitud integral del soldado es un curso en línea para cada uno de los cuatro campos de aptitud, como también un curso en crecimiento postraumático para todos los soldados. La general Cornum invitó a un líder en psicología positiva para dirigir el desarrollo de cada curso: Barbara Fredrickson para aptitud emocional; John Cacioppo para aptitud social; John y Julie Gottman para aptitud familiar; Ken Pargament y Pat Sweeney para aptitud espiritual, y a Rick Tedeschi y Rich McNally para crecimiento postraumático. Cuando un soldado toma la Herramienta de evaluación global obtendrá su resultado y un perfil junto con las recomendaciones de qué curso debe tomar.

A continuación se presentan los resultados de la Herramienta de evaluación global para un teniente de género masculino y cómo se comparan sus resultados con las normas:[14]

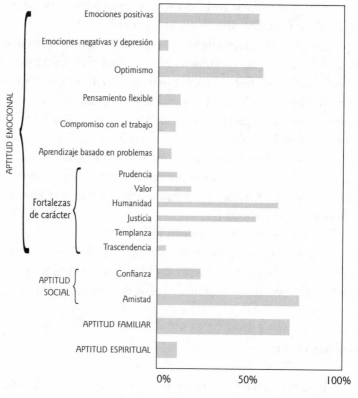

PERCENTIL DE LA PUNTUACIÓN DE APTITUD

El siguiente es el perfil que el soldado obtiene de estos resultados:

> Es un individuo alegre y optimista y está fuertemente orientado a sus amigos y su familia. Éstas son sus fortalezas personales. Sin embargo, cuando se compara con otros soldados, no se desempeña con entusiasmo en su trabajo y parece no tener un fuerte sentido de propósito. No es activo en su forma de enfrentar la adversidad y no es un pensador flexible. Estas características pueden limitar su habilidad para manejar el estrés y la adversidad de forma efectiva.
>
> Por lo tanto, este soldado puede beneficiarse del entrenamiento que aumenta el pensamiento flexible y la resolución de problemas de forma activa como se enseña en el Programa de Resiliencia de Penn para el ejército, así como también con el curso de entrenamiento de aptitud espiritual que le ayudará a ver un mayor significado en su trabajo. Dado que ya tiene relaciones estrechas con amigos y familiares, puede beneficiarse en mayor medida de un entrenamiento avanzado en el curso de aptitud familiar con vista a utilizar dichas fortalezas para mejorar su aptitud en otros campos.

Módulo de aptitud emocional[15]

Sara Algoe y Barbara Fredrickson mostraron a los soldados lo que las emociones pueden hacer por nosotros y cómo utilizar nuestras emociones para tomar mayor ventaja. Las emociones negativas nos advierten sobre una amenaza específica. Cuando sentimos miedo, usualmente procede de un pensamiento de peligro. Cuando nos sentimos tristes, casi siempre viene con un pensamiento de pérdida. Cuando nos sentimos enojados, casi siempre hay un pensamiento de transgresión. Esto da lugar a detenerse a identificar qué sucede cuando nuestras reacciones emocionales negativas se encuentran fuera de proporción con respecto a la realidad del peligro, pérdida o intrusión. Entonces podemos modular nuestra reacción emocional hasta que sea proporcional. Ésta es la esencia de la terapia cognitiva, pero en modalidad preventiva.

Lo que enseña este módulo a los soldados sobre la emoción positiva es parte de la investigación de punta de Fredrickson sobre la proporción

Losada. Construir una robusta proporción Losada (más pensamientos positivos que negativos) teniendo más pensamientos positivos frecuentemente aumenta el capital psicológico y social. Esta estrategia es tan importante en el contexto militar como lo es en el cuarto de planeación, en el matrimonio o al criar adolescentes. Por consiguiente, este módulo le enseña a los soldados tácticas para tener más emociones positivas como "constructores de recursos".[16] A continuación se presenta un fragmento de la lección de Algoe y Fredrickson sobre cómo construir emociones positivas:

Aprovecha tus emociones

Hoy vamos a hablar de cómo sacar provecho de tus emociones positivas.

"Sacar provecho" de las emociones positivas no es sugerir que puedes ir por la vida observando sólo los aspectos positivos de las cosas y mostrando una gran sonrisa en todo momento. La carita feliz amarilla no es el objetivo. Al conocer cómo funcionan y lo que indican, aprenderás a *a*) ser un participante activo para capitalizar las oportunidades que surgen de las emociones positivas, *b*) encontrar formas para aumentar el número de instancias y la duración del pensamiento positivo, y *c*) ser un buen ciudadano en tu comunidad.

Este entrenamiento es para darte las herramientas para ser un participante activo en tu propia vida emocional. [...] De hecho, los pensamientos positivos influyen en gran manera en el sistema emocional. Al cultivar lo positivo es que aprendemos, crecemos y florecemos. Noten que esto no es cultivar momentos de diferentes tipos de emoción positiva que te puedan llevar por el camino del éxito.

Emociones positivas: constructores de recursos

La clave para sacar provecho de las emociones positivas es interpretarlas como "constructores de recursos". Por favor piensa en un ejemplo realmente claro de un tiempo en el que has sentido emociones positivas como orgullo, gratitud, placer, satisfacción, interés o esperanza; ya sea que hayan ocurrido ayer o la semana pasada. Después de recordar algunos de los detalles del suceso, dales un nombre (por ejemplo: "pensar sobre el futuro") y especifica de qué emoción se trata.

Ahora que tienes un ejemplo en mente, regresemos a lo que sabemos sobre las emociones: el sentimiento (la emoción) funciona de dos maneras, 1) llamando la atención y 2) coordinando una respuesta. Las emociones positivas brindan luz en las cosas que van particularmente bien en nuestra vida o que tienen el potencial de serlo, es decir, las situaciones que son congruentes con nuestras metas. Éstas pueden ser consideradas como las oportunidades para construir recursos. Por ejemplo, si estás interesado o inspirado, o si sientes que alguien fue particularmente amable.

Veamos algunos ejemplos.

- Si sientes admiración por alguien significa que piensas que hizo algo que mostró un gran talento o habilidad. Como un dechado de éxito (al menos en ese campo), si prestas atención a este individuo puedes comprender cómo logra dicha habilidad. Ciertamente te ahorraría mucho tiempo de prueba y error. Tu admiración te alerta de la oportunidad de aprender rápidamente una habilidad culturalmente valuada.
- Si sientes gran alegría, significa que lograste (o estás en camino de lograr) lo que deseas. Tal vez recibiste una promoción, tuviste tu primer hijo, o simplemente disfrutas la compañía de buenos amigos durante la cena. La alegría representa un estado satisfecho que brinda la oportunidad para el crecimiento. En ese momento no estás preocupado por otras cosas. Te sientes seguro y abierto. Tu alegría te alerta de oportunidades para nuevas experiencias.
- Si sientes orgullo, significa que crees que has demostrado personalmente alguna habilidad o talento culturalmente valuado. El orgullo tiene una mala reputación debido a que la gente se deja llevar por su orgullo y se vuelve soberbia. Sin embargo, en dosis

apropiadas, el orgullo alerta de tus propias habilidades y talentos, y te permite tomar el crédito por tus acciones preparando el camino para éxitos futuros.

- Finalmente, si sientes gratitud, significa que piensas que alguien ha demostrado que le importas como persona y que estará ahí para ti en el futuro. La gratitud marca las oportunidades para estrechar relaciones con la gente que te importa.

Una vez establecido que las emociones positivas pueden ser útiles, es importante pausar y subrayar el hecho de que la gente a menudo no sabe que tiene tanto poder en su interior. Tienes el poder dentro de ti para averiguar qué es lo que te inspira, lo que te hace reír o lo que te da esperanza para entonces cultivar estas emociones. [...] Esto te puede ayudar a optimizar tu vida al desplegar momentos de optimismo genuino para ti. No subestimes los beneficios de hacerlo. Estos momentos pueden ayudarte a construir tus recursos personales y sociales para el futuro. De forma más importante, los efectos positivos de tus emociones pueden transmitirse a otras personas. Al ser más feliz y estar más satisfecho con tu vida y las cosas de ella, tendrás más que dar a los demás.

Módulo de aptitud familiar[17]

Estados Unidos se encuentra en una guerra en la que, por primera ocasión, casi todos los soldados tienen teléfonos celulares, acceso a internet y cámaras web. Esto significa que pueden estar en contacto con su hogar en todo momento. Así que, incluso en el combate, el soldado está virtualmente en presencia tanto de los conforts como de las cosas espinosas de la vida hogareña. Estas situaciones espinosas son una causa significativa de depresión, suicidio y TEPT para los soldados. La mayoría de los suicidios de soldados en Irak involucra una relación fallida con su pareja o esposa.[18]

John y Julie Gottman son los eminentes psicólogos del matrimonio en Estados Unidos en el presente, y acordaron crear el módulo de aptitud familiar para CSF. Esto es lo que informaron:

Las clínicas de combate al estrés han descubierto que el principal incidente crítico que precede a la ideación suicida y homicida en Irak y Afganistán es un acontecimiento estresante en una relación. Los incidentes críticos que hemos recolectado incluyen llamadas que terminan en fuertes peleas; disputas sobre el control y el poder en el hogar; comunicaciones que hacen sentir a ambas partes de la pareja abandonadas y alienadas; una incapacidad de pareja de simplemente ser buenos amigos y tener conversaciones de apoyo; no saber cómo relacionarse con sus hijos que hacen rabietas porque extrañan a su padre terriblemente; amenazas de abandonar la relación por una o ambas partes de la pareja; crisis súbitas de confianza y traiciones. También son un asunto importante para la pareja en casa la pornografía en internet para la gratificación masturbatoria inmediata del soldado y otras oportunidades sexuales en internet. La confianza y la traición son temas comunes de las que pelean los soldados con sus parejas.

El módulo de los Gottman enseña a los soldados habilidades de relación y matrimonio en la vida civil. Éstas incluyen habilidades para "crear y mantener la confianza y la seguridad; crear y mantener amistades e intimidad; aumentar la confianza y la honestidad; ser capaz de tener conversaciones telefónicas de apoyo; enfrentar el conflicto de forma amable y constructiva; evitar que escale el conflicto a la violencia; autoconfort cognoscitivo; contener y administrar sobresaltos psicológicos; consolar a la pareja; manejar el estrés externo a la relación; lidiar con y sanar la traición; convertir el estrés postraumático en crecimiento postraumático en la relación; crear y mantener un sentido compartido; construir y mantener una relación positiva con cada hijo; practicar una disciplina efectiva para el hijo; ayudar a cada hijo a aprender en casa; apoyar al niño a formar relaciones saludables con sus pares; habilidades para romper relaciones dañinas tales como saber las señales de una relación dañina; buscar apoyo de amigos y familia; buscar apoyo profesional cuando sea necesario; cuidar a los hijos de los efectos negativos de un rompimiento; construir decisiones de relaciones que afirmen la vida para los niños y para sí".

Módulo de aptitud social[19]

> Una tribu con muchos miembros que poseen en
> gran medida un espíritu de patriotismo, fidelidad,
> obediencia, valor y simpatía y están siempre listos
> para ayudarse entre ellos y sacrificarse por el bien
> común, será más victoriosa que otras tribus; y esto
> es selección natural.[20]
>
> Charles Darwin

John Cacioppo, profesor de psicología en la Universidad de Chicago, es uno de los psicólogos sociales líderes, un neurocientífico y experto mundial en el tema de la soledad. Es a través de su investigación que han quedado claros los efectos devastadores de la soledad,[21] por encima de la depresión, en la salud física y mental. En una sociedad que exagera el valor de la privacidad, su trabajo comienza a redirigir el balance entre el individuo solitario y el florecimiento comunitario. John accedió a aplicar su conocimiento al programa de Aptitud integral del soldado con la creación del módulo de aptitud social en línea, al que denomina resiliencia social.

La resiliencia social es "la capacidad de fomentar, enfrentar y sostener relaciones sociales positivas y aguantar y recuperarse de factores de estrés y aislamiento social". Es el pegamento que mantiene unido a un grupo y brinda un propósito superior al del ser individual, permitiendo que grupos enteros de personas puedan enfrentar retos.

Durante los últimos cincuenta años ha estado de moda en la teoría evolutiva observar a los seres humanos como básica e inexorablemente egoístas. El libro de Richard Dawkins de 1976 titulado *El gen egoísta*[22] es emblemático del dogma de que la selección natural funciona sólo a través de la supervivencia solitaria superior de un individuo y su proeza reproductiva superando a otros individuos en competencia a partir de la genética. La selección individual funciona bien para explicar mucho sobre motivación y comportamiento, pero el altruismo es un enigma explosivo para los teóricos del gen egoísta. Su forma de responder a esta cuestión es postular el "altruismo de parentesco" al afirmar que, mientras más genes tienes en común con el objeto de tu altruismo, es más probable que actúes en forma altruista.

Puedes dar la vida por un gemelo idéntico, pero estarías menos dispuesto a dar la vida por un pariente no idéntico (hermano gemelo) o un pariente, y sólo remotamente por un primo; por ende, no hay disposición alguna por una persona no relacionada.

Este complejo argumento deja de lado el altruismo ordinario[23] (el hecho de que nada nos haga sentir mejor que ayudar a otra persona) y el altruismo heroico (por ejemplo, los cristianos escondiendo a los judíos en los áticos[24] de la Europa ocupada por los alemanes durante la Segunda Guerra Mundial). Es tan común el altruismo con los extraños que llevó a Dacher Keltner a afirmar en su libro revelador que somos "nacidos para el bien".[25]

Darwin, a quien citamos anteriormente, consideró una presión evolutiva adicional, con la que se completa el cuadro: la selección de grupo. Él postuló que si un grupo (compuesto de individuos no relacionados genéticamente) sobrevive o produce más que un grupo en competencia, el banco genético del grupo entero se multiplicará. Así que imaginen que la cooperación y las emociones tales como el amor, gratitud, admiración y perdón, que apoyan a la cooperación, llevan a una ventaja en la supervivencia del grupo. Un grupo cooperativo puede cazar a un mastodonte mejor que un grupo asocial. Un grupo cooperativo puede unirse en batalla como lo hacían los romanos con su formación ofensiva que sacrificaba a los hombres de los flancos exteriores pero que fácilmente vencía a un grupo de soldados egoístas. Un grupo cooperativo puede crear la agricultura, pueblos, tecnología y música (cantar, marchar y reír pone en la misma *sintonía* al grupo). En la medida en que la cooperación y el altruismo tienen una base genética, el grupo podrá transmitir sus genes de forma más efectiva que un grupo que no coopere ni sea altruista.

David Sloan Wilson y E. O. Wilson (no relacionados genéticamente), los más fieros defensores de la selección en grupo[26] como un componente adicional a la selección individual, nos piden que consideremos a los pollos:[27] ¿cómo seleccionarías gallinas para maximizar la producción de huevos? El gen egoísta nos dice que los granjeros deben seleccionar gallinas de forma individual que produzcan la mayor cantidad de huevos en la primera generación, luego reproducirlos para luego realizar lo mismo por varias generaciones. Para la sexta generación, el granjero debe tener una mejor producción de huevo, ¿no? ¡Equivocado! Bajo este esquema, para la sexta generación casi no hay producción de huevos, y la mayoría de las gallinas mueren a causa de sus competidores hiperagresivos que ponen muchos más huevos.

Las gallinas son seres sociales y viven en nidos, así que la selección en grupo sugiere un modo distinto de maximizar la producción de huevos. Uno debe reproducir el nido completo que produce la mayor cantidad de huevos en cada generación sucesiva. Al utilizar dicho método, la producción de huevo en verdad se torna masiva.[28] La misma lógica de selección natural parece funcionar también en los insectos sociales. Estas especies enormemente exitosas (la mitad de la biomasa de todos los insectos es social) tienen fábricas, fortalezas y sistemas de comunicación,[29] y su evolución es más compatible con la selección en grupo que con la selección individual. Bajo esta concepción, los seres humanos son inevitablemente sociales, y es la sociabilidad nuestra arma secreta.

En el módulo de resiliencia social, Cacioppo hace hincapié en que "no somos animales particularmente impresionantes en lo físico. No tenemos el beneficio de armas naturales, armadura, fortaleza, vuelo, camuflaje o velocidad en relación con muchas otras especies. Es nuestra capacidad de razonar, planear y trabajar juntos lo que nos distingue de otros animales. La supervivencia humana depende de nuestras habilidades colectivas, nuestra capacidad de juntarnos con otros para perseguir una meta, y no de nuestra fuerza individual. La cohesión y resiliencia social del grupo, por lo tanto, importan. Los guerreros que se comprenden entre sí y se comunican con los demás, que tienen un grupo con cohesión, que se agradan y trabajan juntos, que toman ventaja de las diferencias en lugar de utilizar las diferencias para evitarse, y que se ponen en riesgo por los demás, tienen mayor posibilidad de sobrevivir y de surgir victoriosos".

El módulo de resiliencia social destaca la empatía: ser capaces de identificar las emociones de otros soldados. Primero, los soldados aprenden sobre las neuronas espejo y sobre los paralelos entre la actividad cerebral que sientes cuando experimentas dolor y la actividad cerebral de las neuronas espejo cuando observas que *otra* persona tiene dolor. La actividad es similar pero no idéntica, lo que nos permite establecer empatía[30] pero también nos permite observar la diferencia entre nuestro propio sufrimiento y el de los demás. Entonces se les da fotografías a los soldados para practicar la precisión al identificar las emociones de los demás. El módulo resalta la diversidad racial y cultural. En el Ejército de Estados Unidos la diversidad tiene una gran tradición y es la columna vertebral de su fortaleza, no sólo un eslogan político conveniente.

Otro tema básico del módulo de aptitud social son los descubrimientos importantes sobre el contagio de las emociones. Hace más de cincuenta años, a más de cinco mil residentes de Framingham, Massachusetts, se les monitoreó su aptitud física. Les dieron seguimiento a lo largo del siglo XX, con las enfermedades cardiovasculares como objetivo principal y fue este estudio el que nos brindó el conocimiento de los peligros de los niveles altos de tensión arterial y de colesterol para los ataques al corazón. Debido a que se les dio seguimiento intensivo a los residentes, los investigadores en campos distintos a las enfermedades cardiacas han podido sacar provecho de su banco de datos.

Además de los datos físicos, algunas otras cuestiones eran de índole psicológica (tristeza, felicidad, soledad y similares) y se administraron varias veces; y por supuesto, la localización actual de cada casa era conocida. Esto permitió a los investigadores diseñar un "sociograma" emocional: una gráfica de cómo la proximidad física influye en la emoción en el futuro. Mientras más cerca vivía una persona de alguien solitario, más solitaria se sentía la segunda persona. Lo mismo sucedía con la depresión, pero lo principalmente relevante fue la felicidad. Ésta fue más contagiosa que la soledad o la depresión,[31] y funcionaba a lo largo del tiempo. Si la felicidad de la persona A aumentaba en un momento 1, la persona B, que vivía al lado, subía en un momento 2. Y también la persona C, a dos casas, pero en menor medida. Incluso la persona D, a tres casas de distancia, disfrutaba de mayor felicidad.

Esto tiene implicaciones significativas para la moral en los grupos de soldados y para el liderazgo. Por el lado negativo, sugiere que unos cuantos soldados tristes, solitarios o enojados pueden arruinar la moral de toda la unidad. Los comandantes han sabido esto desde siempre. Sin embargo, la novedad es que la moral positiva es más poderosa y puede aumentar el bienestar y el desempeño de toda la unidad. Esto hace que la procuración de la felicidad, un lado olvidado del liderazgo, sea importante e incluso crucial.

Comenté este punto en la Agencia Espacial Europea durante una reunión de psicólogos del espacio en Holanda mientras planeaban una misión europea a Marte para 2020. Los psicólogos del espacio están habitualmente preocupados por minimizar los sentimientos negativos en el espacio exterior: suicidio, homicidio, miedo y motines. Permanecen en tierra esperando brindar consejos cuando un astronauta tiene problemas emocionales. Nos comentaron que un astronauta estadunidense casi abortó una misión en órbita terrestre al cerrar los canales de comunicación durante varias órbitas, debido a su enojo porque su reproductor de música no había sido reparado a pesar de sus continuas peticiones. Sin embargo, la misión a Marte no puede servir mucho con los psicólogos sentados en el Centro de Mando de Noordwijk o en Houston. Marte está tan lejos que existe un tiempo de retraso de noventa minutos en la comunicación entre la Tierra y una sonda en Marte.

> ASTRONAUTA: ¡Ese maldito capitán! ¡Voy a cortarle el oxígeno!
> [Retraso de noventa minutos.]
> PSICÓLOGO EN HOUSTON: "Tal vez debas pensar en forma crítica por qué el capitán atropelló algún derecho importante para ti".
> CENTRO DE MANDO DE LA MISIÓN: "Capitán, ¡Capitán! [...] ¡Adelante, capitán!

Combatir las emociones negativas, tal vez con módulos precargados ("Presione uno si se encuentra en estado iracundo. Presione dos si se encuentra ansioso. Presione tres si se encuentra desesperado") es importante, pero a mi parecer, es igualmente importante la felicidad en el espacio. El argumento principal de este libro es que el desempeño óptimo está unido al bienestar; mientras mayor moral positiva haya, mejor será el desempeño. Esto implica que fomentar la felicidad en el espacio, en especial en misiones de tres años de duración (con póquer, aumento del flujo comunicativo, relaciones estrechas, alto sentido de propósito y logros graduados), puede marcar la diferencia entre el éxito y el fracaso. Es particularmente escandaloso que, en el presente, la decisión de los seis miembros de la tripulación no sea guiada por la compatibilidad psicológica bien razonada sino por la política: un correcto equilibrio nacional, racial y de género.

Me ruboriza contar que saqué a colación el tema de la gratificación y el sexo en el espacio, a tres años de distancia de la Tierra con seis tripulantes entre hombres y mujeres con altos niveles de testosterona. Acordar la compatibilidad sexual parece ser muy importante. Esto es un asunto tabú en

Houston. Nadie se atreve a mencionarlo. Sin embargo, al menos fue discutible en Noordwijk (que se encuentra a una hora de Ámsterdam). Una vez que se mencionó el asunto como el "tema Seligman", comenzamos a analizarlo a profundidad. Se nos contó con detalle que las exploraciones a la Antártida, a los Himalaya y las misiones espaciales rusas han quedado sacudidas o destruidas por conflictos sexuales. Entonces, ¿qué podemos hacer? ¿Qué emparejamientos debemos planear? ¿Qué debemos prohibir? ¿Qué sexualidades debemos seleccionar? ¿Sexo grupal, homosexualidad, bisexualidad, monogamia o asexualidad? No oí ninguna solución al tema Seligman, que en particular entra en conflicto con el equilibrio internacional políticamente popular, sin tomar en cuenta lo que sucede del cuello para abajo. Por lo menos ahora los europeos consideran el asunto y el bienestar en el espacio está en la mesa de entrenamiento.

Dados los nuevos datos sobre el contagio de la moral positiva, el liderazgo entre unidades del ejército se torna crucial. Hace veinte años, Karen Reivich y yo queríamos predecir[32] qué equipos de la National Basketball Association se repondrían de una derrota y cuáles se derrumbarían. Para lograr esto, tomamos todas las citas en las páginas de revistas deportivas de cada miembro de los equipos durante toda una temporada. Luego separamos cada cita y la calificamos en ciego para revisar el optimismo o el pesimismo. "Perdimos porque somos muy malos" obtuvo un 7 por pesimismo, mientras que "Perdimos por la estúpida decisión del árbitro" obtuvo un 7 por optimismo. Entonces formamos un perfil promedio del equipo e intentamos predecir el desempeño de un equipo frente a la diferencia de puntos después de una derrota en la siguiente temporada. La diferencia de puntos se refiere a la diferencia entre los puntajes finales del equipo ganador y el perdedor en un juego, como lo predicen los expertos de apuestas en Las Vegas. En la siguiente temporada, como predijimos, los Celtics de Boston (un equipo optimista) superó sistemáticamente la diferencia de puntos en el juego después de la derrota, mientras que los 76ers de Filadelfia (un equipo pesimista) perdió siempre ante la diferencia de puntos después de una derrota. Los equipos optimistas tenían un mejor desempeño de lo esperado después de una derrota. Los equipos pesimistas tenían un peor desempeño.

Esto implicó un enorme trabajo de estudio: extraer y calificar cada cita de los periódicos de cada miembro de estos dos equipos durante toda una temporada. Era demasiado trabajo, incuso para los científicos o apostadores más dedicados. Después de observar los hechos, decidimos observar sólo las citas de los entrenadores. Por supuesto, el optimismo de los entrenadores predecía la resiliencia tan bien como el optimismo de todo el equipo. Tal vez debíamos saberlo ya, pero ahora estamos convencidos de que el contagio de la felicidad y el poderoso papel de un líder vuelve crucial seleccionar el pensamiento positivo y la procuración del bienestar de aquellos que comandan una unidad del ejército.

Módulo de aptitud espiritual[33]

El 16 de marzo de 1968 fue un día difícil para las fuerzas armadas de Estados Unidos. El teniente William Calley y su pelotón masacraron a 347 civiles no armados en el pueblo del sur de Vietnam llamado My Lai. El suboficial en jefe Hugh Thompson piloteaba un helicóptero sobre el pueblo cuando la masacre tuvo lugar. Arriesgando una corte marcial y la vida de su tripulación de dos hombres, puso fin a la masacre cuando aterrizó y ordenó a su artillero y a su jefe de tripulación abrir fuego contra los soldados estadunidenses si continuaban disparando a los civiles. Thompson, muy indignado, denunció el terrible incidente a sus oficiales superiores y luego declaró ante el Congreso y en la corte marcial de Calley. La tragedia de My Lai muestra los terribles dilemas que enfrentan los soldados cuando se les ordena llevar a cabo acciones abominables y cuando desafían la normativa para responder a un llamado superior.

Existen dos argumentos principales en el módulo de aptitud espiritual del programa de Aptitud integral del soldado. Primero, el ejército decidió que de verdad quiere que sus soldados respondan a un orden moral superior, para que al aumentar la moral y valores éticos de los soldados las operaciones militares, que presentan profundos dilemas morales frecuentemente, sean llevadas a cabo de forma ética. En segundo lugar, hay indicios considerables de que un nivel alto de espiritualidad va de la mano[34] con un bienestar mayor, menos enfermedades mentales, menos abuso de sustancias y más matrimonios estables, por no mencionar un mejor desempeño militar; una ventaja que es particularmente importante cuando las personas enfrentan adversidades tales como el combate. La lucha espiritual de Hugh Thompson[35] al prepararse para disparar a los soldados estadunidenses en My Lai fue probablemente un momento crucial en su vida. Su decisión fue un prerrequisito para su crecimiento, y si hubiera dejado que la masacre continuara, habría comenzado un proceso de degradación del nivel espiritual personal. Tengamos en cuenta esto cuando hablemos del crecimiento postraumático en el siguiente capítulo.

La primera enmienda de la Constitución prohíbe al gobierno establecer una religión, por lo que en este módulo, la aptitud espiritual no es teológica sino humana. No trata de la validez de las teorías religiosas o seculares. En cambio, apoya y alienta a los soldados a buscar la verdad, el autoconocimiento, las acciones correctas y el propósito de la vida: vivir bajo un código arraigado en pertenecer y servir a algo que el soldado crea que es más grande que él mismo.

Ken Pargament,[36] profesor de psicología en Bowling Green State University, y el coronel Pat Sweeney, profesor de ciencias conductuales y liderazgo en West Point, diseñaron el módulo. Se concentra en el "núcleo espiritual" del soldado, que consiste en autoconciencia, sentido de agencia, autorregulación, automotivación y conciencia social.

> El núcleo espiritual del soldado forma el fundamento del espíritu humano y comprende los valores y creencias centrales del individuo con respecto al propósito y significado de la vida, las verdades sobre el mundo y la visión de la realización de todo el potencial y el propósito personales [...]
>
> La autoconciencia requiere reflexión e introspección para intuir las preguntas más importantes de la vida. Estas preguntas tienen que ver con la identidad, propósito, sentido, verdad en el mundo, autenticidad, crear un mundo donde valga la pena vivir y realizar el potencial personal [...]
>
> El sentido de agencia se refiere a la presunción individual de la responsabilidad del camino continuo hacia el desarrollo del espíritu. Esto requiere que la gente acepte sus defectos e imperfecciones y se den cuenta de que ellos son los autores de sus propias vidas [...]

La autorregulación es la capacidad de comprender y controlar las emociones, pensamientos y comportamiento personal...

La automotivación respecto al espíritu humano supone la expectativa de que el camino individual conduzca a la realización de las aspiraciones personales más profundas...

La conciencia social se refiere a entender que las relaciones humanas desempeñan un papel importante en el desarrollo del espíritu humano. [...] Particularmente importante resulta el reconocimiento de que otras personas tienen el derecho a tener diferentes valores, creencias y costumbres, y que uno debe, sin renunciar a sus propias creencias, mostrar a los demás la debida consideración y apertura para intercambiar puntos de vista.[37]

El módulo consiste en tres niveles de dificultad ascendente. El primero comienza con componer un elogio por un amigo caído y remarcar los valores y los propósitos bajo los cuales vivía el amigo. Es interactivo, y el soldado crea su propio elogio paralelo, identificando sus fortalezas y enfatizando los valores en su núcleo espiritual. El segundo nivel es sobre atravesar los dilemas morales en el camino al trabajar a lo largo de historias militares interactivas en las que la lucha espiritual lleva a un crecimiento o caída. El tercer nivel ayuda a los soldados a encontrar una conexión más profunda con los valores y creencias de otras personas y otras culturas. Se le presenta al soldado gente de diversos contextos para trabajar de forma interactiva en encontrar un punto en común en sus experiencias de vida y lo que les resulta valioso.

Estos cuatro módulos son optativos. Los soldados pueden tomar el curso básico e ir subiendo a niveles más avanzados según lo decidan. Pero hay un módulo tan esencial que requiere de todos los soldados. Es sobre el trastorno de estrés postraumático y sobre el crecimiento postraumático.

8 Transformar el trauma en crecimiento

—¡Qué gran idea, doctor Seligman! —exclamó el general David Petraeus—. Generar más crecimiento postraumático en lugar de centrarnos sólo en el trastorno de estrés postraumático y planear el entrenamiento desde la perspectiva de las fortalezas de nuestros soldados en lugar de hablar de sus debilidades.

Acababa de informar a los doce generales de cuatro estrellas liderados por el general Casey sobre la capacitación en resiliencia y el efecto que debería tener en la reacción de un soldado ante el combate.

Por esta razón es necesario entender con claridad qué es el trastorno de estrés postraumático. Esto esclarecerá uno de los fundamentos básicos del programa de Aptitud integral del soldado (AIS) y explicará lo que quise decir cuando les dije a los generales de cuatro estrellas que centrarnos en el trastorno de estrés postraumático no era la forma correcta de enfrentar el problema.

Trastorno de estrés postraumático

El trauma provocado por la guerra y la fatiga que causa el combate[1] fue diagnóstico psiquiátrico de la Primera y la Segunda guerras mundiales. Sin embargo, el pensamiento contemporáneo sobre el daño psicológico provocado por el combate no comenzó con una guerra sino con una inundación. Por la mañana del 26 de febrero de 1972, la presa de Buffalo Creek en la región carbonífera de West Virginia colapsó y en pocos segundos una avalancha de 500 millones de litros de agua enlodada cayó con violencia sobre los lugareños al pie de los Apalaches. Kai Erikson, hijo del reconocido psicólogo Erik

Erikson, escribió *Everything in Its Path*, un libro histórico sobre este desastre,[2] publicado en 1976, que marcó el punto de inflexión en la forma de pensar sobre el trauma. En el libro, Erikson explica lo que pronto se convertiría en el criterio para diagnosticar el TEPT en la tercera edición del *Diagnostic and Statistical Manual* de la American Psychiatric Association, que sería aplicado libremente (y algunos dirían "promiscuamente") y de inmediato a los veteranos de la guerra de Vietnam. Lee el relato de los supervivientes de Buffalo Creek, según la crónica del joven Erikson.

Wilbur, su esposa Deborah y sus cuatro hijos lograron sobrevivir.[3]

> Por algún motivo, abrí la puerta, dirigí la mirada al camino y la vi venir. Era una gran nube negra. El nivel del agua parecía llegar a tres y medio o cuatro y medio metros de altura…
>
> La corriente arrastró la casa de mi vecino directamente hacia donde nosotros vivíamos. […] Se acercaba despacio; sin embargo, mi esposa estaba dormida con mi hija, que tenía casi siete años en ese momento. Mis otras hijas aún dormían en el segundo piso. Alarmado, le grité a mi esposa para llamar su atención en seguida. […] No sé cómo bajó con las niñas tan rápido, pero subió corriendo en camisón, las sacó de la cama y bajó con ellas por las escaleras…
>
> Salimos al camino. […] Mi esposa y algunos niños subieron entre las góndolas del ferrocarril; mi pequeña y yo fuimos por debajo porque ya no teníamos tiempo. […] Miré a mi alrededor y nuestra casa había desaparecido. La corriente no se la llevó demasiado lejos. La arrastró a cinco casas de distancia y la destruyó.

Dos años después del desastre, Wilbur y Deborah describieron sus cicatrices psicológicas, los síntomas definitorios del trastorno de estrés postraumático. Primero, Wilbur *revive* el trauma repetidamente en sueños:

> Lo que pasé en Buffalo Creek es la causa de mi problema. Todo sucede una y otra vez en mis sueños, cuando me voy a descansar por la noche. En sueños, corro para alejarme del agua todo el tiempo; todo el tiempo. Todo sucede una y otra vez en mis sueños…

En segundo lugar, Wilbur y Deborah se vuelven psicológicamente *insensibles*. El afecto se embota y se encuentran en estado de adormilamiento emocional frente a las tristezas y alegrías del mundo a su alrededor. Wilbur comenta:

> Ni siquiera fui al cementerio cuando mi padre murió [aproximadamente un año después de la inundación]. Ni siquiera era consciente de que se había ido para siempre. Y las personas que mueren a mi alrededor... ya no me importan como antes del desastre. [...] Simplemente no me importaba que mi padre hubiera muerto y que nunca volvería a verlo. Ya no tengo los sentimientos que solía tener respecto a la muerte. Ya no me afecta como antes.

Y Deborah comenta:

> No les presto atención a mis hijos. Dejé de cocinar por completo. Ya no hago el quehacer. Simplemente no quiero hacer nada. No puedo dormir. No puedo comer. Sólo quiero tomar muchas pastillas e irme a la cama a dormir para no despertar. Disfrutaba de mi hogar y mi familia, pero con excepción de ellos, todo lo que me interesaba en la vida quedó destruido. Me encantaba cocinar y coser. Me encantaba ocuparme de la casa. Todo el tiempo trabajaba y hacía renovaciones en nuestra casa. Pero ahora he llegado al extremo de que no significa nada para mí. No he cocinado para mis hijos en casi tres semanas.

En tercer lugar, Wilbur experimenta síntomas de *ansiedad*, entre ellos, un estado de hiperalerta y reacciones fóbicas a sucesos que le recordaban la inundación, como la lluvia y una tormenta inminente:

> Oía las noticias, y si había una alerta de tormenta, no podía dormir por la noche. Me quedaba sentado. Le decía a mi esposa: "No desvistas a las niñas; acuéstalas como están y ve a la cama a dormir. Si me doy cuenta de que algo sucederá, te despertaré con anticipación para salir de la casa a tiempo". Ya no duermo. Me quedo despierto.
>
> Estoy hecho un manojo de nervios. Cada vez que llueve, cada vez que se avecina una tormenta no puedo soportarlo. Empiezo a

dar vueltas por la habitación. Me pongo tan nervioso que me salen erupciones en la piel. Ahora me inyecto para prevenir esto…

Wilbur también sufre de *culpabilidad* por sobrevivir:

> En ese momento, oí que alguien me gritaba. Miré a mi alrededor y vi a la señora Constable. […] Tenía un bebé en brazos y me gritaba: "¡Oye, Wilbur, ven a ayudarme! Si no puedes ayudarme, ¡ven por mi bebé!" […] Pero ni siquiera pensé en regresar a ayudarla. Aún me culpo mucho por lo sucedido. Ella tenía a su bebé en brazos y me dio la impresión de que me lo iba a lanzar. Nunca pensé en ir a ayudar a la señora. Sólo pensé en mi familia. Los seis se ahogaron en esa casa. Ella estaba parada con el agua hasta la cintura y todos murieron ahogados.

Estos síntomas fueron confirmados como un *trastorno* en 1980 en la tercera edición del DSM. A continuación se presentan los criterios más recientes para diagnosticar un caso de TEPT, tomados de la cuarta edición:[4]

> 309.81 DSM-IV. Criterios para diagnosticar el trastorno de estrés postraumático

A. La persona ha estado expuesta a un acontecimiento traumático.
B. El acontecimiento traumático se revive persistentemente.
C. Evitación persistente de estímulos asociados con el trauma y embotamiento de la reactividad general del individuo.
D. Síntomas persistentes de aumento de la excitación nerviosa.
E. Estas alteraciones (síntomas de los criterios B, C y D) se prolongan más de un mes.
F. Estas alteraciones provocan malestar clínico considerable o deterioro social, laboral o de otras áreas importantes de funcionamiento del individuo.

Una salvedad importante, que con frecuencia se pasa por alto, es que los síntomas no pueden estar presentes antes del trauma.

El TEPT hizo su debut al final de la guerra de Vietnam y tuvo amplia aplicación de inmediato. A continuación se presenta un caso complicado de TEPT de la guerra de Irak:[5]

El señor K., un soldado de 38 años de la Guardia Nacional, fue evaluado en una clínica psiquiátrica ambulatoria a pocos meses de haber vuelto a casa después de 12 meses de servicio en el triángulo suní en Irak, donde tuvo su primera experiencia de combate en los diez años que tiene de pertenecer a la Guardia Nacional. Antes de su destacamento en Irak, trabajaba como un próspero vendedor de automóviles, era esposo y padre feliz, con hijos de 10 y 12 años; era extrovertido y sociable con un amplio círculo de amigos y participaba en actividades cívicas y religiosas. Mientras estuvo en Irak, tuvo numerosas exposiciones al combate. Su pelotón estuvo bajo intensos bombardeos y los emboscaron en múltiples ocasiones; al final de estas escaramuzas muchos de sus compañeros resultaban muertos o heridos. Fue pasajero en patrullas y convoyes en los que los vehículos fueron atacados con bombas que mataron o hirieron a personas con las que tenía cercanía. El señor K. está consciente de que mató a un gran número de combatientes enemigos, y temía ser responsable también por la muerte de civiles como daño colateral. Se culpaba por ser incapaz de prevenir la muerte de su mejor amigo, que murió a manos de un francotirador. Cuando se le preguntó sobre el peor momento durante su servicio, se apresuró a responder que fue cuando no pudo interceder y sólo se quedó mirando con impotencia mientras un pequeño grupo de mujeres y niños iraquíes eran asesinados durante un fuego cruzado en un asalto particularmente sangriento.

Desde que regresó a casa, es una persona muy ansiosa, irritable y nerviosa todo el tiempo. Se preocupa por la seguridad personal de su familia, quiere tener un arma de 9 mm cargada en todo momento y bajo su almohada por la noche. Se le dificulta dormir y cuando logra conciliar el sueño, a menudo lo interrumpen pesadillas vívidas durante las cuales se revuelve intranquilo en la cama, le da puntapiés a su esposa o se levanta de un salto a prender la luz. Sus hijos se quejan de que se ha vuelto tan sobreprotector que no permite que se le pierdan de vista ni un momento. Su esposa se queja de que se ha vuelto emocionalmente distante desde que regresó. También piensa que conducir el automóvil se ha vuelto peligroso cuando él va de pasajero, ya que algunas veces se lanza a tomar el volante cuando cree que ha visto una mina en el camino. Sus amigos se han cansado de invitarlo a eventos sociales porque rechaza constantemente las invitaciones a las reuniones. Su jefe, que lo ha apoyado con paciencia, dice que su trabajo ha sufrido un drástico deterioro, que parece absorto en sus propios pensamientos y actúa de forma irritable con los clientes; con frecuencia comete errores y no ha funcionado con eficacia en la distribuidora de automóviles, aunque antes era un excelente vendedor. El señor K. reconoce que cambió desde que estuvo en Irak. Se queja de que a menudo experimenta ataques de miedo, pánico, culpabilidad y desesperación, mientras que en otros momentos se siente muerto emocionalmente; incapaz de regresar al amor y la calidez que le demuestran sus familiares y amigos. La vida se ha vuelto una carga insoportable. Aunque no ha intentado suicidarse, informa que a veces piensa que sería mejor para todos si no hubiera sobrevivido a su servicio en Irak.

El diagnóstico ha sido común en el U. S. Medical Corps a lo largo de las guerras de Irak y Afganistán; se dice que cerca de 20 por ciento de los soldados padece de este trastorno,[6] lo cual es precisamente la razón por la que me invitaron a almorzar con los generales.

Les comenté a los generales que había una distribución en forma de campana de la respuesta humana ante la adversidad. En el extremo altamente vulnerable, el resultado es patológico: depresión, ansiedad, drogadicción y alcoholismo, suicidio y lo que ahora ha sido admitido en el manual oficial de diagnósticos como TEPT. Todo soldado que fue a Irak o a Afganistán ha oído hablar del TEPT. Sin embargo, la especie humana ha superado el trauma desde hace miles de años y la respuesta a la adversidad siempre ha sido la resiliencia, un periodo relativamente corto de depresión y ansiedad seguido por un retorno al nivel previo de funcionamiento.[7]

En West Point concluimos que más de 90 por ciento de los cadetes había oído hablar del trastorno de estrés postraumático, lo cual en realidad es relativamente infrecuente, pero menos de 10 por ciento sabía qué era el crecimiento postraumático,[8] lo cual no es infrecuente. Ésta es una falta de conocimiento médico importante. Si un soldado conoce el TEPT, pero no sabe nada de la resiliencia y el crecimiento, esto provoca una espiral descendente de autorrealización. Tu amigo fue asesinado ayer en Afganistán. Hoy rompes en llanto y piensas: "estoy en crisis; tengo TEPT; mi vida esta arruinada". Estos pensamientos aumentan los síntomas de ansiedad y depresión; sin duda, el TEPT es una combinación especialmente perjudicial de ansiedad y depresión que, a su vez, aumentan la intensidad de los síntomas. Simplemente saber que romper en llanto no es un síntoma de TEPT sino un síntoma de duelo normal,[9] habitualmente seguido por la resiliencia, ayuda a poner freno a la espiral descendente.

La probabilidad de sufrir trastorno de estrés postraumático aumenta debido a la naturaleza de autorrealización de la espiral descendente que provoca pensar en términos catastrofistas y creer tener TEPT. Los individuos que tienen pensamiento catastrofista innato son más vulnerables al TEPT.[10] Un estudio dio seguimiento a 5,410 soldados a lo largo de sus carreras en el ejército desde 2002 hasta 2006. Durante este periodo de cinco años, a 395 soldados se les diagnosticó TEPT.[11] Más de la mitad de ellos estaban en el 15 por ciento más bajo de salud mental y física desde un principio. Éste es uno de los hechos más confiables y menos mencionados en todas las publicaciones sobre el TEPT: las personas que se encuentran en mal estado de salud mental y físico al inicio tienen mayor riesgo de padecer de TEPT que las personas psicológicamente sanas, y el TEPT puede interpretarse mejor como una exacerbación de síntomas preexistentes de ansiedad y depresión que como una enfermedad primaria. Estos datos son los que fundamentan la capacitación en resiliencia en AIS (más adelante): al reforzar psicológicamente a los soldados antes del combate se pueden prevenir algunos casos de TEPT.

En este punto debo asumir un tono de cascarrabias. Los residentes demandaron a Pittston Company, los dueños de la presa, por más de mil millones de dólares. En mi opinión, esa suma puede dar pie a que los síntomas se exageren y se prolonguen,[12] aunque la literatura indica que los supervivientes no fingían estar enfermos. Ganaron la demanda a la larga, por lo que nunca sabremos qué efecto tuvo el incentivo económico. Un sistema paralelo se observa en el TEPT militar, desafortunadamente. Un diagnóstico de TEPT declarado le da a un veterano un pago por discapacidad de cerca de 3,000 dólares al mes por el resto de su vida. Obtener un buen empleo o experimentar una mejora de los síntomas termina con el pago. Una vez que se diagnostica a los veteranos y comienzan los pagos por discapacidad, 82 por ciento de los pacientes no regresa a terapia. No sabemos qué efecto tiene este incentivo sustancial en el diagnóstico de TEPT de las guerras,[13] pero la tasa de 20 por ciento que se informa a menudo de Irak y Afganistán está muy por encima de las tasas de guerras anteriores o de las tasas observadas en otros ejércitos que no pagan por discapacidad debido al TEPT. Los soldados británicos que regresan de Irak y Afganistán[14] tienen una tasa de TEPT de 4 por ciento. He investigado los documentos de la Guerra Civil y prácticamente no puedo encontrar casos de TEPT o algo similar de aquella terrible época.[15]

Haciendo a un lado el escepticismo, quiero dejar en claro que el TEPT existe. No creo que los pacientes finjan tener TEPT. Mis dudas son respecto al diagnóstico excesivo del trastorno.[16] Pienso que nuestra sociedad le debe mucho más de lo que les damos a los veteranos que regresan de la guerra a modo de gratitud y en cuanto a lo económico. Sin embargo, no creo que la gratitud deba expresarse por medio de un diagnóstico de discapacidad y de un sistema que les arrebata el orgullo a nuestros veteranos.

Crecimiento postraumático

Finalmente, no debe olvidarse el crecimiento postraumático. Un gran número de personas también muestra intensa depresión y ansiedad después de adversidad extrema, a menudo a niveles del TEPT, sin embargo, luego comienzan su crecimiento. A largo plazo llegan a un nivel de crecimiento mayor que el original.[17] "Lo que no te mata te hace más fuerte",[18] dijo Nietzsche. Esos viejos soldados veteranos de guerras en el extranjero que cuentan historias de guerra no se encuentran en estado de negación; la guerra fue sin lugar a dudas el mejor momento de sus vidas.

Hace unos años, Chris Peterson, Nansook Park y yo agregamos un enlace a mi sitio electrónico Authentic Happiness (www.authentichappiness.org). El nuevo cuestionario incluía las quince peores situaciones que pueden ocurrir en la vida de una persona: tortura, enfermedad grave, muerte de un hijo, violación, encarcelamiento, entre otras. En un mes, 1,700 personas reportaron al menos una de estas terribles situaciones, e hicieron la prueba de bienestar también. Para nuestra sorpresa, los individuos que experimentaron un suceso terrible tenían más fortalezas intensas[19] (y por lo tanto mayor bienestar) que los individuos que no habían experimentado ninguna situación de este tipo. Los individuos que habían pasado por dos sucesos terribles eran más fuertes que los que habían pasado por uno, y los individuos con tres sucesos: violados, torturados y que fueron cautivos, por ejemplo, eran más fuertes que aquellos con dos sucesos.

La general brigadier Rhonda Cornum[20] es un ejemplo icónico de crecimiento postraumático. Había leído sobre Rhonda en 1991 cuando ella era mayor y fue prisionera de guerra del ejército de Saddam Hussein. Cornum, médica uróloga, bioquímica con doctorado, cirujano de vuelo, piloto de jet, piloto civil de helicóptero, se encontraba en una misión de rescate sobre el desierto de Irak cuando le dispararon a su helicóptero. Al caer, el tubo de cola se desprendió y cinco de ocho personas a bordo murieron.

Rhonda se fracturó ambos brazos y una pierna y fue capturada por el enemigo. La violaron y trataron con brutalidad. Ocho días después la liberaron y regresó a casa como héroe de guerra. Así describe las secuelas de su experiencia traumática:

- Con respecto a los pacientes: "Me sentí más preparada para ser médico y cirujano militar que antes. Las preocupaciones de mis pacientes ya no eran académicas".
- Fortaleza personal: "Me sentí mucho mejor preparada para ser líder y comandante. Esta experiencia se convirtió en la norma en la que se basa cualquier otra experiencia, y me siento menos ansiosa o asustada cuando enfrento retos".
- Aprecio por la familia: "Me convertí en mejor esposa y madre. Hice el esfuerzo por recordar cumpleaños, visitar a los abuelos y demás. Sin duda, estar tan cerca de perderlos me hizo apreciarlos mucho más".
- Cambio espiritual: "Una experiencia metafísica de abandono de

mi cuerpo cambió mi percepción; ahora me muestro más abierta a aceptar la posibilidad de una vida espiritual a diferencia de una vida meramente física".

• Prioridades: "Aunque siempre había organizado mi vida con prioridades jerarquizadas en pilas denominadas A, B y C, me volví más cuidadosa para descartar la pila C (¡siempre asisto a los juegos de futbol de mi hija!)".

Después de que la liberaron, un coronel le dijo: "Qué lástima que seas mujer, mayor. Si fueras hombre podrías llegar a ser general". Desde entonces he visto a la leyenda en persona: cuando entró en un auditorio oscuro donde ambos daríamos una ponencia en agosto de 2009, 1,200 mayores y coroneles se pusieron de pie para ovacionarla. Como general a cargo de AIS, Rhonda tiene más que un interés profesional desapegado por el módulo de crecimiento postraumático.[21]

Curso de crecimiento postraumático

Ella reclutó a dos profesores de psicología para supervisar el módulo de crecimiento postraumático: Richard Tedeschi, líder académico del área de crecimiento postraumático de la University of North Carolina en Charlotte, y Richard McNally de Harvard. El módulo comienza con el antiguo conocimiento de que la transformación personal se caracteriza por el agradecimiento renovado por estar vivo, mayor fortaleza personal, actuar ante nuevas posibilidades, mejoramiento de las relaciones y apertura espiritual; todo lo que a menudo sigue a una experiencia trágica.[22] Los datos apoyan esta aseveración: con un solo ejemplo, 61.1 por ciento de los soldados encarcelados y torturados durante años por los vietnamitas del norte afirma haber conseguido una mejora psicológica después de lo ocurrido.[23] Más que eso, mientras más grave era lo ocurrido, mayor era el crecimiento postraumático. De ninguna manera quiero decir que celebramos el trauma en sí; más bien debemos sacar provecho del hecho de que el trauma a menudo sienta las bases del crecimiento, y debemos enseñar a nuestros soldados las condiciones en las que es más probable que ocurra el crecimiento.

Inventario de crecimiento postraumático[24]

El doctor Tedeschi utiliza el Inventario de crecimiento postraumático para medir el fenómeno. A continuación se presentan algunos reactivos como ejemplo:

0 = No experimenté este cambio como resultado de mi crisis.

1 = Experimenté este cambio en muy menor grado como resultado de mi crisis.

2 = Experimenté este cambio en menor grado como resultado de mi crisis.

3 = Experimenté este cambio en grado moderado como resultado de mi crisis.

4 = Experimenté este cambio en gran medida como resultado de mi crisis.

5 = Experimenté este cambio en muy gran medida como resultado de mi crisis.

Tengo mayor aprecio por el valor de mi vida.

Comprendo mejor las cuestiones espirituales.

Establecí un nuevo camino para mi vida.

Tengo un mayor sentido de cercanía con los demás.

Nuevas oportunidades están disponibles que no existirían de otra manera.

Pongo un mayor empeño en mis relaciones.

Descubro que soy más fuerte de lo que pensaba.

El módulo enseña de forma interactiva a los soldados los cinco elementos que contribuyen al crecimiento postraumático.[25] El primer elemento es *comprender la respuesta al trauma*: creencias destrozadas sobre el yo, sobre otros y sobre el futuro. Quiero hacer mucho hincapié en que esto es la respuesta normal al trauma; no es un síntoma de trastorno de estrés postraumático y tampoco indica un defecto de carácter. El segundo elemento es la *reducción de la ansiedad*, que consiste en técnicas para controlar pensamientos e imágenes intrusivos. El tercer elemento es *la autorrevelación constructiva*. Tratar de aislar el trauma a menudo lleva a un empeoramiento de los síntomas físicos y psicológicos, por lo que se recomienda a los soldados que cuenten la historia de su trauma. Esto lleva al cuarto elemento: *crear una narrativa del trauma*. En la narrativa el trauma se ve como una encrucijada en el camino que aumenta el aprecio por las paradojas. Hay pérdidas y ganancias al mismo tiempo. El duelo y la gratitud pueden coexistir. La vulnerabilidad y la fortaleza también. La narrativa detalla qué fortalezas se requirieron, cómo mejoraron algunas relaciones, cuánto se fortaleció su vida espiritual, cuánto se aprecia ahora la vida y qué puertas nuevas se abren. Finalmente, se articulan *los principios generales de vida y las posturas para enfrentarla de forma más sólida*. Éstos incluyen nuevas formas de ser altruista, aceptar el crecimiento sin sentirse culpable por haber sobrevivido, la creación de una nueva identidad como superviviente de un trauma o como una nueva persona compasiva, y tomar en serio el ideal griego del héroe que regresa del Hades para contar al mundo una verdad importante sobre cómo vivir.

Entrenamiento de instructores de resiliencia[26]

Los primeros dos componentes del programa de Aptitud integral del soldado son la Herramienta de evaluación global y los cinco cursos de aptitud por internet. Sin embargo, el verdadero reto es el entrenamiento. ¿Puede el ejército entrenar a los soldados para que sean más aptos psicológicamente, así como los entrena para estar aptos físicamente? En la reunión de noviembre de 2008, el general Casey nos ordenó regresar en sesenta días para presentar nuestro informe. Sesenta días después regresamos a almorzar al Pentágono.

–Hemos preparado un examen para medir la aptitud psicológica, señor —informó la general Cornum al general Casey—. Sólo toma veinte minutos y fue diseñado por un grupo de expertos civiles y militares. Estamos haciendo la prueba piloto con varios miles de soldados.

–Trabajaron rápido, general. ¿Qué van a hacer después Marty y usted?

–Queremos hacer un estudio piloto sobre entrenamiento de resiliencia —Ronda y yo habíamos planeado en detalle la respuesta a esta pregunta—. Marty demostró con su trabajo sobre educación positiva que es posible capacitar a los maestros comunes y corrientes para enseñar resiliencia a los adolescentes.[27] Así, los estudiantes sufren menos depresión y ansiedad. ¿Quiénes son los maestros en el ejército? Los sargentos, por supuesto (¡los sargentos instructores, Dios mío!). Por consiguiente, esto es lo que queremos hacer: un estudio de prueba de conceptos en el que tomaremos a cien sargentos al azar y les daremos el curso de entrenamiento de instructores de resiliencia durante diez días en Penn, es decir, hay que enseñar a los que van a enseñar. Estos sargentos entrenarán después en resiliencia a los soldados a su cargo. Luego compararemos a estos dos mil soldados con un grupo de control.

–Un momento —interrumpió el general Casey—. No quiero ningún estudio piloto. Hemos estudiado el trabajo de Marty. Han publicado más de una docena de repeticiones del estudio. Estamos satisfechos con el estudio y estamos dispuestos a apostar a que puede prevenir la depresión, la ansiedad y el TEPT. Esto no es un ejercicio académico y no quiero otro estudio. Esto es la guerra. General, quiero que lo ponga en marcha con todo el ejército.

–Pero, señor —objetó con delicadeza Rhonda. Al empezar a enumerar todos los pasos burocráticos y presupuestarios que conlleva la puesta en marcha de un estudio para todo el ejército, mi mente voló hasta una conversación memorable en las calles de Glasgow, Escocia, tres años antes con Richard Layard.

Richard es un economista reconocido a nivel mundial de la London School of Economics. En los monasterios medievales, el puesto del abad establecía puentes entre el mundo secular y el sagrado. Éste es el papel que Richard desempeña en la política británica: tiende puentes entre la investigación académica y los debates políticos reales. Es también el autor de *Happiness*,[28] una interpretación radical del gobierno en la que argumenta que las políticas gubernamentales deberían medirse no con base en el aumento del PIB, sino con base en el aumento del bienestar global.[29] Él y su esposa Molly Meacher, son una de dos parejas en la Cámara de los Lores; lores por mérito, no por herencia.

Richard y yo caminamos por una sección peligrosa de Glasgow entre las sesiones de la ceremonia inaugural del Centre for Confidence and Well-Being de Escocia, una institución cuasi gubernamental diseñada para hacer contrapeso a la actitud de "no se puede" supuestamente endémica de la educación y el comercio escoceses. Nosotros éramos los oradores principales.

–Marty —dijo Richard con su acento melifluo de Eton—, leí tu trabajo sobre educación positiva y quiero llevarlo a las escuelas del Reino Unido.

–Gracias, Richard —repuse yo agradecido de que nuestro trabajo fuera considerado en los altos círculos del Partido Laborista—. Creo que estoy listo para llevar a cabo un estudio piloto en una escuela de Liverpool.

–No lo entiendes, ¿verdad Marty? —continuó Richard con un tono ligeramente sarcástico—. Tú, como la mayoría de los académicos, tienes una superstición sobre la relación de las políticas públicas con los hechos. Quizá piensas que el Parlamento adopta un programa cuando las pruebas científicas se acumulan y acumulan hasta que la propuesta resulta atractiva o irresistible. En toda mi carrera política, no he visto un solo caso en el que suceda así. La ciencia entra en la política cuando la información es suficiente y la voluntad política está presente. Te digo que las pruebas de tu educación positiva son suficientes; "satisfactorias", como diríamos los economistas, y la voluntad política está presente en Whitehall. Por consiguiente, llevaré la educación positiva a las escuelas de todo el Reino Unido.[30]

Ésta fue la manifestación más sensata sobre la misteriosa relación entre lo micro y lo macro que he escuchado. Fue una experiencia de conversión para mí. Destaco lo anterior por esa razón, y si eres académico y no recuerdas nada más sobre este libro, al menos recuerda lo que lord Layard me dijo en Glasgow. La experiencia más frustrante de mi vida profesional ha sido ver buenas ideas científicas sustentadas por amplias pruebas de laboratorio morir una y otra vez en una sala de juntas o simplemente empolvándose en la biblioteca. Me pregunté (y esto es la esencia misma de este libro) por qué la psicología positiva es tan popular ahora entre el público en general y en la prensa. Desde luego, no es porque las pruebas sean irresistibles. La ciencia es bastante nueva y las pruebas, si no escasas, al menos distan de ser irresistibles. ¿Por qué me desgasté las rodillas rogando tantos años a instituciones, a menudo en vano, que otorgaran una subvención para el estudio de la indefensión aprendida, el estilo explicativo y la depresión, las enfermedades cardiovasculares y el pesimismo, cuando ahora, personas generosas, sin pedírselo, simplemente hacen cheques cuando me oyen hablar sobre psicología positiva?

Al regresar de mis recuerdos con los generales, la general Cornum le recordaba al general Casey todos los pasos presupuestarios y burocráticos que tendría que atravesar y cuánto tardarían.

–Battlemind, nuestro actual programa psicológico, señor, ha superado sólo seis de diez pasos y hace más de un año que estamos tratando de ponerlo en marcha.

–General Cornum —advirtió el general Casey, dando por terminada la reunión—, usted hará realidad el entrenamiento de resiliencia para todo el ejército.[31] Póngase a trabajar.

Y luego hablamos de fuerza de voluntad.

La pregunta que Rhonda y yo enfrentamos en febrero de 2009 era cómo difundir el entrenamiento de resiliencia de forma rápida y generalizada. También debíamos averiguar cómo hacerlo con responsabilidad para que pudiéramos hacer correcciones a los materiales del curso, así como llevar el control de su eficacia, para que, en el peor de los casos, supiéramos cuándo terminar el programa si no funcionaba.

El curso de capacitación para profesores de educación positiva que habíamos desarrollado estaba pensado para maestros civiles. Nuestro primer paso era reescribir todo el material de entrenamiento para los sargentos y sus tropas.

La doctora Karen Reivich, la profesora de maestría número uno de Penn y la Oprah Winfrey de la psicología positiva, estuvo a cargo de "militarizar" el material. Durante los siguientes ocho meses, Karen y su equipo se reunieron con más de cien veteranos de Irak y Afganistán y revisaron nuestros materiales de entrenamiento con ellos palabra por palabra.

Nuestra primera gran sorpresa surgió de estas conversaciones. Pensamos que nuestros ejemplos para civiles (como que te deje una novia o reprobar un examen) serían irrelevantes para los guerreros. ¡Qué equivocados estábamos!

–Ésta es la primera guerra en la que tienes un celular y puedes llamar a tu esposa desde la línea de fuego —observó el oficial ejecutivo de la general Cornum, el coronel Darryl Williams, un exestrella de futbol americano de West Point de 1.92 de estatura, veterano de Irak. Él había sido el portador del "balón" con los códigos de guerra del presidente Bill Clinton—. Cuidarse de aparatos explosivos improvisados es ya de por sí muy complicado, pero tener que pelear por la máquina lavaplatos y las calificaciones de los niños lo hace peor —prosiguió—. Mucha de la depresión y ansiedad de nuestros soldados tiene que ver con lo que sucede en casa. Por consiguiente, sus ejemplos civiles encajan bien así como están. Sólo agreguen unos buenos ejemplos militares también.

Volvimos a trabajar los ejemplos y comenzamos a desarrollar el curso completo de entrenamiento en resiliencia en diciembre de 2009. Ahora, cada mes, 150 sargentos vienen a Penn durante ocho días y transmitimos simultáneamente el entrenamiento a los fuertes, donde nuestros facilitadores entrenados en Penn están apostados. Pasamos los primeros cinco días brindando experiencias de primera mano a los sargentos en la práctica de las habilidades para que las usen en su vida como soldados, líderes y miembros de una familia. El grupo completo asiste a sesiones en las que la instructora líder, la doctora Karen Reivich, les presenta el contenido básico, demuestra el uso de las habilidades y dirige las discusiones. Después de las sesiones plenarias, los sargentos van a sesiones de trabajo de treinta personas en las que practican lo que aprendieron usando juegos de representación de papeles, hojas de trabajo y debates en grupos pequeños. Cada sesión de trabajo la lleva a cabo un entrenador (capacitado por Karen) y cuatro facilitadores: dos civiles (muchos de ellos graduados de la maestría en psicología positiva) y dos del ejército (también entrenados por Karen). Hemos descubierto que la proporción de cinco miembros del equipo de entrenamiento por treinta participantes funciona bien.

Después de los primeros cinco días, los sargentos reciben un segundo paquete de materiales (el manual de entrenador de resiliencia, la guía de resiliencia para soldados y presentaciones de PowerPoint) que usarán cuando impartan el entrenamiento de resiliencia a sus soldados. Tres días completos se dedican entonces a preparar a los sargentos con conocimientos profundos y a enseñarles las habilidades para que transmitan el programa con fidelidad. Trabajan con una serie de actividades: juegos de representación de papeles en los que un sargento asume el papel del maestro y otros cinco asumen los papeles de soldados; equipos de cinco sargentos preparan preguntas difíciles que debe contestar otro equipo de cinco personas; identifican errores en la enseñanza y confusiones de contenido durante estas sesiones simuladas por el entrenador de resiliencia, y también determinan las habilidades apropiadas para utilizarlas en las situaciones problemáticas que enfrentan los soldados en la vida real.

Dividimos el contenido del entrenamiento en tres partes: construcción de fortaleza mental, construcción de habilidades y construcción de relaciones duraderas. Todas estas partes están modeladas a partir del programa validado que usamos con los maestros civiles.[32]

Construcción de fortaleza mental

El tema de esta sección es aprender las habilidades de resiliencia. Comenzamos con el modelo ABCDE de Albert Ellis:[33] C (las consecuencias emocionales) no surgen directamente de A (la adversidad) sino de B (tus creencias sobre la adversidad). Este simple hecho parece sorprender a muchos sargentos ya que desmiente la creencia común de que la adversidad genera las emociones directamente. Los sargentos trabajan con una serie de A profesionales (como caerse en una carrera de 5 kilómetros) y A personales (como regresar del servicio militar y tu hijo no quiere jugar basquetbol contigo) con la finalidad de que aprendan a separar la adversidad (A) de lo que uno se dice a sí mismo al calor del momento (B) y de las emociones o acciones que sus pensamientos generan (C). Al final de esta sesión de habilidades, los sargentos pueden identificar pensamientos específicos que provocan emociones particulares: por ejemplo, los pensamientos sobre una transgresión llevan a la ira; los pensamientos sobre pérdida llevan a la tristeza; los pensamientos sobre el peligro llevan a la ansiedad.

Luego nos enfocamos en las trampas del pensamiento.[34] Pondré un ejemplo. Para ilustrar la trampa del pensamiento de generalizar (juzgar el valor o la habilidad de una persona basado en una única acción) presentamos el siguiente ejemplo: "Un soldado de tu unidad tiene problemas para realizar el entrenamiento físico y se atrasa el resto del día. Su uniforme se ve sucio y comete un par de errores durante la práctica de artillería. Uno puede pensar: "¡Es un bueno para nada! No tiene lo necesario para ser soldado". Siguiendo este caso, los sargentos describen la trampa de pensamiento y analizan los efectos que tiene sobre el soldado que está bajo sus órdenes y sobre el propio sargento.

Un sargento comentó: "Odio admitirlo, pero pienso de esa manera casi siempre. Rechazo muchas veces a las personas si cometen errores. Supongo que no soy bueno para dar segundas oportunidades porque pienso que puedo juzgar el carácter de una persona por sus acciones. Si esa persona tuviera un carácter fuerte, no estaría arrastrándose y su uniforme estaría limpio". Entonces los sargentos preguntan: "¿Qué comportamientos *específicos* explican esta situación?", aprendiendo a concentrarse en los comportamientos en lugar de concentrar la atención en el valor general del soldado.

Luego seguimos con los "icebergs", que son creencias firmemente arraigadas[35] que llevan a reacciones emocionales injustificadas (como pensar que pedir ayuda es una señal de debilidad), y ellos aprenden una técnica para identificar cuándo un iceberg lleva a una emoción desproporcionada. Una vez que se identifica el iceberg, los sargentos se hacen una serie de preguntas para determinar: 1) si el iceberg continúa siendo significativo para ellos; 2) si el iceberg es correcto dada una situación; 3) si el iceberg es excesivamente rígido; 4) si el iceberg es útil. El iceberg "Pedir ayuda demuestra debilidad" es frecuente y mordaz, ya que socava la voluntad de buscar ayuda y apoyarse en los demás. Este iceberg requiere que los sargentos realicen una gran labor para cambiarlo, ya que históricamente los soldados se sienten estigmatizados si buscan ayuda y a menudo son ridiculizados por no ser lo suficientemente fuertes para enfrentar sus problemas.

Muchos sargentos comentaron que consideraban que la cultura en torno a buscar ayuda está cambiando en el ejército. Un sargento comentó: "Antes llamaba [insulto] al soldado si buscaba a un consejero o si iba a buscar al capellán. Y si no se lo decía en su cara, seguramente lo pensaba. Ya no veo las cosas así. Múltiples servicios en la guerra me han enseñado que todos necesitamos ayuda de vez en cuando y que son los más fuertes los que tienen la voluntad de pedirla".

Después de los icebergs, tratamos sobre cómo *minimizar el pensamiento catastrofista*. Somos animales pesimistas, atraídos naturalmente a la más catastrófica interpretación de la adversidad, ya que somos descendientes de los seres humanos que sobrevivieron a la Era de Hielo. Aquellos ancestros nuestros que pensaban "Hoy es un buen día en Nueva York; apuesto a que mañana será un buen día también" quedaron sepultados en el hielo. Aquellos que pensaban "Hoy sólo parece que va ser un buen día; ¡aquí viene el hielo, la inundación, la hambruna y los invasores! ¡Será mejor almacenar un poco de alimento!" sobrevivieron y nos heredaron sus conexiones mentales. En ocasiones pensar y planear para lo peor es útil; sin embargo, más a menudo, es paralizante y poco realista, así que aprender a calibrar de manera realista el pensamiento catastrófico es una habilidad crucial tanto para el campo de batalla como para el hogar.

Entonces los sargentos observan un video de un soldado incapaz de comunicarse por correo electrónico con su esposa. Él piensa: "Me dejó", y este pensamiento le produce depresión, parálisis y fatiga. Después introducimos un modelo de tres pasos, "Poner las cosas en perspectiva", para refutar el pensamiento catastrofista: el peor de los casos, el mejor y el más probable.

Llamas a casa varias veces y no puedes comunicarte con tu esposa. Piensas: "Me está evitando".

Ése es el peor de los casos.

Ahora pongamos las cosas en perspectiva. ¿Cuál es el mejor de los casos?

"Su paciencia y fortaleza nunca flaquean ni por un segundo."

Está bien, ahora, ¿cuál es el caso más probable?

"Salió con una amiga y me enviará un correo electrónico más tarde por la noche o mañana. Mi esposa se apoyará en otros mientras yo estoy en servicio. Me dan celos e ira cuando mi esposa se apoya en otros; se sentirá sola y asustada mientras no estoy."

Después de identificar el caso más probable, desarrollan un plan para enfrentar la situación, y luego practican esta habilidad tanto con ejemplos del ámbito profesional (un soldado no ha regresado de una ronda de vigilancia por tierra o recibe una evaluación negativa de un superior) como ejemplos personales (tu hijo va mal en la escuela y no estás en casa para ayudar, o tu esposa tiene dificultades financieras mientras tú estás combatiendo en la guerra).

El punto crítico: combatir los pensamientos catastrofistas en tiempo real

Estas habilidades se usan cuando hay una situación que requiere atención inmediata y el desempeño puede estar en riesgo si el soldado se distrae con el "ruido mental". Algunos ejemplos de esto son: presentarse ante el comité de ascensos, dejar la base de operaciones para buscar aparatos explosivos, demostrar habilidades de combate o llegar a la cochera después de un día estresante en el servicio.

Existen tres estrategias para combatir las creencias catastrofistas en tiempo real: obtener pruebas, usar el optimismo y poner las cosas en perspectiva. Los sargentos aprenden a utilizar estas habilidades y a corregir errores poco realistas en el momento (un momento/una cosa, tomar el control de la situación y asumir la responsabilidad que corresponda). Esta habilidad no trata de reemplazar cada pensamiento negativo por uno positivo. Está diseñada como un freno para que el soldado sea capaz de concentrarse en el momento y no se ponga en riesgo él mismo (o a otros) debido a una parálisis y a pensamientos no realistas. Hay un momento y un lugar para concentrarse en pensamientos negativos persistentes porque a menudo hay algo que se puede aprender de ellos.

Por ejemplo: un soldado comentó que constantemente tiene pensamientos negativos sobre si su esposa realmente lo ama y dichos pensamientos interfieren con su capacidad para mantenerse concentrado. Él creía que el tema de sus pensamientos provenía del iceberg "No soy el tipo de hombre que le gusta a las mujeres". Es importante luchar contra estos pensamientos en ciertos momentos, como cuando necesitamos dormir o al realizar maniobras peligrosas. También es importante prestar atención a estas creencias y evaluarlas con cuidado en un momento de mayor tranquilidad.

Es importante que estas habilidades de fortaleza mental capten las habilidades de optimismo aprendido, aquellas que contrarrestan la indefensión aprendida. Recuerda que el objetivo del programa de Aptitud integral del soldado es trasladar la distribución completa de respuestas al trauma a un ámbito de mayor resiliencia y crecimiento postraumático. Sin embargo, esto también debe tener un efecto preventivo sobre el trastorno de estrés postraumático (la cola de la distribución). El TEPT es una combinación peligrosa de síntomas de ansiedad y depresión, y el entrenamiento de resiliencia (optimismo) tiene un claro efecto preventivo en ambos casos. Además, los soldados que se clasifican dentro del 15 por ciento más bajo de la salud mental y física son particularmente vulnerables al TEPT, así que protegerlos por anticipado con habilidades que combaten la ansiedad y la depresión debe ser preventivo. Por último, en un análisis de 2009 de 103 estudios de crecimiento postraumático, los investigadores italianos Gabriele Prati y Luca Pietrantoni[36] descubrieron que el optimismo era el principal componente del crecimiento. Por lo que la teoría indica que construir fortaleza mental debe llevar a los soldados al crecimiento y contribuir a prevenir el TEPT. Sin embargo, no nos conformamos con la teoría, ya que el ejército medirá todo esto cuidadosamente. Sigan al pendiente.

Buscar lo bueno

A lo largo del programa, los sargentos llevan un diario (también llamado diario de las tres bendiciones). El propósito de "Buscar lo bueno" es mejorar las emociones positivas; nuestro argumento es que las personas que habitualmente reconocen y expresan gratitud[37] obtienen beneficios para su salud, su sueño y sus relaciones y se desempeñan mejor. Cada mañana del curso de resiliencia, varios sargentos compartían algo que habían "buscado" del día anterior, así como su reflexión sobre qué significaba para ellos el acontecimiento positivo. Por ejemplo: "Tuve una excelente charla con mi esposa anoche; utilicé lo que aprendimos en clase y ella comentó que era una de las mejores conversaciones que habíamos tenido", "Me detuve a conversar con un vagabundo y aprendí mucho de él", o "El dueño del restaurante no nos cobró por la cena como una forma de agradecimiento al ejército".

Al pasar la semana, las bendiciones se vuelven más personales. La mañana del último día un sargento comentó:

–Hablé con mi hijo de ocho años anoche. Me contó de un premio que ganó en la escuela y por lo general yo diría algo como "qué bien". Pero ahora utilicé la habilidad que aprendimos ayer y le hice muchas preguntas como: ¿quién estaba ahí cuando recibió el premio?, ¿cómo se sintió cuando lo recibió?, ¿dónde va a colgar el premio? A la mitad de la conversación, mi hijo me interrumpió y preguntó: "Papá, ¡¿realmente eres tú!?". Sabía a lo que se refería. Fue la conversación más larga que hemos tenido y creo que a ambos nos sorprendió. Fue maravilloso.

Fortalezas del carácter

Después de las habilidades de fortaleza mental, seguimos con la identificación de fortalezas del carácter. El Army Field Manual describe las fortalezas básicas de carácter de un líder: lealtad, deber, respeto, servicio desinteresado, honor, integridad y valor personal. Las revisamos y luego pedimos a los sargentos que contesten en internet la encuesta Valores en acción y fortalezas básicas, y que lleven a clase una hoja impresa con sus veinticuatro fortalezas clasificadas en orden. Definimos las "fortalezas básicas", y los sargentos colocan pancartas con sus nombres en el salón, cada una etiquetada con una de sus fortalezas. Las pancartas que están llenas de notas revelan cuáles son las fortalezas más comunes de los sargentos. Ellos buscan patrones dentro del grupo y analizan lo que el perfil de fortalezas del grupo indica sobre ellos como líderes. Después de esta actividad, se discute en grupos pequeños qué aprendieron sobre ellos mismos en la encuesta de fortalezas. ¿Cuáles fortalezas desarrollaron durante su servicio en el ejército? ¿Cómo contribuyen sus fortalezas a realizar una misión y a alcanzar sus metas? ¿Cómo utilizan sus fortalezas para construir relaciones duraderas? ¿Cuáles son las desventajas de sus fortalezas y cómo pueden minimizar su efecto?

Luego nos centramos en utilizar las fortalezas para superar retos. El coronel Jeff Short del equipo de Aptitud integral del soldado presenta un caso de estudio que describe cómo dirigió a su unidad, la 115, que salió de Fort Polk, Louisiana, para construir un hospital de apoyo a combatientes en la prisión de Abu Ghraib que ofrecería atención médica a los detenidos, incluidos los pacientes internos y externos. Mientras Jeff describe los retos de adecuar un hospital del campo y cuidar a los detenidos, los sargentos llevan el control de cada ejemplo de un individuo o del equipo que usó una fortaleza de carácter y las acciones específicas que ésta permitió. Por ejemplo, el hospital de campo necesitaba una "aspiradora para heridas" pero no había ninguna disponible. Una enfermera demostró la fortaleza de la creatividad cuando ideó una forma de crear una a partir de una vieja aspiradora de limpieza.

A continuación, los sargentos se reúnen en grupos pequeños y resuelven una misión que necesitan realizar en conjunto. Les damos instrucciones de utilizar las fortalezas de carácter del equipo para completar la misión aprovechando las habilidades de su equipo. Por último, los sargentos escriben historias sobre "fortalezas para los retos". Un sargento describió cómo utilizó sus fortalezas de amor, sabiduría y gratitud para ayudar a un soldado indisciplinado que estaba provocando conflictos. El sargento utilizó su fortaleza de amor para enfrentar al soldado, mientras que el resto evitaba al soldado revoltoso por ser agresivo. El sargento descubrió que el soldado se sentía consumido por la ira contra su esposa y desquitaba su ira con los soldados de su unidad. Entonces, utilizando su fortaleza de sabiduría, el sargento ayudó al soldado a comprender la perspectiva de su esposa y lo ayudó a escribir una carta en la que el soldado describía la gratitud que sentía por su esposa por tener que enfrentar tantas cosas por su cuenta mientras él estaba lejos en sus tres servicios.

Entablar relaciones fuertes

Nuestro último módulo se centra en fortalecer relaciones con los otros solda-dos y en casa. Nuestro objetivo es proporcionar herramientas prácticas que construyan relaciones y cuestionar creencias que interfieren con una comu-nicación positiva. El trabajo de la doctora Shelly Gable muestra que, cuando un individuo responde activa y constructivamente (en lugar de pasiva y des-tructivamente) a alguien que comparte una experiencia positiva, el amor y la amistad aumentan. Por eso les enseñamos los cuatro estilos de respuesta:[38] activa constructiva (apoyo auténtico y entusiasta), pasiva constructiva (apo-yo sutil), pasiva destructiva (ignorar los hechos) y activa destructiva (señalar aspectos negativos de un hecho). Demostramos cada uno a través de una serie de juegos de representación de papeles. El primer juego es sobre dos soldados rasos que son amigos cercanos:

El soldado Johnson le dice al soldado González: "Oye, mi esposa lla-mó y me contó que consiguió un excelente trabajo".

Activa constructiva: "¡Qué bien! ¿De qué trata el nuevo empleo? ¿Cuándo comienza? ¿Qué dijo sobre cómo lo obtuvo y por qué lo merecía?".

Pasiva constructiva: "Qué bien".

Pasiva destructiva: "Recibí un correo chistoso de mi hijo. Escucha esto...".

Activa destructiva: "Entonces, ¿quién va a cuidar a tu hijo? Yo no confiaría en una niñera. Hay tantas historias de terror que uno oye sobre niñeras que abusan de los niños".

Después de cada juego de representación de papeles, los sargentos llenan un formulario sobre sus formas típicas de responder e identifican qué les dificulta responder de forma activa y constructiva (por ejemplo: estar cansados o estar excesivamente concentrados en ellos mismos), y también cómo pueden usar sus fortalezas básicas para seguir respondiendo de manera activa y constructiva. Por ejemplo: utilizar su fortaleza de curiosidad para hacer preguntas, usar su fortaleza de entusiasmo para responder animosamente, o utilizar la fortaleza de sabiduría para señalar las lecciones valiosas que se pueden aprender en determinada situación.

Luego enseñamos el trabajo de la doctora Carol Dweck sobre el elogio eficaz.[39] ¿Qué decir cuando se espera un elogio? Por ejemplo: "Me fue muy bien en mi prueba física", "Evacuamos el edificio sin sufrir ninguna baja", "Me ascendieron a sargento mayor". Les enseñamos a los sargentos a elogiar las habilidades específicas como opuesto a un elogio vago como "¡Muy bien!" o "¡Buen trabajo!". Elogiar los detalles demuestra al soldado: a) que su líder realmente los observa, b) que el líder se toma el tiempo para ver exactamente lo que logró el soldado, y c) que el elogio es auténtico, a diferencia de un comentario superficial, como "Buen trabajo".

Por último, les enseñamos comunicación asertiva, describiendo las diferencias entre los estilos pasivo, agresivo y asertivo. ¿Cuál es el lenguaje, tono de voz, lenguaje corporal y ritmo de cada estilo? ¿Qué mensajes transmite cada estilo? Por ejemplo, el estilo pasivo transmite el mensaje "No creía que me fueras a escuchar de todas formas". Descubrimos con nuestro trabajo de educación positiva que un aspecto crítico es explorar los icebergs que llevan a un estilo de comunicación en vez de a otro. Alguien que considera que "la gente se aprovechará de cualquier señal de debilidad" tiende al estilo agresivo. Una persona que cree que "está mal quejarse" tendrá un estilo pasivo, y la creencia "se puede confiar en la gente" lleva al estilo asertivo.

Así, enseñamos un modelo de cinco pasos para la comunicación asertiva:

1. Identificar y esforzarse para comprender la situación.
2. Describir la situación de forma objetiva y completa.
3. Expresar preocupaciones.
4. Preguntar a la otra persona cuál es su perspectiva y trabajar para lograr un cambio aceptable.
5. Hacer una lista de los beneficios que se obtendrán cuando se implemente el cambio.

Los sargentos practican los pasos con situaciones militares: tu compañero de batalla comenzó a beber mucho y lo han visto beber mientras conduce; tu esposo gasta dinero en cosas que no consideras esenciales; un compañero soldado continúa tomando tus pertenencias sin pedir permiso. Después de estos juegos de representación de papeles, los sargentos identifican una situación delicada que enfrentan en ese momento y practican utilizando la comunicación asertiva. Un aspecto importante es explorar cómo pueden hablar con su familia.[40] Muchos sargentos nos comentan que se comunican de forma sumamente agresiva con sus parejas y son muy estrictos con sus hijos porque es difícil cambiar del mundo rápido y orientado a los imperativos de su trabajo al mundo democrático que funciona mucho mejor en casa.

Un sargento me detuvo en el pasillo después de la sesión y me agradeció diciendo: "Si hubiera aprendido esto hace tres años, no me hubiera divorciado".

A pesar de mi intención de ayudar a nuestros soldados y a otros por medio de mi labor con el ejército, como he explicado en los últimos dos capítulos, algunos periodistas han querido interpretar las cosas de mala manera e insisten en buscar una intención oscura de mi parte para usar la ciencia para causar daños. Algunos críticos sostienen que este programa "lava el cerebro"[41] a los soldados con el pensamiento positivo: "Además, ¿no querrían los soldados que sus oficiales consideraran el peor de los casos antes de enviarlos a combatir? [...] La opción más sana al pensamiento negativo no es el pensamiento positivo, sino el pensamiento crítico". Nosotros no enseñamos un "pensamiento" positivo no razonado. Lo que enseñamos *es* el pensamiento crítico: las habilidades del pensamiento para distinguir entre los peores casos irracionales que paralizan la acción y los casos más probables. Ésta es una habilidad del pensamiento que permite la planeación y la acción.

Otros críticos incluso han indicado que apoyé el uso de mi trabajo sobre indefensión aprendida para propósitos de intimidación psicológica y tortura de detenidos y presuntos terroristas por parte de algunos militares durante la llamada guerra contra el terror[42] de la administración de George W. Bush.

Esto no podría estar más lejos de la verdad. Yo nunca he contribuido y jamás brindaré asistencia para la tortura. Rechazo rotundamente la tortura. La condeno.

Esto es lo que sé sobre la controversia de la tortura: la Joint Personnel Recovery Agency del Ejército me invitó a dar una conferencia de tres horas en la Base Naval de San Diego a mediados de mayo de 2002. Me invitaron a hablar sobre cómo las tropas y el personal estadunidenses podrían utilizar lo que se conoce sobre la indefensión aprendida para *resistir* la tortura y evadir un interrogatorio exitoso por parte de *sus* captores. De esto es de lo que hablé.

Me dijeron entonces que, debido a que era (y sigo siendo) un civil sin autorización de seguridad, no podían detallar métodos estadunidenses de interrogación conmigo. También me dijeron que sus métodos no utilizaban violencia ni brutalidad.

Sin embargo, un informe de Physicians for Human Rights fechado el 31 de agosto de 2009 afirma: "De hecho, al menos en dos ocasiones, Seligman presentó su investigación sobre indefensión aprendida a los interrogadores contratados por la CIA, a los que se refiere el informe del Inspector General". Esto es falso. Los "interrogadores" eran presuntamente James Mitchell y Bruce Jessen,[43] dos psicólogos que han sido denunciados por trabajar con la CIA para ayudar a desarrollar "mejorías" en los métodos de interrogación. Ellos se encontraban en el público de entre cincuenta y cien personas al que presenté mi investigación sobre indefensión aprendida. No se lo presenté "a ellos". Lo presenté ante la Joint Personnel Recovery Agency y, reitero, hablé sobre cómo las tropas y el personal estadunidenses podían usar lo que se conoce sobre indefensión aprendida para *evadir* un interrogatorio exitoso a manos de *sus* captores. No hubo ninguna otra ocasión en la que haya presentado mi investigación a Mitchell o a Jessen ni a alguna otra persona relacionada con esta controversia.

No he tenido contacto con la Joint Personnel Recovery Agency desde aquella reunión. Tampoco he tenido contacto profesional con Jessen y Mitchell desde entonces. Nunca he trabajado por contrato con el gobierno (o con alguna otra entidad) sobre ningún aspecto relacionado con la tortura y tampoco estaría dispuesto a hacerlo.

Nunca he trabajado con métodos de interrogación. Nunca he *visto* un interrogatorio y sólo tengo conocimiento superficial de la literatura al respecto. Con esta aclaración, mi opinión es que el objetivo de un interrogatorio es llegar a la verdad, no a lo que el interrogador quiere oír. Creo que la indefensión aprendida haría a una persona más pasiva, menos desafiante y más obediente, pero no conozco ningún dato de que esto lleve confiablemente a decir más la verdad. Me duele y me horroriza que la buena ciencia que ha ayudado a tantas personas a superar la depresión pueda ser utilizada para semejantes propósitos turbios.

El lanzamiento

Nos tenía francamente nerviosos que estos sargentos instructores, cuyo carácter duro es legendario, consideraran que el entrenamiento de resiliencia era "afeminado", "sentimentalista" o "simples patrañas". No fue así y lo más importante es que les fascinó (no hay una palabra más apta para describirlo) el curso. Para nuestra sorpresa, el entrenamiento recibió una calificación de 4.9 de 5.0 en total y Karen Reivich recibió 5.0 de 5.0 en sus evaluaciones anónimas. Sus comentarios nos conmovieron hasta las lágrimas.

> El entrenamiento más disfrutable y de forma más importante, el más reflexivo que he recibido en el ejército.

> Estoy sorprendido de la sencillez y eficacia de este curso. Ya imagino el impacto que tendrá en mis soldados, familia y en el ejército en general.

> Esto salvará vidas, matrimonios y prevendrá suicidios y otras cosas como el alcoholismo y la drogadicción después de servir en la guerra. Es necesario mantener a los soldados ahora lejos del lugar de lanzamiento.

> Necesitamos que todo soldado, cada civil que trabaja en el ejército y sus familiares reciban este entrenamiento.

> Ya empecé a aplicar mis nuevas técnicas en mi vida familiar.

Ésta es una muestra verdaderamente representativa de las evaluaciones de los duros sargentos instructores.

Éste es el plan de lanzamiento: en 2010, 150 sargentos vendrán a Penn cada mes durante ocho días a entrenarse para hacerse instructores. Otro grupo grande de sargentos recibirá una transmisión simultánea del entrenamiento en los fuertes a los que están asignados. Entonces seleccionaremos a los mejores sargentos para convertirlos en instructores maestros y para que sean cofacilitadores junto con nuestros entrenadores de Penn, y así, a finales de 2010 habremos entrenado cerca de 2,000 sargentos y habremos seleccionado y entrenado a 100 de ellos para ser instructores maestros. Estos sargentos dedicarán una hora a la semana al entrenamiento de resiliencia. En 2011 continuaremos entrenando en Penn y también llevaremos el entrenamiento a los fuertes. En un futuro no muy distante, el entrenamiento de resiliencia se enseñará a todos los nuevos soldados y el ejército implementará por completo el entrenamiento.

Cuando el general Casey, la general Cornum y yo informamos a los generales de dos y tres estrellas, su primera pregunta fue: "¿Y qué pasará con nuestras esposas e hijos? La resiliencia de un soldado refleja directamente la resiliencia de su familia". El general Casey ordenó que todas las familias de los soldados tuvieran acceso al entrenamiento de resiliencia y esto sería una adición a los planes de Rhonda. Por lo tanto, estamos creando unidades móviles que constan de un instructor en jefe y un equipo de instructores maestros para desplegarlas y dar entrenamiento en los puestos de avanzada lejanos como Alemania y Corea, así como a las esposas e hijos del personal.

Mientras tanto, hemos recibido cartas del "frente". Esto es lo que el sargento mayor Keith Allen nos escribió:

> Como soy un soldado de infantería, estoy acostumbrado a recibir detalles concretos de las misiones que me asignan. Cuando se me informó que asistiría al entrenamiento de resiliencia, pregunté, como es natural, qué podía esperar. […] Me dijeron que tuviera una actitud abierta. Por ser soldado, traduje esto como: "Probablemente no tenga sentido, pero nos ordenaron que lo apoyáramos".
>
> Llegué al entrenamiento esperando encontrar grupos de psicólogos hablando en términos incomprensibles o sin nada relevante que ofrecer, o ambas cosas. El primer día de clases, llegué (junto con los otros suboficiales de mi unidad) al salón treinta minutos antes, esperando seleccionar asientos en la última fila. Para nuestro disgusto,

todos los demás participantes tenían el mismo plan. [...] Los únicos asientos desocupados eran los de la primera fila.

Nos sentamos, lo admito, con la clásica postura escéptica (retrepados en el asiento con los brazos cruzados). El segundo día, sin darme cuenta me senté con la espalda erguida, concentrado en la clase. Para cuando llegamos al tema de Evitar las trampas del pensamiento, estaba inclinado hacia delante en mi asiento, completamente sorprendido y ligeramente decepcionado de tener que interrumpir la clase para las comidas.

Reconocí que algunas de las habilidades eran cosas que quizá había hecho de manera instintiva o como resultado de buscar éxito con los métodos adquiridos a través de la experiencia. Reconocí la falta de algunas de las habilidades en líderes, colegas y soldados con los que me he enfrentado a lo largo de mi carrera.

Cuando la discusión giró en torno de nuestros resultados de la prueba de valores en acción y fortalezas de carácter, participé con entusiasmo en el debate. Algunas cosas estaban justo donde creí que debían estar; otras, para mi sorpresa, no estaban tan altas en mi lista de fortalezas como hubiera pensado. Después de una reflexión sincera (un acto de conciencia) y comunicación con mi esposa, me di cuenta de que mis fortalezas aparecían en el orden preciso. Conocer qué fortalezas estaban más bajas de lo que hubiera esperado me mostró adónde dirigir mis esfuerzos en el futuro.

He usado con éxito estas habilidades desde que regresé a mi unidad. De forma igualmente importante, si no es que más, he tenido éxito con mi familia. Algunas de nuestras decisiones en mi unidad se toman en colaboración por su propia naturaleza; cuando expreso mi opinión, ahora hablo con claridad para describir cómo tomé algunas de mis decisiones. Mi comandante y mis superiores me han llamado aparte para preguntarme si estoy interesado en llegar a ser instructor maestro. Dos de ellos asistirán al próximo entrenamiento. Dos de mis hijos (de quince y doce años, respectivamente) han tomado la prueba de valores en acción y esto ha ayudado en nuestra interacción. He utilizado respuestas activas constructivas y he ayudado a mi hijo de doce años a resolver problemas; ambos encontramos un éxito inesperado.

El sargento segundo Edward Cummings escribió:

> Asistí al entrenamiento de resiliencia en noviembre pasado y, desde que tomé el curso, no ha hecho otra cosa más que ayudarme, no sólo en mi vida profesional, sino también, y esto es lo más importante, en mi vida personal. Mi filosofía en el ejército es que, si eres feliz y exitoso en casa, te ayudará en el trabajo. [...] Desde el principio del curso comencé a aprender a llevar a la práctica cotidiana lo aprendido. Me ha abierto nuevas puertas para ser capaz de conversar con mi esposa y sobre todo para escuchar. Me he dado cuenta de que muchas veces daba respuestas pasivas constructivas y no entendía que eso perjudicaba mi matrimonio, pero después de detenerme a reflexionar, ahora sé lo que estaba haciendo. Con sólo escuchar a mi esposa contarme algo que a veces me parece trivial, descubrí que sus días han mejorado y, como todos sabemos, "¡Si la esposa no está contenta, nadie está contento!".

> He descubierto que también soy capaz de enfrentar problemas en el trabajo con mayor facilidad. Antes me molestaba mucho cuando las cosas no salían como yo pensaba que debían salir y muchas veces exageraba en mi reacción. Ahora me detengo a reflexionar y trato de obtener toda la información disponible para no tomar una decisión precipitada. Me ha ayudado a tranquilizarme y a enfrentar este tipo de situaciones de forma diferente. Encontré muchos icebergs y ahora puedo hacer algo al respecto...

> Solía preguntarme si sería como mis padres y tendría un matrimonio que durara más de treinta y seis años; ahora tengo más confianza en que podré lograrlo. Me preocupaba por mi carrera, pensaba en las muchas decisiones que he tenido que tomar y me preguntaba si habría hecho lo correcto y si había tenido éxito. Ahora sé que no importa lo que suceda en el futuro, seré capaz de enfrentar los retos. Con este conocimiento, podré cuidar de los soldados también. Pienso que si uno no puede cuidarse, ¿cómo va a cuidar a los soldados? Hay muchos soldados nuevos que pasan muchas dificultades para tratar de ajustarse a la vida en el ejército, lejos de sus seres queridos. Yo era así. Si hubiera tenido esta información entonces, sé que

habría sido más sencillo superar todos esos retos. Con este conocimiento, sé que, cuando los soldados se acercan a mí para contarme algún problema, puedo utilizar las diferentes técnicas como los ABC, solución de problemas, o identificar sus icebergs y ayudarlos y hacer mi trabajo como líder.

En resumen, el curso fue un éxito total. [...] Les conté a mi familia y a muchos amigos que atraviesan tiempos difíciles. ¡El uso de la psicología positiva es asombroso!

El ejército y Penn no se quedan tranquilos sólo con estos testimonios. El resultado de nuestro entrenamiento[44] será evaluado rigurosamente en un estudio a gran escala bajo el mando de la coronel Sharon McBride y el capitán Paul Lester. Ya que el entrenamiento de resiliencia se está impartiendo paulatinamente, podremos evaluar el desempeño de los soldados que han recibido el entrenamiento de resiliencia y compararlo con los que no lo han recibido. A esto se le llama diseños de "control de lista de espera". Al menos a 7,500 soldados que han recibido los materiales del programa de resiliencia de Penn por parte de sus sargentos se les dará seguimiento en los siguientes dos años. Los compararán con soldados que no han recibido el entrenamiento. McBride y Lester podrán preguntar si el entrenamiento de resiliencia produce un mejor desempeño militar, menos TEPT, mejor salud física y, en última instancia, una mejor vida familiar y civil cuando los soldados vuelvan a casa.

Este capítulo no estaría completo si no confesara mis más profundos sentimientos respecto al trabajo con el ejército. Veo a Estados Unidos como el país que les dio a mis abuelos, perseguidos hasta la muerte en Europa, un refugio seguro donde sus hijos y nietos pudieran florecer. Veo al Ejército de Estados Unidos como la fuerza que nos defendió de las cámaras de gas de los nazis. Por lo tanto, considero los días que he pasado con los sargentos y los generales como los más satisfactorios y llenos de agradecimiento de mi vida. Todo mi trabajo en el programa de Aptitud integral del soldado es gratuito. Al sentarme con estos héroes, me viene a la mente este verso de Isaías 6:8:

¿A quién enviaré, y quién irá por nosotros?
Entonces respondí: "Heme aquí, envíame a mí".

9 Salud física positiva: la biología del optimismo

La salud es un estado de bienestar completo, físico, mental y social, y no sólo la ausencia de alguna enfermedad o padecimiento.

Preámbulo de la Constitución de la
Organización Mundial de la Salud, 1946

Poner de cabeza a la medicina

He sido psicoterapeuta treinta y cinco años. No soy muy bueno; confieso que soy mejor para hablar que para escuchar. Sin embargo, de vez en cuando he hecho un buen trabajo y ayudé a mis pacientes a deshacerse de su tristeza, casi toda su ansiedad y casi toda su ira. Creí que había terminado mi trabajo y que tendría un paciente feliz.

¿Logré tener un paciente feliz? No. Como mencioné en el capítulo 3, obtuve un paciente vacío. Esto se debe a que las habilidades para disfrutar de una emoción positiva, cuidar los seres queridos, tener sentido en la vida, lograr las metas profesionales y mantener buenas relaciones son completamente diferentes de las habilidades para no estar deprimido, ansioso o enojado. Estas disforias entorpecen el bienestar pero no lo vuelven imposible; tampoco la ausencia de tristeza, ansiedad o ira garantiza la felicidad. La lección de la psicología positiva es que la salud mental positiva no solamente es la ausencia de una enfermedad mental.

Es muy común no estar enfermo mentalmente, pero estar estancado y languideciendo en la vida. La salud mental positiva es una presencia: la presencia de emoción positiva, la presencia de compromiso, la presencia de sentido, de buenas relaciones y de logros. Tener buena salud mental no es simplemente no sufrir trastornos;[1] en cambio, es la presencia del florecimiento.

Es justo lo contrario del conocimiento que Sigmund Freud bajó del Monte Sinaí: que la salud mental es simplemente la ausencia de enfermedades mentales. Freud era seguidor del filósofo Arthur Schopenhauer (1788-1860). Ambos creían que la felicidad era una ilusión y que lo mejor que podíamos lograr era mantener el sufrimiento y la miseria a niveles mínimos. Que no haya duda sobre esto: la psicoterapia no está diseñada para producir bienestar; está diseñada para disminuir el sufrimiento, que en sí no es tarea fácil.

La salud física ha aceptado la misma "filosofía": que es meramente la ausencia de enfermedades físicas. A pesar de las afirmaciones como la de la Organización Mundial de la Salud (arriba) y el mismo nombre de los Institutos Nacionales de *Salud* (que es engañoso, ya que 95 por ciento de su presupuesto se va en combatir enfermedades),[2] casi no existe una disciplina científica de la salud. Fue con esto en mente que Robin Mockenhaupt y Paul Tarini, funcionarios de la inmensa Robert Wood Johnson Foundation (rwjf) me invitaron a conversar sobre psicología positiva.

–Queremos que ponga a la medicina de cabeza —pidió Paul, director de la rama precursora. La rama precursora es precisamente eso. La mayoría del financiamiento médico de la rwjf se destina a ideas lucrativas, como reducir la obesidad, por lo que la rama emprendedora es la forma en que la fundación equilibra su agenda de investigación mediante la inversión en ideas innovadoras, totalmente fuera de lo común en el campo de la medicina; ideas que podrían tener un gran provecho para la salud y la atención médica en Estados Unidos.

–Hemos seguido su trabajo en el área salud mental para probar que es algo real, algo que va más allá de la ausencia de enfermedades mentales, y queremos que intente algo similar con la salud física —continuó—. ¿Hay acaso propiedades positivas, como recursos de la salud, que constituyan un verdadero estado de salud física? ¿Existe un estado que aumente la longevidad, que disminuya la morbilidad y que produzca un mejor pronóstico cuando la enfermedad finalmente ataque y que disminuya los costos vitalicios del cuidado de la salud? ¿Realmente existe la salud o la medicina es simplemente la ausencia de enfermedad?[3]

Esto fue suficiente para que el corazón me latiera de prisa. Había estado trabajando con una sola pieza de este gran rompecabezas: descubrir un estado psicológico (el optimismo) que predijera y pudiera provocar menos enfermedades físicas, y de pronto surgió un panorama sorprendente de descubrimientos. Esto comenzó cuarenta años antes de mi conversación con Paul y Robin.

Orígenes de la teoría de la indefensión aprendida

Yo era parte de un trío —Steve Maier y Bruce Overmier eran mis compañeros— que descubrió la "indefensión aprendida" a mediados de la década de 1960.[4] Descubrimos que los animales, como perros, ratas, ratones e incluso las cucarachas, se vuelven pasivos y se rinden ante la adversidad una vez que primero experimentan acontecimientos dañinos en los que no pudieron hacer nada al respecto. Después de esa primera experiencia con la indefensión, ya simplemente se quedaban quietos en un estado de shock ligeramente doloroso a recibir y esperar lo que fuera a suceder sin intentar escapar. Los animales que tuvieron la misma experiencia de shock físico previo, pero que podían escapar del shock, no se volvían indefensos después. Quedaban inmunizados contra la indefensión aprendida.

Los seres humanos hacen lo mismo que los animales: en el experimento humano paradigmático llevado a cabo por Donald Hiroto[5] y reproducido muchas veces después, los sujetos se dividen al azar en tres grupos. Esto se le conoce como "diseño triádico". Un grupo (donde el escape es posible) se expone a un acontecimiento nocivo pero no dañino, como ruidos fuertes. Cuando presionan un botón frente a ellos, el ruido desaparece, por lo que con sus propias acciones escapan al ruido. El segundo grupo (en el que no se puede escapar) se *une* al primer grupo. Los sujetos reciben *exactamente* el mismo ruido, pero aparece y desaparece sin importar lo que hagan. El segundo grupo está indefenso por definición, ya que la probabilidad de acallar el ruido si tienen una reacción es idéntica a la probabilidad de acallar el ruido si *no* tiene esa reacción. En términos funcionales, la indefensión aprendida se define por el hecho de que nada de lo que uno haga altera el suceso. Es importante señalar que los grupos con y sin posibilidad de escape tienen exactamente el mismo factor de estrés objetivo. Un tercer grupo (control) no recibe nada. Ésta es la primera parte del experimento triádico.

Vuelve a leer el párrafo anterior y asegúrate de comprender el diseño triádico ya que el resto del capítulo no tendrá sentido si no lo entiendes bien.

La parte uno induce la indefensión aprendida, y la parte dos muestra los drásticos efectos provocados. La parte dos se desarrolla después y en un lugar diferente. Comúnmente, en la parte dos los tres grupos se enfrentan con una "caja de transporte". La persona coloca la mano en un lado de la caja y el ruido continúa. Si mueve la mano unos centímetros al otro lado, el ruido desaparece. La gente del grupo con posibilidad de escape y del grupo de control rápidamente aprende a mover las manos para escapar del ruido. La gente del grupo sin posibilidad de escape típicamente no se mueve. Simplemente se sienta a soportar el ruido hasta que éste se apaga solo. En la parte uno estas personas aprendieron que nada de lo que hagan importa, así que en la parte dos, como están seguras de que nada sucederá, no intentan escapar.

Yo estaba consciente de una gran cantidad de anécdotas sobre gente que se enferma e incluso muere cuando se encuentra indefensa, así que empecé a preguntarme si la indefensión aprendida podía trasladarse de alguna manera al cuerpo y afectar la salud y la vitalidad. También me pregunté lo contrario: la pregunta de Paul Tarini. ¿Podía el estado psicológico de maestría, lo opuesto de la indefensión, penetrar y fortalecer el cuerpo de alguna forma?

Éste es el argumento del diseño triádico; tres grupos: con escape, sin escape y de control normal. Ésa es la base de todos los experimentos bien ejecutados de indefensión aprendida. La presencia de un grupo de control normal que no tiene experiencia con la causa del estrés permite inferencias bidireccionales. ¿Acaso la indefensión daña a la persona mientras que la maestría mejora a la persona? La respuesta a si la indefensión daña (la pregunta "patológica") reside en la comparación de la parte dos de las personas que no pueden escapar del ruido en la parte uno con el grupo de control que no recibió el ruido en la parte uno. Si al grupo sin escape le va peor que al grupo de control en la parte dos, la indefensión daña a la persona.

La pregunta bipolar es "¿La maestría fortalece a la persona?". La respuesta a esa pregunta (la "pregunta de la psicología positiva") reside en la comparación de la parte dos de las personas que aprendieron en la parte uno a escapar del sonido con el grupo de control. Si se desempeñan mejor que el grupo de control normal en la parte dos, la maestría las fortalece. Es importante resaltar que el mal desempeño del grupo indefenso frente al grupo de maestría es menos interesante científicamente que la comparación de ambos grupos con el grupo de control, ya que el grupo indefenso tendría un peor desempeño que el grupo de maestría si la indefensión debilitara a las personas o si la maestría las fortaleciera, o si ambas premisas fueran ciertas.

Ésta es la intuición en la que se basa la pregunta de Paul Tarini; una intuición tan evidente que es fácil pasarla por alto. La psicología y la medicina, siguiendo a Freud y el modelo médico tradicional, interpretan el mundo a través de la lente de la patología y sólo observan los efectos tóxicos de acontecimientos malos. Ponemos de cabeza a la psicología y la medicina cuando nos preguntamos lo opuesto de la patología: sobre los efectos fortalecedores provocados por acontecimientos benignos. Así, a cada empresa (nutrición, el sistema inmunitario, el bienestar, la política, la educación o la ética) que tiene fijación con la postura reparadora le falta dicha intuición y realiza sólo la mitad del trabajo: corrige deficiencias mientras olvida construir fortalezas.

Psicología de la enfermedad

Fue gracias a la indefensión aprendida que me interesé en la psicología de la enfermedad física. Nuestro mejor intento por preguntar sobre la salud física en el diseño triádico utilizaba ratas y el cáncer. Madelon Visintainer y Joe Volpicelli, ambos estudiantes míos de posgrado, implantaron un tumor que tenía 50 por ciento de tasa de mortalidad (TM 50) en las ratas. Entonces asignamos al azar las ratas a una de tres condiciones psicológicas: una sesión de sesenta y cuatro shocks ligeramente dolorosos y evitables (maestría), una sesión de shocks idénticos pero inevitables (indefensión), o sin shock (el grupo de control). Eso constituye la primera parte.

En la parte dos, esperamos a ver a qué ratas les daba cáncer y morían y qué ratas rechazaban el tumor. Tal como esperábamos, 50 por ciento del grupo de control, que no tenía experiencia con el shock, murió. Tres cuartas partes de las ratas en el grupo sin escape murieron, lo que muestra que la indefensión debilita el cuerpo. Una cuarta parte de las ratas del grupo con escape murieron, demostrando que la maestría fortalece el cuerpo.

Debo mencionar que este experimento, publicado en *Science* en 1982,[6] fue la última vez que participé en un experimento con animales,[7] y quiero decirles por qué: por la parte ética, soy amante de los animales; mis perros en casa han enriquecido constantemente mi vida. Por eso me resulta muy difícil infligir dolor a los animales por el motivo que sea, incluso si tiene un propósito humanitario. Sin embargo, el argumento científico me es más atractivo: existen usualmente más formas directas de contestar a las preguntas que más me interesan con participantes humanos que con animales. Todos los experimentos con animales que intentan hacer inferencias con los humanos deben enfrentar el problema de validez externa.

Esto es un asunto crucial, ignorado y problemático. Lo que me atrajo a la psicología experimental en primer lugar fue el rigor de lo que se denomina validez interna. Realizar un experimento controlado es el estándar de rigor de la validez interna ya que descubre qué provoca cuáles efectos. ¿El fuego provoca que el agua hierva? Prendes la estufa y el agua hierve. Sin el fuego (el grupo de control), el agua no hierve. ¿Los acontecimientos malos incontrolables incentivan el crecimiento del tumor? Administra un shock inevitable a un grupo de ratas y otro a un grupo sin escape y compáralos con el grupo que no recibe shock. Las ratas que reciben el shock sin posibilidad de escape tienen un mayor crecimiento del tumor. Sin embargo, ¿qué nos dice esto sobre las causas del cáncer en el ser humano y sobre cómo influye la indefensión en el cáncer en los seres humanos? Éste es el problema de la validez externa.

Cuando los legos se quejan de los experimentos psicológicos afirmando burlonamente "ratas blancas y universitarios novatos", es la validez externa el problema. Lejos de ser una crítica ignorante que la psicología decide pasar por alto, es una crítica profunda. El *Homo sapiens* es diferente en muchos sentido de la versión de laboratorio de *Rattus norvegicus*. El shock inevitable es diferente en muchos sentidos de descubrir que tu hijo se ahogó en un accidente en una lancha. Los tumores que se implantan en los especímenes *Rattus norvegicus* son diferentes en muchos sentidos de los tumores que naturalmente afectan al *Homo sapiens*. Por lo tanto, incluso si la validez interna es perfecta con un diseño experimental riguroso, un grupo de control exactamente igual y una muestra lo suficientemente grande para asegurar la aleatoriedad y las estadísticas son impecables, aun así no podemos inferir con seguridad que esto esclarece el efecto que los acontecimiento malignos incontrolables tienen en el progreso de la enfermedad en las personas.

Si no vale la pena hacerlo, no vale la pena hacerlo bien.

He llegado a pensar que establecer validez externa es una inferencia científica más importante pero más espinosa que establecer validez interna.[8] La psicología académica requiere cursos completos sobre validez interna; cursos de "metodología" para todos los estudiantes de psicología serios. Estos cursos tratan casi por completo sobre validez interna y casi no tocan el tema de validez externa, que a menudo se deja de lado por mera ignorancia sobre la ciencia por parte de los legos. Cientos de profesores de psicología viven enseñando validez interna; nadie vive de enseñar validez externa. Desafortunadamente, las dudas públicas sobre la aplicación de ciencia básica rigurosa están justificadas, y esto se debe a que las reglas de la validez externa no son claras.

La forma de escoger a los sujetos de experimentación, por ejemplo, ha sido abrumadoramente una cuestión de conveniencia académica en lugar de ser cuestión de deliberación sobre las inferencias que se justificarían si el experimento funcionara. Jamás se hubiera utilizado ratas blancas en la psicología si los videojuegos hubieran existido en 1910. Los estudiantes universitarios no hubieran sido escogidos por la psicología si internet hubiera existido en 1930. El asunto principal para mí, en términos científicos, es evitar los problemas de validez externa tanto como sea posible trabajando con seres humanos en la maestría e indefensión reales en condiciones reproducibles. Desde luego, existen casos en los que considero que la experimentación con animales es justificable, pero se limitan a dominios en los que los problemas de validez externa son pequeños, los problemas éticos de realizar el experimento con seres humanos son insuperables y los beneficios para la humanidad son muchos. Creo que todas las cuestiones que aborda este libro pueden ilustrarse mejor con humanos; por lo que ahora regreso a estos temas.

A mi descripción de indefensión aprendida anterior, quiero agregar un hecho importante: cuando administramos el ruido a la gente sin posibilidad de escape o el shock sin escape a los animales, no todos se volvieron indefensos. Con regularidad, casi una tercera parte de las personas (y un tercio de las ratas y los perros) nunca se volvieron indefensos. Con regularidad, una décima parte de los seres humanos (y una décima parte de las ratas y los perros) ya eran indefensos desde el inicio, por lo que no se requería ninguna intervención de laboratorio para inducir su pasividad. Fue esta observación la que llevó al campo del optimismo aprendido.[9]

Queríamos descubrir quiénes no se volvían indefensos, por lo que revisamos sistemáticamente la forma en que la gente que no se volvió indefensa interpretaba los acontecimientos malos.[10] Descubrimos que las personas que consideran que las dificultades en su vida son temporales, modificables y locales no se vuelven indefensas en el laboratorio. Cuando las asalta el ruido inevitable en el laboratorio o sufren rechazos en el amor, piensan: "Pasará pronto; puedo hacer algo al respecto y sólo se trata de esta única situación". Superan las dificultades y no se las llevan del trabajo a la casa. Denominamos a estas personas "optimistas". Por el contrario, las personas que habitualmente piensan: "Esto durará para siempre y arruinará todo; no hay nada que pueda hacer al respecto" se vuelven indefensas de inmediato en el laboratorio. No superan las derrotas y llevan sus problemas conyugales al trabajo. Denominamos a estas personas "pesimistas".

Por consiguiente, ideamos cuestionarios para medir el optimismo[11] y las técnicas analíticas de contenido[12] para evaluar en ciego el optimismo de cada enunciado explicativo en discursos, citas en el periódico y diarios para medir a la gente (presidentes, héroes deportivos y a los difuntos) que no puede contestar cuestionarios. Descubrimos que los pesimistas[13] se deprimen mucho más que los optimistas, que tienen peor desempeño en el trabajo, en la escuela y en el deporte, además de tener relaciones problemáticas.

¿El pesimismo y el optimismo, los grandes amplificadores de la indefensión aprendida y la maestría, respectivamente, influyen en la enfermedad? ¿A través de qué mecanismos? ¿Cómo influyen en la enfermedad otras variables de la psicología positiva, como la alegría, la vitalidad y el ánimo? Lo explicaré enfermedad por enfermedad en el siguiente orden: enfermedades cardiovasculares, enfermedades contagiosas, cáncer y mortalidad por cualquier causa.

Enfermedades cardiovasculares (ECV)

A mediados de la década de 1980, 120 hombres de San Francisco tuvieron su primer ataque cardiaco y sirvieron como grupo de control sin tratamiento en el estudio masivo Multiple Risk Factor Intervention Trial (MRFIT). Este estudio decepcionó a muchos psicólogos y cardiólogos cuando concluyó finalmente que no hay efecto sobre las EVC al entrenar las personalidades de estos hombres del tipo A (agresivos, presionados por el tiempo y hostiles) al tipo B (de trato fácil y cordial). Los 120 hombres del grupo de control sin tratar, sin embargo, fueron de mayor interés para Gregory Buchanan, que entonces era estudiante de posgrado en Penn, y para mí ya que se conocía mucho sobre el primer ataque al corazón: extensión del daño cardiaco, tensión arterial, colesterol, masa corporal y estilo de vida; todos los factores tradicionales de riesgo de las enfermedades cardiovasculares. Además, se entrevistó a los hombres para preguntarles por su vida: familia, trabajo y pasatiempos. Tomamos cada enunciado explicativo de cada una de las entrevistas grabadas y los clasificamos de acuerdo con el optimismo y el pesimismo.

Después de ocho años y medio, la mitad de los hombres había muerto debido a un segundo ataque al corazón, y abrimos el sobre sellado. ¿Podríamos predecir quién tendría un segundo ataque al corazón? Ninguno de los factores usuales de riesgo predecían la muerte: ni la tensión arterial, ni el colesterol; ni siquiera la extensión del daño causado por el primer ataque cardiaco. Solamente el optimismo, ocho años y medio antes, predecía un segundo ataque cardiaco:[14] de las dieciséis personas más pesimistas, murieron quince. De los dieciséis hombres más optimistas, sólo cinco murieron.

Este descubrimiento ha sido confirmado en muchas ocasiones en estudios más grandes de enfermedades cardiovasculares usando varias medidas de optimismo.

Veterans Affairs Normative Aging Study

En 1986, 1,306 veteranos tomaron el examen denominado Minnesota Multiphasic Personality Inventory (MMPI) y se les dio seguimiento durante diez años. En este lapso se presentaron 162 casos de enfermedades cardiovasculares. El MMPI tiene una escala de optimismo-pesimismo que mide de forma confiable la mortalidad en otros estudios. Se midió el uso de tabaco, alcohol, tensión arterial, colesterol, masa corporal, antecedentes familiares de EVC y educación, como también la ansiedad, depresión y hostilidad. Todos estos elementos se controlaron estadísticamente. Los hombres con el estilo más optimista (una desviación estándar por encima de la media) tenían 25 por ciento menos EVC que el promedio,[15] y los hombres menos optimistas (una desviación estándar por debajo de la media) tenían 25 por ciento más EVC que el promedio. Esta tendencia era importante y continua, lo que indica que un optimismo mayor protegía a los hombres mientras que menos optimismo los debilitaba.

European Prospective Investigation

A más de 20,000 adultos británicos saludables se les dio seguimiento de 1996 a 2002, tiempo en el que 994 murieron, 365 de ellos a causa de EVC. Muchas variables físicas y psicológicas se midieron al inicio del estudio: uso de tabaco, clase social, hostilidad y neurosis, por ejemplo. El sentido de maestría también se midió con siete preguntas:

1. Tengo poco control sobre las cosas que me ocurren.
2. Realmente no hay forma en la que pueda resolver algunos de mis problemas.
3. Hay poco que pueda hacer para cambiar muchas de las cosas importantes en mi vida.
4. A menudo me siento indefenso al enfrentar los problemas de la vida.
5. A veces siento que me mangonean en la vida.
6. Lo que suceda en el futuro depende principalmente de mí.
7. Puedo hacer todo lo que me propongo.

Estas preguntas integran el continuo de la indefensión a la maestría. El sentido de maestría, cuando se mantenían constantes las variables de tabaquismo, clase social y las otras variables psicológicas, influyó en gran manera en la muerte por enfermedad cardiovascular.[16] Las personas con un gran sentido de maestría (una desviación estándar por encima de la media) tenían 20 por ciento menos muertes por EVC que aquéllas con un sentido de maestría promedio, y las personas con un alto sentido de indefensión (una desviación estándar por debajo de la media en el sentido de maestría) tenían 20 por ciento más muertes por EVC que el promedio. Esto también es válido para las muertes por todo tipo de causa y, en menor grado pero aún de forma estadísticamente significativa, para las muertes por cáncer.

Hombres y mujeres holandeses

A partir de 1991, a 999 personas de sesenta y cinco a ochenta y cinco años se les dio seguimiento durante nueve años en Holanda. En ese tiempo, 397 de ellas murieron. Al inicio de la investigación, los investigadores midieron salud, educación, uso de tabaco, alcohol, historial de enfermedades cardiovasculares, matrimonio, masa corporal, tensión arterial y colesterol, además del optimismo, que se midió con cuatro reactivos y una escala de acuerdo del 1 al 3:

1. Aún espero mucho de la vida.
2. No espero con entusiasmo lo que el futuro me depara en los años venideros.
3. Aún tengo muchos planes.
4. A menudo pienso que la vida está llena de situaciones promisorias.

El pesimismo se asoció en gran manera con la mortalidad,[17] particularmente cuando todos los otros factores de riesgo permanecían constantes. Los optimistas sólo tuvieron 23 por ciento de la tasa de muertes por EVC de los pesimistas, y solamente 55 por ciento de la tasa de mortalidad general en comparación con los pesimistas. Es interesante notar que esta protección era específica del optimismo, que es una cognición orientada al futuro; los reactivos de estado de ánimo orientado al presente como "La risa alegre ocurre a menudo" (esto se ha de leer mejor en holandés) y "Casi todo el tiempo estoy de buen humor" no predecían mortalidad.

En contraste con esto, en la Nova Scotia Health Survey de 1995, un equipo de enfermeras calificó la emoción positiva (alegría, felicidad, excitación, entusiasmo y satisfacción) de 1,739 adultos saludables. En los siguientes diez años los participantes con emociones positivas altas experimentaron menos enfermedades cardiacas, con 22 por ciento menos enfermedades cardiovasculares por cada punto en una escala de cinco puntos de emoción positiva. No se midió el optimismo, así que no podemos determinar si la emoción positiva funcionó a través del optimismo.[18]

La influencia del optimismo holandés fue una tendencia continua en la que más optimismo se asoció con menos muertes en toda la dimensión. Estos resultados muestran que el efecto es bipolar: las personas con mucho optimismo mueren a una tasa menor que el promedio, y las personas muy pesimistas mueren a una tasa mayor que el promedio. Recuerda aquí la motivación de la pregunta de Paul Tarini: ¿son estos recursos de salud que protegen y no sólo los factores de riesgo que debilitan el cuerpo? El optimismo en este estudio fortalecía a las personas y las protegía de las enfermedades cardiovasculares en comparación con una persona típica, así como el pesimismo las debilitaba en comparación con el promedio.

¿Es la depresión el verdadero culpable? El pesimismo, en general, se correlaciona de forma muy importante con la depresión, y la depresión, en muchos estudios, también se asocia con la enfermedad cardiovascular. Por consiguiente, uno puede preguntarse si el efecto mortal del pesimismo funciona cuando aumenta la depresión. La respuesta parece ser no, ya que el optimismo y el pesimismo ejercieron sus efectos incluso cuando la depresión se mantenía constante estadísticamente.

Women's Health Iniciative

En el más extenso estudio sobre la relación entre el optimismo y las enfermedades cardiovasculares hasta el momento, a 97,000 mujeres, sanas al inicio del estudio en 1994, les dieron seguimiento durante ocho años. Como siempre sucede en estudios epidemiológicos, desde el principio se registraron edad, raza, educación, asistencia religiosa, salud, masa corporal, alcoholismo, uso de tabaco, tensión arterial y colesterol. Los estudios epidemiológicos investigan patrones de salud en poblaciones grandes. El optimismo se midió de otra manera utilizando la reconocida prueba Life Orientation Test (LOT) que presenta diez enunciados como: "En tiempos de incertidumbre, por lo general espero el mejor resultado" y "Si algo puede salir mal, saldrá". De forma importante, los síntomas de la depresión se midieron también y su impacto se evaluó por separado. Los optimistas (el cuarto superior) tenían 30 por ciento menos muertes coronarias que los pesimistas (el último cuarto).[19] La tendencia de menos muertes, tanto cardiacas como por cualquier otra causa, se mantuvo a lo largo de la distribución de optimismo, lo que indica de nuevo que el optimismo protegía a las mujeres y el pesimismo las dañaba en relación con el promedio. Esto es válido cuando se mantienen constantes todos los demás factores de riesgo, incluso los síntomas de depresión.

Algo por lo que valga la pena vivir[20]

Hay una característica similar al optimismo que parece proteger contra las enfermedades cardiovasculares: *ikigai*. Este concepto japonés significa tener algo por lo cual vivir, e *ikigai* se relaciona íntimamente con el significado de florecer (la M en PERMA) y con el optimismo. Hay tres estudios prospectivos japoneses de *ikigai* y todos apuntan a que un alto nivel de *ikigai* reduce el riesgo de muerte por enfermedad cardiovascular, incluso cuando se controlan los factores de riesgo tradicionales y el estrés percibido. En un estudio, la tasa de mortalidad de EVC entre hombres y mujeres sin *ikigai* fue 160 por ciento más alta que la de hombres y mujeres con *ikigai*. En un segundo estudio, los hombres con *ikigai* sólo tenían 86 por ciento de riesgo de mortalidad por EVC en comparación con hombres sin *ikigai*; esto también fue válido con las mujeres, pero ligeramente menos radical. En un tercer estudio, los hombres con un nivel de *ikigai* alto sólo tuvieron 28 por ciento del riesgo de muerte por infarto en relación con sus contrapartes con bajo nivel de *ikigai*, pero no hubo asociación con enfermedades del corazón.

Resumen de enfermedades cardiovasculares

Todos los estudios sobre optimismo y las EVC convergen en la conclusión de que el optimismo se relaciona con la protección contra las enfermedades cardiovasculares. Esto se mantiene incluso cuando se corrigen todos los factores tradicionales de riesgo como obesidad, fumar, abuso del alcohol, colesterol alto e hipertensión. Se sostiene también cuando se corrige por los factores de depresión, estrés percibido y emociones positivas momentáneas. Se mantiene a pesar de que se utilicen diferentes métodos para medir el optimismo. Lo más importante es que el efecto es bipolar, esto es, un nivel alto de optimismo protege a las personas en comparación con el nivel promedio de optimismo y pesimismo, y el pesimismo daña a las personas en comparación con el promedio.

Enfermedades infecciosas

¿Cuánto duran tus resfriados? Para algunas personas, los resfriados duran sólo siete días, pero para muchas otras duran dos o tres semanas. Algunas personas logran librarse de los resfriados, incluso cuando todos los demás están en cama; otros se resfrían seis veces al año. Tu objeción reflexiva probablemente sea: "Esto se debe a diferencias en el sistema inmunitario", pero debo advertirte de una *inmunomitología* rampante. Ojalá la ciencia hubiera establecido que las personas con sistemas inmunitarios "más fuertes" se defienden mejor de las enfermedades infecciosas, pero esto dista mucho de ser una certeza. Sin embargo, la influencia de estados psicológicos sobre la propensión a los resfriados ha sido establecida de mejor manera. El análisis de la influencia de las emociones sobre las enfermedades infecciosas es una de las historias más elegantes de toda la psicología. El protagonista es un tímido profesor de psicología de la Carnegie Mellon University, Sheldon Cohen, uno de esos raros científicos cuya investigación tiende puentes entre la biología y la psicología.

Es un lugar común afirmar que la gente feliz no se queja mucho: presentan menos síntomas de dolor y enfermedad,[21] además de mejor salud en general. Por el contrario, las personas tristes se quejan más de dolores y tienen peor estado de salud. Es posible que ambos grupos tengan los mismos síntomas físicos, pero la tristeza y la felicidad cambian la percepción de los síntomas corporales. Por otra parte, esto puede reflejar sólo un sesgo al reportar los síntomas: la gente triste se obsesiona con los síntomas negativos y la gente feliz se centra en lo que está bien (observa que este sesgo no explica la relación entre el optimismo y las EVC, ya que el resultado aquí no es el reporte de síntomas coronarios sino de la muerte). Por lo tanto, es factible dejar pasar las muchas observaciones de que las personas deprimidas tienen más dolor y más resfriados, mientras que las personas felices tienen menos dolor y menos resfriados, porque podemos considerar que son artefactos poco interesantes del informe de los pacientes. Ésta era exactamente la postura de la ciencia médica hasta que llegó Sheldon Cohen.

Sheldon tuvo el valor de infectar voluntarios con dosis conocidas de rinovirus, el virus de la gripe común. Utilicé la palabra *valor* porque la horrorosa historia de cómo obtuvo la aprobación de las juntas de revisión institucionales de la Carnegie Mellon para poder conducir sus estudios aún no se ha contado. Pero, como veremos, podemos estar agradecidos de que estos estudios hayan pasado el escrutinio ético.

La ética y las juntas de revisión institucionales

Mi admiración por el valor de Sheldon y mi gratitud por haber podido realizar los experimentos que a continuación describiré se basan en una profunda preocupación por el encadenamiento de la ciencia en Estados Unidos en el presente. A partir de la década de 1970, todo científico debía entregar su propuesta de investigación a un comité para aprobación ética. Al grupo se le denomina junta de revisión institucional, o IRB por sus siglas en inglés, y esta exigencia de una revisión ética llegó tras varios escándalos que se suscitaron porque a los pacientes y sujetos de investigación no se les daba información completa sobre los procedimientos potencialmente dañinos a los que se les sometería. Las IRB ayudan a prevenir demandas contra las universidades y hablan bien de la ética en una sociedad abierta. Por el lado inconveniente, las IRB son muy costosas. Me imagino que Penn (una entre miles de instituciones de investigación estadunidenses) gasta mucho más de 10 millones de dólares al año en sostener la IRB. Estas juntas de revisión institucionales hunden a los científicos en una montaña de trámites burocráticos. Creo que mi laboratorio pasa quinientas horas al año llenando formularios de la IRB.

Las juntas de revisión comenzaron a advertir a las personas de los riesgos de participar en un estudio científico que podría provocarles daños graves, pero ahora han creado un aletargamiento para las investigaciones de primera magnitud: cada vez que un científico quiere hacer una prueba piloto con un inofensivo cuestionario sobre felicidad, su primera tarea es dedicar horas a preparar la documentación para la junta de revisión de su institución. Hasta donde tengo conocimiento, las IRB no han salvado ni una sola vida en cuarenta años a un costo de varios miles de millones de dólares. Además, lo que es más importante, han provocado un efecto escalofriante en los intentos de conducir ciencia que potencialmente salvará vidas. A continuación se presenta un ejemplo del estudio más beneficioso que conozco en la historia de la psicología y tal vez incluso en la historia de la medicina, y esto expone lo que está mal con las juntas de revisión institucionales.

La peor epidemia de locura en la historia moderna comenzó unos años después de que Cristóbal Colón descubrió el Nuevo Mundo, y continuó escalando con ferocidad hasta principios del siglo XX. Este trastorno se llama parálisis general progresiva. Comienza con debilidad en los brazos y las piernas, seguida de síntomas de excentricidad hasta llegar a delirios de grandeza; por último, provoca parálisis generalizada, estupor y muerte. Su causa era desconocida, pero se tenía la sospecha de que era causada por la sífilis. Los informes de casos en que los paralíticos habían tenido sífilis no eran suficientes, ya que los contradecían los numerosos paralíticos que negaban rotundamente haber tenido sífilis y que no mostraban indicios del virus de transmisión sexual. Sesenta y cinco por ciento de los paralíticos tenía antecedentes demostrables de sífilis, en comparación con sólo 10 por ciento de no paralíticos. Estos datos, por supuesto, eran meramente sugerentes: no demostraba la causa ya que no indicaba que 100 por ciento de los paralíticos tenía antecedentes de sífilis.

Los síntomas evidentes de la sífilis, como las úlceras en los genitales, desaparecen en unas semanas, pero la enfermedad no desaparece. Como en el caso del sarampión, si alguien se enferma de sífilis alguna vez, ya no puede volver a darle. Para hablar de forma más directa, si alguien que ha tenido sífilis (un paralítico) entra en contacto con otro germen sifilítico, no le salen úlceras en los genitales.

Había una forma, aunque riesgosa, de descubrir, por medio de un experimento, si todos los paralíticos habían tenido sífilis. Si se inyectaba a los paralíticos el virus de la sífilis, se obtendría un resultado sorprendente. Los paralíticos no contraerían la enfermedad, ya que no podían contagiarse dos veces. Apostando a este resultado, el neurólogo alemán Richard von Krafft-Ebing (1840-1902) realizó este crítico experimento. En 1897 inoculó con material de úlceras sifilíticas a nueve paralíticos que negaban haber tenido sífilis. A ninguno le salieron úlceras, lo que llevó a la conclusión de que debían haber tenido antes la infección.[22]

Fue tan exitoso el trabajo de Krafft-Ebing que la enfermedad mental más común del siglo xix se erradicó pronto con medicación contra la sífilis y cientos de miles de personas salvaron su vida.

La moraleja de esta historia es que este experimento no podría llevarse a cabo en el presente. No hay junta de revisión institucional que aprobara el experimento. Pero mucho peor es que no hay ningún científico, ni siquiera uno muy valiente, que se atreviera a enviar una propuesta así a una IRB sin importar cuántas vidas creyera poder salvar.

Los estudios de Sheldon Cohen, así como los de Krafft-Ebing, merecen el calificativo de *valientes* ya que tienen el potencial de salvar muchas vidas. Cohen fue pionero en la relación causal de la emoción positiva con las enfermedades infecciosas con un diseño experimental atrevido. En todos los estudios de Cohen, a numerosos voluntarios saludables se les entrevistó cada noche durante siete noches. Se les pagó bien y se les informó por completo de los riesgos. Sin embargo, muchas IRB no permitirían que se llevara a cabo el experimento, ya que para ellos "bien pagados" es igual a "coerción".

Con base en estas entrevistas y pruebas se evalúa el estado de ánimo promedio (emociones positivas y negativas). La emoción positiva consiste en las calificaciones del observador: "lleno de energía", "con energía", "feliz", "tranquilo", "calmado" y "alegre". Las emociones negativas consisten en: "triste", "deprimido", "infeliz", "nervioso", "hostil" y "resentido". Observa que éstas no son calificaciones de rasgos optimistas y pesimistas orientados al futuro (por ejemplo, "Espero que ocurran muchas cosas malas"), como sucede en las publicaciones médicas respecto a la asociación entre estado de ánimo y enfermedades cardiovasculares, sino que se trata de calificaciones de estados emocionales momentáneos. Posibles factores de confusión o factores ajenos también se miden: edad, sexo, raza, salud, masa corporal, educación, sueño, dieta, ejercicio, nivel de anticuerpos y optimismo.

Entonces a todos los voluntarios se les administra el rinovirus por la nariz (como reminiscencia de Krafft-Ebing) y se les mantiene en observación y cuarentena durante seis días para que se desarrolle el resfriado. Éste se mide no sólo por informes de síntomas (que podrían estar sesgados por cuánto se quejan los individuos), sino de forma más directa por la producción de moco (los pañuelos usados se pesan) y congestión (el tiempo que tarda un tinte inyectado en la nariz en llegar al fondo de la garganta). Los resultados son admirables y concluyentes:

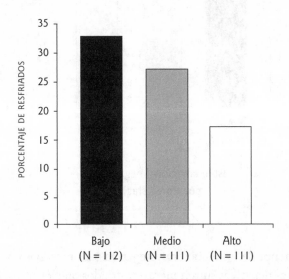

**Estilo emocional positivo
(por entrevistas)**

Las personas con un alto nivel emocional positivo antes del rinovirus desarrollan menos resfriados[23] que las personas con un nivel emocional promedio. Y *ellas*, a su vez, tienen menos resfriados que las personas con un nivel emocional positivo bajo. El efecto es bidireccional: el nivel emocional positivo fortalece más a los voluntarios que al promedio, y el nivel emocional positivo bajo debilita a los voluntarios en comparación con el promedio:

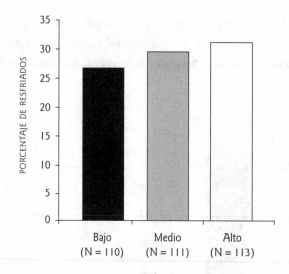

Estilo emocional negativo
(por entrevistas)

Hay un efecto menor de las emociones negativas: las personas con un nivel bajo de emociones negativas sufren menos resfriados que los otros. De forma importante, la emoción positiva, y no la negativa, es claramente la fuerza impulsora.

¿Por medio de qué mecanismo biológico las emociones positivas reducen los resfriados? Ya que los voluntarios son aislados en cuarentena y observados cuidadosamente, se descartan diferencias de sueño, dieta, cortisol, zinc y ejercicio. La diferencia clave es la proteína interleucina 6 que causa inflamación.

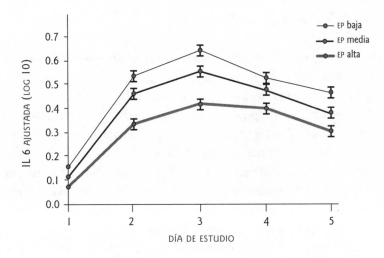

Ajuste diario de IL 6 por niveles de EP
(sujetos infectados exclusivamente)

Cuanto más alto sea el nivel de emoción positiva (EP), más bajo será el nivel de interleucina 6 (IL 6)[24] y, por lo tanto, hay menos inflamación.

Sheldon reprodujo este estudio con el virus de la gripe así como con el virus del resfriado[25] con los mismos resultados: el estilo emocional positivo es el factor impulsor. Además, descartó los autoinformes de salud, optimismo, extroversión, depresión y diferencias de autoestima.

Cáncer y mortalidad por cualquier causa

¿Son los estados positivos una panacea? En mis primeras especulaciones sobre la indefensión y la enfermedad durante los años setenta advertí sobre los límites que las influencias psicológicas como el optimismo podrían tener sobre las enfermedades físicas. En particular, estaba preocupado por la gravedad de la enfermedad, y supuse que las enfermedades mortales y terminales no podían ser influidas por el estado psicológico de la víctima. Escribí hiperbólicamente que "si te cae encima una grúa, el optimismo no sería de gran ayuda".[26]

221

Barbara (Odio la esperanza) Ehrenreich

Me acordé de esto en años recientes debido a un estudio australiano que muestra que la esperanza y el optimismo no tienen un efecto mensurable en la prolongación de la vida de los pacientes con cáncer inoperable.[27] Barbara Ehrenreich recientemente publicó[28] el libro *Bright-Sided: How the Relentless Promotion of Positive Thinking Has Undermined America*, en el que describe su experiencia personal con trabajadores de la salud bien intencionados que le decían que su cáncer de mama podía aliviarse si tan sólo fuera una persona más positiva. Procede entonces a rechazar la psicología positiva. Ehrenreich tiene resentimiento porque la policía de la felicidad insiste en que adopte una actitud más alegre para vencer el cáncer de mama. No hay razón para creer que fingir una emoción positiva para prolongar la vida pudiera funcionar, y no conozco a nadie que defienda la idea de que los pacientes deben fingir bienestar. A pesar de esto, Ehrenreich tituló la edición británica de su libro *Smile or Die*.

Tuve un intercambio revelador con Ehrenreich precisamente después de que se publicara *Smile or Die*[29] en Inglaterra. Le mandé un artículo recién publicado sobre la longevidad de los jugadores de beisbol: la intensidad de las sonrisas en las fotos de la edición de 1952 del *Baseball Register* predecía cuánto vivirían los jugadores, indicando que los que mostraban una sonrisa genuina (Duchenne) vivían siete años más que los que no sonreían.[30]

"Supongo que estoy condenada", respondió ella por correo electrónico.

"Aunque creo que tu análisis está equivocado y que pasas por alto los hechos —contesté (y éste es el punto que Ehrenreich ignora)—, las enfermedades cardiovasculares, la mortalidad por cualquier causa y posiblemente el cáncer no dependen de fingir sonrisas sino del PERMA, una configuración de emoción positiva más sentido de la vida, más relaciones positivas, más logros positivos. Puedes tener bajo el primer nivel (como yo), pero tienes muchos otros, digo yo, y tu libro, tan antipático como me parece, es seguramente un logro significativo y positivo. Así que, irónicamente, tomar lo positivo como tú lo haces es en sí un elemento positivo importante (siempre que 'positivo' sea interpretado como algo más que forzar una sonrisa) en tu vida.

"Así que no estás condenada."

En su libro, Ehrenreich no toma en cuenta toda la gama de literatura científica disponible, pero su libro provocó algunas reseñas importantes, en las que los revisores tomaron las conclusiones de Ehrenreich al pie de la letra. La reseña más ilustre fue la de Michael Shermer, editor fundador de la revista *Skeptic*: "Ehrenreich sistemáticamente deconstruye, y luego destruye, la poca ciencia que hay detrás del movimiento de psicología positiva y los supuestos efectos beneficiosos del pensamiento positivo. Las pruebas son escasas.[31] Los niveles de significación estadísticos son muy estrechos. Los pocos descubrimientos robustos que hay a menudo resultan no ser replicables o bien investigaciones posteriores los contradicen". Como el lector podrá observar en este capítulo, las pruebas son sólidas y los niveles de significación son altos, además de que los resultados han sido reproducidos una y otra vez.

Por lo tanto, haciendo a un lado las críticas de Ehrenreich y de Shermer, ¿cuál es la situación presente respecto a la información sobre el pensamiento positivo y el cáncer? El informe más importante titulado "Optimism and Physical Health: A Meta-Analytic Review" se publicó en *Annals of Behavioral Medicine* en 2009. Este informe metaanaliza ochenta y tres estudios independientes de optimismo y salud física.[32] Un metaanálisis promedia todos los estudios metodológicamente sólidos sobre un tema en toda la literatura científica. Los resultados contradictorios son la norma para el efecto del bienestar psicológico sobre la supervivencia *per se* y también para casi cualquier otro descubrimiento en la literatura de las ciencias sociales (así es como la ciencia progresa).

Los autores se preguntan: ¿hasta qué punto el optimismo predice la mortalidad por cualquier causa, enfermedad cardiovascular, función inmunológica y cáncer? Dieciocho de los ochenta y tres estudios, con un total de 2,858 pacientes, son sobre el cáncer. En conjunto indican que, mientras más optimismo tiene la gente, el cáncer tiene un mejor resultado, con un nivel robusto de significación. El estudio más grande y reciente se hizo con 97,253 mujeres del estudio de Women's Health Iniciative antes mencionado, y mide la relación de optimismo y de "hostilidad cínica" con la predicción de enfermedades cardiovasculares, mortalidad por cualquier causa y cáncer. El pesimismo fue un predictor importante de mortalidad por EVC, como se mencionó anteriormente. De forma importante, el pesimismo y la hostilidad cínica fueron ambos predictores significativos de cáncer, particularmente entre mujeres afroamericanas, aunque el efecto fue menor que para EVC.[33]

Ehrenreich me pidió ayuda para preparar su libro. Tuvimos dos reuniones personales para discutir en general la literatura de investigación sobre salud. Luego yo le envié una extensa bibliografía y artículos. Sin embargo, en lugar de presentar la gama completa de estudios, Ehrenreich seleccionó arbitrariamente las investigaciones, resaltando la minoría de estudios que no mostraban pruebas y haciendo de lado los estudios bien hechos que indican que el optimismo predice resultados significativamente mejores para enfermedades cardiovasculares, mortalidad por cualquier causa y cáncer. Seleccionar arbitrariamente es una de las formas menores de deshonestidad intelectual; sin embargo, en cuestiones de vida o muerte, seleccionar arbitrariamente para ignorar el valor del optimismo y la esperanza para las mujeres con cáncer es, en mi opinión, una mala praxis periodística peligrosa.

Por supuesto, no hay estudios experimentales en los que se asigne aleatoriamente a las personas para "tener optimismo" y para "tener cáncer", por lo que es posible dudar de si el pesimismo *causa* el cáncer y la muerte. Sin embargo, estos estudios controlan los demás factores de riesgo del cáncer y aun así indican que los pacientes optimistas tienen mejores resultados. La evidencia es suficiente para justificar un experimento con asignación aleatoria, controlado con placebos en el que mujeres pesimistas con cáncer sean asignadas aleatoriamente al entrenamiento de resiliencia de Penn o a un grupo de control de información de la salud, seguido por morbilidad, mortalidad, calidad de vida, y gastos de atención médica.

Por consiguiente, mi visión de conjunto de la literatura sobre el cáncer es que se inclina bastante en la dirección del pesimismo como factor de riesgo para desarrollar cáncer. Pero debido a que una minoría apreciable de estudios de cáncer *no* indica efectos significativos (aunque ninguno muestra que el pesimismo sea benéfico para pacientes con cáncer), concluyo que el pesimismo es un factor de riesgo probable pero más débil para el cáncer que para las enfermedades cardiovasculares y mortalidad por cualquier causa.

Por lo tanto, me atrevería a decir a partir de toda la literatura sobre el cáncer que la esperanza, el optimismo y la felicidad pueden tener efectos benéficos para los pacientes de cáncer cuando la enfermedad no es extremadamente grave. Sin embargo, se debe tener cuidado antes de descartar el pensamiento positivo incluso en ese caso. Una carta que respondía a mi artículo sobre la grúa y los límites del optimismo empezaba de esta manera:

"Estimado doctor Seligman: Una grúa me cayó encima y estoy vivo hoy gracias a mi optimismo".

Los estudios que investigan la mortalidad por cualquier causa son pertinentes para averiguar si el bienestar psicológico puede en realidad ayudar si te cae una grúa encima. Yoichi Chida y Andrew Steptoe, psicólogos de la Universidad de Londres, recientemente publicaron un metaanálisis exhaustivo ejemplar.[34] Chida y Steptoe promediaron setenta estudios, de los cuales treinta y cinco comenzaban con participantes saludables y treinta y cinco con participantes enfermos.

Su metaanálisis muestra que en los setenta estudios el bienestar psicológico protegió a los pacientes. El efecto es bastante fuerte si uno se encuentra saludable en el presente. La gente con un nivel alto de bienestar tiene 18 por ciento menos probabilidad de morir por cualquier causa que aquellos con un bajo bienestar. Entre los estudios que comienzan con personas enfermas, las que tienen un nivel alto de bienestar muestran un efecto menor pero significativo, y mueren a una tasa de 2 por ciento menos que aquellos con un nivel de bienestar menor. En cuanto a causa de muerte, un sentido de bienestar protege a la gente contra la muerte por EVC, insuficiencia renal y VIH, pero no de forma significativa contra el cáncer.

¿Es causal el bienestar y cómo podría protegerme?

Concluyo que el optimismo está sólidamente relacionado con las enfermedades cardiovasculares y el pesimismo con el riesgo cardiovascular. Concluyo también que el estado de ánimo positivo está asociado con la protección contra la gripe y el resfriado, mientras que el estado de ánimo pesimista está relacionado con un mayor riesgo de contraer gripe y resfriados. Concluyo que la gente muy optimista *puede* tener un riesgo menor de desarrollar cáncer. Concluyo que la gente saludable que tiene un buen nivel de bienestar psicológico tiene un riesgo menor de mortalidad por cualquier causa.

¿Por qué?

El primer paso para responder por qué es preguntarse si éstas son realmente relaciones causales o simplemente correlaciones. Ésta es una pregunta científica crucial, ya que una tercera variable, como tener una madre amorosa o un exceso de serotonina, podría ser la causa real, pues una madre amorosa o un alto nivel de serotonina causan una buena salud y bienestar psicológico. Ningún estudio de observación puede eliminar todas las terceras variables posibles, pero la mayoría de los estudios mencionados anteriormente eliminan las posibilidades probables porque igualan estadísticamente a las personas en cuanto a ejercicio, tensión arterial, colesterol, tabaquismo y muchos otros factores de confusión.

La norma de oro para eliminar todas las terceras variables es un experimento con asignación aleatoria y control de placebos, y sólo existe un estudio en la literatura de salud y optimismo.[35] Hace quince años, cuando se admitió a la primera generación de Penn, envié a toda la clase el Cuestionario de estilo de atribución y todos lo contestaron (los estudiantes son muy cooperativos cuando recién ingresan). Gregory Buchanan y yo escribimos entonces a la cuarta parte de estudiantes más pesimistas, en riesgo por depresión con base en sus resultados de estilo explicativo muy pesimista, e invitamos al azar a uno de dos grupos: un "seminario de manejo de estrés" de ocho semanas que consistía en el Programa de Resiliencia de Penn (optimismo aprendido), que se explicó en los capítulos de "Educación positiva" y "Fortaleza del ejército", o a un grupo de control de no intervención. Descubrimos que el seminario elevaba el optimismo de forma marcada y disminuía la depresión y ansiedad en los siguientes treinta meses, como habíamos predicho. También evaluamos el estado de salud de los estudiantes durante ese periodo. Los participantes del grupo del seminario tenían un mejor estado de salud que los del grupo de control, con menos síntomas autoinformados de enfermedad física, menos visitas al médico en general y menos visitas relacionadas con enfermedades al centro de salud para estudiantes. Era más probable que el grupo del seminario fuera al médico para hacerse exámenes preventivos, y sus miembros tenían dietas más saludables y regímenes de ejercicio.

Este experimento indica que es el cambio en el optimismo en sí lo que mejoró su salud, ya que la asignación aleatoria a la intervención o al grupo de control elimina las terceras variables desconocidas. No sabemos si esta ruta causal es válida respecto al optimismo en la literatura de enfermedades cardiovasculares, ya que nadie ha efectuado un estudio de asignación aleatoria que enseñe optimismo a los pacientes para prevenir ataques al corazón. Un punto hasta ahora a favor de la causalidad.

¿Por qué los optimistas son menos vulnerables a las enfermedades?

¿Cómo podría funcionar el optimismo para hacer a las personas menos vulnerables a las enfermedades cardiovasculares y el pesimismo para hacerlos más vulnerables? Las posibilidades se dividen en tres grandes categorías:

1. *Los optimistas emprenden acciones y tienen estilos de vida más saludables.* Los optimistas creen que sus acciones cuentan, mientras que los pesimistas creen que están indefensos y que nada de lo que hacen importa. Los optimistas se esfuerzan, mientras que los pesimistas caen en una indefensión pasiva. Por lo tanto, los optimistas actúan con presteza ante un consejo médico, como George Vaillant descubrió cuando el informe del secretario de Salud sobre el uso de tabaco y sus efectos en la salud se publicó en 1964. Fueron los optimistas los que dejaron de fumar[36] y no los pesimistas. Es posible que los optimistas cuiden mejor de su salud.

   Incluso en términos más generales, las personas con un nivel alto de satisfacción en la vida (que se relaciona de forma importante con el optimismo) son más propensas a hacer dieta, no fumar y a hacer ejercicio con regularidad que las personas con un nivel más bajo de satisfacción en la vida. De acuerdo con un estudio, las personas felices también duermen mejor que las que no son felices.[37]

   Los optimistas no sólo siguen con presteza los consejos médicos, sino que también toman medidas para prevenir acontecimientos malignos, mientras que los pesimistas son pasivos: es más probable que los optimistas busquen refugio cuando hay una advertencia de tornado que los pesimistas, quienes pueden pensar que se trata de la voluntad de Dios. Mientras más acontecimientos malignos suceden, más enfermedades le siguen.

2. *Apoyo social.* Mientras más amigos y más amor haya en tu vida, tendrás menos enfermedades. George Vaillant descubrió que la gente que tiene una persona con la confianza suficiente para llamarle a las tres de la mañana[38] y contarle sus problemas tiene una

mejor salud. John Cacioppo descubrió que las personas solitarias son marcadamente menos saludables que las personas sociables.[39] En un experimento, los participantes leyeron un guión por teléfono a un extraño; leyeron tanto con una voz depresiva como con tono alegre. Los extraños colgaban el teléfono a una voz pesimista más pronto que al optimista. La gente feliz tiene redes sociales más ricas que la gente infeliz, y las conexiones sociales contribuyen a una ausencia de discapacidad al ir envejeciendo. Tal vez sea cierto que a las personas que sufren les consuela saber que otros sufren también, pero a los otros no les gusta estar junto a una persona que siempre está sufriendo, y la prolongada soledad de los pesimistas puede ser un camino hacia la enfermedad.

3. *Mecanismos biológicos.* Hay una variedad de caminos biológicos posibles. Uno es el *sistema inmunitario.* Judy Rodin (a quien mencioné al inicio del libro), Leslie Kamen, Charles Dwyer y yo colaboramos en 1991 y extrajimos una muestra de sangre de optimistas y pesimistas de edad avanzada y probamos su respuesta inmunológica. La sangre de los optimistas tenía una respuesta más vigorosa contra las amenazas[40] (se producían más glóbulos blancos, denominados linfocitos T, para combatir las infecciones) que la de los pesimistas. Descartamos la depresión y la salud como factores de confusión.

Otra posibilidad es la *genética común*: la gente optimista y feliz puede tener genes que los protegen de enfermedades cardiovasculares o del cáncer.

Otro camino biológico potencial es una respuesta circulatoria patológica al *estrés constante*. Los pesimistas se rinden y sufren más estrés, mientras que los optimistas enfrentan de mejor manera el estrés. Episodios repetidos de estrés, particularmente cuando uno está indefenso, probablemente movilizan la hormona del estrés denominada cortisol y otras respuestas circulatorias que inducen o exacerban el daño a las paredes de los vasos sanguíneos, aumentando el riesgo de arteriosclerosis.[41] Sheldon Cohen, que ustedes recordarán, descubrió que la gente triste segrega más sustancia inflamatoria interleucina 6, y que esto produce más resfriados. Los episodios repetidos de estrés e indefensión pueden provocar una cascada de procesos que involucran mayor nivel de cortisol y menores niveles de los neurotransmisores conocidos como catecolaminas, que provocan inflamaciones de más larga duración. Una inflamación mayor tiene que ver con la arteriosclerosis. Las mujeres con un puntaje menor en sentimientos de maestría y un puntaje alto de depresión han mostrado una peor calcificación de la arteria principal, llamada aorta.[42] Las ratas indefensas, en el diseño triádico, desarrollan arteriosclerosis a una tasa más rápida que las ratas que demuestran maestría.[43]

Una producción excesiva de *fibrinógeno* en el hígado, sustancia utilizada en la coagulación de la sangre, es otro posible mecanismo. Más fibrinógeno lleva a más coágulos sanguíneos en el sistema circulatorio porque la sangre se hace más espesa. Las personas con un nivel alto de emociones positivas muestran una menor respuesta fibrinógena al estrés que aquellas con un nivel de emociones positivas bajo.[44]

Sorprendentemente, la *variabilidad de la frecuencia cardiaca* (vfc) es otro candidato de protección contra la enfermedad cardiovascular. La vfc es la variación a corto plazo de los intervalos de un latido a otro, que en parte es controlada por el sistema parasimpático del sistema nervioso. Éste es el sistema que produce relajación y alivio. Hay cada vez más datos que indican que la gente con un alto nivel de vfc es más sana, tiene menos evc, menos depresión y mejores habilidades cognoscitivas.[45]

Estos mecanismos propuestos no han sido bien examinados. Son simplemente hipótesis razonables, pero cada una puede ser bidireccional, esto es, el optimismo aumenta la protección en comparación con el promedio y el pesimismo debilita en comparación con el promedio. La norma de oro para descubrir si el optimismo es causal y cómo funciona es el experimento de intervención de optimismo. Hay un experimento lógico y costoso que vale mucho la pena realizar: tomamos a un grupo grande de personas vulnerables a las evc y asignamos aleatoriamente a la mitad al entrenamiento de optimismo y a la otra mitad al placebo; se da seguimiento a sus acciones y variables sociales y biológicas, y se observa si el optimismo puede salvar vidas. Y esto me hace volver a la Robert Wood Johnson Foundation.

Todo esto: la indefensión aprendida, el optimismo, las EVC y cómo identificar el mecanismo, me pasó por la mente cuando Paul Tarini me visitó.

–Queremos invitarlo a enviarnos dos propuestas —concluyó Paul después de una larga charla—: una que explore el concepto de salud positiva, y la segunda que proponga una intervención optimista para prevenir muertes por EVC.

Salud positiva

A su debido tiempo, sometí ambas propuestas. La propuesta de intervención movilizó al departamento de cardiología de Penn y propusimos el programa de resiliencia basado en asignación aleatoria para un gran número de personas después de su primer ataque al corazón. La otra propuesta exploraba el concepto de salud positiva, y fue ésta la que la fundación financió con la convicción de que un concepto bien definido de salud positiva debía ser lo primero. El grupo de salud positiva ha trabajado durante un año y medio y tiene cuatro directrices básicas:

- Definir la salud positiva
- Un nuevo análisis de los estudios longitudinales existentes
- Recursos de la salud cardiovascular
- Ejercicio como recurso de la salud

Definición de salud positiva

¿Es la salud algo más que la ausencia de enfermedad, y puede definirse por la presencia de recursos de salud positiva? Aún no sabemos cuáles son los recursos de salud, pero tenemos fuertes indicativos de cuáles pueden ser, como el optimismo, el ejercicio, el amor y la amistad. Por lo tanto, comenzamos con tres clases de potenciales variables independientes positivas. Primero, los recursos subjetivos: optimismo, esperanza, sentido de buena salud, ánimo, vitalidad y satisfacción con la vida, por ejemplo. En segundo lugar, los recursos biológicos: el rango superior de variabilidad de la frecuencia cardiaca, la hormona oxitocina, bajos niveles de fibrinógeno e interleucina 6 y hebras más largas y repetitivas de ADN llamados telómeros, por ejemplo. En tercer lugar, los recursos funcionales: un matrimonio excelente, subir de prisa tres tramos de escaleras a la edad de setenta años sin quedarse sin aliento, buenas amistades, pasatiempos y una vida laboral exitosa, por ejemplo.

La definición de salud positiva es empírica, y estamos investigando el grado en el que estos tres tipos de recursos mejoran los siguientes *objetivos de salud y enfermedad*:

- ¿Aumenta la salud positiva la esperanza de vida?
- ¿Reduce la salud positiva la morbilidad?
- ¿Los gastos médicos son menores para la gente con salud positiva?
- ¿Hay una mejor salud mental y menos enfermedades mentales?
- ¿La gente con salud positiva no sólo vive más sino que tiene más años de buena salud?
- ¿Tiene la gente con salud positiva un mejor pronóstico cuando la enfermedad finalmente ataca?

Por lo tanto, la definición de salud positiva es el grupo de recursos subjetivos, biológicos y funcionales que aumentan los objetivos de salud y enfermedad.

Análisis longitudinal de conjuntos de información existentes

La definición de salud positiva surge de manera empírica, y hemos comenzado por volver a analizar seis estudios a largo plazo sobre predictores de enfermedad, estudios que originalmente se concentraron en factores de riesgo y no en recursos de la salud. Bajo el liderazgo de Chris Peterson, el líder académico de las fortalezas, y Laura Kubzansky, una joven profesora de Harvard que reanaliza el riesgo de enfermedades cardiovasculares desde sus fundamentos psicológicos, estamos cuestionando si estos estudios, reanalizados para observar los recursos, predicen los objetivos de salud anteriores. Aunque la información existente se concentra en los aspectos negativos, estos seis estudios contienen más que algunos fragmentos de lo positivo, que hasta ahora ha sido generalmente ignorado. En consecuencia, por ejemplo, algunas de las pruebas preguntan por niveles de felicidad, tensión arterial ejemplar y satisfacción en el matrimonio. Veremos qué configuración de medidas subjetivas, biológicas y funcionales surgen como recursos de la salud.

Chris Peterson busca fortalezas del carácter como recursos de la salud. El estudio en curso Normative Aging Study[46] comenzó en 1999 e incluye a dos mil hombres saludables al inicio y que son evaluados cada tres o cinco años para detectar enfermedades cardiovasculares. También tienen que pasar por muchas pruebas psicológicas al mismo tiempo. Una de éstas es el Minnesota Multiphasic Personality Inventory-2, del que surgió la medida de "autocontrol". Chris informa que, manteniendo constantes los factores habituales de riesgo (incluso controlando el optimismo), el autocontrol es un recurso importante de salud. Los hombres con mayor nivel de autocontrol tienen 56 por ciento menos riesgo de EVC.

Éste es un ejemplo de cómo comparamos los recursos de salud con factores de riesgo. También podemos hacer comparaciones cuantitativas de la potencia de los recursos de salud respecto a los factores de riesgo. Por ejemplo: estimamos que estar en el cuartil superior de optimismo parece tener un efecto beneficioso sobre el riesgo cardiovascular, que es casi el equivalente de no fumar dos cajetillas de cigarrillos a diario (pero no se conformen con esta cifra de *dos*). Más que eso, ¿hay alguna configuración específica de estos recursos de salud que predice de forma óptima los objetivos? Si existe tal configuración óptima de recursos de salud, debe definir empíricamente la variable latente de salud positiva respecto a cualquier enfermedad. Esa configuración de recursos de salud que es común a varias enfermedades define la salud positiva general.

Una vez que una variable positiva independiente sea identificada convincentemente como recurso de salud, la salud positiva indica intervenir para incentivar esta variable. Así que, por ejemplo, si el riesgo de muerte por enfermedad cardiovascular es menor con optimismo, ejercicio, un matrimonio armonioso o estar en el cuarto superior de variabilidad de la frecuencia cardiaca, estos factores se vuelven objetivos de intervención tentadores (y no son costosos). Además del valor práctico de descubrir una intervención que puede salvar vidas en asignación aleatoria, con diseños controlados, tales estudios de intervención aíslan las causas. Entonces, la salud positiva trata de cuantificar el costo-beneficio de tal intervención positiva y compararlo con intervenciones tradicionales, como reducir la tensión arterial, así como también combinar intervenciones de salud positiva con intervenciones tradicionales e investigar el costo-beneficio conjunto.

La base de datos del ejército: un tesoro nacional

Esperamos que nuestra colaboración con el ejército se vuelva la madre de todos los estudios longitudinales futuros. Cerca de 1.1 millones de soldados están tomando la Herramienta de evaluación global que mide todas las dimensiones positivas y recursos de salud en conjunto con los factores de riesgo habituales durante toda su carrera. Esperamos unir sus registros de desempeño y sus expedientes médicos de por vida a esta herramienta. Hay conjuntos de información en el ejército que contienen información sobre:

- Utilización de la atención médica
- Diagnóstico de enfermedades
- Medicamentos
- Índice de masa corporal
- Tensión arterial
- Colesterol
- Accidentes y percances
- Heridas en combate y fuera del combate
- Condición física
- ADN (requerido para identificación de cadáveres)
- Desempeño laboral

Así podemos hacer pruebas con una muestra grande del grado en que los recursos de salud subjetivos, funcionales y biológicos (en conjunto y de forma separada) predicen lo siguiente:

- Enfermedades específicas
- Medicamentos

- Utilización de la atención médica
- Mortalidad

Esto significa que seremos capaces de responder cabalmente preguntas como:

- ¿Los soldados emocionalmente saludables sufren menos enfermedades infecciosas (medidas con medicamentos antibióticos) y tienen un mejor pronóstico (medido por periodos más cortos de medicación) cuando ocurre una infección, permaneciendo constantes otras variables de salud?
- ¿Incurren en menores gastos médicos los soldados satisfechos con su matrimonio?
- ¿Los soldados que tienen un buen funcionamiento social se recuperan más rápido de un parto, una fractura de pierna o un infarto?
- ¿Hay soldados "supersanos" identificables (con niveles altos de indicadores subjetivos, funcionales y físicos) que necesitan cuidados de la salud mínimos, rara vez se enferman y se recuperan más pronto cuando se enferman?
- ¿Son los soldados psicológicamente aptos menos propensos a tener accidentes y a resultar heridos en combate?
- ¿Es menos probable que evacuen a los soldados psicológicamente aptos por heridas sufridas fuera de combate, enfermedades y problemas de salud psicológica durante su destacamento?
- ¿El estado de salud física del líder se contagia a sus subordinados? Y si es así, ¿es en ambas direcciones (contagio de buena y mala salud)?
- ¿Ciertas fortalezas, como las mide la prueba de fortalezas básicas, predicen una mejor salud y costos médicos más bajos?
- ¿El Programa de Entrenamiento de Resiliencia de Penn salva vidas, tanto en el campo de batalla como cuando se trata de enfermedades naturales?

Al momento de escribir este libro, estamos en el proceso de reanalizar los seis conjuntos de información prometedora y relacionar los estudios de Robert Wood Johnson con la iniciativa de Aptitud integral del soldado. Manténganse al tanto.

Recursos de la salud cardiovascular

Acabo de regresar de mi quincuagésima reunión de la preparatoria. Lo que más me sorprendió fue el excelente estado de salud de mis compañeros. Hace cincuenta años, los hombres de sesenta y siete años se encontraban cerca de la muerte, sentados en mecedoras en los porches esperando morir. Ahora corren maratones. Di un pequeño discurso sobre nuestra esperanza de vida:

> Un hombre saludable de sesenta y siete años hoy tiene una esperanza de vida de cerca de veinte años más. Por consiguiente, a diferencia de nuestros padres y nuestros abuelos, que estaban al final de su vida a los sesenta y siete años, nosotros estamos entrando en el último cuarto de la nuestra. Hay dos cosas que podemos hacer para maximizar nuestras posibilidades de asistir a nuestra septuagésima reunión. La primera es ser personas orientadas al futuro: dejar que el futuro nos atraiga en vez de vivir en el pasado. Trabajemos no sólo por nuestro futuro personal sino por el futuro de nuestras familias, esta escuela (Albany Academies), nuestro país y nuestros ideales más entrañables. En segundo lugar: ¡hagamos ejercicio!

Éste fue mi resumen del estado presente de la ciencia de la salud cardiovascular como la concebimos. ¿Existe un conjunto de recursos subjetivos, biológicos y funcionales que aumenten la resistencia a la enfermedad cardiovascular más allá del promedio? ¿Existe un conjunto de recursos subjetivos, biológicos y funcionales que mejoren el pronóstico por encima del promedio si llegáramos a sufrir un ataque al corazón? Esta pregunta básica casi siempre se pasa por alto en los estudios de EVC, que se centran en las debilidades tóxicas que reducen la resistencia o que afectan el pronóstico una vez que ocurre el primer ataque cardiaco. El efecto benéfico del optimismo como un recurso de salud en las EVC es un buen inicio, y el objetivo de nuestro Comité de Salud Cardiovascular es ampliar nuestros conocimientos de los recursos de la salud.

El Comité se encuentra trabajando actualmente, y está dirigido por el doctor Darwin Labarthe,[47] director de epidemiología cardiovascular de U. S. Centers for Disease Control (CDC). Esto, debo mencionar, completa un ciclo en la vida para mí. Darwin fue mi ídolo en mis años universitarios.

Él fue presidente de la generación saliente en Princeton cuando entré en 1960 y dio un discurso inolvidable sobre el honor y sobre actuar al servicio de la nación en mi primer día. Darwin fundó después Wilson Lodge, la organización anticlubes no selectiva, que fue hogar y refugio de muchos de los estudiantes de licenciatura activistas y verdaderamente intelectuales de Princeton. Mientras seguía sus pasos en el liderazgo de Wilson Lodge, lo admiraba desde lejos como estudiante, y ha sido una cuestión de inmensa satisfacción personal trabajar con él cincuenta años después en el servicio del florecimiento humano.

El ejercicio como recurso de salud

—¿Quién debe dirigir el comité de ejercicio? —pregunté a Ray Fowler.

Pocos de nosotros tenemos la fortuna de tener mentores después de los cincuenta. Ray se convirtió en el mío cuando fui presidente de la American Psychological Association en 1996. Él había sido presidente de la asociación diez años antes y director general (la verdadera sede del poder) desde entonces. En mis primeros meses, como académico inocente, sufrí muchos tropiezos con la política de la psicoterapia, y me gané algunos golpes en la nariz cuando trataba de convencer a los principales profesionales privados de que siguieran la terapia basada en pruebas. Pronto me encontré metido en "serios problemas" con los profesionales.

Le informé de todo esto a Ray, y con su suave acento de Alabama me dio el mejor consejo político que he escuchado: "Estas personas del comité tienen mucho poder. La APA es un campo político minado y lo han estado minando desde hace dos décadas. No puedes empezar a enfrentarlos utilizando liderazgo transaccional. Ellos son los grandes maestros del proceso. Tú eres muy bueno con el liderazgo transformacional. Tu trabajo es transformar la psicología. Utiliza tu creatividad para pensar en una nueva idea para dirigir la APA".

Eso, además de mi hija de cinco años que me dijo que debía dejar de ser un cascarrabias y Atlantic Philanthropies, fue el comienzo de la psicología positiva. Desde entonces me he apoyado repetidamente en Ray para actuar siguiendo sus consejos.

Ray es un maratonista de setenta y nueve años y hombre con una fuerza de voluntad legendaria. Hace treinta años tenía sobrepeso, estaba deprimido y era muy poco activo, por lo que decidió transformarse y, sin haber corrido nunca, aseguró que correría el Maratón de Boston al siguiente año. Y así fue. Ahora es un hombre de 55 kilogramos de puro músculo. Hay una carrera anual de 16 kilómetros durante la convención de la APA cada verano y Ray siempre gana su división (dice que la única razón por la que gana es que los competidores de su grupo escasean cada vez más). Ahora esta competencia se conoce como la Carrera Ray Fowler.

Ray fue uno de los investigadores visitantes que se quedaron conmigo en la Geelong Grammar School en Australia en enero de 2008. Una tarde especialmente calurosa dio una charla a los profesores sobre ejercicio físico y enfermedades cardiovasculares y les dijo que las personas que caminan diez mil pasos al día disminuyen marcadamente el riesgo de sufrir un ataque al corazón.[48] Aplaudimos cortésmente al final de su conferencia, pero como verdadero tributo, todos fuimos a comprar podómetros al día siguiente. Como Nietzsche nos dice, la buena filosofía siempre nos grita: "¡Cambia tu vida!".[49]

En respuesta a mi pregunta sobre quién debería encabezar el comité de ejercicio, Ray aconsejó: "La persona líder en ejercicio, Marty, más que ninguna otra, es Steve Blair. Todo lo que sé sobre el ejercicio lo aprendí de Steve. Intenta convencerlo de que sea el presidente del comité".

Le pregunté a Steve y aceptó. Como Ray, Steve es puro músculo, pero a diferencia de Ray, que tiene la forma de una vaina de ejote, Steve tiene la forma de una berenjena: una berenjena de 1.65 metros de estatura y 86 kilogramos de peso. Como Ray, Steve corre y camina. Si uno ve la silueta de Steve probablemente lo llamaría obeso, y su trabajo se encuentra en el ojo del huracán de la controversia sobre el ejercicio y la obesidad.

Acondicionamiento físico y obesidad

En Estados Unidos existe un problema de obesidad lo suficientemente grave como para llamarlo una epidemia, y el gobierno y muchas fundaciones privadas gastan muchos recursos en la lucha para combatirla, entre ellas, la fundación Robert Wood Johnson. La obesidad es, sin duda, causa de diabetes, y solamente por este motivo, se justifica tomar medidas para que los estadunidenses sean menos obesos. Sin embargo, Steve considera que la verdadera epidemia y el peor asesino es la inactividad[50] y su argumento no carece de peso. Éste es su argumento: un mal estado físico se correlaciona de forma importante con la mortalidad por cualquier causa, y en especial con las enfermedades cardiovasculares.[51]

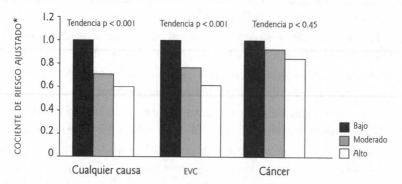

Cociente de riesgo ajustado por mortalidad por cualquier causa, EVC y cáncer en 4,060 adultos mayores de sesenta años y 989 muertes

* Ajustado por edad, sexo, año de examen, índice de masa corporal, tabaquismo, respuestas anormales a ECG durante el ejercicio, infarto del miocardio, accidente cerebral vascular, hipertensión, diabetes mellitus, cáncer, hipercolesterolemia, antecedentes familiares de EVC o cáncer y porcentaje de frecuencia cardiaca máxima durante el ejercicio.

X. Sui et al., JAGS 2007.

Estos datos (y muchos otros) muestran claramente que los hombres y mujeres de más de sesenta años con excelente condición física tienen una tasa de mortalidad menor por enfermedades cardiovasculares y por cualquier causa que la gente con condición física moderada, que a su vez tiene una menor tasa de mortalidad que las personas con mala condición física. Esto puede ser o no cierto en casos de muerte por cáncer. La falta de ejercicio y la obesidad van de la mano. La gente gorda no se mueve mucho, mientras que la gente delgada por lo general es activa.

Entonces, ¿cuál de estos dos (obesidad o inactividad) es el verdadero asesino?

Hay una extensa literatura que muestra que la gente obesa muere de enfermedades cardiovasculares con mayor frecuencia que la gente delgada, y esta literatura es cuidadosa, porque hace ajustes por factores como fumar, alcoholismo, tensión arterial, colesterol y demás. Muy poca de esta literatura toma en cuenta el ejercicio. Sin embargo, las numerosas investigaciones de Steve sí. Éste es un estudio representativo:[52]

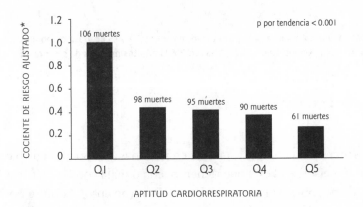

Estadística multivariante + cociente de riesgo ajustado por % de grasa corporal de mortalidad por cualquier causa, por grupo de acondicionamiento físico, ACLS, en 2,603 adultos mayores de sesenta años

* Ajustado por edad, año de examen, tabaquismo, ECG anormal durante el ejercicio, condición de salud base y porcentaje de grasa corporal.

X. Sui *et al.*, *JAMA* 2007; 398; 2507-16.

Ésta es la tasa de mortalidad por cualquier causa para cinco categorías de acondicionamiento, manteniendo constantes grasa corporal, edad, tabaquismo y demás variables. Cuanto mejor sea la condición física, menor será la tasa de mortalidad. Esto significa que dos individuos —uno en la quinta parte superior y el otro en la quinta parte inferior de condición física— que pesan exactamente lo mismo tienen factores de riesgo de muerte muy diferentes. La persona con buena condición, pero gorda, tiene casi la mitad del riesgo de muerte que la persona obesa sin condición.

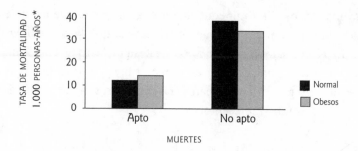

Asociaciones conjuntas de aptitud cardiorrespiratoria y % de grasa corporal
con mortalidad por cualquier causa, ACLS, en 2,603 adultos mayores de sesenta años

* Tasas ajustadas por edad, sexo y año de examen.

X. Sui *et al.*, *JAMA* 2007; 298; 2507-16.

Estos datos muestran el riesgo de muerte en personas de peso normal en comparación con personas obesas que tienen buena o mala condición física. En los grupos de personas con mala condición física (no apta), la gente normal y obesa tiene un alto riesgo de muerte, y no parece importar si es delgada u obesa. En los grupos con buena condición física, tanto delgados como obesos tienen un riesgo mucho menor de muerte que sus contrapartes en los grupos con mala condición física, en los que la gente obesa pero con buena condición física tiene sólo un riesgo ligeramente mayor que la gente delgada con buena condición física. Pero lo que ahora destaco es que *la gente obesa que tiene buena condición física tiene un menor riesgo de muerte.*

Steve concluye que una gran parte de la epidemia de obesidad se debe en realidad a una epidemia de inactividad. La gordura contribuye a la mortalidad, pero también la falta de ejercicio. No hay suficientes datos para decir cuál contribuye más, pero estos datos son lo suficientemente convincentes para requerir que todos los estudios futuros de obesidad y muerte hagan ajustes cuidadosos para tomar en cuenta el ejercicio.

Hay conclusiones importantes para el adulto obeso típico. La mayoría de las dietas son una estafa que escamoteó 59,000 millones de dólares al año a los estadunidenses. Es posible bajar 5 por ciento del peso corporal en un mes si se sigue cualquier dieta de la lista de *best sellers*. El problema es que de 80 a 95 por ciento de las personas recupera su peso o lo aumenta en los siguientes tres o cinco años, como me sucedió a mí. Hacer dieta te puede adelgazar, pero casi siempre sólo de forma temporal. Sin embargo, no te vuelve más sano ya que, para la mayoría de nosotros, hacer dieta es una cuestión pasajera.

Por el contrario, el ejercicio no es una estafa. Un porcentaje mucho mayor de personas que hacen ejercicio son perseverantes y adquieren buena condición física permanente. El ejercicio es duradero y se automantiene; por lo general no sucede así con las dietas. Incluso si se reduce el riesgo de muerte, el ejercicio no te hará mucho más delgado,[53] ya que la persona típica que hace ejercicio de forma vigorosa baja menos de dos kilogramos de peso corporal.

Así como el optimismo es un recurso subjetivo de salud para las enfermedades cardiovasculares, está claro que el ejercicio es un recurso funcional de salud. Las personas que hacen ejercicio moderado tienen mejor salud y baja mortalidad, mientras que las personas sedentarias tienen mala salud y alta mortalidad. Los efectos benéficos del ejercicio en la salud han sido finalmente aceptados incluso por la parte más reduccionista de la comunidad médica, un gremio muy resistente a cualquier tratamiento que no sea una píldora o una cirugía. El informe del secretario de Salud de 2008[54] resalta la necesidad de que los adultos hagan el equivalente a 10,000 pasos al día. (El verdadero punto de peligro es caminar menos de 5,000 pasos al día,[55] y si esto te describe, quiero subrayar que los datos de que estás en riesgo indebido de muerte, porque no hay otra forma de decirlo, son sólidos.) Para lograr el equivalente de 10,000 pasos al día se puede nadar, correr, bailar o levantar pesas; incluso hacer yoga y otras formas de moverse vigorosamente.

Lo que necesitamos descubrir ahora son nuevas formas para levantar a la gente de sus asientos. Sin embargo, no estoy esperando nuevas técnicas. Encontré una que realmente me funciona. El día después de la conversación con Ray, no sólo compré un podómetro, sino que comencé, por primera vez en mi vida, a caminar. Y a caminar. (Dejé de nadar, después de haber nadado dos tercios de milla al día por veinte años, sin poder encontrar una técnica que no me matara del aburrimiento.) Formé un grupo en internet de caminadores que usan podómetros. Ray y Steve son parte del grupo, pero también cerca de una docena de personas con diferentes estilos de vida, que varían en edad de los diecisiete a los setenta y ocho años; de adultos con síndrome de Down hasta reconocidos profesores. Todas las noches nos *informamos* la cantidad exacta de pasos que dimos ese día. Sentimos que el día ha sido un fracaso cuando caminamos menos de 10,000 pasos. Cuando antes de dormir me doy cuenta de que sólo di 9,000 pasos, salgo y camino por la cuadra antes de reportarlo. Nos *alentamos* mutuamente cuando logramos una caminata excepcional: Margaret Roberts acaba de reportar 27,692 pasos, y le envié una calurosa felicitación. Nos damos *consejos* sobre el ejercicio: el tobillo izquierdo me dolió mucho durante dos semanas y mis compañeros me dijeron, con mucha razón, que mis tenis, con sus nuevas y costosas plantillas, estaban muy ajustados. "Compra un airdesk [www.airdesks.com]", me aconsejó Caroline Adams Miller. "Así podrás jugar bridge en línea y usar la caminadora al mismo tiempo". Nos hemos vuelto *amigos*, unidos por este interés en común. Creo que estos grupos de internet son una nueva técnica que puede salvar vidas.

Hice un propósito para el año nuevo de 2009: dar 5 millones de pasos, es decir, 13,700 al día en promedio. El 30 de diciembre de 2009, crucé la marca de los 5 millones y recibí comentarios de mis amigos de internet como: "¡Admirable!" y "¡Eres un modelo a seguir!". Es tan eficaz este grupo de ejercicio que estoy haciendo la prueba con dietas. Después de fracasar durante cuarenta años cada vez que intento hacer una dieta al año y a sabiendas de que estoy entre 80 y 95 por ciento de las personas que recuperan el peso que bajaron, lo estoy intentando de nuevo. Comencé el año 2010 pesando 97.5 kilogramos, y también empecé a reportar mi ingesta calórica junto con el número de pasos que doy cada noche a mis amigos de internet. Ayer ingerí 1,703 calorías y caminé 11,351 pasos. Hoy, 19 de febrero de 2010, por primera vez en más de veinte años, peso menos de noventa kilogramos.

10 La política y la economía del bienestar

Hay una política detrás de la psicología positiva. Sin embargo, no se trata de una política de derecha contra izquierda. La izquierda y la derecha son parte de una política de medios: darle poder al Estado o darle poder al individuo. Sin embargo, quitando las cuestiones esenciales, ambas abogan por los mismos fines: más prosperidad material y mayor riqueza. La psicología positiva es una política que no defiende ningún medio en específico, sino que tiene un fin diferente. Dicho fin no es la riqueza o la conquista, sino el bienestar. La prosperidad material importa a la psicología positiva, pero sólo si ésta aumenta el bienestar.

Más allá del dinero

¿Para qué sirve la riqueza? Creo que debe estar al servicio del bienestar. Sin embargo, desde el punto de vista de los economistas, la riqueza es para producir más riqueza, y el éxito de la política se mide por cuánta riqueza acumulada se produce. El dogma de la economía es que el producto interno bruto (PIB) indica el desempeño de un país. La economía reina indiscutiblemente en la arena política. Todos los periódicos tienen una sección dedicada al dinero. Los economistas tienen puestos importantes en las capitales del mundo. Cuando los políticos buscan un puesto de elección popular, realizan una campaña basada en lo que harán o han hecho por la economía.[1] Escuchamos frecuentemente noticias en la televisión sobre el desempleo, el comportamiento del índice Dow Jones y la deuda interna. Toda esta influencia política y cobertura mediática surge del hecho de que los indicadores económicos son rigurosos, están ampliamente disponibles y se actualizan todos los días.

En los tiempos de la revolución industrial, los indicadores económicos eran una buena aproximación del desempeño de una nación. Satisfacer las necesidades humanas básicas de alimento, vivienda y vestimenta era dudoso. Así, satisfacer estas necesidades se movía en paralelo con mayor riqueza. Sin embargo, mientras más próspera es una sociedad, la riqueza es un peor indicador del desempeño de la sociedad. Los bienes y servicios básicos, que alguna vez fueron escasos, se volvieron tan ampliamente disponibles que en el siglo XXI muchos países desarrolladas, como Estados Unidos, Japón y Suecia, experimentan una abundancia o tal vez una sobreabundancia de bienes[2] y servicios. Dado que las necesidades básicas están satisfechas en su mayor parte en las sociedades modernas, factores distintos a la riqueza desempeñan ahora un papel preponderante en el bienestar de las sociedades.

En 2004, Ed Diener y yo publicamos un artículo titulado "Beyond Money",[3] en el que exponemos las desventajas del producto interno bruto y argumentamos que el desempeño de una nación se mide mejor por lo disfrutable, significativa e interesante que los ciudadanos de este país consideran que es su vida, esto es, midiendo el bienestar. En el presente, la divergencia entre la riqueza y la calidad de vida se ha vuelto muy evidente.

La divergencia entre el PIB y el bienestar

El producto interno bruto mide el volumen de bienes y servicios que se producen y consumen, y cualquier evento que aumente dicho volumen aumenta el PIB. No importa si esos acontecimientos disminuyen la calidad de vida. Cada vez que hay un divorcio, el PIB aumenta. Cada vez que chocan dos automóviles, el PIB sube. Mientras más gente toma antidepresivos, más aumenta el PIB. Más protección policiaca y más largos desplazamientos al trabajo aumentan el PIB aunque reduzcan la calidad de vida. Los economistas, con poco humor, dicen que estas situaciones son "lamentables". Las ventas de cigarrillos y las ganancias de los casinos se incluyen en el PIB. Algunas industrias completas, como la abogacía, la psicoterapia y la farmacéutica prosperan cuando aumenta el sufrimiento. Con esto no quiero decir que los abogados, psicoterapeutas y compañías farmacéuticas sean malos, sino que el PIB es ciego cuando se trata de distinguir si es el sufrimiento humano o el empeño humano lo que aumenta el volumen de bienes y servicios.

Esta divergencia entre el bienestar y el producto interno bruto puede cuantificarse. La satisfacción con la vida en Estados Unidos se ha mantenido igual en cincuenta años aunque el PIB se triplicó.[4]

De forma más alarmante, las medidas de malestar no han bajado a pesar del aumento del producto interno bruto; por el contrario, han empeorado cada vez más. Las tasas de depresión han aumentado diez veces en los últimos cincuenta años en Estados Unidos.[5] Sucede de igual manera en cada nación desarrollada y, de forma más importante, no sucede así en los países menos desarrollados. Las tasas de ansiedad también han aumentado.[6] La conexión social en Estados Unidos ha disminuido,[7] con niveles más bajos de confianza en otras personas y en las instituciones gubernamentales, siendo la confianza un predictor importante del bienestar.[8]

Riqueza y felicidad

¿Cuál es exactamente la relación entre la riqueza y la felicidad? Y sobre todo, la pregunta que más te interesa: ¿cuánto de tu preciado tiempo debes dedicar a ganar dinero si lo que quieres es satisfacción con la vida?

Existe un enorme acervo de literatura sobre el dinero y la felicidad[9] que compara a naciones enteras y también examina con cuidado cada país y compara a ricos y pobres. Existe un consenso universal en dos puntos:

1. Mientras más dinero hay, mayor satisfacción de vida, como muestra la gráfica siguiente.

    En la gráfica,[10] cada círculo es un país, con un diámetro proporcional a su población. El eje horizontal es el PIB nacional per cápita en 2003 (el año más reciente para el que existen datos completos) medido en poder adquisitivo en dólares a precios del año 2000, mientras que el eje vertical es el promedio de satisfacción con la vida de un país. La mayoría de los países del África subsahariana se sitúan en la esquina inferior izquierda; China e

India son los dos círculos cercanos a la izquierda; los países europeos occidentales aparecen cerca de la esquina superior derecha, y Estados Unidos es el país grande en la esquina superior derecha. La satisfacción con la vida es mayor en los países con PIB alto per cápita. Observa que la pendiente (a la izquierda) es más pronunciada entre los países pobres, donde más dinero y más satisfacción con la vida van unidos de forma más importante.

2. *Pero* hacer más dinero rápidamente llega a un punto de disminución en satisfacción con la vida.

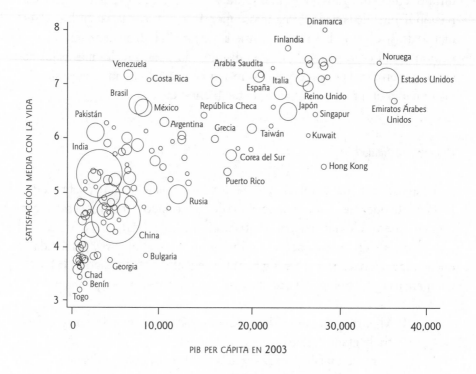

PIB PER CÁPITA EN 2003

Se puede ver esto si uno observa con cuidado la gráfica, pero es más evidente cuando se examina internamente una nación en lugar de observar la comparación entre naciones. Por debajo de la red de seguridad, los aumentos de riqueza y aumentos de satisfacción con la vida van a la par. Por encima de la red de seguridad se necesita cada vez más dinero para producir un aumento en la felicidad. Ésta es la venerable "paradoja Easterlin"[11] que ha sido cuestionada en fechas recientes por mis jóvenes colegas en Penn, Justin Wolfers y Betsey Stevenson.[12] Ellos argumentan que cada vez más dinero te hará cada vez más feliz y que no hay un punto de saciedad. Si esto es cierto, tendría repercusiones importantes en la política y en nuestra vida. Éste es su astuto argumento: si uno vuelve a trazar la gráfica anterior que muestra rendimientos decrecientes de los aumentos de riqueza sobre la satisfacción con la vida, y se cambia el ingreso absoluto por el logaritmo del ingreso, se verá que la curva se vuelve una línea recta sin final a la vista. Así, aunque se produce el doble de satisfacción con la vida con un aumento de $100 en el ingreso per cápita en las naciones pobres y no en las naciones desarrolladas, una gráfica logarítmica corrige esta situación.

Esto es solamente un truco de magia; sin embargo, resulta instructivo. A primera vista, uno puede inferir de una línea recta sin fin que, si lo que uno quiere es maximizar la satisfacción con la vida, lo que tiene que hacer es luchar por ganar más y más dinero sin importar cuánto dinero tenga ya. O si las políticas públicas tienen el propósito de aumentar la felicidad nacional, deben crear más y más riqueza sin importar la riqueza que ya existe. El truco es que el logaritmo del ingreso no tiene significado psicológico en absoluto y no tiene implicaciones en cómo tú (o los gobiernos) deben comportarse respecto a la búsqueda de la riqueza. Esto es porque tu tiempo es lineal (no logarítmico) y precioso, porque el tiempo es dinero y porque puedes optar por usar tu tiempo preciado buscando la felicidad en mejores maneras que haciendo dinero; sobre todo si uno ya se encuentra por encima de la red de seguridad. Considera cómo podrías usar tu tiempo el año que entra para maximizar la felicidad. Si tu ingreso es de $10,000 y renunciar a seis fines de semana el año que entra para tomar un segundo trabajo te dará $10,000 adicionales, tu felicidad neta aumentará de manera espectacular. Si tu ingreso es de $100,000, y renunciando a seis fines de semana al año ganas $10,000, tu felicidad neta disminuirá en realidad, ya que la felicidad que pierdes al sacrificar todo ese tiempo con la familia, amigos y pasatiempos superará por mucho el pequeño incremento que $10,000 adicionales (o incluso $50,000) brindaría. La tabla que se presenta a continuación ilustra las deficiencias de la noción de riqueza cuando no hay un límite superior para la felicidad.

Satisfacción con la vida de varios grupos[13]

(Diener y Seligman, 2004)

Respuestas a "Estás satisfecho con tu vida",

con un rango de completo acuerdo (7) a completamente en desacuerdo (1), donde 4 es neutral.

Los estadunidenses más ricos de la lista de la revista *Forbes*	5.8
Los amish de Pennsylvania	5.8
Inughuit (el pueblo inuit del norte de Groenlandia)	5.8
Los masai de África	5.7
Muestra de probabilidad sueca	5.6
Muestra de estudiantes universitarios internacionales (cuarenta y siete naciones en 2000)	4.9
Los amish de Illinois	4.9
Habitantes de barrios marginales de Calcuta	4.6
Indigentes de Fresno, California	2.9
Indigentes de Calcuta	2.9

¡¿Qué?! ¿Los trescientos estadunidenses más ricos no son más felices que el amish típico o que el adulto inuit? En cuanto a la proposición de que la felicidad aumenta de forma constante con el logaritmo de ingreso, podemos aplicar lo que el señor David Midgley solía decirme en mi clase de ciencias políticas de la preparatoria: "Correcto. Sin crédito".

La medida utilizada en casi todos los estudios de ingreso y felicidad en realidad no es "¿Qué tan feliz eres?" sino "¿Qué tan satisfecho estás con tu vida?". En el capítulo 1 analicé esta última pregunta cuando expliqué por qué cambié de la teoría de la felicidad a la teoría del bienestar. La respuesta a "¿Qué tan satisfecho estás con tu vida?" tiene dos componentes: el estado de ánimo transitorio en el que te encuentras en el momento de contestar y la evaluación más duradera de las circunstancias de la vida. Una razón importante para que renunciara a la teoría de la felicidad fue que 70 por ciento de las divergencias en las respuestas a esta supuesta pregunta clave era el estado de ánimo, mientras que sólo 30 por ciento se debía a la evaluación, y yo no consideraba que el estado de ánimo del momento debiera ser el inicio y fin de la psicología positiva. También resulta que el ingreso influye diferencialmente en estos dos componentes (estado de ánimo y juicio).[14] Un ingreso constante aumenta la positividad de la evaluación de las circunstancias de la vida, pero no influye mucho en el estado de ánimo. Otras confirmaciones de esta disyunción se encuentran al examinar los cambios con el tiempo dentro de las naciones. Hay cincuenta y dos países en los que existen muchos análisis de series de tiempo del bienestar subjetivo de 1981 a 2007.[15] En cuarenta y cinco de ellos, me complace informar, el bienestar subjetivo aumentó. En seis países, todos de Europa Oriental, el bienestar subjetivo disminuyó. Lo más importante, el bienestar subjetivo se dividió en felicidad (estado de ánimo) y satisfacción con la vida (evaluación), y cada uno fue analizado por separado. La satisfacción con la vida aumenta sobre todo con el ingreso, mientras que el estado de ánimo aumenta sobre todo con una mayor tolerancia en el país. Entonces, la inferencia de que la felicidad aumenta con el ingreso no se sostiene con un escrutinio riguroso. La verdad es que tu juicio respecto a que tus circunstancias son mejores aumenta con el ingreso (ninguna sorpresa), pero no mejora el estado de ánimo.

Cuando se representa gráficamente la satisfacción con la vida contra el ingreso, aparecen anomalías muy interesantes,[16] que ofrecen indicios de lo que es la buena vida más allá del ingreso. Colombia, México, Guatemala y los demás países latinoamericanos son más felices de lo que debieran, dado el bajo nivel de su producto interno bruto. Todo el exbloque socialista es más infeliz de lo que debiera, dado su PIB. Dinamarca, Suiza e Islandia, que se encuentran entre los países con mayor ingreso, son incluso más felices de lo que su alto producto interno bruto ameritaría. La gente pobre de Calcuta[17] es más feliz que la gente pobre de San Diego. La gente de Utah es más feliz de lo que su ingreso indica.[18] Lo que estos lugares tienen en abundancia, que les falta a otros lugares, nos da indicios de lo que realmente significa el bienestar.

Por lo tanto, concluyo que el producto interno bruto no debiera ser el único índice serio del desempeño de una nación. No sólo es la alarmante divergencia entre la calidad de vida y el PIB lo que justifica esta conclusión. La política se desprende de lo que se mide, y si todo lo que se mide es el dinero, toda política tratará de cómo obtener más dinero. Si el bienestar también se mide, las políticas cambiarán para aumentar el bienestar. Si Ed Diener y yo hubiéramos propuesto que las medidas de bienestar sustituyeran o complementaran el PIB hace treinta años, los economistas se habrían burlado de nosotros. Nos hubieran dicho que el bienestar no puede medirse, o por lo menos con la validez con la que se puede medir el ingreso. Esto ya no es cierto, y regresaré a esta cuestión al final del libro.

La crisis financiera

Al escribir este libro (en la primera mitad de 2010), parecía que la mayoría del mundo se recuperaba de una súbita y aterradora crisis financiera. Sin duda, yo estaba asustado. Al encontrarme cerca de la edad de jubilación, con una esposa y siete hijos, mis ahorros de toda la vida disminuyeron 40 por ciento hace un año y medio. ¿Qué pasó y quién tiene la culpa? Cuando se desplomaron las acciones, oí hablar de los chivos expiatorios: la codicia, la falta de regulación, los ejecutivos con sueldos estratosféricos que fueron demasiado torpes para comprender las consecuencias de los instrumentos derivados que sus expertos más jóvenes creaban, Bush y Cheney y Greenspan, las ventas bursátiles al descubierto, el cortoplacismo, los agentes hipotecarios sin escrúpulos, las agencias corruptas de calificación de riesgos y el presidente de Bear Stearns, Jimmy Cayne, que jugaba bridge mientras su compañía ardía en llamas. Mis pensamientos sobre cada uno de ellos (excepto el bridge de Jimmy) no están mejor informados que los de mis lectores. Dos elementos culpables me parecieron especialmente relevantes para comentar: terrible ética y demasiado optimismo.

Ética frente a valores

–Somos responsables de la recesión, Marty. Les dimos a los estudiantes maestrías en administración que son como pieles de oveja, y se fueron a Wall Street a crear estos desastrosos instrumentos derivados. Los vendieron en paquete, pero sabían que a largo plazo estos derivados serían perjudiciales para sus compañías y para toda la economía nacional —quien habla es mi amigo Yoram (Jerry) Wind.

Jerry, profesor laureado de Marketing en la Wharton School of Business de Penn, es un agudo crítico de las políticas de la universidad y es aún más mordaz en sus críticas de las finanzas internacionales: "La universidad puede prevenir que esto vuelva a suceder. ¿No deberíamos enseñar ética como una parte importante del currículo de negocios?".

¿Ética?

Si el análisis de Jerry estaba en lo correcto, y la crisis se debía a los magos matemáticos y vendedores codiciosos que se hicieron inmensamente ricos a corto plazo vendiendo instrumentos derivados que sabían que se desplomarían a largo plazo, ¿servirían entonces unos cursos de ética? ¿El problema era cuestión de ignorancia de los principios éticos? Creo que esto le agrega una carga a la ética que no puede soportar y no se le da importancia suficiente a los valores. Cuando una madre corre a un edificio en llamas para salvar a su hijo, no está actuando impulsada por principios éticos; no se trata de un acto ético. Entra corriendo al edificio porque la vida de su hijo es increíblemente importante para ella; porque lo quiere. En su maravilloso ensayo "The Importance of What We Care About",[19] Harry Frankfurt, el filósofo de Princeton que también escribió el famoso ensayo "On Bullshit",[20] argumenta que la comprensión de lo que nos importa es la gran pregunta que no se ha planteado la filosofía.

La ética y las cosas que nos importan no son lo mismo. Puedo ser maestro del pensamiento ético, un gran académico de filosofía moral, pero si lo que realmente quiero es tener sexo con niños, mi comportamiento será peor que despreciable. La ética trata sobre las reglas que uno aplica a lo que más nos importa. Lo que nos interesa, nuestros valores, son más básicos que la ética. No existe una disciplina filosófica que se ocupe de lo que nos importa, y existe este mismo vacío en la psicología. ¿Cómo es que a una persona comienza a importarle jugar bridge, o los senos, o acumular riquezas, o la ecología del mundo? Éste es un problema con el que he trabajado toda mi carrera y que no he podido comprender cabalmente.

Hay algunas cosas que nos importan de forma instintiva: agua, comida, techo y sexo. Pero aprendemos las cosas que nos importan. Freud denomina "catexis" a las cosas que aprendemos a valorar: una catexis negativa ocurre cuando algún acontecimiento neutral, como ver una serpiente, ocurre al mismo tiempo que un trauma, como machucarse la mano con la puerta del auto. Entonces las serpientes se vuelven algo horrendo. Una catexis positiva ocurre cuando un acontecimiento neutral previo se asocia con el éxtasis: un niño es

251

masturbado por la hermana mayor usando los pies. Él se vuelve entonces un fetichista de los pies, con una catexis por los pies femeninos, y tiene una vida satisfactoria convirtiéndose en vendedor de zapatos. Gordon Allport, uno de los padres de los estudios modernos de la personalidad, llama a este resultado "la autonomía funcional de los motivos".[21] Por ejemplo, el hecho de que las estampillas, que alguna vez fueron sólo pequeños pedazos de papel de colores con valencia neutral, se vuelvan una obsesión para un coleccionista de estampillas. Allport y Freud observaron esto, pero ninguno pudo explicarlo.

Mi solución fue un condicionamiento pavloviano "preparado".[22] Las ratas que reciben un cascabel y un sabor dulce a la par que una descarga eléctrica en la pata aprenden a tener miedo únicamente del cascabel, pero les sigue gustando el sabor dulce. Por el contrario, cuando el mismo cascabel y el sabor dulce se emparejan con una enfermedad estomacal, odian entonces los sabores dulces y permanecen indiferentes al cascabel. A esto se le conoce como el efecto Garcia,[23] por John Garcia, el psicólogo iconoclasta que hizo este descubrimiento en 1964 y con ello destruyó el primer principio de la teoría del aprendizaje y el asociacionismo británico: cualquier estímulo que se empareje por casualidad con otro estímulo quedará asociado por la mente. Yo llamo al efecto Garcia "el fenómeno de la salsa bernesa",[24] ya que comencé a odiar la salsa bernesa en una ocasión en la que después de comerla me dio diarrea, mientras que la ópera *Tristán e Isolda* me sigue fascinando, que era la música que estaba oyendo durante esa cena (mis críticos ridiculizaron esto diciendo que era la "cena más publicitada después de la Última Cena"). El aprendizaje es biológicamente selectivo, con estímulos evolutivamente preparados (el sabor y la enfermedad, pero no el cascabel y la enfermedad) que se aprenden inmediatamente. El condicionamiento del miedo preparado (una fotografía de una araña anteriormente neutral asociada con una descarga eléctrica en la mano) ocurre en un ensayo, y no se extingue fácilmente cuando una descarga eléctrica no sigue a la araña, y es completamente irracional, persistiendo con toda su fuerza aunque los electrodos se retiren. El aprendizaje sencillo, la resistencia a la extinción y la irracionalidad son las propiedades de la catexis y de la autonomía funcional de los motivos.

Razoné que el aprendizaje preparado podría no ser sólo para toda una especie (todos los monos aprenden a temerle a las serpientes con sólo ver a un mono mayor asustado por una serpiente), sino que tal vez podía ser heredado genéticamente dentro de una familia: hay miedos específicos que son comunes en una familia,[25] y los gemelos idénticos son más concordantes en la depresión, y en casi todos los rasgos de la personalidad, que los mellizos.[26] Por lo tanto, la catexis con los senos, las estampillas, la vida de la mente o la política liberal puede ser preparada y heredada biológicamente: aprenderse con facilidad, ser difícil de extinguir y existir por debajo del radar cognoscitivo. Ésa es mi historia, incompleta y especulativa, pero creo que voy por el camino correcto y mantengo mi postura.

Entonces, a mi modo de ver, si se les dan diez cursos de ética a los graduados de Wharton, personas con un título de maestría a quienes sólo les importa hacer una fortuna rápida, tales cursos no tendrán ningún efecto. No es cuestión de ética, sino de lo que les importa. Un curso de valores tampoco tendría gran beneficio, ya que de donde sea que provengan los valores, no es de las cátedras y lecturas asignadas.

Mi conversación con Jerry tuvo lugar de camino a clase. Yo era profesor invitado en su curso de maestría e iba a hablar sobre creatividad y marketing. Por casualidad, la semana anterior había estado en West Point impartiendo una conferencia a los cadetes. El contraste entre estos dos grupos es impresionante. No en calificaciones, CI o en sus logros (ambas son de las universidades más selectivas del mundo), sino en lo que les importa. Casi ningún valor coincide entre los dos grupos. A los estudiantes de maestría en administración de empresas de Wharton les interesa hacer dinero. A los cadetes de West Point les interesa servir a la nación. Los estudiantes son seleccionados y ellos mismos se seleccionan básicamente por esta diferencia en lo que les importa. Si las escuelas de administración quieren evitar las consecuencias económicas de la codicia y el cortoplacismo, deben seleccionar a sus alumnos de un círculo moral más amplio y con pensamiento a largo plazo.

Si se va a impartir un nuevo curso en Wharton, éste no debe ser de ética. En su lugar, debería tratar de "negocios positivos". El objetivo sería ampliar los intereses de los estudiantes de la maestría. Obtener lo que nos importa (logros positivos) es uno de los elementos del bienestar. Un curso de negocios positivos argumentaría que el bienestar es producto de cinco búsquedas diferentes: emoción positiva, compromiso, logros positivos, relaciones positivas y sentido. Si quieres bienestar, no lo obtendrás si lo único que te importan son los logros. Si queremos que florezcan nuestros estudiantes, debemos enseñar que la empresa positiva y los individuos que la conforman deben cultivar el sentido, el compromiso, la emoción positiva y las relaciones positivas, además de buscar riquezas. La nueva misión de una empresa positiva desde esta perspectiva es ganar dinero... más sentido, más emoción positiva, más compromiso, más relaciones humanas positivas.

Hay una lección en esto también para aquellos de nosotros que somos víctimas de la reciente crisis económica. Mientras veía disminuir los ahorros de toda mi vida día a día, me pregunté qué sucedería al bienestar de mi familia si el mercado de valores colapsara aún más. La teoría del bienestar establece que hay cinco rutas para alcanzarlo: emoción positiva, compromiso, sentido, relaciones y logros. ¿Cómo se vería disminuida mi vida en estos cinco aspectos si tuviera mucha menos riqueza? Mi emoción positiva total seguramente se reduciría, ya que compramos muchas emociones positivas: buenos restaurantes, boletos para el teatro, masajes, vacaciones en un lugar soleado durante el invierno y ropa bonita para mis hijas. Sin embargo, mi sentido y compromiso con la vida permanecerían intactos. Esto se debe a que pertenezco y sirvo a algo que creo que es superior a mí: en mi caso, se trata de aumentar el bienestar del mundo y por eso escribo, investigo, dirijo y enseño. Tener menos dinero no afecta a esto. Mis relaciones personales incluso podrían mejorar: cocinar y leer obras de teatro en familia, aprender a dar masajes en lugar de comprarlos, pasar las noches alrededor de la chimenea durante el invierno y hacer ropa juntos. No se debe olvidar el resultado ampliamente reproducido de que las experiencias producen mayor bienestar que los bienes materiales por el mismo precio.[27] Los logros tampoco se verían afectados: escribiría este libro incluso si nadie me pagara por hacerlo. (De hecho, escribí una gran parte de este libro antes de que mi editor supiera de su existencia.)

Un cambio de estilo de vida es muy difícil, pero cuando lo examiné con rigor concluí que mi propio bienestar y el de mi familia en realidad no se verían reducidos. Una razón por la que la perspectiva de cambiar mi estilo de vida resultaba tan aterradora es que, indirectamente, soy hijo de la Gran Depresión. Mis padres eran adultos jóvenes cuando comenzó y su visión del futuro cambió para siempre. "Martin", solían decirme, "conviértete en médico. Siempre se necesitan médicos, así nunca pasarás hambre." No existía una red de seguridad cuando estalló la crisis de Wall Street en 1929; la gente padecía hambre, no tenía asistencia médica y se veía obligada a abandonar la escuela. Mi madre dejó la preparatoria para apoyar a sus padres, y mi padre tomó el trabajo de servicio civil más seguro que pudo encontrar a costa de no satisfacer su gran potencial político. La recesión de 2008-2009, incluso si hubiera empeorado, hubiera sido amortiguada por la red de seguridad que todo país desarrollado creó desde la Gran Depresión: nadie pasaría hambre, la asistencia médica quedaría intacta y la educación seguiría siendo gratuita. Saber esto aminoró mis temores, tal vez no a las cuatro de la mañana, pero sí durante mis horas de vigilia.

Optimismo y economía

Además de la ética, el otro presunto culpable de la crisis económica del que conozco algo al respecto es el optimismo. Danny Kahneman es profesor de Princeton y es también el único psicólogo que trabaja el tema del bienestar que ha ganado el Premio Nobel. Como es muy delicado respecto a cómo se le etiqueta, no se considera psicólogo positivo y me pide que no lo llame así. Sin embargo, creo que lo es. Danny es ambivalente en lo que toca al optimismo. Por un lado, no está en contra del optimismo, incluso lo define como el "motor del capitalismo". Por el otro, está en contra de tener confianza excesiva y optimismo ilusorio, y dice: "La gente hace cosas que no debiera hacer porque cree que tendrá éxito". El optimismo ilusorio es un concepto cercano del concepto de "falacia de la planeación" de Kahneman; según este concepto, la gente que planea siempre subestima los costos y exagera los beneficios porque hace caso omiso de las estadísticas básicas de otros proyectos similares al suyo.[28] Tal optimismo, cree él, puede corregirse con ejercicios en los que los inversionistas sistemáticamente recuerdan y ensayan de forma realista el desempeño de empresas similares en el pasado. Éste es un ejercicio análogo a "poner las cosas en perspectiva", el ejercicio que utilizábamos para corregir el pesimismo "ilusorio" negativo en el programa de Aptitud integral del soldado.

Barbara ("odio la esperanza") Ehrenreich de nuevo. Ella no es ambivalente sobre el optimismo. En su capítulo "Cómo el pensamiento positivo destruyó la economía",[29] le endilga la culpa de la crisis de 2008-2009 al pensamiento positivo. (También escribe que el optimismo era un instrumento crucial del control social de Stalin; sin embargo, se abstiene de mencionar que el optimismo también fue un instrumento fundamental de Hitler y de Jabba el Hutt [personaje ficticio de *La guerra de las galaxias*].) Los gurús motivacionales como Oprah, el televangelista Joel Osteen y Tony Robbins, dice ella, alentaron al público en general a que comprara más de lo que podía pagar. Los entrenadores ejecutivos que son partidarios del pensamiento positivo infectaron a los directores generales de las empresas con la idea viral y rentable de que la economía crecería y crecería. Los académicos (ella me compara con el Mago de Oz) dieron las justificaciones científicas para estos charlatanes. Lo que Ehrenreich nos dice es que necesitamos realismo, no optimismo. En efecto, cultivar el realismo en lugar del pensamiento positivo es el tema de su libro.

Esto es ridículo.

Considerar que la crisis financiera fue provocada por el optimismo me parece absolutamente equivocado. En su lugar, el optimismo hace que los mercados suban y el pesimismo provoca que bajen. Yo no soy economista, pero creo que las acciones (y el precio de los bienes en general) aumentan cuando la gente se muestra optimista respecto a su valor futuro, y disminuyen cuando la gente es pesimista sobre su valor futuro. (Esto es como la dieta del Bronx: ¿quieres bajar de peso?, come menos; ¿quieres aumentar de peso?, come más.) No existe un valor *real* de una acción o de un instrumento derivado que sea independiente de las concepciones de la gente y las expectativas de los inversionistas. Las percepciones sobre el valor de un pedazo de papel en el futuro influyen de manera importante en el precio y el valor.

Realidad reflexiva e irreflexiva

Existen dos tipos de realidad. Un tipo que no está influido por lo que los seres humanos piensen, deseen, o esperen. Luego existe una realidad independiente cuando eres piloto y tienes que decidir si es conveniente volar durante una tormenta. Hay una realidad independiente cuando decides a qué escuela asistir: cómo te vas a llevar con los profesores, si hay el espacio adecuado de laboratorio, o si puedes pagar los costos. Existe una realidad en la que pueden rechazar tu propuesta de matrimonio. En todos estos casos, tus pensamientos y tus deseos no tienen ninguna influencia sobre la realidad, y yo estoy totalmente a favor de un realismo en estas circunstancias.

El otro tipo de realidad (George Soros, hombre de negocios y filántropo, la denomina "realidad reflexiva")[30] es influida e incluso determinada por nuestras expectativas y percepciones. Los precios del mercado son una realidad reflexiva que está fuertemente influida por la percepción y la expectativa. El realismo sobre el precio de las acciones siempre se invoca después del hecho. (Los precios cayeron, así que ahora te califican de optimista y excesivamente confiado. Los precios subieron y ahora eres un genio, y yo, que vendí antes de tiempo, quedo como un pesimista desconfiado.) Lo que estás dispuesto a pagar no sólo es un juicio sobre el valor real de una acción, sino también sobre la percepción del mercado respecto al valor futuro de la acción. Cuando los inversionistas se muestran optimistas respecto a la percepción del mercado del precio futuro de las acciones, su valor aumenta. Cuando los inversionistas están muy optimistas (ilusoriamente) sobre la percepción del mercado del valor futuro de las acciones, su precio se dispara. Cuando los inversionistas están muy pesimistas sobre la percepción del mercado del precio futuro de las acciones, dicho precio disminuye o el instrumento derivado se desploma y la economía entra en crisis.

Me apresuro a agregar que el optimismo y el pesimismo no son la historia completa; algunos inversionistas están aún preocupados por los aspectos fundamentales. A largo plazo, los fundamentos anclan el rango del precio de una acción y el precio fluctúa mucho alrededor del valor de los fundamentos, pero el optimismo y el pesimismo influyen mucho en el precio a corto plazo. Pero incluso en este caso creo que la "realidad" es reflexiva y que las expectativas del mercado del valor futuro de los fundamentos influyen en el valor de éstos, aunque no los determine.

Lo mismo es válido para los instrumentos derivados (y los bienes y servicios en general). Pensemos en los instrumentos derivados inmobiliarios (que fueron muy relevantes en la reciente crisis económica). Cuando los inversionistas muestran optimismo sobre la capacidad de un acreedor hipotecario de pagar su deuda, el valor de la hipoteca aumenta. Sin embargo, la capacidad de pago del acreedor hipotecario tampoco es una capacidad real, sino que es una capacidad de pago percibida, que depende en buena medida de la disposición del banco a ejecutar la hipoteca, del precio futuro percibido de la propiedad y de la tasa de interés sobre la hipoteca. Cuando los inversionistas son pesimistas sobre el precio futuro de la propiedad, su valor cae. Es difícil conseguir crédito. El interés que se cobra ahora es superior a la percepción del precio de la propiedad si se vende, y así la disposición a ejecutar la hipoteca aumenta. Por consiguiente, la fuerza motriz es la percepción de los inversionistas del precio futuro de la propiedad y la capacidad percibida del acreedor hipotecario de pagar la deuda. Estas percepciones son autorrealizables, e influyen, de conformidad con el principio de incertidumbre de Werner Heisenberg, en la incapacidad de un acreedor hipotecario de pagar su deuda. Cuando los inversionistas muestran optimismo sobre el valor percibido de la hipoteca, el mercado inmobiliario sube.

Por lo tanto, la afirmación de que el optimismo causó la crisis económica es completamente falsa. Lo opuesto es la verdadera causa. El optimismo hace que las acciones suban de precio; el pesimismo hace que el precio de las acciones se reduzca. El pesimismo viral causa las crisis económicas.

En términos más formales, el error de Ehrenreich es que confunde el optimismo que no influye en la realidad con el que sí influye en la realidad. En el caso de si habrá un eclipse total solar visible en Filadelfia el año que entra, mis esperanzas no tienen influencia alguna. Sin embargo, en el caso de los precios futuros de las acciones, el optimismo o el pesimismo de los inversionistas influye en gran medida en el mercado.

Lo que realmente sucede con la exhortación de Ehrenreich a aceptar el realismo es más insidioso que una mala interpretación de la economía. No sólo se trata de que quiera que las mujeres con cáncer de mama acepten la "realidad" de su enfermedad, sino que confunde el optimismo y la esperanza con "endulzar el asunto para hacerlo más digerible" y "negar los sentimientos comprensibles de ira y miedo". Pero evitar el optimismo es un mal consejo médico, incluso potencialmente mortal, porque no es improbable que el optimismo provoque un mejor resultado médico a través de alguno de los caminos causales descritos en el capítulo anterior. Lo que Ehrenreich parece perseguir es un mundo donde el bienestar humano se desprenda solamente de cuestiones externas como clase, guerra y dinero. Un punto de vista tan decadente y marxista debe pasar por alto el gran número de realidades reflexivas en las que lo que una persona piensa y siente tiene influencia en el futuro. La ciencia de la psicología positiva (y este libro) tratan por completo de esas realidades reflexivas.

Éste es uno de los casos más importantes de realidad reflexiva que seguramente influye en tu vida: ¿qué tan positivamente ves a tu pareja? Sandra Murray, profesora de la Universidad Estatal de Nueva York en Buffalo, ha realizado una extraordinaria serie de estudios sobre los buenos matrimonios.[31] Con cuidado mide lo que piensas de tu pareja: si es atractivo, amable, gracioso, devoto e inteligente. Plantea las mismas preguntas sobre tu pareja a tus amigos más cercanos y entonces obtiene un resultado basado en las discrepancias: si piensas que tu pareja es mejor de lo que opinan tus amigos, la discrepancia es positiva. Si eres "realista" y ves a tu pareja de la misma forma que tus amigos, la discrepancia es cero. Si eres más pesimista sobre tu pareja que tus amigos, la discrepancia es negativa. La fortaleza de un matrimonio es directamente una función de la positividad de la discrepancia. Las parejas con ilusiones benignas muy fuertes sobre su pareja tienen mejores matrimonios. El mecanismo funciona cuando tu pareja conoce tus ilusiones y trata de comportarse a la altura. El optimismo ayuda al amor y el pesimismo lo lastima. Sin importar lo que diga Ehrenreich, los estudios colocan a la salud exactamente en la misma situación que el matrimonio: el pesimismo daña la salud y el optimismo la mejora.

Estoy a favor del realismo cuando existe una realidad conocible en la que no tienen influencia tus expectativas. Pero cuando tus expectativas tienen influencia sobre la realidad, el realismo apesta.

PERMA 51

La riqueza, como hemos visto, contribuye sustancialmente a la satisfacción con la vida, pero no tanto a la felicidad o al buen humor. Al mismo tiempo, existe una gran disparidad entre el producto interno bruto, como una buena medida para la medición de la riqueza, y el bienestar. La prosperidad en la forma tradicional de interpretarla es igual a la riqueza. Quiero proponer ahora una mejor meta y una mejor forma de medir el bienestar que combina la riqueza y el bienestar, y la llamo "nueva prosperidad".

Cuando los países son pobres, están en guerra, sufren hambre o enfermedades, o están en guerra civil, es natural que sus primeras preocupaciones sean contener el daño y construir defensas. Estas características angustiantes describen a la mayoría de las naciones a lo largo de la historia humana. En estas condiciones, el producto interno bruto tiene influencia palpable en el resultado de las cosas. En los pocos casos en que los países son ricos, gozan de paz, sus habitantes están bien alimentados, sanos y en armonía civil, sucede algo muy diferente. Miran al cielo.

El siglo xv en Florencia, Italia, es el mejor ejemplo. Se volvió una ciudad muy rica en 1450, en su mayor parte gracias al genio bancario de los Médicis. La ciudad se encontraba en paz y armonía y sus habitantes estaban bien alimentados, por lo menos en relación con su pasado y respecto al resto de Europa. Los ciudadanos debatieron y consideraron qué hacer con su riqueza. Los generales propusieron conquistas. Cosme el Viejo, sin embargo, ganó el debate y Florencia invirtió su riqueza en belleza. El resultado de esto fue lo que ahora se conoce como el Renacimiento.

Las naciones ricas del mundo en América del Norte, la Unión Europea, Japón y Australia se encuentran en un momento florentino: son ricas, están en paz, tienen suficiente alimento, salud y armonía. ¿Cómo invertiremos nuestra riqueza? ¿Cómo será nuestro renacimiento?

La historia, en manos de los posmodernos se enseña como "una maldita cosa tras otra".[32] Creo que los posmodernos están equivocados y provocan una interpretación errónea de la historia. Yo pienso que la historia es el recuento del progreso humano y que uno tiene que estar cegado por la ideología para no ver la realidad de dicho progreso. Reacia, a tropezones, la envoltura económica y moral de la historia registrada es ascendente. Como hijo de la Gran Depresión y el Holocausto, me quedan muy claros los obstáculos que siguen en pie. Me queda muy clara la fragilidad de la prosperidad y también los miles de millones de seres humanos que no pueden disfrutar de las mieles del progreso. Sin embargo, no puede negarse que incluso en el siglo xx, el más sangriento de todos, derrotamos al fascismo y al comunismo, aprendimos a alimentar a seis mil millones de personas, y creamos educación y asistencia médica universal. Aumentamos el poder adquisitivo más de cinco veces. Extendimos la esperanza de vida; hemos comenzado a frenar la contaminación para cuidar del planeta; además, hemos logrado grandes avances en el combate de la injusticia racial, sexual y étnica. La era de los tiranos está llegando a su fin y la era de la democracia tiene raíces fuertes.

Estas victorias económicas, militares y morales son nuestra orgullosa herencia del siglo xx. ¿Qué herencia dejará el siglo xxi a la posteridad?

Se me preguntó por el futuro de la psicología positiva en el primer Congreso Mundial de la International Positive Psychology Association en junio de 2009. Aproximadamente 1,500 personas, entre ellas científicos, entrenadores, maestros, estudiantes, trabajadores de la salud y ejecutivos, se reunieron en Filadelfia para oír ponencias sobre la más reciente investigación y práctica en el campo de la psicología positiva. En la reunión del consejo de administración, James Pawelski, director del programa de MPPA de Penn, planteó esta pregunta: "¿Qué visión podemos comunicar que sea tan grandiosa e inspiradora como la de John Kennedy de llevar al hombre a la Luna? ¿Cuál será la nuestra? ¿Cuál es la misión a largo plazo de la psicología positiva?".

En este momento, Felicia Huppert, directora del Well-Being Institute de la Universidad de Cambridge, se inclinó y me pasó una copia de su ponencia para el congreso. Terminé el capítulo uno hablando sobre su trabajo, y terminaré el libro hablando un poco más de lo promisorio de su trabajo. Huppert y Timothy So encuestaron a 43,000 adultos,[33] una muestra representativa de veintitrés naciones. Midieron su florecimiento, definido como emoción positiva alta, combinada con un nivel alto de tres de los siguientes elementos: autoestima, optimismo, resiliencia, vitalidad, autodeterminación y relaciones positivas.

Éstos son criterios rigurosos para el florecimiento. Sus tres elementos básicos (emoción positiva, compromiso y sentido) se toman de la teoría de la felicidad auténtica, pero con la adición de otros elementos (sobre todo, las relaciones positivas) se acercan mucho a los elementos de la teoría del bienestar. Yo sugeriría agregar el logro como un elemento más. Así, mis criterios para el florecimiento son: estar en el rango superior de la emoción positiva, compromiso, sentido, relaciones positivas y logros positivos.

Observa que estos criterios no son meramente subjetivos.[34] Pese a que la medida del bienestar se ha vuelto una empresa aceptada, aunque no del todo respetable en las ciencias sociales, existen algunas personas, como mi amigo Richard Layard, que proponen que la medida común debiera ser la felicidad (estar de buen humor y juzgar que la vida es satisfactoria). Entonces se evaluaría la política por cuánta felicidad produce. Aunque la métrica de la felicidad es una gran mejoría frente a sólo medir el PIB y, de hecho, es lo que la teoría de la felicidad auténtica defiende, no deja de ser inadecuada. El primer problema es que la felicidad es un objetivo absolutamente subjetivo y carece de medidas objetivas. Las relaciones positivas, el sentido y los logros tienen componentes objetivos y subjetivos; no sólo tratan sobre cómo te sientes respecto a tus relaciones, sino cómo se sienten esas personas respecto a ti; no sólo tu sentido de la vida (podrías estar engañado), sino el grado en que realmente perteneces y sirves a algo superior a ti; no sólo tu orgullo por lo que has logrado, sino si realmente has cumplido tus objetivos y si dichos objetivos han producido algún efecto sobre la gente que te importa y el mundo.

El segundo problema de utilizar sólo la métrica de felicidad para la política es que subestima el voto de la mitad del mundo, es decir, los introvertidos y las personas con poca afectividad positiva. Los introvertidos, en general, no sienten tanta emoción positiva ni tanto júbilo como los extrovertidos cuando hacen un nuevo amigo o pasean por un parque nacional. Esto significa que, si tuviéramos que decidir la construcción de un nuevo parque con base en cuánta felicidad adicional producirá, subestimaríamos a los introvertidos. Medir cuánto bienestar adicional (felicidad adicional más compromiso, sentido, relaciones y logros) producirá una política propuesta no sólo es más objetivo, sino que es más democrático.

Espero ver un debate vigoroso y grandes avances en cuanto a los métodos para medir con precisión los elementos del bienestar, cómo combinar la riqueza con medidas de bienestar y la importancia que deben tener los criterios objetivos y subjetivos. Hay preguntas espinosas con consecuencias reales; por ejemplo, cómo medir la disparidad de ingresos dentro de un país;[35] cómo medir flujo y alegría al derivar una puntuación de emoción positiva; cómo medir la buena crianza de los hijos; cómo medir el trabajo voluntario y cómo medir el espacio verde. En las luchas políticas y empíricas que tendrán lugar alrededor de cómo debemos elaborar el índice de bienestar, es importante recordar que el bienestar no es lo único que valoramos como seres humanos. No defiendo ni por asomo que el bienestar deba ser la única influencia en la política pública. Valoramos la justicia, democracia, paz y tolerancia, por mencionar algunas otras cuestiones que pueden relacionarse o no con el bienestar. Sin embargo, el futuro nos llama a medir y luego hacer políticas alrededor del bienestar en lugar de sólo alrededor del dinero. Esta medida será parte de nuestro legado para la posteridad.

Más que medir el florecimiento, nuestra herencia será más florecimiento. Destaco los beneficios del florecimiento. Gran parte de este libro tiene que ver con los efectos posteriores: cuando los individuos florecen, sigue un buen estado de salud, productividad y paz. Con esto en mente, ahora plantearé la misión a largo plazo de la psicología positiva.

En el año 2051, 51 por ciento de la población del mundo estará floreciendo.

Así como entiendo los inmensos beneficios de lograr esto, también entiendo lo increíblemente difícil que es lograrlo. Ayudará, aunque sea un poco, el trabajo de los psicólogos en sesiones individuales de entrenamiento o terapia. También ayudará la educación positiva, donde los maestros incorporan los principios del bienestar a lo que enseñan, la depresión y ansiedad de sus alumnos se reduce y la felicidad aumenta. También ayudará el entrenamiento de resiliencia en el ejército, que permitirá reducir la incidencia del trastorno de estrés postraumático, aumentar la resiliencia y hacer común el crecimiento postraumático. Estos jóvenes soldados, equipados con una mejor aptitud psicológica, serán mejores ciudadanos. También ayudarán los negocios positivos, donde el objetivo del comercio no sean solamente las ganancias, sino mejores relaciones con más sentido. También ayudará juzgar a los gobiernos no sólo por cuánto aumenta el PIB sino también por el bienestar de sus ciudadanos. También ayudará, tal vez crucialmente, la computación positiva.

Pero incluso con la computación positiva, esto no será suficiente para lograr 51 por ciento. Más de la mitad de la población del mundo vive en China e India. Estas dos grandes naciones están consumidas por la idea de hacer crecer el PIB, por lo que la importancia del bienestar también debe echar raíces ahí. Los primeros congresos de psicología positiva tuvieron lugar en China e India en agosto de 2010. No puedo predecir cómo sucederá el desarrollo del florecimiento junto con la riqueza en Asia, pero creo en el contagio: la felicidad es más contagiosa que la depresión[36] y las espirales ascendentes alrededor de metas positivas ocurrirán.

Friedrich Nietzsche analizó el progreso humano y la historia humana en tres estadios.[37] Al primero lo denomina "el camello". El camello simplemente se sienta, llora y soporta las adversidades. Los primeros cuatro milenios de historia registrada son el camello. Al segundo estadio lo denomina "el león". El león dice "no". No a la pobreza, no a la tiranía, no a las plagas y no a la ignorancia. La política occidental desde 1776, o incluso desde la redacción de la Carta Magna en 1215, puede verse como la lucha cuesta arriba para decir "no". Esto ha ocurrido innegablemente.

¿Qué pasa si el león realmente funcionó? ¿Y si la humanidad realmente pudiera decir "no" a todas las condiciones incapacitantes de la vida? ¿Qué pasaría entonces? Nietzsche cree que el tercer estadio de transformación es el "niño renacido". El niño se pregunta: "¿A qué podemos decir sí?". ¿Qué puede afirmar todo ser humano?

> *Todos podemos decir "sí" a más emoción positiva.*
> *Todos podemos decir "sí" a mayor compromiso.*
> *Todos podemos decir "sí" a mejores relaciones.*
> *Todos podemos decir "sí" a mayor sentido en la vida.*
> *Todos podemos decir "sí" a más logros positivos.*

Todos podemos decir "sí" a mayor bienestar.

Apéndice
Prueba de fortalezas básicas

A hora describiré cada una de las veinticuatro fortalezas. Mi descripción será sencilla y breve, sólo lo suficiente para que puedas reconocer cada fortaleza. Para estos efectos, quiero decirte sólo lo suficiente para que tengas la fortaleza clara en la mente. Al final de cada descripción de las veinticuatro fortalezas, hay una escala de autoevaluación para que la llenes. Consiste en dos de las preguntas más discriminatorias del cuestionario completo,* que encontrarás en el sitio electrónico www.authentichappiness.org. Tus respuestas clasificarán en orden tus fortalezas de la misma manera que en la página de internet.

Sabiduría y conocimiento

El primer grupo de virtudes es la sabiduría. Las cinco rutas para mostrar sabiduría y conocimiento, su antecedente indispensable, son las fortalezas que pertenecen a este grupo. Las ordené desde la perspectiva evolutiva más básica, curiosidad, hasta la más madura, perspectiva.

* El cuestionario es el trabajo de Values-in-Action (VIA) Institute bajo la dirección de Christopher Peterson y Martin Seligman. El financiamiento para este proyecto lo proporcionó la Manuel D. and Rhoda Mayerson Foundation. Tanto esta adaptación como la versión más larga del sitio electrónico están protegidas por derechos de propiedad de VIA.

1. Curiosidad / Interés en el mundo

La curiosidad sobre el mundo requiere apertura a la experiencia y flexibilidad en asuntos que no encajan con las preconcepciones personales. Las personas curiosas no toleran simplemente la ambigüedad; les gusta y les intriga. La curiosidad puede ser específica (por ejemplo, sólo sobre la rosa *polyantha*) o global, es decir, una aproximación con ojos abiertos a todo. Curiosidad es interactuar con la novedad, y la absorción pasiva de información no exhibe esta fortaleza (por ejemplo, la gente que se pasa horas sentada frente al televisor cambiando de canal). El otro extremo de la dimensión de curiosidad es aburrirse con facilidad.

Si no vas a utilizar el sitio electrónico para contestar el cuestionario de fortalezas, responde las siguientes dos preguntas:

a) El enunciado "Siempre siento curiosidad por el mundo" es

Completamente como yo	5
Como yo	4
Neutral	3
Diferente a mí	2
Completamente diferente a mí	1

b) "Me aburro con facilidad" es

Completamente como yo	1
Como yo	2
Neutral	3
Diferente a mí	4
Completamente diferente a mí	5

Suma tu puntuación de estos dos enunciados y anótalo aquí. _____ Éste es tu resultado de curiosidad.

2. Amor por el aprendizaje

Te encanta aprender cosas nuevas, ya sea que estés en clase o por tu cuenta. Siempre te gustó la escuela, leer e ir a museos; en cualquier parte y en cualquier momento hay una oportunidad para aprender. ¿Existen campos de conocimiento en los que seas *el* experto? ¿Tu experiencia es valorada por personas de tu círculo social o a nivel internacional? ¿Te fascina aprender de estos campos, incluso cuando no existan incentivos externos para hacerlo? Por ejemplo, todos los trabajadores postales tienen conocimiento de los códigos postales, pero este conocimiento refleja una fortaleza sólo si se adquirió por iniciativa propia.

a) El enunciado "Me entusiasma aprender algo nuevo" es

Completamente como yo   5
Como yo   4
Neutral   3
Diferente a mí   2
Completamente diferente a mí   1

b) "Nunca me esfuerzo por visitar museos" es

Completamente como yo   1
Como yo   2
Neutral   3
Diferente a mí   4
Completamente diferente a mí   5

Suma tu puntuación de estos dos enunciados y anótalo aquí. _____
Éste es tu resultado de amor por el aprendizaje.

3. Juicio / Pensamiento crítico / Apertura mental

Examinar las cosas y reflexionar sobre ellas desde todos los ángulos son aspectos importantes de tu personalidad. No te precipitas a sacar conclusiones y basas tus decisiones en pruebas sólidas. Eres capaz de cambiar de parecer.

Por juicio entiendo el ejercicio de examinar información de forma objetiva y racional, buscando el bien personal y el de los demás. El juicio en este sentido es sinónimo de pensamiento crítico. Requiere orientación a la realidad y es lo contrario de los errores "lógicos" que afectan a muchas personas depresivas; por ejemplo: la personalización exagerada ("siempre es mi culpa") o el pensamiento maniqueo. Lo contrario de esta fortaleza es pensar de maneras que favorecen y confirman aquello que ya crees. Esto es parte importante del rasgo saludable de no confundir tus deseos y necesidades con los hechos del mundo.

a) El enunciado "Cuando un tema lo requiere, puedo ser un pensador muy racional" es

Completamente como yo	5
Como yo	4
Neutral	3
Diferente a mí	2
Completamente diferente a mí	1

b) "Tiendo a hacer juicios precipitados" es

Completamente como yo	1
Como yo	2
Neutral	3
Diferente a mí	4
Completamente diferente a mí	5

Suma tu puntuación de estos dos enunciados y anótalo aquí. _____ Éste es tu resultado de juicio.

4. Ingenio / Originalidad / Inteligencia práctica / Espabilado

Cuando te enfrentas a algo que quieres, tienes mucho talento para encontrar un comportamiento nuevo pero apropiado para alcanzar tu meta. Rara vez te conformas con hacer algo de forma convencional. Esta categoría de fortaleza incluye lo que la gente entiende por creatividad, pero no la limito a las empresas tradicionales en las bellas artes. Esta fortaleza también se conoce como "inteligencia práctica" o, en palabras llanas, sentido común. O para decirlo sin rodeos, ser espabilado.

a) "Me gusta pensar en nuevas maneras de hacer las cosas" es

Completamente como yo	5
Como yo	4
Neutral	3
Diferente a mí	2
Completamente diferente a mí	1

b) "La mayoría de mis amigos son más imaginativos que yo" es

Completamente como yo	1
Como yo	2
Neutral	3
Diferente a mí	4
Completamente diferente a mí	5

Suma tu puntuación de estos dos enunciados y anótalo aquí. _____
Éste es tu resultado de ingenio.

5. Inteligencia social / Inteligencia personal / Inteligencia emocional

La inteligencia social y personal es el conocimiento del yo y de los otros. Tienes conciencia de los motivos y sentimientos de los demás y respondes bien a ellos. La inteligencia social es la habilidad de notar diferencias entre los demás, en especial en lo que se refiere a su estado de ánimo, temperamento, motivaciones e intenciones, para luego actuar de acuerdo con estas distinciones. Esta fortaleza no debe confundirse con ser simplemente introspectivo, tener capacidad de análisis psicológico o ser reflexivo; se nota en la capacidad de desenvolverse bien socialmente.

La inteligencia personal consiste en estar en profundo contacto con tus sentimientos y la capacidad de usar ese conocimiento para comprender y guiar tu comportamiento. En conjunto, Daniel Goleman denomina a estas fortalezas "inteligencia emocional". Este conjunto de fortalezas es fundamental para tener otras fortalezas como la amabilidad y el liderazgo.

Otro aspecto de esta fortaleza es la búsqueda de nichos: colocarse en situaciones que maximizan las habilidades e intereses propios. ¿Ya elegiste tu trabajo, tus relaciones íntimas y tus actividades de esparcimiento para poner en práctica tus mejores habilidades, todos los días de ser posible? ¿Te pagan por hacer algo en lo que realmente eres el mejor? Gallup Corporation descubrió que los trabajadores podían contestar con presteza la pregunta "¿Tu trabajo te permite hacer lo que mejor haces todos los días?". Pensemos en Michael Jordan, un jugador mediocre de beisbol, y el nicho que escogió en el basquetbol. Para encontrar tu nicho, tienes que ser capaz de identificar lo que haces mejor, sean fortalezas y virtudes, por un lado, o talentos y habilidades, por el otro.

a) "Sin importar el contexto social, soy capaz de encajar" es:

Completamente como yo	5
Como yo	4
Neutral	3
Diferente a mí	2
Completamente diferente a mí	1

b) "No soy muy bueno para percibir lo que otras personas sienten" es

Completamente como yo	1
Como yo	2
Neutral	3
Diferente a mí	4
Completamente diferente a mí	5

Suma tu puntuación de estos dos enunciados y anótalo aquí. _____
Éste es tu resultado de inteligencia social.

6. Perspectiva

Utilizo la etiqueta "perspectiva" para describir la fortaleza más madura en esta categoría: la sabiduría. Otras personas te buscan para que con tu experiencia les ayudes a resolver problemas y adquirir perspectiva. Tienes una forma de observar el mundo que tiene sentido para ti y para los demás. Las personas sabias son expertas en lo que más importa y lo más complejo en la vida.

a) "Siempre soy capaz de analizar las cosas y verlas dentro del panorama general" es

Completamente como yo   5
Como yo   4
Neutral   3
Diferente a mí   2
Completamente diferente a mí I

b) "Otras personas rara vez acuden a mí en busca de consejo" es

Completamente como yo   I
Como yo   2
Neutral   3
Diferente a mí   4
Completamente diferente a mí 5

Suma tu puntuación de estos dos enunciados y anótalo aquí. _____
Éste es tu resultado de perspectiva.

Valor

Las fortalezas que componen la categoría de valor reflejan el ejercicio de la voluntad con los ojos abiertos para alcanzar fines valiosos inciertos ante la adversidad. Esta virtud se admira universalmente, y cada cultura tiene héroes que ejemplifican esta virtud. Incluyo valor, perseverancia e integridad como las tres rutas principales para llegar a esta virtud.

7. *Valor y bravura*

No te intimidas ante una amenaza, reto, dolor o dificultad. El valor es más que la bravura en la lucha, cuando algo amenaza el bienestar físico personal. Alude también a las posturas intelectuales o emocionales que son impopulares, difíciles o peligrosas. A través de los años, los investigadores han marcado la distinción entre valor moral y valentía o bravura física. Otra forma de definir el valor se basa en la presencia o ausencia de miedo.

La persona valiente es capaz de disociar los componentes emocionales y conductuales del miedo, oponer resistencia a la respuesta conductual de intentar escapar para enfrentar una situación temible a pesar de la incomodidad producida por las reacciones subjetivas y físicas. La intrepidez, la audacia y la temeridad no son valor; enfrentar el peligro a pesar del miedo es lo que distingue al valor.

La noción de valor se ha ampliado con el paso del tiempo desde el valor demostrado en el campo de batalla, o valor físico, hasta incluir ahora el valor moral y psicológico. El valor moral es asumir posturas aunque uno sepa que son impopulares y que quizá le acarreen infortunio. Rosa Parks cuando no se movió del asiento delantero del autobús en Montgomery, Alabama, en 1955 es un claro ejemplo de valor estadunidense. Hacer denuncias es otro caso. El valor psicológico incluye el comportamiento estoico y hasta alegre que se necesita para enfrentar experiencias duras y enfermedad persistente sin perder la dignidad.

a) "Con frecuencia me he mantenido en mi postura ante una oposición férrea" es

Completamente como yo	5
Como yo	4
Neutral	3
Diferente a mí	2
Completamente diferente a mí	1

b) "El dolor y la decepción son más fuertes que yo" es

Completamente como yo	1
Como yo	2
Neutral	3
Diferente a mí	4
Completamente diferente a mí	5

Suma tu puntuación de estos dos enunciados y anótalo aquí. _____
Éste es tu resultado de valor.

8. Perseverancia / Laboriosidad / Diligencia

Siempre terminas lo que comienzas. La persona diligente emprende proyectos difíciles y los termina. Se organiza para hacer las cosas bien y con buen ánimo, sin quejarse. Haces lo que dices y a veces más, pero nunca menos. Al mismo tiempo, la perseverancia no es persistir de manera obcecada u obsesiva en metas inalcanzables. La persona verdaderamente diligente es flexible, realista y no perfeccionista. La ambición tiene aspectos positivos y negativos; sin embargo, sus aspectos deseables pertenecen a esta categoría de fortalezas.

a) "Siempre termino lo que empiezo" es

Completamente como yo	5
Como yo	4
Neutral	3
Diferente a mí	2
Completamente diferente a mí	1

b) "Me distraigo con otras cosas cuando trabajo" es

Completamente como yo	1
Como yo	2
Neutral	3
Diferente a mí	4
Completamente diferente a mí	5

Suma tu puntuación de estos dos enunciados y anótalo aquí. _____
Éste es tu resultado de perseverancia.

9. Integridad / Autenticidad / Honestidad

Eres una persona honesta, no sólo por decir la verdad, sino que vives de manera genuina y auténtica. Tienes los pies en la tierra y sin pretensiones; eres una persona "realista". Por integridad y autenticidad entiendo más que sólo decir la verdad a otros; quiero decir presentar tus intenciones y compromisos ante los demás y ante ti mismo con total sinceridad, ya sea de palabra o de obra. "Sé sincero contigo mismo, y así no podrás ser falso con ningún hombre" (William Shakespeare).

a) "Siempre cumplo mis promesas" es
Completamente como yo	5
Como yo	4
Neutral	3
Diferente a mí	2
Completamente diferente a mí	1

b) "Mis amigos nunca me dicen que tengo los pies en la tierra" es
Completamente como yo	1
Como yo	2
Neutral	3
Diferente a mí	4
Completamente diferente a mí	5

Suma tu puntuación de estos dos enunciados y anótalo aquí. _____
Éste es tu resultado de integridad.

Humanidad y amor

Estas fortalezas se observan en las interacciones sociales positivas con otras personas: amigos, conocidos, familiares y también con extraños.

10. Amabilidad y generosidad

Eres amable y generoso con los demás y nunca estás demasiado ocupado para hacerle un favor a alguien. Te gusta hacer buenas obras para los demás, aunque no los conozcas bien. ¿Con qué frecuencia tomas los intereses de otro ser humano por lo menos tan en serio como los propios? La esencia de todos los rasgos en esta categoría es el reconocimiento del valor de otras personas, un valor que puede igualar o incluso trascender el valor propio. La categoría de "amabilidad" abarca diferentes formas de relacionarse con otras personas que están guiadas por lo que más beneficia a dicha persona, y esto puede tener precedencia sobre los propios deseos y necesidades. ¿Hay otras personas, como familiares, amigos, colaboradores o incluso extraños, por quienes asumes responsabilidad? La empatía y la comprensión son componentes útiles de esta fortaleza. Shelley Taylor, profesora de psicología en UCLA, al describir la respuesta masculina ante la adversidad como "luchar y huir", dividió esta categoría para incluir la respuesta femenina ante una amenaza y la llamó "proteger y sociabilizar".

a) "Ayudé voluntariamente a un vecino en el último mes" es

Completamente como yo	5
Como yo	4
Neutral	3
Diferente a mí	2
Completamente diferente a mí	1

b) "Rara vez me emociono tanto por la buena fortuna de otros como por la mía" es

Completamente como yo	1
Como yo	2
Neutral	3
Diferente a mí	4
Completamente diferente a mí	5

Suma tu puntuación de estos dos enunciados y anótalo aquí. _____
Éste es tu resultado de amabilidad.

11. *Amar y permitirse ser amado*

Valoras las relaciones cercanas e íntimas con los demás. ¿Las personas por las que tienes sentimientos profundos y duraderos sienten lo mismo por ti? Si así es, esta fortaleza queda evidenciada. Esta fortaleza es más que la noción occidental de romance. (Es fascinante que los matrimonios concertados en las culturas tradicionales sean más estables que los matrimonios románticos de Occidente.) También rechazo el enfoque de "más es mejor" en la intimidad.

Ninguno es malo, pero después de uno, de inmediato aparece el punto de rendimientos decrecientes.

Es más común, en especial entre los hombres, ser más capaces de amar que de permitirse ser amados, por lo menos en nuestra cultura. George Vaillant es el custodio de un estudio de sesenta años de la vida de los hombres de las generaciones 1939-1944 de Harvard. Estos hombres ahora tienen más de ochenta años y George los entrevista cada cinco años. En su última entrevista, un médico jubilado llamó a George a su estudio para enseñarle una colección de cartas testimoniales de agradecimiento que sus pacientes le habían enviado con motivo de su jubilación cinco años antes. "Sabes, George, no las he leído", dijo mientras las lágrimas le escurrían por las mejillas. Este hombre demostró toda una vida de amar y cuidar a los demás, pero sin capacidad de recibir amor.

a) "Hay personas en mi vida a quienes les importan tanto mis sentimientos y bienestar como los suyos" es

Completamente como yo	5
Como yo	4
Neutral	3
Diferente a mí	2
Completamente diferente a mí	1

b) "Me cuesta trabajo aceptar el amor de otros" es

Completamente como yo	1
Como yo	2
Neutral	3
Diferente a mí	4
Completamente diferente a mí	5

Suma tu puntuación de estos dos enunciados y anótalo aquí. _____
Éste es tu resultado de amar y ser amado.

Justicia

Estas fortalezas se muestran en actividades cívicas. Van más allá de las relaciones personales para abarcar tu relación con grupos mayores, como tu familia, comunidad, país y el mundo.

12. Ciudadanía / Deber / Trabajo en equipo / Lealtad

Sobresales como miembro de un grupo. Eres un compañero leal y dedicado; siempre haces la parte que te corresponde y trabajas mucho por el éxito del grupo. Esta serie de fortalezas refleja tu desempeño dentro del grupo. ¿Ayudas al equipo? ¿Valoras las metas y propósitos del grupo aunque éstas sean distintas de las tuyas? ¿Respetas a quienes legítimamente tienen posiciones de autoridad, como profesores o entrenadores (excepto a Bobby Knight)? ¿Fusionas tu identidad con la del grupo? Esta fortaleza no es obediencia ciega y mecánica, pero al mismo tiempo quiero incluir el respeto por la autoridad, una fortaleza pasada de moda que muchos padres quisieran que sus hijos tuvieran.

a) "Trabajo mejor que nunca cuando soy parte de un equipo" es

Completamente como yo	5
Como yo	4
Neutral	3
Diferente a mí	2
Completamente diferente a mí	1

b) "Me cuesta trabajo sacrificar mis intereses personales en beneficio de los grupos a los que pertenezco" es

Completamente como yo	1
Como yo	2
Neutral	3
Diferente a mí	4
Completamente diferente a mí	5

Suma tu puntuación de estos dos enunciados y anótalo aquí. _____
Éste es tu resultado de ciudadanía.

13. Imparcialidad e igualdad

No permites que tus sentimientos personales sesguen tus decisiones sobre otras personas. Le das a todo el mundo una oportunidad. ¿Tus actos cotidianos se guían por principios de moralidad? ¿Tomas el bienestar de los demás, incluso el de las personas que no conoces, tan en serio como el tuyo? ¿Crees que casos similares deben tratarse de forma similar? ¿Puedes hacer de lado tus prejuicios con facilidad?

a) "Trato a todos por igual sin importar quiénes sean" es

Completamente como yo	5
Como yo	4
Neutral	3
Diferente a mí	2
Completamente diferente a mí	1

b) "Si alguien no me agrada, me es difícil tratarlo con imparcialidad" es

Completamente como yo	1
Como yo	2
Neutral	3
Diferente a mí	4
Completamente diferente a mí	5

Suma tu puntuación de estos dos enunciados y anótalo aquí. _____
Éste es tu resultado de imparcialidad.

14. Liderazgo

Organizas bien las actividades y te ocupas de que se lleven a cabo. El líder compasivo debe ser ante todo eficaz, hacerse cargo de que el trabajo del grupo se realice como es debido y mantener las buenas relaciones entre sus integrantes. Además, el líder eficaz es sensible cuando maneja las relaciones dentro del grupo. "Sin malicia hacia nadie y con caridad para todos. Con firmeza en el derecho." Por ejemplo, un líder nacional compasivo perdona a sus enemigos y los incluye en el mismo círculo moral que sus seguidores. Está libre del peso de la historia, reconoce su responsabilidad por sus errores y busca la paz. Piensa en Nelson Mandela, por un lado, y en Slobodan Milosevic, por el otro. Todas las características del liderazgo compasivo y sensible a nivel global tiene su contraparte entre los líderes de otros tipos: comandantes militares, directores generales de empresas, líderes sindicales, jefes de policía, directores escolares, líderes de boy scouts e incluso presidentes de consejos estudiantiles.

a) "Siempre puedo lograr que las personas trabajen en conjunto sin estar encima de ellas" es

Completamente como yo	5
Como yo	4
Neutral	3
Diferente a mí	2
Completamente diferente a mí	1

b) "No soy muy bueno para planear actividades grupales" es

Completamente como yo	1
Como yo	2
Neutral	3
Diferente a mí	4
Completamente diferente a mí	5

Suma tu puntuación de estos dos enunciados y anótalo aquí. _____
Éste es tu resultado de liderazgo.

Templanza

Como fortaleza básica, la templanza se refiere a la expresión apropiada y moderada de tus apetitos y necesidades. La persona con templanza no suprime motivos sino que espera las oportunidades para satisfacerlas para no causar daños ni a sí mismo ni a los demás.

15. Autocontrol

Puedes reprimir fácilmente tus deseos, necesidades e impulsos hasta cuando sea apropiado manifestarlos. No basta saber qué es lo correcto; también tienes que ser capaz de poner este conocimiento en acción. Cuando algo malo ocurre, ¿puedes regular tus emociones? ¿Puedes reparar y neutralizar tus sentimientos negativos por tu cuenta? ¿Puedes generar emociones positivas por tu cuenta sin necesidad de apoyo de alguien o algo más?

a) "Controlo mis emociones" es

Completamente como yo	5
Como yo	4
Neutral	3
Diferente a mí	2
Completamente diferente a mí	1

b) "Rara vez puedo llevar una dieta" es

Completamente como yo	1
Como yo	2
Neutral	3
Diferente a mí	4
Completamente diferente a mí	5

Suma tu puntuación de estos dos enunciados y anótalo aquí. _____
Éste es tu resultado de autocontrol.

16. Prudencia / Discreción / Cautela

Eres una persona cuidadosa. No dices ni haces cosas de las que puedes arrepentirte después. La prudencia es esperar a tener todos los elementos antes de emprender determinado curso de acción. Los individuos prudentes son previsores y considerados. Son buenos para resistirse a los impulsos de alcanzar metas a corto plazo en aras del éxito a largo plazo. La cautela es una fortaleza que los padres quisieran que sus hijos tuvieran, en especial en un mundo peligroso: "No te vayas a lastimar" en el parque, en un automóvil, en una fiesta, en una relación amorosa o por la carrera profesional que decidieron seguir.

a) "Evito actividades que son físicamente peligrosas" es

Completamente como yo	5
Como yo	4
Neutral	3
Diferente a mí	2
Completamente diferente a mí	1

b) "A veces tomo decisiones equivocadas en cuanto a mis amistades y relaciones" es

Completamente como yo	1
Como yo	2
Neutral	3
Diferente a mí	4
Completamente diferente a mí	5

Suma tu puntuación de estos dos enunciados y anótalo aquí. _____
Éste es tu resultado de prudencia.

17. Humildad y modestia

No llamas la atención y prefieres que tus logros hablen por sí mismos. No te sientes especial y otras personas reconocen y valoran tu modestia. No eres una persona pretenciosa. Las personas humildes creen que sus aspiraciones, sus victorias personales y sus derrotas carecen de importancia. En el orden general de las cosas, lo que has logrado y lo que has sufrido no cuenta mucho. La modestia que se desprende de estas creencias no sólo es una actuación sino una ventana de tu verdadero ser.

a) "Cambio el tema cuando la gente me hace un cumplido" es

Completamente como yo	5
Como yo	4
Neutral	3

Diferente a mí   2

Completamente diferente a mí   I

b) "A menudo alardeo de mis logros" es

Completamente como yo   I

Como yo   2

Neutral   3

Diferente a mí   4

Completamente diferente a mí   5

Suma tu puntuación de estos dos enunciados y anótalo aquí. _____

Éste es tu resultado de humildad.

Trascendencia

Utilizo el término *trascendencia* para el último grupo de fortalezas. Este término no ha sido popular a lo largo de la historia. *Espiritualidad* es casi siempre la designación preferente, pero yo quería evitar la confusión entre una de las fortalezas específicas, la espiritualidad, y las fortalezas no religiosas dentro de este grupo, como entusiasmo y gratitud. Por trascendencia quiero decir fortalezas emocionales que van más allá de ti para conectarte con algo superior y más permanente: otras personas, el futuro, la evolución, lo divino o el universo.

18. *Aprecio por la belleza y la excelencia*

Te detienes a disfrutar del aroma de las rosas. Aprecias la belleza, la excelencia y la destreza en todos los terrenos: la naturaleza y el arte, las matemáticas y la ciencia, y también en las cosas cotidianas. La apreciación de la belleza en el arte, o en la naturaleza, o simplemente en la vida, es un ingrediente de la buena vida. Cuando se trata de un sentimiento intenso, va acompañado de las emociones pasadas de moda de pasmo y admiración. Ser testigo del virtuosismo en los deportes o un acto de belleza moral humana o virtud provoca la emoción asociada de elevación.

a) "El pasado mes me emocionó la excelencia en la música, arte, teatro, cine, deportes, ciencia o matemáticas" es

Completamente como yo	5
Como yo	4
Neutral	3
Diferente a mí	2
Completamente diferente a mí	I

b) "No he creado nada bello en el último año" es

Completamente como yo	I
Como yo	2
Neutral	3
Diferente a mí	4
Completamente diferente a mí	5

Suma tu puntuación de estos dos enunciados y anótalo aquí. _____
Éste es tu resultado de belleza.

19. Gratitud

Eres consciente de las cosas buenas que te ocurren y nunca las das por sentadas. Siempre te das tiempo para expresar tu agradecimiento. La gratitud es el aprecio por la excelencia de otra persona en cuanto al carácter moral. Como emoción, es un sentido de admiración, agradecimiento y aprecio por la vida misma. Somos agradecidos cuando la gente hace algo bueno por nosotros, pero también podemos estar agradecidos en general por los actos buenos y por las personas buenas; por ejemplo: Elton John cantó alguna vez "Qué maravillosa es la vida cuando estás en este mundo". La gratitud también puede dirigirse a entidades impersonales o no humanas como Dios, la naturaleza, o los animales. Sin embargo, no puede dirigirse al yo. Cuando tengas duda, recuerda que la palabra viene del latín *gratia*, que significa gracia.

a) "Siempre digo gracias, incluso por las cosas pequeñas" es

Completamente como yo	5
Como yo	4

Neutral   3

Diferente a mí   2

Completamente diferente a mí   1

b) "Rara vez me detengo a pensar en las cosas buenas de mi vida" es

Completamente como yo   1

Como yo   2

Neutral   3

Diferente a mí   4

Completamente diferente a mí   5

Suma tu puntuación de estos dos enunciados y anótalo aquí. _____
Éste es tu resultado de gratitud.

20. Esperanza / Optimismo / Pensamiento orientado al futuro

Esperas lo mejor del futuro y planeas y trabajas para conseguir lo que quieres. La esperanza, el optimismo y la orientación hacia el futuro son una familia de fortalezas que representan una postura positiva respecto al futuro. Esperar que ocurran cosas buenas, sentir que las cosas llegarán a buen fin si uno se esfuerza y planear para el futuro provocan alegría aquí y ahora y estimulan una vida orientada a las metas.

a) "Siempre veo el lado bueno de las cosas" es

Completamente como yo   5

Como yo   4

Neutral   3

Diferente a mí   2

Completamente diferente a mí   1

b) "Rara vez tengo un plan preparado para lo que quiero hacer" es

Completamente como yo   1

Como yo   2

Neutral   3

Diferente a mí   4

Completamente diferente a mí   5

Suma tu puntuación de estos dos enunciados y anótalo aquí. _____
Éste es tu resultado de optimismo.

21. *Espiritualidad / Sentido de propósito / Religiosidad*

Tienes creencias fuertes y coherentes sobre un propósito superior y el sentido del universo. Sabes dónde encajas en el gran orden del universo. Tus creencias determinan tus actos y son fuente de consuelo para ti. Después de medio siglo de olvido, los psicólogos vuelven a estudiar la espiritualidad y la religiosidad con entusiasmo, ya que no pueden pasar por alto su importancia para las personas que tienen fe. ¿Tienes una filosofía articulada de la vida, ya sea religiosa o secular, que te coloque en el plano superior del universo? ¿La vida cobra sentido para ti en virtud de tu apego a algo superior a ti?

    a) "Mi vida tiene un fuerte propósito" es

Completamente como yo	5
Como yo	4
Neutral	3
Diferente a mí	2
Completamente diferente a mí	I

    b) "No tengo un llamado en la vida" es

Completamente como yo	I
Como yo	2
Neutral	3
Diferente a mí	4
Completamente diferente a mí	5

Suma tu puntuación de estos dos enunciados y anótalo aquí. _____
Éste es tu resultado de espiritualidad.

22. *Perdón y piedad*

Perdonas a quienes te han lastimado. Siempre le das a la gente una segunda oportunidad. Tu principio rector es la piedad y no la venganza. El perdón representa un conjunto de cambios pro sociales que ocurren dentro de un individuo que ha sido ofendido o herido por otra persona. Cuando las personas perdonan, sus motivos básicos o acciones respecto a quien las ofendió se vuelven más positivos (por ejemplo: benevolente, afable, generoso) y menos negativos (rencoroso, esquivo). Es útil distinguir entre la tendencia a perdonar, que es la disposición o propensión a perdonar, y el perdón, que puede considerarse un cambio en relación con un transgresor específico y una transgresión específica.

a) "Siempre dejo que lo pasado se quede en el pasado" es

Completamente como yo	5
Como yo	4
Neutral	3
Diferente a mí	2
Completamente diferente a mí	1

b) "Siempre trato de vengarme" es

Completamente como yo	1
Como yo	2
Neutral	3
Diferente a mí	4
Completamente diferente a mí	5

Suma tu puntuación de estos dos enunciados y anótalo aquí. _____
Éste es tu resultado de perdón.

23. *Jocosidad y humor*

Te gusta reír y hacer sonreír a la gente. Puedes ver con facilidad el lado bueno de la vida. Hasta este punto, nuestra lista de fortalezas parece tener un deprimente aire de superioridad moral: amabilidad, espiritualidad, valor e ingenio. Cotton

Mather o Girolamo Savonarola disfrazados de ciencia social. Sin embargo, las dos últimas fortalezas son más divertidas. ¿Eres juguetón? ¿Eres gracioso?

a) "Siempre mezclo el trabajo y el juego tanto como sea posible" es

Completamente como yo	5
Como yo	4
Neutral	3
Diferente a mí	2
Completamente diferente a mí	1

b) "Rara vez digo cosas chistosas" es

Completamente como yo	1
Como yo	2
Neutral	3
Diferente a mí	4
Completamente diferente a mí	5

Suma tu puntuación de estos dos enunciados y anótalo aquí. _____
Éste es tu resultado de humor.

24. Vivacidad / Pasión / Entusiasmo

Eres una persona muy vivaz. Te entregas en cuerpo y alma a las actividades que emprendes. ¿Despiertas por la mañana deseoso de comenzar tu día? ¿Es contagiosa la pasión que llevas a tus actividades? ¿Te sientes inspirado?

a) "Me entrego en todo lo que hago" es

Completamente como yo	5
Como yo	4
Neutral	3
Diferente a mí	2
Completamente diferente a mí	1

b) "Me quejo mucho" es

Completamente como yo	1
Como yo	2

Neutral	3
Diferente a mí	4
Completamente diferente a mí	5

Suma tu puntuación de estos dos enunciados y anótalo aquí. _____
Éste es tu resultado de vivacidad.

Resumen

En este momento ya tienes tus puntuaciones, así como también su significado y normas del sitio de internet, o sacaste tu puntuación de cada una de las veinticuatro fortalezas del libro. Si no estás usando el sitio web, escribe tus puntuaciones de cada una de las veinticuatro fortalezas en los siguientes espacios y luego ordénalos del más alto al más bajo.

Sabiduría y conocimiento

1. Curiosidad _____
2. Amor por el aprendizaje _____
3. Juicio _____
4. Ingenio _____
5. Inteligencia social _____
6. Perspectiva _____

Valor

7. Valor _____
8. Perseverancia _____
9. Integridad _____

Humanidad y amor

10. Amabilidad _____
11. Amor _____

Justicia

12. Ciudadanía _____
13. Imparcialidad _____
14. Liderazgo _____

Templanza

15. Autocontrol _____
16. Prudencia _____
17. Humildad _____

Trascendencia

18. Aprecio por la belleza _____
19. Gratitud _____
20. Esperanza _____
21. Espiritualidad _____
22. Perdón _____
23. Humor _____
24. Vivacidad _____

Por lo general, tendrás cinco o menos calificaciones de 9 o 10 y éstas son tus mayores fortalezas; por lo menos, según tu autoevaluación. Enciérralas en un círculo. También tendrás varias puntuaciones bajas en el rango de 4 a 6 (o inferiores), y éstas son tus debilidades.

Agradecimientos y reconocimientos

Este libro empezó porque hacía mucho calor para salir. En julio de 2009 estábamos los siete en Santorini, la isla griega, y la temperatura era de casi 43 grados Celsius. A Mandy y los cinco niños les gustaba salir corriendo todas las mañanas a pasear. Yo me quedaba en la habitación con aire acondicionado, preguntádome qué podía hacer. No tenía intenciones de escribir un libro, pero había estado puliendo mi modo de pensar sobre lo que era la felicidad desde hacía una década y había participado en ocho proyectos grandes que surgieron de la psicología positiva. Y todo convergía en un mismo punto: 51, es decir, que en el año 2051, 51 por ciento de la población mundial estaría floreciendo. Por eso empecé a poner todo esto por escrito, para comprobar si lo que había forjado en una década era congruente. El primer capítulo prácticamente se escribió solo.

–No he pensado en un público específico —le comenté a Mandy.

–Escríbelo para ti —propuso ella de salida a la playa. En menos de una semana había terminado el primer capítulo y los ocho proyectos empezaron a tener la coherencia necesaria para convertirse en los capítulos subsiguientes: qué es el bienestar; depresión, prevención y terapia; maestría en psicología positiva aplicada; educación positiva; aptitud integral del soldado; logro e inteligencia; salud positiva; 51.

Así es como organizo mis agradecimientos y reconocimientos.

La deuda de agradecimiento que tengo con algunas personas es inmensa, y su inspiración domina el todo: Robert Nozick, Peter Madison, Byron Campbell, Ernie Steck, Bob Olcott, miss Eldred (no me fue posible averiguar su nombre de pila en los archivos de la Escuela Pública 16 de Albany, Nueva York), Richard Solomon y Paul Rozin prepararon el camino para la psicología positiva hace mucho tiempo cuando, de joven, tuve la fortuna de que fueran mis maestros. Hans Eysenck, Ray Fowler, Mike Csikszentmihalyi, Steve Maier, Jack Rachman, Chris Peterson, Ed Diener, Richard Layard, Aaron Beck, Albert Stunkard y Barry Schwartz han sido mis mentores en etapas posteriores de mi vida. Su influencia se deja sentir en todos los capítulos.

Marie Forgeard, una excelente estudiante de posgrado, realizó un estupendo trabajo con las notas finales y leyó concienzudamente todo el manuscrito. Vaya un agradecimiento especial para ella.

El capítulo introductorio sobre la teoría del bienestar y el llamado al 51, que es el último capítulo y el propósito fundamental de este libro, se deben a Eranda Jayawickreme, Corey Keyes, Richard Layard, Martha Nussbaum, Dan Chirot, Senia Maymin, Denise Clegg, Philip Streit, Danny Kahneman, Barbara Ehrenreich (el disentimiento total no impide la gratitud), Felicia Huppert, Paul Monaco, el Dalái Lama, Doug North, Timothy So, Ilona Boniwell, James Pawelski, Antonella Delia Fave, Geofl Mulgan, Anthony Seldon, Jon Haidt, Don Clifton, Dan Gilbert, Robert Biswas-Diener, Jerry Wind, Tomas Sanders, Linda Stone y Yukun Zhao. Judith Ann Gebhardt pensó en el acrónimo PERMA, que probablemente sobrevivirá a una buena parte del resto de la psicología positiva.

Por el capítulo sobre fármacos, psicoterapia y prevención, expreso mi agradecimiento especial a Tayyab Rashid, Acacia Parks, Tom Insel, Rob DeRubeis, Steve Schueller, Afroze Rashid, Steve Hollon, Judy Garber, Karen Reivich y Jane Gillham.

El capítulo sobre la maestría en psicología positiva aplicada no habría sido posible sin el esfuerzo y trabajo de James Pawelski, Debbie Swick y los 150 graduados de la MPPA. Expreso mi agradecimiento especial a Derrick Carpenter, Caroline Adams Miller, Shawna Mitchell, Angus Skinner, Yakov Smirnoff, David Cooperrider, Michelle McQuaid, Bobby Dauman, Dave Shearon, Gail Schneider, Aren Cohen, Pete Worrell, Carl Fleming, Jan Stanley, Yasmin Headley (que emblemáticamente vendió su Mercedes para pagar sus estudios), Aaron Boczowski, Marie-Josee Salvas, Elaine O'Brien, Dan Bowling, Kirsten Cronlund, Tom Rath, Reb Rebele, Leona Brandwene, Gretchen Pisano y Denise Quinlain.

Por el capítulo sobre educación positiva tengo una deuda de gratitud enorme con Karen Reivich, Stephen Meek, Charlie Scudamore, Richard

Layard, Mark Linkins, Randy Ernst, Matthew White y los estudiantes, personal y profesores de la Geelong Grammar School. Agradezco también a Amy Walker, Justin Robinson, Elaine Pearson, Joy y Philip Freier, Ben Dean, Sandy MacKinnon, Hugh Kempster, David Levin, Doug North, Ellen Cole, Dominic Randolph, Jonathan Sachs, J. J. Cutuli, Trent Barry, Rosie Barry, Matt Handbury, Tony Strazerra, Debbie Cling, John Hendry, Lisa Paul, Frank Mosca, Roy Baumeister, Barbara Fredrickson, Diane Tice, Jon Ashton, Kate Hayes, Judy Saltzberg y Adele Diamond.

"Fortaleza del ejército" no habría sido posible sin Rhonda Cornum (mi heroína), Karen Reivich, George Casey y Darryl Williams. Gracias también a Paul Lester, Sharon McBride, Jeff Short, Richard Gonzales, Stanley Johnson, Lee Bohlen, Breon Michel, Dave Szybist, Valorie Burton, Katie Curran, Sean Doyle, Gabe Paoletti, Gloria Park, Paul Bliese, John y Julie Gottman, Richard Tedeschi, Richard McNally, Paul McHugh, Paul Monaco, Jill Chambers, Mike Fravell, Bob Scales, Eric Schoomaker, Richard Carmona, Carl Castro, Chris Peterson, Nansook Park, Ken Pargament, Mike Matthews, Pat Sweeney, Patty Shinseki, Donna Brazil, Dana Whiteis, Mary Keller, Judy Saltzberg, Sara Algoe, Barbara Fredrickson, John Cacioppo, Norman Anderson, Gary VandenBos, Shelly Gable, Peter Schulman, Deb Fisher y Ramin Sedehi.

En lo que se refiere al capítulo sobre inteligencia y éxito, manifiesto mi profunda gratitud y evidente admiración por su trabajo a la figura central, Angela Lee Duckworth. Asimismo, agradezco a Anders Ericsson, John Sabini, Jane Drache, Alan Kors, Darwin Labarthe y Sheldon Hackney.

Gracias por el capítulo sobre salud positiva a Darwin Labarthe, Paul Tarini, Chris Peterson, Steve Blair, Ray Fowler, Arthur Barsky, John Cacioppo, David Sloan Wilson, Ed Wilson, Julian Thayer, Arthur Rubenstein, Elaine O'Brien, Sheldon Cohen, Monte Mills, Barbara Jacobs, Julie Boehm, Caroline Adams Miller, Paul y John Thomas y a mi grupo de caminata de internet.

He pasado los últimos cuarenta y cinco años en mi hogar académico, la Universidad de Pennsylvania, y he recibido todo el apoyo de mis colegas y estudiantes: primero, Peter Schulman, que es mi brazo derecho, Linda Newsted, Karen Reivich, Jane Gillham, Rachel Abenavoli, Denise Clegg, Derek Freres, Andrew Rosenthal, Judy Rodin, Sam Preston, Amy Gutmann,

Mike Kahana, Rebecca Bushnell, David Brainard, Ramin Sedehi, Richard Schultz, David Balamuth, Gus Hartman, Frank Norman, Angela Duckworth y Ed Pugh. En la actualidad soy profesor de la cátedra Zellerbach Family de psicología y antes fui profesor de psicología del programa de liderazgo Robert Fox, y agradezco su apoyo a todos los Zellerbach y a Bob Fox.

La psicología positiva ha recibido el generoso financiamiento de Atlantic Philanthropies, Annenberg Foundation y, en especial, de Kathleen Hall Jamieson, U. S. Department of Education, U. S. Department of the Army, National Institute of Mental Health, Jim Hovey, Gallup Foundation, Hewlett-Packard Foundation, Young Foundation, Robert Wood Johnson Foundation (en especial, Paul Tarini), Neal Mayerson de Mayerson Foundation y John Templeton Foundation, con mi agradecimiento especial a Jack Templeton, Arthur Schwartz, Mary Anne Myers, Kimon Sargeant y Barnaby Marsh.

La psicología positiva se ha reseñado en artículos constructivos de Ben Carey, Stacey Burling, Claudia Wallis, Joshua Wolf Shenk, Rhea Farberman y Cecilia Simon, entre muchos otros, y estoy muy agradecido por su periodismo responsable.

A Leslie Meredith, mi editora infaliblemente entusiasta y muy trabajadora, Martha Levin, editora, Dominick Anfuso, editor en jefe, y a Richard Pine, amigo cercano y agente sin igual, les expreso mi sincero agradecimiento.

A mis siete hijos, Jenny, Carly, Darryl, Nikki, Lara, David y Amanda, les agradezco su paciencia con su padre casado con el trabajo. Y sobre todo, expreso mi agradecimiento más importante al amor y compañera de mi vida, mi esposa Mandy McCarthy Seligman.

Notas

[1] K. S. Pope y B. G. Tabachnick, "Therapists as Patients: A National Survey of Psychologists' Experiences, Problems, and Beliefs", *Professional Psychology: Research and Practice* 25 (1994): 247-58. La investigación ha demostrado que los psicoterapeutas y psicólogos tienen índices elevados de depresión. En una encuesta de aproximadamente quinientos psicólogos, Pope y Tabachnick concluyeron que 61 por ciento de la muestra reportó por lo menos un episodio de depresión durante su carrera, 29 por ciento había tenido sentimientos suicidas y 4 por ciento había intentado suicidarse.

American Psychological Association, *Advancing Colleague Assistance in Professional Psychology* (10 de febrero de 2006). Consultado el 15 de octubre de 2009 en www.apa.org/practice/acca_monograph.html. En 2006 el Advisory Committee on Colleague Assistance (ACCA) del Board of Professional Affairs de la APA emitió un informe sobre angustia y deterioro de la capacidad de los psicólogos. En el informe se señala que, dependiendo de cómo se mida la depresión, su prevalencia vitalicia entre los psicólogos varía entre 11 y 61 por ciento. Además de la depresión, los profesionales de la salud mental están expuestos a niveles altos de estrés, agotamiento mental, toxicomanía y estrés traumático secundario.

Véase también P. L. Smith y S. B. Moss, "Psychologist Impairment: What Is It, How Can It Be Prevented, and What Can Be Done to Address It?", *Clinical Psychology: Science and Practice* 16 (2009): 1-15.

[2] La International Positive Psychology Association (IPPA) tiene en la actualidad más de tres mil miembros de más de setenta países. Aproximadamente 45 por ciento de los miembros de la asociación son investigadores académicos y psicólogos activos. El siguiente 20 por ciento (conocidos como asociados) son profesionales que se dedican a poner en práctica la investigación sobre psicología positiva en contextos aplicados (escuelas, empresas, etcétera). El siguiente 25 por ciento está compuesto por estudiantes interesados en la psicología positiva. El restante 10 por ciento (afiliados), incluye personas que simplemente están interesadas en la materia. Encontrarás más información sobre la IPPA en www.ippanetwork.org.

Uno de varios grupos activos en internet al que vale la pena inscribirse es friends-of-pp@lists.apa.org.

CAPÍTULO I: ¿QUÉ ES EL BIENESTAR?

[1] "Judith Rodin: Early Career Awards for 1977", *American Psychologist* 33 (1978): 77-80. Judy Rodin ganó el Early Career Award de la American Psychological Association en 1977. Este artículo resume los primeros logros de su carrera profesional.

Hace poco Judy Rodin fue seleccionada por *U.S. News & World Report* como una de las mejores líderes de Estados Unidos por su trabajo como directora de la Rockefeller Foundation: D. Gilgoff, "Judith Rodin: Rockefeller Foundation Head Changes the Charity and the World", *U.S. News & World Report,* 22 de octubre de 2009.

A lo largo de su carrera ha sido autora y coautora de más de doscientos artículos académicos y doce libros, entre ellos, *The University and Urban Renewal: Out of the Ivory Tower and into the Streets* (Filadelfia: University of Pennsylvania Press, 2007).

[2] L. Kamen-Siegel, J. Rodin, M. E. P. Seligman y J. Dwyer, "Explanatory Style and Cell-Mediated Immunity in Elderly Men and Women", *Health Psychology* 10 (1991): 229-35. En colaboración con Leslie Kamen-Siegel, descubrimos que un estilo explicativo pesimista predecía menor inmunocompetencia en una muestra de veintiséis adultos mayores (de entre 62 y 82 años), cuando se controlaban otros factores, como estado de salud actual, depresión, medicamentos, cambios de peso, hábitos de sueño y consumo de alcohol. Nuestro estudio, así como la relación entre el optimismo y el sistema inmunitario, se analiza más a fondo en el capítulo 9.

[3] El informe de la conferencia está disponible en www.ppc.sas.upenn.edu/chirot.htm.

[4] Ethnopolitical Warfare: D. Chirot y M. E. P. Seligman, eds., *Ethnopolitical Warfare: Causes, Consequences, and Possible Solutions* (Washington, D. C.: American Psychological Association, 2001).

[5] Mel Konner es profesor de la cátedra Samuel Candler Dobbs de antropología de Emory University, en Atlanta. Entre otros libros, es autor de *The Tangled Wing: Biological Constraints on the Human Spirit* (Nueva York: Holt, Rinehart, Winston, 1982). Hay más información sobre la vida y obra de Mel Konner en su sitio electrónico, en www.melvinkonner.com.

[6] En 2006 Atlantic Philanthropies fue la tercera fundación más generosa de Estados Unidos (donó quinientos millones de dólares en subvenciones), superada sólo por las fundaciones Ford y Gates. Para más información sobre la carrera y actividades filantrópicas de Chuck Feeney, véase J. Dwyer, "Out of Sight, Till Now, and Giving Away Billions", *New York Times,* 26 de septiembre de 2007.

C. O'Clery, *The Billionaire Who Wasn't: How Chuck Feeney Secretly Made and Gave Away a Fortune Without Anyone Knowing* (Nueva York: Public Affairs, 2007).

[7] Nuestro informe de avances del año 2000 en el proyecto Humane Leadership se encuentra en www.ppc.sas.upenn.edu/hlprogressreport.htm#Research.

[8] Muchos consideran que Tales de Mileto (*ca.* 624 a. C.-*ca.* 546 a. C.) es el primer filósofo en la tradición griega. Una parte esencial de la teoría de Tales es la creencia de que el mundo surgió del agua y que el agua es el principio de todas las cosas. Para más información sobre Tales, véase B. Russell, *A Western History of Philosophy* (Londres: George Allen and Unwin, 1945).

[9] Aristóteles, *Nichomachean Ethics* (Nueva York: Oxford University Press, 1998).

[10] F. Nietzsche, *The Will to Power* (Nueva York: Vintage, 1968).

[11] S. Freud, *Inhibitions, Symptoms, and Anxiety* (Nueva York y Londres: W. W. Norton, 1959).

12 D. Gernert, "Ockham's Razor and Its Improper Use", *Cognitive Systems*: 133-38. Se trata de un análisis crítico del mal uso y las limitaciones del principio de parsimonia.

13 D. M. Haybron, *The Pursuit of Unhappiness: The Elusive Psychology of Well-Being* (Nueva York: Oxford University Press, 2008). Es una revisión de los diferentes significados de felicidad.

14 Senia señaló que, aunque el logro puede producir resultados deseables y a menudo va acompañado de emoción positiva, también puede ser motivador intrínseco.

15 A. de Tocqueville, *Democracy in America* (Nueva York: Perennial Classics, 2000). En *La democracia en América*, Tocqueville explicó que el concepto de felicidad que tenía Jefferson se relacionaba con el dominio de uno mismo para alcanzar la realización duradera. Por lo tanto, la felicidad según Jefferson se parece mucho más al bienestar perdurable que al placer temporal.

D. M. McMahon, *Happiness: A History* (Nueva York: Atlantic Monthly Press, 2006). La mejor fuente sobre la evolución histórica del concepto de felicidad.

16 M. Csikszentmihalyi, *Creativity: Flow and the Psychology of Discovery and Invention* (Nueva York: Harper Perennials, 1997). Mihalyi Csikszentmihalyi usó el ejemplo del proceso creativo para describir la relación entre flujo y emoción positiva. En palabras suyas: "Cuando estamos en flujo, por lo general no nos sentimos felices, por la sencilla razón de que en flujo sólo sentimos lo que es pertinente a la actividad. La felicidad es distracción. El poeta cuando escribe o el científico cuando resuelve ecuaciones no se sienten felices, por lo menos sin perder el hilo de su pensamiento. Sólo después de que salimos del flujo, al final de una sesión o en momentos de distracción durante ésta, podríamos darnos el lujo de sentirnos felices. Y luego viene una oleada de bienestar, de satisfacción que produce ver el poema terminado o la comprobación del teorema".

A. Delle Fave y F. Massimini, "The Investigation of Optimal Experience and Apathy: Developmental and Psychosocial Implications", *European Psychologist* 10 (2005): 264-74.

17 M. Csikszentmihalyi, K. Rathunde y S. Whalen, *Talented Teenagers: The Roots of Success and Failure* (Nueva York: Cambridge University Press, 1997). Csikszentmihalyi, Rathunde y Whalen concluyeron que el desarrollo del talento en un grupo de adolescentes estadunidenses se relacionaba con su capacidad de usar su poder de concentración, comprometerse a desarrollar sus habilidades y experimentar el flujo.

18 M. E. P. Seligman, T. A. Steen, N. Park y C. Peterson, "Positive Psychology Progress: Empirical Validation of Interventions", *American Psychologist* 60 (2005): 410-21. Esta idea se presentó originalmente en *Authentic Happiness* (2002). En estudios de investigación posteriores, descubrimos que cuando las personas aprendían a usar sus fortalezas básicas de nuevas maneras se sentían más felices (y menos deprimidas), y que este efecto duraba hasta seis meses después de nuestra intervención. Sin embargo, usar nuestras mayores fortalezas no es una condición necesaria para entrar en flujo: yo entro en flujo cuando me dan un masaje en la espalda. Cuando mucho, el uso de las mayores fortalezas es sólo una condición que contribuye a entrar en flujo. Para identificar tus mayores fortalezas, contesta la encuesta Valores en acción en www.authentichappiness.org.

19 V. Frankl, *Man's Search for Meaning* (Londres: Random House/Rider, 2004). Un retrato conmovedor de lo ineludible que es la búsqueda de sentido.

20 E. Diener, R. Emmons, R. Larsen y S. Griffin, "The Satisfaction with Life Scale", *Journal of Personality Assessment* 49 (1985): 71-75.

21   R. Veenhoven, "How Do We Assess How Happy We Are? Tenets, Implications, and Te-
nability of Three Theories" (ponencia presentada en la conferencia New Directions in the
Study of Happiness: United States and International Perspectives, University of Notre
Dame, South Bend, IN, octubre de 2006).
     M. Schwarz y F. Strack, "Reports of Subjective Well-Being: Judgmental Processes and
Their Methodological Implications", en *Foundations of Hedonic Psychology: Scientific Pers-
pectives on Enjoyment and Suffering*, D. Kahneman, E. Diener y N. Schwarz, eds. (Nueva
York: Russell Sage Foundation, 1999), pp. 61-84.

22   Por ejemplo, véase P. Hills y M. Argyle, "Happiness, Introversion-Extraversion and Happy
Introverts", *Personality and Individual Differences* 30 (2001): 595-608.
     W. Fleeson, A. B. Malanos y N. M. Achille, "An Intraindividual Process Approach
to the Relationship Between Extraversion and Positive Affect: Is Acting Extraverted
as 'Good' as Being Extraverted?", *Journal of Personality and Social Psychology* 83 (2002):
1409-22.

23   C. Peterson, *A Primer in Positive Psychology* (Nueva York: Oxford University Press, 2006).
En *A Primer in Positive Psychology*, Christopher Peterson observó que el movimiento de la
psicología positiva con frecuencia, y desafortunadamente, se relaciona con el cliché de
la carita feliz de Harvey Ball cuando se menciona en los medios. Peterson señaló que esta
iconografía es muy engañosa: "una sonrisa no es un indicador infalible de todo lo que
hace que la vida valga la pena. Cuando estamos absortos en actividades que nos satisfacen,
cuando hablamos con toda sinceridad desde el fondo del corazón, o cuando hacemos algo
heroico, podemos sonreír o no, y sentir o no placer en el momento. Estos tres casos son
preocupaciones primordiales de la psicología positiva, y no pertenecen al ámbito de la
felicidología" (p. 7).

24   E. Diener, E. M. Suh, R. E. Lucas y H. L. Smith, "Subjective Well-Being: Three Decades
of Progress", *Psychological Bulletin* 125 (1999): 276-302. Véase esta fuente para más información sobre la naturaleza multifacética del bienestar subjetivo.

25   E. L. Deci y R. M. Ryan, *Intrinsic Motivation and Self-Determination in Human Behavior*
(Nueva York: Plenum Press, 1985). En otras palabras, el elemento es intrínsecamente motivador, según lo definen Deci y Ryan.

26   J. Shenk, *Lincoln's Melancholy* (Nueva York: Houghton Mifflin, 2005). Una espléndida y
emotiva biografía de Lincoln.

27   J.-P. Sartre, *No Exit and Three Other Plays* (Nueva York: Vintage, 1949).

28   R. Wolff, *The Lone Wolff: Autobiography of a Bridge Maverick* (Nueva York: Masterpoint
Press, 2007). Un excelente libro sobre el bridge de altos vuelos y por qué algunos expertos
hacen trampa.

29   R. Chernow, *Titan: The Life of John D. Rockefeller, Sr.* (Nueva York: Vintage, 1998). Una
biografía sobresaliente de su pulsión por ganar en la primera mitad de su vida y su filantropía en la segunda mitad.

30   D. Putnam, J. Eberts, D. Fayed y J. Crawford (productores), y H. Hudson (director), *Chariots of Fire* (película cinematográfica), 1981. Burbank, CA: Warner Home Video.

31   R. W. White, "Motivation Reconsidered: The Concept of Competence", *Psychological Review* 66 (1959): 297-333.

32   H. T. Reis y S. L. Gable, "Toward a Positive Psychology of Relationships" en *Flourishing:
Positive Psychology and the Life Well-Lived*, C. L. M. Keyes y J. Haidt, eds. (Washington,

D. C.: American Psychological Association, 2003), pp. 129-59. En una revisión de la información, Reis y Gable concluyeron que las buenas relaciones con los demás pueden ser la fuente más importante de satisfacción con la vida y bienestar emocional de las personas de todas las edades y culturas. Agradezco muy especialmente a Corey Keyes por su uso precursor del término y del concepto de "florecer", que precede a mi propio uso. Aunque empleé el término con un sentido diferente (PERMA), el trabajo de Corey ha sido una inspiración para mí.

[33] S. Post, J. Neimark y O. Moss, *Why Good Things Happen to Good People* (Nueva York: Broadway Books, 2008).

[34] M. E. P. Seligman, T. A. Steen, N. Park y C. Peterson, "Positive Psychology Progress: Empirical Validation of Interventions", *American Psychologist* 60 (2005): 410-21. En investigaciones recientes descubrimos que, entre cinco ejercicios diferentes de psicología positiva, la visita de gratitud (como se describe en *Authentic Happiness*) produjo los cambios positivos más importantes en la felicidad (y las reducciones más grandes de los síntomas de depresión), y este efecto duró un mes. En el ejercicio de la visita de gratitud, se pidió a los participantes que escribieran y entregaran en persona una carta de gratitud a alguien que hubiera sido especialmente bueno con ellos, pero al que nunca le habían dado las gracias como merecía.

S. Lyubomirsky, K. M. Sheldon y D. Schkade, "Pursuing Happiness: The Architecture of Sustainable Change", *Review of General Psychology* 9 (2005): 111-131. Sonja Lyubomirsky y sus colegas también han llegado a la conclusión de que pedir a sus alumnos que realicen cinco actos de bondad por semana durante seis semanas da por resultado un aumento en el bienestar, en especial si los cinco actos de bondad se realizan en un solo día.

[35] D. M. Isaacowitz, G. E. Vaillant y M. E. P. Seligman, "Strengths and Satisfaction Across the Adult Lifespan", *International Journal of Aging and Human Development* 57 (2003): 181-201. En 2000 sostuvimos una reunión en Glasbern, Pennsylvania, para pulir la taxonomía de fortalezas y virtudes de VIA (Valores en acción). Más de veinticinco investigadores nos reunimos a debatir qué fortalezas debíamos incluir. El amor —casi definido implícitamente como la capacidad de amar— siempre había ocupado uno de los primeros lugares de nuestra lista. George Vaillant nos reprendió por pasar por alto la capacidad de *ser* amado. Para Vaillant, la capacidad de ser amado es la máxima fortaleza. Vaillant se inspiró en el trabajo fundamental que realizó para el Grant Study, una investigación longitudinal de casi setenta años (y contando) de la trayectoria de desarrollo de graduados de Harvard College. (Este estudio también se conoce como Harvard Study.) En un estudio dirigido por Derek Isaacowitz, concluimos que la capacidad de amar y ser amado era la fortaleza que se asocia con mayor claridad con el bienestar subjetivo a los ochenta años de edad.

[36] J. T. Cacioppo y W. Patrick, *Loneliness: Human Nature and the Need for Social Connection* (Nueva York: W. W. Norton, 2008); J. T. Cacioppo, L. C. Hawkley, J. M. Ernst, M. Burleson, G. G. Berntson, B. Nouriani y D. Spiegel, "Loneliness Within a Nomological Net: An Evolutionary Perspective", *Journal of Research in Personality* 40 (2006): 1054-85. Según Cacioppo y Patrick, la colaboración social siempre ha sido uno de los motores de la evolución del comportamiento humano. Lo contrario, la soledad, causa verdaderos estragos en quienes la sufren porque aumenta los niveles de estrés y ocasiona ciclos negativos de comportamiento contraproducente. Por ejemplo, Cacioppo y sus colegas descubrieron que los adultos jóvenes solitarios (en comparación con los que no son solitarios) sufren

más ansiedad, ira y estados de ánimo negativos, así como temor a la evaluación negativa. También tienen poco optimismo, habilidades sociales y apoyo, estados de ánimo positivos, extraversión, estabilidad emocional, acuciosidad, afabilidad y sociabilidad.

D. W. Russell, "The UCLA Loneliness Scale (Version 3): Reliability, Validity y Factor Structure", *Journal of Personality Assessment* 66 (2006). La soledad puede medirse con la escala de soledad de UCLA, un cuestionario de veinte preguntas.

[37] R. F. Baumeister y M. R. Leary, "The Need to Belong: Desire for Interpersonal Attachments as a Fundamental Human Motivation", *Psychological Bulletin* 117 (1995): 497-529. Una revisión de los estudios de investigación sobre los determinantes y las consecuencias de la pulsión humana por entablar relaciones sociales (o "necesidad de pertenecer a algo").

[38] N. Humphrey, *The Inner Eye: Social Intelligence in Evolution* (Nueva York: Oxford University Press, 1986).

[39] R. Dawkins, *The Selfish Gene* (Nueva York: Oxford University Press, 1976).

[40] D. S. Wilson y E. O. Wilson, "Rethinking the Theoretical Foundation of Sociobiology", *Quarterly Review of Biology* 82 (2007): 327-48.

[41] El problema teórico de la selección grupal (pros y contras) es complicado. La principal objeción a la selección grupal es el problema del "polizón". Imaginemos un grupo que gana porque algunos de sus miembros son altruistas y colaboran, además de tener las emociones gregarias de la colmena. Les va bien en la batalla, pero a los miembros del grupo que no colaboran y se acobardan les va aún mejor que a los colaboradores valientes. Estos polizones sobreviven y se reproducen a costa (y por encima de los cadáveres) de los valientes. A la larga, los polizones egoístas terminan por superar y eliminar a los abnegados genéticos, y la ventaja altruista de grupos enteros se viene abajo. El argumento más ingenioso en contra del problema del polizón es que la moral y la religión son una contraadaptación hereditaria de los seres humanos que anula la ventaja de ser polizón. La religión y la moral condenan a los polizones egoístas y, por lo tanto, éstos pierden su ventaja reproductiva, de ahí la universalidad de los sistemas morales y religiosos en nuestra especie. Se pueden encontrar versiones de este argumento en *El origen del hombre* de Charles Darwin (1871), capítulo 5; en *Evolution for Everyone* de David Sloan Wilson (2007); y la más convincente, *The Righteous Mind: Why Good People Are Divided by Politics and Religion* de Jon Haidt (2011), capítulo 9.

[42] M. Csikszentmihalyi, *Finding Flow in Everyday Life* (Nueva York: Basic Books, 1997). El equilibrio preciso entre habilidades y retos determina si una persona entrará en flujo (o los estados de control, relajación, aburrimiento, apatía, preocupación y ansiedad). El flujo corresponde a la combinación óptima de habilidades superiores y retos complejos, según Csikszentmihalyi.

[43] R. Layard, *Happiness* (Nueva York: Penguin, 2005).

[44] N. Powdthavee, "Think Having Children Will Make You Happy?", *The Psychologist* 22 (2009): 308-11. En una cantidad considerable de estudios publicados que miden la satisfacción con la vida y la felicidad, los resultados sistemáticamente indican menos, o en el mejor de los casos no más, entre las personas que tienen hijos que entre las que no son padres.

J. Senior, "All Joy and No Fun", *New York Magazine*, 4 de julio de 2010. Jennifer Senior plantea bien la controversia y capta mi punto de vista: "La felicidad se define mejor en el sentido de los antiguos griegos: tener una vida productiva y plena de significado. Y la manera como evaluamos esa vida, a final de cuentas, no se basa en cuánto nos divertimos, sino en lo que hicimos con ella. (Seligman tiene siete hijos.)"

45 A. Huxley, *Brave New World* (Nueva York: Harper and Brothers, 1932). La inolvidable antiutopía de Aldous Huxley.

46 E. Jayawickreme y M. E. P. Seligman, "The Engine of Well-Being" (manuscrito en preparación, 2010). Eranda Jayawickreme y yo hemos comparado la teoría del bienestar con las demás teorías importantes del bienestar en un manuscrito reciente, "The Engine of Well-Being". Encontramos tres tipos de teorías: deseo, placer y necesidad. Las primeras (*las teorías de deseo*) dominan la economía y la psicología del comportamiento convencionales y postulan que el individuo alcanza el bienestar cuando es capaz de cumplir sus "deseos", donde el término "deseos" se define de manera objetiva. En términos económicos, el bienestar está ligado a la satisfacción de las preferencias personales. No existe *requisito* subjetivo, ni necesidad de satisfacer las preferencias personales para llegar al placer o la satisfacción. Del mismo modo, el refuerzo positivo se basa en la elección instrumental (una medida objetiva de la preferencia), sin componente subjetivo y, por lo tanto, constituye una teoría de deseo. El bienestar en la teoría del refuerzo se aproxima calculando cuánto más refuerzo positivo y cuánto menos castigo (ambos medidas conductuales de la preferencia) obtiene cada uno. Las personas y los animales se esfuerzan por conseguir lo que quieren porque tal comportamiento se refuerza de manera positiva, y no porque satisfaga ninguna necesidad o pulsión específica y tampoco porque genere ningún estado subjetivo de placer.

Las *teorías de placer* son las explicaciones hedonistas de la felicidad en la filosofía y la psicología, que se centran en los informes subjetivos de emoción positiva, satisfacción con la vida y felicidad. El bienestar subjetivo es la combinación de la satisfacción general con la vida, la satisfacción con áreas específicas de la vida, el estado de ánimo actual y la emoción actual tanto positiva como negativa. El bienestar subjetivo es tal vez la teoría que más comúnmente se usa en la psicología de la felicidad y el bienestar se evalúa típicamente preguntando a una persona: "¿Qué tan satisfecho estás con tu vida?". La respuesta incluye emociones momentáneas positivas y negativas y una evaluación cognoscitiva de cómo va la vida.

Las *teorías de necesidad* clasifican la lista objetiva de bienes que se requieren para el bienestar o para una vida feliz. No descartan por completo lo que las personas eligen (deseo) ni lo que sienten respecto a sus elecciones (placer), pero sostienen que lo que la gente necesita es lo más importante para el bienestar. Estas teorías incluyen las explicaciones y listas objetivas de Amartya Sen y Martha Nussbaum, la jerarquía de las necesidades de Abraham Maslow y las perspectivas eudemónicas de Carolyn Ryff, Ed Deci y Rich Ryan. Ryff argumentó que el trabajo creativo en las formas eudemónicas de considerar el bienestar es importante como contrapeso a los enfoques puramente subjetivos.

Veenhoven y Cummins son los creadores del método del motor: R. A. Cummins, "The Second Approximation to an International Standard for Life Satisfaction", *Social Indicators Research* 43 (1998): 307-34; R. Veenhoven, "Quality-of-Life and Happiness: Not Quite the Same", en G. DeGirolamo *et al.*, eds., *Health and Quality-of-Life* (Roma: Il Pensierro Scientífico, 1998).

Parfit (1984), así como Dolan, Peasgood y White (2006), fueron los primeros en hacer la valiosa distinción entre las teorías de necesidad, deseo y placer: P. Dolan, T. Peasgood y M. White, *Review of Research on the Influences on Personal Well-Being and Application to Policy Making* (Londres: DEFRA, 2006); D. Parfit, *Reasons and Persons* (Oxford: Clarendon Press, 1984).

Mi amigo y colega Ed Diener, el primero de los psicólogos positivos modernos, es el gigante en el campo del bienestar subjetivo: E. Diener, E. Suh, R. Lucas y H. Smith, "Subjective Well-Being: Three Decades of Progress", *Psychological Bulletin* 125 (1999): 276-302.

Los trabajos teóricos más importantes sobre la teoría de la lista objetiva (o teoría de necesidad) incluyen: A. K. Sen, *Development as Freedom* (Oxford: Oxford University Press, 1999); A. H. Maslow, *Toward a Psychology of Being* (Nueva York: Van Nostrand, 1968); M. C. Nussbaum, "Capabilities as Fundamental Entitlements: Sen and Social Justice", *Feminist Economics* 9 (2003): 33-59; C. D. Ryff, "Happiness Is Everything, or Is It? Explorations on the Meaning of Psychological Well-Being", *Journal of Personality and Social Psychology* 57 (1989): 1069-81; C. D. Ryff, "Psychological Well-Being in Adult Life", *Current Directions in Psychological Science* 4 (1995): 99-104; R. M. Ryan y E. L. Deci, "On Happiness and Human Potentials: A Review of Research on Hedonic and Eudaimonic Well-Being", *Annual Review of Psychology* 52 (2001): 141-66.

[47] T. So y F. Huppert, "What Percentage of People in Europe Are Flourishing and What Characterizes Them?" (23 de julio de 2009). Consultado el 19 de octubre de 2009 en www.isqols2009.istitutodeglinnocenti.it/Content_en/Huppert.pdf. So y Huppert usaron la última ronda de la Encuesta social europea, que incorpora el módulo de bienestar, para medir el florecimiento en una muestra de alrededor de cuarenta y tres mil adultos (todos mayores de 16 años) de los veintitrés países de la Unión Europea. Además de las diferencias entre países, infirieron que el más alto nivel de florecimiento se asocia con altos niveles de escolaridad e ingreso y con estar casado. El estado de salud general también se relaciona de manera moderada con el florecimiento, aunque sólo una tercera parte de las personas que, según su propia opinión, gozan de buen estado de salud están floreciendo. Se determinó que el florecimiento disminuye con la edad, aunque no linealmente. De hecho, las personas mayores de 75 años en ciertos países (por ejemplo, en Irlanda) registran las tasas más altas de florecimiento. Las personas de mediana edad registran las más bajas.

So y Huppert también pusieron a prueba la relación entre la satisfacción con la vida y el florecimiento para determinar cuánto se superponen estos dos conceptos. Acorde con la teoría del bienestar, las dos medidas tienen una correlación modesta ($r = .32$). En otras palabras, muchas personas que están satisfechas con su vida no florecen, y viceversa. Este resultado refuerza la noción de que las medidas de satisfacción con la vida (un constructo unitario) no son adecuadas para evaluar el bienestar y el florecimiento (ambos, constructos multifacéticos).

[48] En mayo de 1961, el presidente John F. Kennedy anunció la meta, en aquel entonces inverosímil, de llevar a seres humanos a la Luna a finales de esa década. No hay nada como una meta formidable para lograr que aflore lo mejor.

[49] P. Goodman, "Emphasis on Growth Is Called Misguided", *New York Times*, 23 de septiembre de 2009. Como lo explica el economista Joseph Stiglitz, ganador del Premio Nobel: "Lo que se mide afecta lo que uno hace. Si no se mide lo correcto, no se hace lo correcto". Los gobiernos del mundo empiezan a considerar la idea de que se necesitan otros indicadores, aparte del PIB, para atender las necesidades de sus ciudadanos. En 2008 el presidente

francés Nicolas Sarkozy encargó un informe a los renombrados economistas Joseph Stiglitz, Amartya Sen y Jean-Paul Fitoussi, a quienes les pidió la creación de una nueva medida del crecimiento económico que tomara en cuenta, entre otros factores, el bienestar social. Con motivo de la reciente turbulencia económica, Sarkozy consideró que las medidas pasadas de moda del crecimiento económico daban la impresión a los ciudadanos de que se manipulan. La resultante Comisión para la Medición del Desempeño Económico y el Progreso Social publicó hace poco su primer informe, que apoya la iniciativa de Sarkozy y propone estrategias alternativas de medición. El texto completo del primer informe de la comisión se encuentra en: www.stiglitz-sen-fitoussi.fr.

Este informe y muchas medidas subsiguientes se basan en la teoría de la lista objetiva y no son incompatibles con la teoría del bienestar y su meta de florecer. Sin embargo, la diferencia esencial radica en que el florecimiento toma las variables subjetivas por lo menos tan en serio como las objetivas. Los economistas, que dominan las tendencias mundiales, son muy escépticos de los indicadores subjetivos del progreso humano.

CAPÍTULO 2: CREAR TU FELICIDAD: EJERCICIOS DE PSICOLOGÍA POSITIVA QUE FUNCIONAN

[1] M. E. P. Seligman, T. A. Steen, N. Park y C. Peterson, "Positive Psychology Progress: Empirical Validation of Interventions", *American Psychologist* 60 (2005): 410-21. Esto se ha demostrado con nuestro primer estudio aleatorio, controlado, que realizamos por internet y se describe aquí.

[2] M. E. P. Seligman y J. Hager, eds., *The Biological Boundaries of Learning* (Nueva York: Appleton-Century-Crofts, 1992); M. E. P. Seligman, *What You Can Change... and What You Can't* (Nueva York: Vintage, 1993). La medida en que puede aprenderse cada comportamiento es un debate de mucho tiempo. Los hechos indican que tenemos una predisposición innata a aprender ciertas cosas con facilidad, pero no otras. Este debate fue el tema de mi primer libro, *The Biological Boundaries of Learning*. Como resultado, las intervenciones que se centran en los comportamientos modificables tienen más probabilidades de tener éxito que las que se enfocan en las conductas intratables. Éste fue el tema de *What You Can Change... and What You Can't*. Son ejemplos comunes de comportamientos modificables la disfunción sexual, el estado de ánimo y los ataques de pánico (si se proporciona la intervención adecuada). Son ejemplos de cosas mucho más difíciles de cambiar el peso, la orientación sexual y el alcoholismo.

[3] Para reafirmar este punto, no existe un solo estudio científico que examine la eficacia de la dieta de la sandía. Eso nunca es buena señal. Sin embargo, los informes anecdóticos de sus desagradables efectos secundarios e ineficacia general abundan en internet.

[4] Para un estudio reciente de la eficacia de hacer dieta, véase T. Mann, J. Tomiyama, E. Westling, A.-M. Lew, B. Samuels y J. Chatman, "Medicare's Search for Effective Obesity Treatments: Diets Are Not the Answer", *American Psychologist* 62 (2007): 200-33; L. H. Powell, J. E. Calvin III y J. E. Calvin, Jr., "Effective Obesity Treatments", *American Psychologist* 62 (2007): 234-46. Mann y sus colegas señalaron que, aunque muchos estudios han demostrado que ciertas dietas funcionan (al menos a corto plazo), sus conclusiones deben interpretarse con cierta cautela porque los problemas metodológicos pueden haber sesgado sus resultados.

En otro examen, Powell y sus colegas compararon diversos tipos de tratamiento de la obesidad (dietas, fármacos, cirugía gástrica) y concluyeron que, en general, las dietas y los fármacos tenían un efecto considerable y constante sobre el peso. El promedio de reducción de peso en estos estudios era, sin embargo, ¡sólo de 3.2 kilogramos! Por lo tanto, estos tratamientos dizque eficaces para la obesidad no son ninguna panacea. No obstante, un hecho interesante que los autores señalaron fue que incluso las reducciones pequeñas de peso tenían efectos significativos en otros marcadores de salud (tensión arterial, diabetes, etcétera). Los resultados de la cirugía gástrica son mucho mejores. En resumen, aunque no se puede descartar la ventaja de bajar de peso, aunque sea un poco, los resultados siguen demostrando que es muy difícil lograr una reducción sustancial de peso con una dieta.

5 P. Brickman, D. Coates y R. Janoff-Bulman, "Lottery Winners and Accident Victims: Is Happiness Relative?", *Journal of Personality and Social Psychology* 36 (1978): 917-27. En este estudio clásico, Brickman y sus colegas demostraron que los ganadores de la lotería no son más felices que las personas que nunca la ganan, lo que indica que los ganadores de la lotería se adaptan a su nueva situación. Sin embargo, otro resultado del mismo estudio puso en tela de juicio la idea de que siempre podemos adaptarnos a un nivel preestablecido de felicidad. De hecho, Brickman y sus colegas también examinaron los niveles de felicidad de un grupo de personas con paraplejia. Estas personas se recuperaron de su sufrimiento inicial, pero nunca alcanzaron en realidad el nivel de los controles. Por consiguiente, este estudio indicó que puede ser más difícil aumentar la felicidad que reducirla.

6 E. Diener, R. E. Lucas y C. N. Scollon, "Beyond the Hedonic Treadmill", *American Psychologist* 6 (2006): 305-14. Diener y sus colegas llevaron a cabo cinco revisiones del modelo del camino hedonista para darse una idea de cómo entendemos la felicidad en la actualidad y si ésta puede mejorarse o no.

Primero, sostienen que los niveles preestablecidos no son neutrales (en contra de las conclusiones anteriores). En otras palabras, casi todas las personas son felices la mayor parte del tiempo (como demuestran Diener y Diener, 1996) y vuelven a este nivel preestablecido de "felicidad" después de los acontecimientos. Segundo, los niveles preestablecidos de cada persona son diferentes. En otras palabras, algunas personas generalmente son más felices que otras, tanto por razones genéticas como ambientales. Tercero, el grado hasta el que se adapta cada uno a los acontecimientos externos también es distinto (y luego vuelven a sus niveles preestablecidos). Cuarto, no tiene sentido hablar de un nivel preestablecido de felicidad. En cambio, existen muchos niveles preestablecidos que corresponden a los diversos componentes del bienestar (lo que permite la adaptación del camino hedonista a la teoría del bienestar). Por último, y lo más importante, los niveles preestablecidos pueden cambiar en ciertas circunstancias. El hecho de que los ciudadanos de diferentes países reporten distintos niveles de felicidad es prueba de que las circunstancias ambientales afectan el bienestar. En particular, la riqueza y los derechos humanos parecen ser predictores sólidos del bienestar nacional (Diener, Diener y Diener, 1995).

En palabras de Diener y sus colegas (2006), la teoría del camino hedonista nos pide "imaginar que las personas que viven en una dictadura cruel donde la delincuencia, la esclavitud y la desigualdad están desbocadas se sienten tan satisfechas con su vida como las personas que viven en una democracia estable, donde la delincuencia es mínima". Por fortuna, la investigación demuestra que no hay necesidad de imaginar que esto sea cierto. Es totalmente falso.

E. Diener y C. Diener, "Most People Are Happy", *Psychological Science* 7 (1996): 181-85.

E. Diener, M. Diener y C. Diener, "Factors Predicting the Subjective Well-Being of Nations", *Journal of Personality and Social Psychology* 69 (1995): 851-64.

[7] S. Lyubomirsky, *The How of Happiness: A Scientific Approach to Getting the Life You Want* (Londres: Penguin, 2007). Un buen manual de autoayuda que separa las recomendaciones científicas de los mitos infundados acerca de cómo ser más feliz.

[8] e. e. cummings, "O Sweet Spontaneous Earth", *Complete Poems*, 1904-1962 (Nueva York: Norton, 1994), p. 58. [en el original en inglés: *"naughty thumb of science"*]. A menudo uso esta cita en mis conferencias (en inglés) y siempre me sorprende que muy pocos miembros del público conozcan este maravilloso poema.

[9] J. B. Persons y G. Silberschatz, "Are Results of Randomized Controlled Trials Useful to Psychotherapists?", *Journal of Consulting and Clinical Psychology* 66 (1998): 126-35. Para un debate ameno sobre la utilidad de los ensayos aleatorios controlados (EAC) en la práctica clínica, véase la siguiente discusión entre Jacqueline Persons y George Silberschatz. Hubo personas que argumentaron que los clínicos no pueden ofrecer atención de alta calidad sin leer las conclusiones de los EAC. Por otra parte, Silberschatz explicó que los EAC no resuelven los problemas y dudas de los profesionales clínicos porque carecen de validez externa.

M. E. P. Seligman, "The Effectiveness of Psychotherapy: The Consumer Reports Study", *American Psychologist* 50 (1995): 965-74. En otros foros he sostenido que los estudios de eficacia (como los EAC) tienen ciertas desventajas: los tratamientos son a plazo fijo (por lo general duran alrededor de doce semanas), la administración del tratamiento no es flexible y los sujetos son asignados a un grupo y, con ello, se les limita a un papel más pasivo. Además, hasta cierto punto, no son representativos de muchos pacientes "de la vida real" que empiezan el tratamiento con grado muy considerable de comorbilidad. Finalmente, los resultados tienden a centrarse en la reducción de los síntomas y no en las reducciones generales de invalidez. Por lo tanto, sostuve que el estudio ideal debía combinar las características de los estudios de eficacia y efectividad para que el rigor científico de los EAC aumente con la pertinencia en la vida real de los estudios de efectividad.

[10] M. E. P. Seligman, T. A. Steen, N. Park y C. Peterson, "Positive Psychology Progress: Empirical Validation of Interventions", *American Psychologist* 60 (2005): 410-21.

[11] Hay que admitir que algunos profesores valientes han intentado ofrecer una perspectiva experiencial en sus cursos de psicología anormal, pero las consideraciones éticas son espinosas.

F. E. Rabinowitz, "Creating the Multiple Personality: An Experiential Demonstration for an Undergraduate Abnormal Psychology Class", en *Handbook of Demonstrations and Activities in the Teaching of Psychology*, vol. 3, *Personality, Abnormal, Clinical-Counseling* y *Social* (2ª ed.), M. E. Ware y D. E. Johnson, eds. (Mahwah, NJ: Erlbaum, 2000).

D. Wedding, M. A. Boyd y R. M. Niemec, *Movies and Mental Illness: Using Films to Understand Psychopathology* (Nueva York: McGraw-Hill, 1999). En virtud de que son menos polémicas que las experiencias directas, los profesores pueden usar películas escogidas con cuidado para comunicar la experiencia subjetiva de la enfermedad mental. Este volumen sugiere películas pertinentes.

D. L. Rosenhan, "On Being Sane in Insane Places", *Science* 179 (1973): 250-58. Cómo añoro los días antes de que los consejos de revisión institucional hicieran imposible la experimentación audaz. Fui seudopaciente con David Rosenhan en 1972. Nos hicimos internar en hospitales mentales y observamos cómo nos trataban. Fue una de las experiencias más enriquecedoras de mi vida. A diferencia del resto de los seudopacientes, a mí me dieron un trato espléndido. Fue una excelente manera de exponerme a la locura desde el interior, pero en la actualidad ningún consejo de revisión institucional autorizaría el estudio porque engañamos a los psiquiatras y a los pacientes en cuanto a nuestra verdadera identidad. Éste es el informe original de Rosenhan sobre la investigación.

[12] www.mentorcoach.com.

[13] M. E. P. Seligman, T. A. Steen, N. Park y C. Peterson, "Positive Psychology Progress: Empirical Validation of Interventions", *American Psychologist* 60 (2005): 410-21.

[14] C. Peterson y N. Park, "Classifying and Measuring Strengths of Character", en *Handbook of Positive Psychology* (2ª ed.), C. R. Snyder y S. J. Lopez, eds. (Nueva York: Oxford University Press, 2009).

Para más información sobre las fortalezas específicas, véase C. Peterson y M. E. P. Seligman, eds., *The* VIA *Classification of Strengths and Virtues* (Washington, D. C.: American Psychological Association, 2003).

[15] T. Rashid y M. Seligman, *Positive Psychotherapy* (Nueva York: Oxford, 2001). Incluye la exposición completa de estos ejercicios.

[16] M. E. P. Seligman, T. Rashid y A. C. Parks, "Positive Psychotherapy", *American Psychologist* 61 (2006): 774-788.

[17] Sobre este tema, véanse las siguientes publicaciones:

T. Rashid y A. Anjum, "Positive Psychotherapy for Children and Adolescents", en *Depression in Children and Adolescents: Causes, Treatment, and Prevention*, J. R. Z. Abela y B. L. Hankin, eds. (Nueva York: Guilford Press, 2007).

M. E. P. Seligman, T. Rashid y A. C. Parks, "Positive Psychotherapy", *American Psychologist* 61 (2006): 774-788.

T. Rashid, "Positive Psychotherapy", en *Positive Psychotherapy, Perspective Series*, S. J. Lopez, ed. (Londres: Blackwell Publishing, próximamente).

R. Cummins, "Subjective Well-Being, Homeostatically Protected Mood and Depression: A Synthesis", *Journal of Happiness Studies* 11 (2010): 1-17.

C. Harmer, G. Goodwin y P. Cowen, "Why Do Antidepressants Take So Long to Work?", *British Journal of Psychiatry* 195 (2009): 102-8.

[18] T. Rashid y M. E. P. Seligman, *Positive Psychotherapy: A Treatment Manual* (Nueva York: Oxford University Press, próximamente).

Véase también: A. Wood y S. Joseph, "The Absence of Positive Psychological (Eudemonic) Well-Being as a Risk Factor for Depression: A Ten-Year Cohort Study", *Journal of Affective Disorders* 122 (2010): 213-17.

C. Harmer, U. O'Sullivan y E. Favaron *et al.*, "Effect of Acute Antidepressant Administration on Negative Affective Bias in Depressed Patients", *American Journal of Psychiatry* 166 (2009): 1178-84.

[19] Quizá la mejor ilustración de esta idea sea la historia de Kim Phuc, la niña vietnamita de una famosísima fotografía que aparece a los nueve años corriendo desnuda por las calles de Trang Bang después de un ataque con napalm lanzado por las fuerzas de Vietnam del Sur. Su ensayo "The Long Road to Forgiveness" (2008) se publicó en la serie *This I Believe* de NPR. Hay más información sobre la historia de Kim Phuc en la siguiente biografía: D.

Chong, *The Girl in the Picture: The Story of Kim Phuc, the Photograph y the Vietnam War* (Nueva York: Viking Penguin, 1999).

[20] B. Schwartz, A. Ward, J. Monterosso, S. Lyubomirsky, K. White y D. R. Lehman, "Maximizing Versus Satisficing: Happiness Is a Matter of Choice", *Journal of Personality and Social Psychology* 83 (2002): 1178-97.

B. Schwartz, *The Paradox of Choice: Why More Is Less* (Nueva York: HarperCollins, 2004).

Barry Schwartz, profesor de la cátedra Dorwin Cartright de teoría y acción social de Swarthmore College, es el principal investigador de los costos y beneficios de seguir estrategias de satisfacción o maximización durante la toma de decisiones. En particular, los maximizadores incurren en costos psicológicos cuando se enfrentan a un mayor número de opciones (ya que siempre intentan mejorar su situación en lugar de conformarse con la que tienen). En una serie de siete estudios realizados con Sonja Lyubomirsky (entre otros autores), Schwartz demostró que la propensión a maximizar (medida como variable de las diferencias individuales) se asocia con niveles bajos de felicidad, optimismo, autoestima y satisfacción con la vida y con niveles altos de depresión, perfeccionismo y arrepentimiento.

[21] M. E. P. Seligman, T. Rashid y A. C. Parks, "Positive Psychotherapy", *American Psychologist* 61 (2006): 774-788. Obsérvese que la condición de tratamiento habitual en este estudio consistió en una aproximación integradora y ecléctica a la terapia que ofrecen los psicólogos y trabajadores licenciados y los pasantes de posgrado.

[22] C. Wallis, "The New Science of Happiness", *Time*, 17 de enero de 2005.

CAPÍTULO 3: EL VERGONZOSO SECRETO DE LAS DROGAS Y LA TERAPIA

[1] Organización Mundial de la Salud, *Global Burden of Disease: 2004 Update* (2008). Consultado el 20 de octubre de 2009 en www.who.int/healthinfo/global_burden_disease/ GBD_report_2004update_full.pdf. En 2004 la OMS calculó que la depresión unipolar registraba las cifras más altas de años perdidos por discapacidad (APD) de todas las enfermedades. La depresión ocupa el primer lugar de la lista tanto de hombres (veinticuatro millones de APD) como de mujeres (cuarenta y un millones de APD), así como de los países de altos ingresos (diez millones de APD) y los países de ingresos medios y bajos (cincuenta y cinco millones de APD). En todas las regiones del mundo, las enfermedades neuropsiquiátricas (de todos los tipos) son la principal causa de discapacidad y representan aproximadamente una tercera parte de todos los APD (entre adultos mayores de quince años).

[2] Kaiser Permanente Care Management Institute, *Depression Clinical Practice Guidelines* (Oakland, CA: Kaiser Permanente Care Management Institute, 2006).

[3] www.allaboutdepression.com/gen_01.html; http://mentalhealth.about.com/b/2006/07/17/depression-treatment-can-be-expensive.htm.

[4] IMS Health, *Top 15 Global Therapeutic Classes* (2008). Consultado el 26 de octubre de 2009 en www.imshealth.com/deployedfiles/imshealth/Global/Content/StaticFile/Top_ Line_Data/Global_Top_15_Therapy_Classes.pdf. En 2008 las ventas mundiales de antidepresivos ascendieron a más de veinte mil millones de dólares. Los antidepresivos eran en ese momento los medicamentos más recetados en el mundo.

[5] M. E. P. Seligman, T. Rashid y A. C. Parks, "Positive Psychotherapy", *American Psychologist* 61 (2006): 774-88.

[6] J. Moncrieff, *The Myth of the Chemical Cure: A Critique of Psychiatric Drug Treatment* (Londres: Palgrave MacMillan, 2009). Para más información sobre la idea de curación en la psiquiatría, véase el polémico libro de Joanna Moncrieff.

Para una reseña del libro de la doctora Moncrieff, véase A. Yawar, "Book Review: The Fool on the Hill", *Lancet* 373 (2009): 621-22.

[7] S. A. Glied y R. G. Frank, "Shuffling Towards Parity: Bringing Mental Health Care Under the Umbrella", *New England Journal of Medicine* 359 (2008): 113-15; C. L. Barry, R. G. Frank y T. G. McGuire, "The Costs of Mental Health Parity: Still an Impediment?" *Health Affairs* 25 (2006): 623-634. A pesar de los avances realizados en los últimos años, las enfermedades mentales no están todavía al mismo nivel de otras enfermedades en términos de la cobertura de seguro. Para un análisis de los problemas actuales en el debate sobre la paridad de la salud mental, véase Glied y colegas. Para una crítica de la idea de que establecer la paridad de la salud mental aumentaría el gasto y sería insostenible, véase Barry *et al.*

[8] C. King y L. N. P. Voruganti, "What's in a Name? The Evolution of the Nomenclature of Antipsychotic Drugs", *Journal of Psychiatry & Neuroscience* 27 (2007): 168-75. Muchos factores afectan las percepciones de especialistas clínicos y pacientes respecto a lo que hacen las drogas y cómo funcionan. Simples factores, como el nombre del fármaco, influyen en estas percepciones. En un ensayo de revisión, Caroline King y Lakshmi Voruganti examinan la historia e influencia de los nombres que se han dado a las drogas empleadas para tratar la psicosis. Los investigadores explican por qué se usó una multitud de términos diferentes durante el siglo pasado (tranquilizantes, ataráxicos, neurolépticos, antiesquizofrénicos, antipsicóticos, agonistas de serotonina y dopamina, etcétera). Concluyen que, aunque la psiquiatría ha avanzado mucho en la comprensión de los mecanismos de acción de los medicamentos psicotrópicos, el sistema de nomenclatura sigue siendo increíblemente vago y propicia malos entendidos respecto a lo que las drogas hacen en realidad. Podemos hacer un comentario similar sobre la clase de fármacos que en la actualidad llamamos antidepresivos.

[9] S. D. Hollon, M. E. Thase y J. C. Markowitz, "Treatment and Prevention of Depression", *Psychological Science in the Public Interest* 3 (2002): 39-77. Según Hollon y sus colegas, prácticamente todos los indicios apuntan a que los antidepresivos sólo tienen efectos supresores (y no curativos) de los síntomas. Cuando el tratamiento termina, los pacientes corren un enorme riesgo de recidiva.

[10] W. B. Frick, "Flight into Health: A New Interpretation", *Journal of Humanistic Psychology* 39 (1999): 58-81. Una revisión histórica y crítica (desde la perspectiva humanista) del concepto de "escape a la salud".

[11] I. Kirsch, T. J. Moore, A. Scoboria y S. S. Nicholls, "The Emperor's New Drugs: An Analysis of Antidepressant Medication Data Submitted to the U.S. Food and Drug Administration", *Prevention and Treatment* (15 de julio de 2002). Consultado el 26 de octubre de 2009 en http://psycnet.apa.org/journals/pre/5/1/23a.html. En 2002 Kirsch y sus colegas publicaron una revisión de estudios de investigación de la eficacia de los seis antidepresivos más recetados que se aprobaron entre 1987 y 1999 (fluoxetina, paroxetina, sertralina, venlafaxina, nefadozona y citalopram). Los resultados demuestran que la diferencia general entre fármaco y placebo, aunque significativa, era de sólo aproximadamente 2 puntos en la escala de depresión de Hamilton. La mayoría de los especialistas clínicos estaría de acuerdo en que tal diferencia es trivial. Además, los resultados no difirieron para dosis altas o bajas del medicamento.

S. D., Hollon, R. J. DeRubeis, R. C. Shelton y B. Weiss, "The Emperor's New Drugs: Effect Size and Moderation Effects", *Prevention and Treatment* (15 de julio de 2002). Consultado el 26 de octubre de 2009 en http://psycnet.apa.org/index.cfm?fa=fulltext.journa l&jcode=pre&vol=5&issue=1&format=html&page=28c&expand=1. En un comentario sobre la revisión de Kirsch, Hollon y sus colegas propusieron que el efecto menor descrito podía ser engañoso, ya que oculta el hecho de que diferentes drogas funcionan con diferentes personas y que, por lo tanto, los posibles efectos se atenúan cuando se toma en cuenta el efecto de la droga en todo el mundo. Por consiguiente, es probable que la magnitud de los efectos basada en el paciente típico subestime la diferencia entre fármaco y placebo en aquellos que no responden.

Para otra revisión de la magnitud del efecto de los medicamentos antidepresivos, véase J. Moncrieff e I. Kirsch, "Efficacy of Antidepressants in Adults", *British Medical Journal* 331 (2005): 155-57.

[12] En su revisión de la eficacia de los antidepresivos, Kirsch *et al.* (véase la nota anterior) infirieron que 82 por ciento de los efectos de los fármacos podía explicarse por los efectos del placebo. En otras palabras, sólo 18 por ciento de la respuesta a las drogas se puede atribuir a los efectos farmacológicos del medicamento. Los autores argumentan, además, que este 18 por ciento también podría deberse a la falta de observancia del ciego antes de finalizar el estudio, ya que los pacientes se dan cuenta, por los efectos secundarios, de que probablemente están en el grupo de tratamiento activo y no en el grupo de control.

[13] Como describen Kirsch y sus colegas (2002; véase la nota anterior), la FDA exige dos resultados positivos (en otras palabras, diferencias significativas entre el placebo y el fármaco) de dos ensayos clínicos controlados para aprobar una droga, a pesar de que otros ensayos muestren resultados negativos. Por ejemplo, el medicamento Celexa (citalopram) fue aprobado con base en dos resultados positivos y tres resultados negativos.

[14] J. Fournier, R. DeRubeis, S. Hollon, S. Dimidjian, J. Amsterdam, R. Shelton y J. Fawcett, "Antidepressant Drug Effects and Depression Severity: A Patient-Level Meta-Analysis", *Journal of the American Medical Association* 303 (2010): 47-53.

[15] S. D. Hollon, M. E. Thase y J. C. Markowitz, "Treatment and Prevention of Depression", *Psychological Science in the Public Interest* 3 (2002): 39-77.

[16] S. L. Gable, H. T. Reis, E. A. Impett y E. R. Asher, "What Do You Do When Things Go Right? The Intrapersonal and Interpersonal Benefits of Sharing Good Events", *Journal of Personality and Social Psychology* 87 (2004): 228-245.

S. L. Gable, G. C. Gonzaga y A. Strachman, "Will You Be There for Me When Things Go Right? Supportive Responses to Positive Events Disclosures", *Journal of Personality and Social Psychology* 9 (2006): 904-17.

[17] S. C. Hayes, "Acceptance and Commitment Therapy, Relational Frame Theory, and the Third Wave of Behavioral and Cognitive Therapies", *Behavior Therapy* 35 (2004): 639-65. La llamada tercera oleada de terapias conductuales y cognoscitivas comparte la idea de que los pacientes pueden estar mejor si hacen frente a los problemas que si tratan de deshacerse de ellos. Steven Hayes, el arquitecto de la terapia de aceptación y compromiso (*Acceptance and Commitment Therapy*, ACT), explica que los pacientes pierden de vista cuáles son sus metas últimas y que la aceptación o "hacer frente a los problemas" puede ayudarlos a hacer precisamente eso: "Por lo general, la persona que tiene un trastorno de ansiedad quiere librarse de la ansiedad y considerar que negarse a trabajar directamente en ese resultado

deseado es invalidante. Sin embargo, en otro nivel, el paciente ansioso quiere librarse de la ansiedad para hacer algo, como llevar una vida plena. La ausencia de ansiedad no es la meta última, sino un medio para llegar a un fin. Pero como con frecuencia ha fallado como medio, la terapia de aceptación y compromiso propone abandonar ese medio. [...] Así pues, el mensaje importante de esta terapia es validar (confiar en la experiencia) y dar poder (permite vivir una vida plena de ahí en adelante, sin tener primero que ganar la guerra contra la propia historia)" (p. 652).

Para otra revisión de la terapia de aceptación y compromiso, véase S. C. Hayes, J. B. Luoma, F. W. Bond, A. Masuda y J. Lillis, "Acceptance and Commitment Therapy: Model, Processes y Outcomes", *Behaviour Research and Therapy* 44 (2006): 1-25.

Otra "terapia de la tercera oleada", la terapia cognitiva basada en la conciencia plena (*Mindfulness-Based Cognitive Therapy*, MBCT), también destaca la importancia de la aceptación en el proceso terapéutico: Z. V. Segal, J. M. G. Williams y J. G. Teasdale, *Mindfulness-Based Cognitive Therapy for Depression* (Nueva York: Guilford Press, 2002).

[18] J. C. Loehlin, R. R. McCrae y P. T. Costa, "Heritabilities of Common and Measure-Specific Components of the Big Five Personality Factors", *Journal of Research in Personality* 32 (1998): 431-53. Un estudio paralelo de Loehlin y colegas examinó la herencia de los cinco grandes rasgos de personalidad y demostró que aproximadamente entre 50 y 60 por ciento de la variación en extroversión, apertura, afabilidad, acuciosidad y neurosis tiene origen genético. Al parecer, entre 40 y 50 por ciento de la variación se deriva del entorno individual único, en tanto que nada de la variación se debe a influencias ambientales compartidas.

Véase también J. Harris, *The Nurture Assumption* (Nueva York: Free Press, 1998), S. Pinker, *The Blank Slate: The Denial of Human Nature and Modern Intellectual Life* (Nueva York: Viking, 2002).

[19] R. P. Basler, M. D. Pratt y L. A. Dunlap, *The Collected Works of Abraham Lincoln* (9 volúmenes) (New Brunswick, NJ: Rutgers University Press, 1953). En una carta dirigida a John T. Stuart, su socio abogado, fechada el 23 de enero de 1841, Lincoln describe el intenso episodio depresivo por el que pasaba: "Soy ahora el hombre más desdichado en este mundo. Si lo que siento se distribuyera por partes iguales entre toda la familia humana, no habría nadie alegre sobre la faz de la Tierra. No sé si alguna vez mejoraré, pero con horror auguro que no será así. Seguir como estoy es imposible; me parece que tengo que morir o mejorar".

Sobre la biografía de Lincoln véase, según se citó anteriormente: R. C. White, *Lincoln: A Biography* (Nueva York: Random House, 2009).

El mejor de los libros que he leído sobre la vida emocional de Lincoln es J. W. Shenk, *Lincoln's Melancholy* (Boston: Houghton-Mifflin, 2005).

[20] G. Rubin, *Forty Ways to Look at Winston Churchill: A Brief Account of a Long Life* (Nueva York: Random House, 2004). Para un relato de la depresión de Winston Churchill, véase el capítulo 11, "Churchill as Depressive: The 'Black Dog?'" La productividad de Winston Churchill examinada a la luz de esta discapacidad se ha usado como herramienta de comunicación para reducir el estigma que soportan las personas que tienen enfermedades mentales en el Reino Unido. En fechas recientes, la institución de beneficencia más importante del Reino Unido (Rethink) que se ocupa de las enfermedades mentales graves encargó la construcción de una estatua de Churchill en la que lleva puesta una camisa de

fuerza. Acertadamente, la estatua se llamó "Black Dog", el nombre que el propio Churchill le dio a su depresión. A pesar de las buenas intenciones que impulsaron esta iniciativa, la estatua provocó mucha controversia, tal vez porque la camisa de fuerza tiene connotaciones muy negativas y se considera un tratamiento del pasado para los enfermos mentales. Sin embargo, los líderes de Rethink respondieron que la camisa de fuerza era una metáfora que ilustraba cómo las enfermedades mentales pueden actuar como una camisa de fuerza para negar oportunidades laborales, sociales y de otro tipo a quienes las sufren.

C. London, A. Scriven y N. Lalani, "Sir Winston Churchill: Greatest Briton Used as an Antistigma Icon", *Journal of the Royal Society for the Promotion of Health* 126 (2006): 163-64.

[21] J. W. Shenk, *Lincoln's Melancholy* (Boston: Houghton-Mifflin, 2005). Como padre que educa a sus hijos en el hogar, he tenido el privilegio de enseñarles historia estadunidense. En la última iteración, cuando las niñas tenían ocho, diez y doce años, dediqué tres años a enseñarles los presidentes. Después del primer año, llegamos hasta James Buchanan. Cuando empezamos con Abraham Lincoln, las niñas comentaron: "Anda, pero si este tipo es genial". Por lo que dedicamos todo un año a Abraham Lincoln, usando la maravillosa biografía *Abraham Lincoln: The Prairie Years and the War Years* escrita por Carl Sandburg (Nueva York: Mariner Books, 2002).

[22] Desde luego, yo no estaba presente, por lo que mi narración es de oídas.

[23] B. Franklin, *Proposals Relating to the Education of Youth in Pennsylvania* (1749). En palabras del propio Franklin: "En cuanto a sus estudios, estaría bien si pudiéramos enseñarles todo lo que es útil y todo lo que es ornamental: pero el arte es largo y el tiempo, corto. Por lo tanto, se propone que aprendan las cosas que probablemente sean las más útiles y las más ornamentales, tomando en consideración las diversas profesiones para las que sirven".

[24] L. Wittgenstein, *Tractatus Logico-Philosophicus* (Nueva York: Routledge Classics, 1921/2001).

[25] L. Wittgenstein, *Philosophical Investigations* (Malden, MA: Blackwell, 1953/2009). En una encuesta realizada con cinco mil maestros de filosofía, se les pidió que mencionaran las cinco obras filosóficas más importantes del siglo xx, y *Philosophical Investigations* de Wittgenstein fue por mucho la ganadora. (*Tractatus* también figuró entre los cinco libros de filosofía más importantes del siglo, pero ocupó el cuarto lugar detrás de *El ser y el tiempo* de Heidegger y *Teoría de la justicia* de Rawls). Por cierto, *Philosophical Investigations* se publicó póstumamente. Wittgenstein no se dignaba publicar sus obras; sus alumnos publicaron sus pensamientos con base en las notas que tomaban en el aula.

D. Lackey, "What Are the Modern Classics? The Baruch Poll of Great Philosophy in the Twentieth Century", *Philosophical Forum* 30 (1999), 329-46.

[26] R. Monk, *Wittgenstein: The Duty of Genius* (Nueva York: Penguin, 1990). Cuando Wittgenstein regresó a Cambridge a dar clases en 1929, su *Tractatus* se había vuelto legendario y la élite de la *intelligentsia* británica acudió a recibirlo a la estación del tren. John Maynard Keynes (amigo de Wittgenstein) comentó en una carta a su esposa: "Bueno, Dios ha llegado. Me reuní con él en el tren de las 5:15".

Para más sobre el estilo de enseñanza de Wittgenstein, véase A. T. Gasking y A. C. Jackson, "Wittgenstein as Teacher", en *Ludwig Wittgenstein: The Man and His Philosophy*, K. T. Fann, ed. (Nueva York: Delta, 1967), pp. 49-55.

[27] W. Kaufmann, *Nietzsche: Philosopher, Psychologist, Antichrist* (Princeton, NJ: Princeton University Press, 1950).

[28] D. Edmonds y J. Eidinow, *Wittgenstein's Poker: The Story of a Ten-Minute Argument Between Two Great Philosophers* (Nueva York: HarperCollins, 2001).

[29] M. E. P. Seligman, "Chronic Fear Produced by Unpredictable Electric Shock", *Journal of Comparative and Physiological Psychology* 66 (1968): 402-11.

[30] D. Bakhurst y S. G. Shanker, eds., *Jerome Bruner: Language, Culture, Self* (Londres: Sage Publications, 2001). Una introducción a la obra de Jerome Bruner y su legado.

[31] J. McCarthy, M. Minsky, N. Rochester y C. Shannon, *A Proposal for the Dartmouth Summer Research Project on Artificial Intelligence* (1955). Consultado el 2 de agosto de 2010 en www.formal.stanford.edu/jmc/history/dartmouth/dartmouth.html. A la conferencia de 1956 en Dartmouth se le atribuye el mérito de haber sido la cuna de la inteligencia artificial. En esta propuesta que dio lugar a la conferencia, los investigadores afirmaron que "todos los aspectos del aprendizaje o cualquier otra característica de la inteligencia pueden describirse con tanta precisión que es factible fabricar una máquina que la imite".

[32] M. E. P. Seligman, "The Effectiveness of Psychotherapy: The Consumer Reports Study", *American Psychologist* 50 (1995): 965-74.

CAPÍTULO 4: ENSEÑAR EL BIENESTAR: LA MAGIA DEL PROGRAMA DE MPPA

[1] Derrick Carpenter se graduó del programa de MPPA en 2007. Estudió la licenciatura en matemáticas en el Massachusetts Institute of Technology (MIT) y posteriormente trabajó como coordinador de investigación de la Universidad de Pennsylvania y estudió el aprendizaje perceptivo y la enseñanza de las matemáticas. Derrick es ávido remero y ciclista y está interesado en la relación entre los deportes y la psicología positiva. Escribe una columna mensual en el *Positive Psychology News Daily* (positivepsychologynews.com).

[2] Para más información sobre el programa, visita www.sas.upenn.edu/lps/graduate/mapp.

[3] James Pawelski es el director de educación y uno de los más prominentes académicos del Positive Psychology Center. También es profesor asociado adjunto de estudios religiosos de la Universidad de Pennsylvania. Pawelski obtuvo su doctorado en filosofía en 1997. Es autor de *The Dynamic Individualism of William James*, en que presenta toda una nueva interpretación y aplicación del trabajo de este filósofo y psicólogo fundamental. En la actualidad estudia las bases filosóficas de la psicología positiva, la filosofía y psicología del desarrollo del carácter y el desarrollo, aplicación y evaluación de las intervenciones en la psicología positiva. También es fundador y director ejecutivo de la International Positive Psychology Association (IPPA).

Para más información sobre James Pawelski y su obra, véanse http://jamespawelski.com y J. O. Pawelski, *The Dynamic Individualism of William James* (Albany, N.Y.: SUNY Press, 2007).

[4] Deborah Swick es directora adjunta de educación del Positive Psychology Center de la Universidad de Pennsylvania. Obtuvo su maestría en administración de empresas en la Vanderbilt University. Además de dirigir el programa de MPPA, Debbie Swick es también una de las directoras ejecutivas asociadas de la International Positive Psychology Association.

[5] Tom Rath es autor de los libros de negocios de gran éxito *How Full Is Your Bucket?*, *StrengthsFinder 2.0* y *Strengths Based Leadership*. Su último *best seller*, con Jim Harter, es *Well Being: The Five Essential Elements* (Washington, D. C.: Gallup, 2010). Véanse también T.

Rath y D. O. Clifton, *How Full Is Your Bucket?* (Nueva York: Gallup Press, 2004); T. Rath, *StrengthsFinder 2.0* (Nueva York: Gallup Press, 2007); T. Rath y B. Conchie, *Strengths Based Leadership* (Nueva York: Gallup Press, 2008).

[6] Para más información sobre las actividades actuales de Yakov Smirnoff, véase www.yakov. com/branson.

[7] Senia Maymin estudia actualmente su doctorado en la Escuela de Graduados en Administración de la Universidad de Stanford. También publica y es jefa de editores de *Positive Psychology News Daily* (PPND), una mina de oro de información sobre la investigación y las aplicaciones de la psicología positiva. La mayoría de los autores que escriben en PPND (http://positivepsychologynews.com) son graduados de programas de MPPA de la Universidad de Pennsylvania o de la Universidad de East London.

[8] B. L. Fredrickson, *Positivity: Groundbreaking Research Reveals How to Embrace the Hidden Strength of Positive Emotions, Overcome Negativity, and Thrive* (Nueva York: Random House, 2009). Introducción al trabajo de Barbara Fredrickson sobre las emociones positivas.

[9] B. L. Fredrickson, "The Role of Positive Emotions in Positive Psychology: The Broaden-and-Build Theory of Positive Emotions", *American Psychologist* 56 (2001): 218-26.

B. L. Fredrickson y C. Branigan, "Positive Emotions Broaden the Scope of Attention and Thought-Action Repertoires", *Cognition & Emotion* 19 (2005): 313-332.

[10] B. L. Fredrickson y M. F. Losada, "Positive Affect and the Complex Dynamics of Human Flourishing", *American Psychologist* 60 (2005): 678-686. Fredrickson y Losada ya habían obtenido resultados semejantes con individuos. Pidieron a 188 sujetos que contestaran una encuesta para determinar si estaban floreciendo. Estos sujetos proporcionaron después informes diarios de emociones positivas y negativas en el transcurso de un mes. Se determinó que la razón media de afecto positivo a negativo es superior a 2.9 para personas que florecen e inferior para quienes no florecen.

Para otro análisis de la función de las emociones positivas en las organizaciones, véase B. L. Fredrickson, "Positive Emotions and Upward Spirals in Organizational Settings", en *Positive Organizational Scholarship*, K. Cameron, J. Dutton y R. Quinn, eds. (San Francisco: Berrett-Koehler, 2003): 163-75.

[11] M. Losada, "The Complex Dynamics of High Performance Teams", *Mathematical and Computer Modeling* 30 (1999): 179-192; M. Losada y E. Heaphy: "The Role of Positivity and Connectivity in the Performance of Business Teams: A Nonlinear Dynamics Model", *American Behavioral Scientist* 47 (2004): 740-65.

[12] W. W. Eaton, J. C. Anthony, W. Mandel y R. Garrison, "Occupations and the Prevalence of Major Depressive Disorder", *Journal of Occupational and Environmental Medicine* 32 (1990): 1079-87. En un estudio de 1990, los investigadores de la Universidad Johns Hopkins compararon la prevalencia de la depresión clínica en 104 ocupaciones. Los abogados ocuparon el primer lugar de la lista y la prevalencia de la depresión entre ellos se aproximó a cuatro veces la de la población en general.

P. J. Schiltz, "On Being a Happy, Healthy y Ethical Member of an Unhappy, Unhealthy, and Unethical Profession", *Vanderbilt Law Review* 52 (1999): 871-951. Schiltz presenta una excelente introducción y comentario sobre la investigación que registra altas tasas de depresión, ansiedad, alcoholismo, drogadicción, suicidio, divorcio y mala salud física entre los abogados y los estudiantes de derecho. Ofrece tres explicaciones de estos resultados: las largas jornadas de trabajo, el dinero que está en juego y el espíritu de competencia en la profesión. Por último, Schiltz da consejos para conservar la cordura y actuar éticamente sin dejar de ser abogado.

K. M. Sheldon y L. S. Krieger, "Understanding the Negative Effects of Legal Education on Law Students: A Longitudinal Test of Self-Determination Theory", *Personality and Social Psychology Bulletin* 33 (2007): 883-97. Sheldon y Krieger investigaron en fechas recientes los procesos psicológicos que subyacen al deterioro del bienestar entre los estudiantes de derecho matriculados en dos escuelas de leyes. En ambas facultades, el bienestar de los estudiantes se redujo en tres años. En una de las dos escuelas, sin embargo, los estudiantes informaron que los profesores fomentaban un sentido más alto de autonomía percibida en los estudiantes. En consecuencia, el deterioro del bienestar era menos marcado que el de los estudiantes de la otra facultad. El apoyo a la autonomía percibida también predijo un promedio de calificaciones más alto, mejores resultados en el examen profesional y más motivación y autodeterminación para encontrar el primer trabajo después de la graduación.

[13] J. M. Gottman, "The Roles of Conflict Engagement, Escalation, and Avoidance in Marital Interaction: A Longitudinal View of Five Types of Couples", *Journal of Consulting and Clinical Psychology* 61 (1993): 6-15; J. M. Gottman, *What Predicts Divorce: The Relationship Between Marital Processes and Marital Outcomes* (Hillsdale, NJ: Erlbaum, 1994).

[14] N. Kleitman, "Basic Rest-Activity Cycle in Relation to Sleep and Wakefulness", en *Sleep: Physiology and Pathology*, A. Kales, ed. (Filadelfia: Lippincott, 1969), pp. 33-38. Nathaniel Kleitman, el padre de la investigación sobre el sueño, acuñó este término.

[15] G. B. Spence, M. J. Cavanagh y A. M. Grant, "Duty of Care in an Unregulated Industry: Initial Findings on the Diversity and Practices of Australian Coaches", *International Coaching Psychology Review* 1 (2006): 71-85. Una perspectiva australiana sobre el papel de los entrenadores y los problemas creados por la falta de reglamentación de la profesión.

Para una revisión de las publicaciones sobre entrenamiento ejecutivo (el área en la que más investigaciones se realizan en la actualidad), véase S. Kampa-Kokesch y M. Z. Anderson, "Executive Coaching: A Comprehensive Review of the Literature", *Consulting Psychology Journal: Practice and Research* 53 (2001): 205-28.

[16] M. E. P. Seligman, "Coaching and Positive Psychology", *Australian Psychologist* 42 (2007): 266-67.

Para un ejemplo de entrenamiento basado en la psicología positiva, véase R. Biswas-Diener y B. Dean, *Positive Psychology Coaching: Putting the Science of Happiness to Work for Your Clients* (Hoboken, NJ: John Wiley & Sons, 2007).

C. Kauffman, D. Stober y A. Grant, "Positive Psychology: The Science at the Heart of Coaching", en *The Evidence Based Coaching Handbook*, D. R. Stober y A. M. Grant, eds. (Hoboken, NJ: John Wiley & Sons, 2006), pp. 219-54.

[17] Tres buenos ejemplos que tienen buena validez empírica, además de los detallados en este libro, son la terapia de la calidad de vida de Michael Frisch, la terapia orientada a soluciones y la terapia de aceptación y compromiso.

M. Frisch, *Quality of Life Therapy* (Nueva York: Wiley, 2005).

W. Gingerich, "Solution-Focused Brief Therapy: A Review of the Outcome Research", *Family Process*, 39 (2004): 477-498.

S. Hayes, K. Strosahl y K. Wilson, *Acceptance and Commitment Therapy* (Nueva York: Guilford, 1999).

18 S. Berglas, "The Very Real Dangers of Executive Coaching", *Harvard Business Review* (junio de 2002): 87-92. Un caso de entrenamiento que salió mal.

19 E. A. Locke y G. P. Latham, "Goal Setting Theory", en *Motivation: Theory and Research*, H. F. O'Neil y M. E. Drillings, eds. (Hillsdale, NJ: Erlbaum, 1994), pp. 13-29; E. A. Locke y G. P. Latham, "Building a Practically Useful Theory of Goal Setting and Task Motivation: A 35-Year Odyssey", *American Psychologist* 57 (2002): 705-717; E. A. Locke, "Motivation by Goal Setting", en *Handbook of Organizational Behavior*, R. Golembiewski, ed. (Nueva York: Marcel Dekker, 2001).

20 C. A. Miller y M. Frisch, *Creating Your Best Life: The Ultimate Life List Guide* (Nueva York: Sterling, 2009).

21 D. L. Cooperrider, D. Whitney y J. M. Stavros, *Appreciative Inquiry Handbook: For Leaders of Change*, 2ª ed. (Bedford Heights, OH: Lakeshore Communications, 2007); D. L. Cooperrider y D. Whitney, *Appreciative Inquiry: A Positive Revolution in Change* (San Francisco: Berrett-Koehler, 2005). Presentan la investigación más reciente de Appreciative Inquiry.

22 J. W. Smither, M. London, R. R. Reilly, "Does Performance Improve Following Multisource Feedback? A Theoretical Model, Meta-Analysis, and Review of Empirical Findings", *Personnel Psychology* 58 (2005): 33-66. Revisión de la eficacia de la retroalimentación 360.

23 R. H. Coombs, "Marital Status and Personal Well-Being: A Literature Review", *Family Relations* 40 (1991): 97-102. Revisión de los beneficios del matrimonio; S. Stack y J. R. Eshleman, "Marital Status and Happiness: A 17-Nation Study", *Journal of Marriage and the Family* 60 (1998): 527-536. Además, las ventajas del matrimonio no parecen depender de factores culturales.

24 A. Wrzesniewski, C. R. McCauley, P. Rozin y B. Schwartz, "Jobs, Careers y Callings: People's Relations to Their Work", *Journal of Research in Personality* 31 (1997): 21-33.

25 T. Albert (productor) y H. Ramis (productor y director), título original *Groundhog Day* (película cinematográfica), Estados Unidos: Columbia Pictures (1993).

26 W. Finerman y K. Rosenfelt (productores) y D. Frankel (director), título original *The Devil Wears Prada* (película cinematográfica), Estados Unidos: 20th Century Fox (2006).

27 N. Marvin (productor) y F. Darabont (director), título original *The Shawshank Redemption* (película cinematográfica), Estados Unidos: Columbia Pictures (1994).

28 D. Putnam y D. Fayed (productores) y H. Hudson, título original *Chariots of Fire* (película cinematográfica), Estados Unidos: Warner Bros y Ladd Company (1981).

29 M. Brandman (productor) y T. Hughes (director), *Sunday in the Park with George* (video), Estados Unidos: Image Entertainment (1986).

30 L. Gordon y C. Gordon (productores) y P. A. Robinson (director), *Field of Dreams* (película cinematográfica), Estados Unidos: Universal Studios (1989).

31 W. P. Kinsella, *Shoeless Joe* (Nueva York: Houghton Mifflin, 1982).

32 V. S. Rotenberg, "Search Activity Concept: Relationship Between Behavior, Health y Brain Functions", *Activitas Nervosa Superior* 5 (2009): 12-44. El doctor Rotenberg es ahora psiquiatra e investigador de la Universidad de Tel Aviv, Israel. Es conocido en especial por su teoría del "concepto de actividad de búsqueda", que intenta explicar la patogénesis de los trastornos mentales y psicosomáticos usando información sobre el comportamiento del individuo, resistencia al estrés, función de sueño, actividad de los neurotransmisores cerebrales y lateralidad del cerebro.

[33] J. Phillips y M. Phillips (productores) y S. Spielberg (director), título original *Close Encounters of the Third Kind* (película cinematográfica), Estados Unidos: Columbia Pictures (1977).

CAPÍTULO 5: EDUCACIÓN POSITIVA: ENSEÑAR EL BIENESTAR A LOS JÓVENES

[1] P. J. Wickramaratne, M. M. Weissman, P. J. Leaf y T. R. Holford, "Age, Period, and Cohort Effects on the Risk of Major Depression: Results from Five United States Communities", *Journal of Clinical Epidemiology* 42 (1989): 333-43.

[2] P. M. Lewinsohn, P. Rohde, J. R. Seeley y S. A. Fischer, "Age-Cohort Changes in the Lifetime Occurrence of Depression and Other Mental Disorders", *Journal of Abnormal Psychology* 102 (1993): 110-120. Al terminar la preparatoria, alrededor de 20 por ciento de los adolescentes reportan haber sufrido ya un episodio depresivo.

[3] E. J. Costello, A. Erkanli y A. Angold, "Is There an Epidemic of Child or Adolescent Depression?", *Journal of Child Psychology and Psychiatry* 47 (2006): 1263-1271. En un metaanálisis de veintiséis estudios epidemiológicos realizados entre 1965 y 1996, Costello y sus colegas no encontraron efectos de cohorte en las tasas de depresión. Indicaron que los resultados de otros estudios que muestran prevalencia creciente pueden haber tenido sesgos debido al uso del recuerdo retrospectivo. La percepción pública de "epidemia" también puede deberse al hecho de que en el pasado los especialistas clínicos diagnosticaban casos de depresión con mucha menor frecuencia que en la actualidad.

Para otro análisis del efecto de cohorte de nacimiento, así como de género en la prevalencia de la depresión, véase J. M. Twenge y S. Nolen-Hoeksema, "Age, Gender, Race, Socioeconomic Status, and Birth Cohort Differences on the Children's Depression Inventory: A Meta-Analysis", *Journal of Abnormal Psychology* 111 (2002): 578-88.

[4] G. E. Easterbrook, *The Progress Paradox: How Life Gets Better While People Feel Worse* (Nueva York: Random House, 2003); G. E. Easterbrook, "Life Is Good, So Why Do We Feel So Bad?", *Wall Street Journal*, 13 de junio de 2008.

[5] Véase, por ejemplo, *Latest Findings on National Air Quality: Status and Trends Through 2006* (Research Triangle Park, NC: U.S. Environmental Protection Agency, 2006); T. D. Snyder, S. A. Dillow y C. M. Hoffman, *Digest of Education Statistics, 2007* (Washington, D. C.: U. S. Department of Education, 2008); H. Schuman, C. Steeh, I. Bobo y M. Krysan, *Racial Attitudes in America: Trends and Interpretations* (Cambridge, MA: Harvard University Press, 1997).

[6] R. Inglehart, R. Foa, C. Peterson y C. Welzel, "Development, Freedom y Rising Happiness: A Global Perspective (1981-2007)", *Perspectives on Psychological Science* 3 (2007): 264-285.

[7] J. A. Egeland y A. M. Hostetter, "Amish Study: I. Affective Disorders Among the Amish, 1976-1980", *American Journal of Psychiatry* 140 (1983): 56-61.

[8] B. L. Fredrickson y C. Branigan, "Positive Emotions Broaden the Scope of Attention and Thought-Action Repertoires", *Cognition & Emotion* 19 (2005): 313-332; A. Bolte, T. Goschke y J. Kuhl, "Emotion and Intuition: Effects of Positive and Negative Mood on Implicit Judgments of Semantic Coherence", *Psychological Science* 14 (2003): 416-421; G. Rowe, J. B. Hirsh, A. K. Anderson y E. E. Smith, "Positive Affect Increases the Breadth of

Attentional Selection", *Proceedings of the National Academy of Sciences of the United States of America* 104 (2007): 383-388.

9   A. M. Isen, K. A. Daubman y G. P. Nowicki, "Positive Affect Facilitates Creative Problem-Solving", *Journal of Personality and Social Psychology* 52 (1987): 1122-31; C. A. Estrada, A. M. Isen y M. J. Young, "Positive Affect Improves Creative Problem Solving and Influences Reported Source of Practice Satisfaction in Physicians", *Motivation and Emotion* 18 (1994): 285-99.

10 A. M. Isen, A. S. Rosenzweig y M. J. Young, "The Influence of Positive Affect on Clinical Problem Solving", *Medical Decision Making* 11 (1991): 221-227; J. Kuhl, "Emotion, Cognition, and Motivation: II. The Functional Significance of Emotions in Perception, Memory, Problem-Solving, and Overt Action", *Sprache and Kognition* 2 (1983): 228-253; J. Kuhl, "A Functional-Design Approach to Motivation and Self-Regulation: The Dynamics of Personality Systems Interactions", en *Handbook of Self-Regulation*, M. Boekaerts, P. R. Pintrich y M. Zeidner, eds. (San Diego: Academic Press, 2000), pp. 111-169.

11 A. Bolte, T. Goschke y J. Kuhl, "Emotion and Intuition: Effects of Positive and Negative Mood on Implicit Judgments of Semantic Coherence", *Psychological Science* 14 (2003): 416-421.

12 S. M. Brunwasser y J. E. Gillham, "A Meta-Analytic Review of the Penn Resiliency Programme" (ponencia presentada en la Society for Prevention Research, San Francisco, CA, mayo de 2008).

13 J. E. Gillham, K. J. Reivich, L. H. Jaycox y M. E. P. Seligman, "Prevention of Depressive Symptoms in Schoolchildren: Two-Year Follow-Up", *Psychological Science* 6 (1995): 343-351.

14 J. E. Gillham, J. Hamilton, D. R. Freres, K. Patton y R. Gallop, "Preventing Depression Among Early Adolescents in the Primary Care Setting: A Randomized Controlled Study of the Penn Resiliency Program", *Journal of Abnormal Child Psychology* 34 (2006): 203-19.

15 J. J. Cutuli, "Preventing Externalizing Symptoms and Related Features in Adolescence" (tesis con mención honorífica, inédita, University of Pennsylvania, 2004); J. J. Cutuli, T. M. Chaplin, J. E. Gillham, K. J. Reivich y M. E. P. Seligman, "Preventing co-occurring depression symptoms in adolescents with conduct problems: The Penn Resiliency Program", *New York Academy of Sciences* 1094 (2006): 282-86.

16 S. M. Brunwasser y J. E. Gillham, "A Meta-Analytic Review of the Penn Resiliency Programme" (ponencia presentada en la Society for Prevention Research, San Francisco, CA, mayo de 2008).

17 J. E. Gillham, S. M. Brunwasser y D. R. Freres, "Preventing Depression Early in Adolescence: The Penn Resiliency Program", en *Handbook of Depression in Children and Adolescents*, J. R. Z. Abela y B. L. Hankin, eds. (Nueva York: Guilford Press, 2007), pp. 309-332.

18 J. E. Gillham, J. Hamilton, D. R. Freres, K. Patton y R. Gallop, "Preventing Depression Among Early Adolescents in the Primary Care Setting: A Randomized Controlled Study of the Penn Resiliency Program", *Journal of Abnormal Child Psychology* 34 (2006): 203-219.

19 Usando la clasificación VIA descrita por C. Peterson y M. E. P. Seligman, *Character Strengths and Virtues: A Handbook and Classification* (Nueva York: Oxford University Press/Washington, D. C.: American Psychological Association, 2004).

20 M. E. P. Seligman, R. M. Ernst, J. Gillham, K. Reivich y M. Linkins, "Positive Education: Positive Psychology and Classroom Interventions", *Oxford Review of Education* 35 (2009): 293-311.

21 M. E. P. Seligman, R. M. Ernst, J. Gillham, K. Reivich y M. Linkins, "Positive Education: Positive Psychology and Classroom Interventions", *Oxford Review of Education* 35 (2009): 293-311.

22 Para más información sobre la escuela, véase www.ggs.vic.edu.au.

23 A. Ellis, *Reason and Emotion in Psychotherapy* (Nueva York: Lyle Stuart, 1962); véase también M. E. P. Seligman, *Learned Optimism: How to Change Your Mind and Your Life* (Nueva York: Pocket Books, 1992).

24 K. Reivich y A. Shatte, *The Resilience Factor: 7 Essential Skills for Overcoming Life's Inevitable Obstacles* (Nueva York: Broadway, 2003).

25 E. L. Gable, H. T. Reis, E. A. Impett y E. R. Asher, "What Do You Do When Things Go Right? The Intrapersonal and Interpersonal Benefits of Sharing Positive Events", *Journal of Personality and Social Psychology* 87 (2004): 228-45.

26 B. L. Fredrickson y M. F. Losada, "Positive Affect and the Complex Dynamics of Human Flourishing", *American Psychologist* 60 (2005): 678-686.

27 W. Shakespeare, *King Lear* (Londres: Arden, 2007).

28 A. Miller, *Death of a Salesman* (Nueva York: Viking Press, 1996).

29 F. Kafka, *The Metamorphosis* (Cheswold, DE: Prestwick House, 2005).

30 M. E. P. Seligman, R. M. Ernst, J. Gillham, K. Reivich y M. Linkins, "Positive Education: Positive Psychology and Classroom Interventions", *Oxford Review of Education* 35 (2009): 293-311.

31 J. M. F. Eades, *Classroom Tales: Using Storytelling to Build Emotional, Social, and Academic Skills Across the Primary Curriculum* (Londres: Jessica Kingsley, 2005).

CAPÍTULO 6: TEMPLE, CARÁCTER Y LOGRO: UNA NUEVA TEORÍA DE LA INTELIGENCIA

1 M. Silver, "John P. Sabini (1947-2005)", *American Psychologist* 6 (2006): 1025.

2 J. P. Sabini y M. Silver, "Moral Reproach and Moral Action", *Journal for the Theory of Social Behaviour* 8 (1978): 103-123.

3 N. J. Heller, "Students-Turned-Teachers Help Middle Schoolers Get Ahead in School", *Harvard Crimson*, 25 de julio de 2003. Los programas Summerbridge se conocen ahora como programas colaborativos Breakthrough en Estados Unidos (y Summerbridge Cambridge se conoce ahora como Breakthrough Cambridge). Para más información, véase www.breakthroughcollaborative.org.

4 El decaimiento del interés de los psicólogos por la noción de carácter se remonta al trabajo de Gordon Allport, uno de los padres fundadores del estudio de la personalidad en Estados Unidos. Allport tomó de John Watson, otro psicólogo, la distinción entre "carácter" (el yo visto desde la perspectiva moral) y "personalidad" (el yo objetivo). Según Allport (1921), "los psicólogos que aceptan el punto de vista de Watson no tienen derecho, en sentido estricto, a incluir el estudio del carácter en el ámbito de la psicología. Más bien, éste pertenece a la ética social". La personalidad es una versión moralmente neutra del carácter y, por ende, más apropiada para la ciencia objetiva. Allport instó a los psicólogos a estudiar los rasgos de personalidad y a dejar el carácter a la esfera de la filosofía.

Para una revisión del trabajo de Allport sobre el carácter y la personalidad, véase I. A. M. Nicholson, "Gordon Allport, Character, and the 'Culture of Personality,' 1897-1937", *History of Psychology* 1 (1998): 52-68.

Para el trabajo original de Allport sobre la distinción entre carácter y personalidad, véase G. Allport, "Personality and Character", *Psychological Bulletin* 18 (1921): 441-455; G. Allport, "Concepts of Traits and Personality", *Psychological Bulletin* 24 (1927): 284-293; G. Allport y P. Vernon, "The Field of Personality", *Psychological Bulletin* 27 (1930): 677-730.

5   El discurso de toma de posesión del presidente Lincoln se encuentra en www.bartleby.com/124/pres31.html, así como en *Inaugural Addresses of the Presidents of the United States* (Washington, D. C.: U. S. Government Printing Office, 2001).

6   P. Avrich, *The Haymarket Square Tragedy* (Princeton, NJ: Princeton University Press, 1984).

7   K. S. Bowers, "Situationism in Psychology: An Analysis and a Critique", *Psychological Review* 80 (1973): 307-336.

8   J. Sabini y M. Silver, "Lack of Character? Situationism Critiqued", *Ethics* 115 (2005): 535-562. Analiza el efecto del situacionismo en la noción de carácter y en el estudio de la ética de la virtud.

9   *University of Chicago Magazine*, mayo-junio de 2010. En la actualidad, el profesor Sian Beilock de la Universidad de Chicago ha emulado también esta reacción valiente; Beilock estableció un sistema de residencia femenil para estudiantes de matemáticas y ciencias con el fin de ayudarlas a concentrarse en su disciplina y motivarlas a mantener el rumbo. Por cierto, Goheen recogió la antorcha que un rector anterior de Princeton, Woodrow Wilson, dejó caer en su batalla infructuosa contra el sistema de clubes a principios del siglo xx.

10 R. D. Feldman, *Whatever Happened to the Quiz Kids? The Perils and Profits of Growing Up Gifted* (Lincoln, NE: iUniverse.com, 2000). Ruth Duskin Feldman siguió a los concursantes de *Quiz Kids* y posteriormente publicó este volumen en el que describe sus resultados a largo plazo, entre ellos, los logros de algunos de ellos (por ejemplo, los de James Watson, ganador del Premio Nobel) y el fracaso de otros que no pudieron realizar su potencial.

11 I. J. Deary, G. Der y G. Ford, "Reaction Times and Intelligence Differences: A Population-Based Cohort Study", *Intelligence* 29 (2001): 389-399. Deary y sus colegas, por ejemplo, evaluaron a novecientos sujetos escoceses de más de cincuenta años y encontraron una correlación de .49 entre una medida de inteligencia y un test de tiempo de reacción con cuatro opciones.

12 M. E. P. Seligman y M. Kahana, "Unpacking Intuition: A Conjecture", *Perspectives on Psychological Science* 4 (2009): 399-402. La intuición puede ser una forma de memoria de reconocimiento intensificada (que produce gran agilidad y el sentimiento de "automaticidad"). Esta conjetura propuesta por Michael Kahana y yo implica que es posible enseñar la intuición, por ejemplo, por medio del uso de herramientas como la simulación virtual masiva.

Los estudios psicológicos sobre la intuición también han sido resumidos de forma muy accesible por M. Gladwell, *Blink: The Power of Thinking Without Thinking* (Nueva York: Little, Brown, 2005).

13 A. L. Duckworth, "Achievement = Talent × Effort" (próximamente). Angela define la habilidad como la tasa de cambio en logro por unidad de esfuerzo (en otras palabras, la velocidad a la que una persona puede aprender algo en un periodo definido, también conocida como tasa de cambio "instantáneo"). En palabras más sencillas, se puede decir que el esfuerzo es el tiempo que se dedica a una tarea (si dicho tiempo se pasa en estado de alta concentración). La teoría de logro de Angela toma en cuenta una variable adicional: el

talento. Aunque la mayoría de las personas emplean los términos *habilidad* y *talento* como si fueran sinónimos, Angela distingue los dos constructos y define el talento como la tasa de cambio en habilidad por unidad de esfuerzo. En otras palabras, el talento es la tasa de cambio de las tasas de cambio instantáneo sucesivas. Consideramos que las personas que pueden aprender más rápido y mejor a largo plazo son más talentosas. Por el contrario, las personas que no muestran esta aceleración en el aprendizaje (o que incluso muestran desaceleración) pueden ser hábiles, pero probablemente diríamos que son menos talentosas.

[14] G. Salomon y T. Globerson, "Skill May Not Be Enough: The Role of Mindfulness in Learning and Transfer", *International Journal of Educational Research* 11 (1987): 623-37. Salomon y Globerson observaron que a menudo hay una diferencia entre lo que *podemos* hacer y lo que *hacemos* en realidad. Proponen que la noción de dedicación (en otras palabras, lentitud) explica por qué algunas personas realizan su pleno potencial y otras no. Los autores explican que "al parecer, una mayor dedicación es importante cuando la automaticidad de la habilidad no basta" (p. 630). Por consiguiente, dependiendo del tipo de tarea y la cantidad de información ya automatizada, es posible que se requiera una actitud lenta, dedicada, hacia el aprendizaje para lograrlo.

[15] A. F. Healy, "APF Gold Medal Awards and Distinguished Teaching of Psychology Award: William K. Estes", *American Psychologist* 47 (1992): 855-857.

[16] W. K. Estes, "Towards a Statistical Theory of Learning", *Psychological Review* 57 (1950): 94-107. Su artículo fundamental.

Casi medio siglo después, Bower revisó la enorme influencia de este artículo en el campo de la psicología: G. H. Bower, "A Turning Point in Mathematical Learning Theory", *Psychological Review* 101 (1994): 290-300.

[17] S. Kierkegaard, *Fear and Trembling* (Nueva York: Classic Books, 2009).

[18] W. Mischel, Y. Shoda y M. I. Rodriguez, "Delay of Gratification in Children", *Science* 244 (1989): 933-938.

[19] C. Blair y A. Diamond, "Biological Processes in Prevention and Intervention: Promotion of Self-Regulation and the Prevention of Early School Failure", *Development and Psychopathology* 20 (2008): 899-911.

[20] A. Diamond, W. S. Barnett, J. Thomas y S. Munro, "Preschool Program Improves Cognitive Control", *Science* 318 (2007): 1387-1388.

Véase también la cobertura de este resultado en la prensa: P. Tough, "Can the Right Kinds of Play Teach Self-Control?", *New York Times*, 25 de septiembre de 2009.

[21] K. A. Ericsson y P. Ward, "Capturing the Naturally Occurring Superior Performance of Experts in the Laboratory", *Current Directions in Psychological Science* 16 (2007): 346-50.

[22] A. L. Duckworth y M. E. P. Seligman, "Self-Discipline Outdoes IQ in Predicting Academic Performance of Adolescents", *Psychological Science* 16 (2005): 939-44.

[23] A. L. Duckworth y M. E. P. Seligman, "Self-Discipline Gives Girls the Edge: Gender in Self-Discipline, Grades, and Achievement Test Scores", *Journal of Educational Psychology* 98 (2006): 198-208.

[24] A. L. Duckworth, E. Tsukayama y A. B. Geier, "Self-Controlled Children Stay Leaner in the Transition to Adolescence", *Appetite* 54 (2010): 304-308; E. Tsukayama, S. L. Toomey, M. S. Faith y A. L. Duckworth, "Self-Control as a Protective Factor against Overweight Status in the Transition from Childhood to Adolescence", *Archives of Pediatrics and Adolescent Medicine* 164 (2010): 631-5.

25 Para introducciones al trabajo de Baumeister sobre el autocontrol, véase R. F. Baumeister, M. Gailliot, C. N. DeWall y M. Oaten, "Self-Regulation and Personality: How Interventions Increase Regulatory Success, and How Depletion Moderates the Effects of Traits on Behavior", *Journal of Personality* 74 (2006): 1773-1801; R. F. Baumeister, K. D. Vohs y D. M. Tice, "The Strength Model of Self-Control", *Current Directions in Psychological Science* 16 (2007): 351-55.

26 A. L. Duckworth, C. Peterson, M. D. Matthews y D. R. Kelly, "Grit: Perseverance and Passion for Long-Term Goals", *Journal of Personality and Social Psychology* 92 (2007): 1087-1101.

27 C. Murray, *Human Accomplishment* (Nueva York: HarperCollins, 2003).

28 W. Shockley, "On the Statistics of Individual Variations of Productivity in Research Laboratories", *Proceedings of the Institute of Radio Engineers* 45 (1957): 279.

29 A. L. Duckworth y P. D. Quinn, "Development and Validation of the Short Grit Scale (Grit-S)", *Journal of Personality Assessment* 91 (2009): 166-174.

30 E. M. Hallowell y P. S. Jensen, *Superparenting for* ADD: *An Innovative Approach to Raising Your Distracted Child* (Nueva York: Random House, 2008).

CAPÍTULO 7: FORTALEZA DEL EJÉRCITO: APTITUD INTEGRAL DEL SOLDADO

1 E. Schmitt, "The Reach of War: Man in the News-George William Casey Jr.: A Low-Key Commander with 4 Stars to Tame the Iraqi Furies", *New York Times*, 5 de julio de 2004. Un breve perfil biográfico escrito con motivo de la nominación de George Casey como comandante de la fuerza multinacional en Irak.

2 R. H. Scales, "Clausewitz and World War IV", *Armed Forces Journal* (2006). Consultado el 12 de noviembre de 2009 en www.armedforcesjournal.com/2006/07/1866019.

3 R. Pear, "Man in the News: A Man of Many Professions—Richard Henry Carmona", *New York Times*, 27 de marzo de 2002. Un breve perfil biográfico.

4 A. Sisko, C. Truffer, S. Smith, S. Keehan, J. Cylus, J. A. Poisal, M. K. Clemens y J. Lizonitz, "Health Spending Projections Through 2018: Recession Effects Add Uncertainty to the Outlook", *Health Affairs* 28 (2009): w346-w57. Para empeorar las cosas, es probable que el gasto de salud en Estados Unidos ascienda a 4.4 billones de dólares al año en 2018, de acuerdo con las proyecciones de los expertos.

5 Centers for Disease Control and Prevention, página *Chronic Disease Overview*. Consultada el 12 de noviembre de 2009 en www.cdc.gov/nccdphp/overview.htm.

6 G. Casey, "Comprehensive Soldier Fitness: A Vision for Psychological Resilience in the United States Army", *American Psychologist* (próximamente). Una gran parte del material que describe el programa Aptitud integral del soldado está adaptada de un número especial de *American Psychologist*, editores invitados Martin Seligman y Mike Matthews. El artículo del general Casey es el artículo de fondo.

7 C. Peterson, N. Park y C. Castro, "Assessment: The Global Assessment Tool", *American Psychologist* (próximamente). Algunas de las ideas y parte de la redacción de esta sección se tomaron de estos autores.

8 J. E. Driskell y B. Olmstead, "Psychology and the Military: Research Applications and Trends", *American Psychologist* 44 (1989): 43-54.

Véase también T. W. Harrell, "Some History of the Army General Classification Test", *Journal of Applied Psychology* 77: 875-878. AGCT es el sucesor de los tests alfa y beta empleados en la Primera Guerra Mundial.

[9] J. C. Flanagan, *The Aviation Psychology Program in the Army Air Forces* (Washington, D. C.: U. S. Government Printing Office, 1948).

[10] J. C. Flanagan, "The Selection and Classification Program for Aviation Cadets (Aircrew—Bombardiers, Pilots, and Navigators)", *Journal of Consulting Psychology* 6 (1942): 229-239.

[11] Según los definen y describen A. T. Beck, A. J. Rush, B. F. Shaw y G. Emery, *Cognitive Therapy of Depression* (Nueva York: Guilford Press, 1979).

[12] T. M. Greene-Shortbridge, T. W. Britt y C. A. Castro, "The Stigma of Mental Health Problems in the Military", *Military Medicine* 2 (2007): 157-161. Es crucial y oportuno reducir el estigma de los problemas de salud mental entre los soldados, como destacan en este artículo el coronel Carl Castro y sus colegas.

[13] M. Fravell, K. Nasser y R. Cornum, "The Soldier Fitness Tracker: Global Delivery of Comprehensive Soldier Fitness", *American Psychologist* (próximamente). Algunas de las ideas y parte de la redacción de esta sección se tomaron de estos autores.

[14] Este ejemplo es de C. Peterson, N. Park y C. Castro, "Assessment: The Global Assessment Tool", *American Psychologist* (próximamente). Algunas de las ideas y parte de la redacción de esta sección se tomaron de estos autores.

[15] S. Algoe y B. Fredrickson, "Emotional Fitness and the Movement of Affective Science from Lab to Field", *American Psychologist* (próximamente). Algunas de las ideas y parte de la redacción de esta sección se tomaron de estos autores.

[16] B. L. Fredrickson, "The Role of Positive Emotions in Positive Psychology: The Broaden-and-Build Theory of Positive Emotions", *American Psychologist* 56 (2001): 218-226.

[17] J. M. Gottman y J. S. Gottman, "The Comprehensive Soldier Fitness Program: Family Skills Component", *American Psychologist* (próximamente). Algunas de las ideas y parte de la redacción de esta sección se tomaron de estos autores.

[18] United States Medical Corps Mental Health Advisory Team, *Fifth Annual Investigation* (MHAT-V) (2008). El informe está disponible en www.armymedicine.army.mil/reports/mhat/mhat_v/ Redacted1-MHATV-4-FEB-2008-Overview.pdf.

[19] J. Cacioppo, H. Reis y A. Zautra, "Social Resilience: The Protective Effects of Social Fitness", *American Psychologist* (próximamente).

[20] C. R. Darwin, *The Descent of Man y Selection in Relation to Sex* (Lawrence, KS: Digireads. com, 2009), p. 110.

[21] J. T. Cacioppo y W. Patrick, *Loneliness: Human Nature and the Need for Social Connection* (Nueva York: W. W. Norton, 2008). Véase el capítulo 9.

[22] R. Dawkins, *The Selfish Gene* (Nueva York: Oxford University Press, 1976).

[23] H. Gintis, S. Bowles, R. Boyd y E. Fehr, "Explaining Altruistic Behavior in Humans", *Evolution and Human Behavior* 24 (2003): 153-72. Una revisión de las diferentes teorías que se han invocado para explicar el altruismo.

[24] Varios psicólogos han tratado de averiguar qué distinguía a los "gentiles justos" que protegieron a los judíos durante la Segunda Guerra Mundial de los demás. Véanse, por ejemplo, M. P. Oliner y S. P. Oliner, *The Altruistic Personality: Rescuers of Jews in Nazi Europe* (Nueva York: Free Press, 1988); E. Midlarsky, S. F. Jones y R. P. Corley, "Personality Correlates of Heroic Rescue During the Holocaust", *Journal of Personality* 73 (2005): 907-934; K. R.

Monroe, "Cracking the Code of Genocide: The Moral Psychology of Rescuers, Bystanders, and Nazis During the Holocaust", *Political Psychology* 29 (2008): 699-736.

[25] D. Keltner, *Born to Be Good: The Science of a Meaningful Life* (Nueva York: W. W. Norton, 2009).

[26] Según cita anterior, D. S. Wilson y E. O. Wilson, "Rethinking the Theoretical Foundation of Sociobiology", *Quarterly Review of Biology* 82 (2007): 327-48; véase también E. Sober y D. S. Wilson, *Unto Others: The Evolution and Psychology of Unselfish Behavior* (Cambridge, MA: Harvard University Press, 1998).

[27] D. S. Wilson, *Evolution for Everyone* (Nueva York: Random House, 2007).

[28] C. Goodnight y L. Stevens, "Experimental Studies of Group Selection: What Do They Tell Us About Group Selection in Nature?", *American Naturalist* 150 (1997): S59-79.

[29] E. O. Wilson, "One Giant Leap: How Insects Achieved Altruism and Colonial Life", *Bioscience* 58 (2008): 17-25.

[30] M. Iacoboni, "Imitation, Empathy, and Mirror Neurons", *Annual Review of Psychology* 60 (2009): 653-670. Una revisión de los estudios sobre el papel que desempeñan las neuronas espejo en la empatía; véase también S. Blakeslee, "Cells That Read Minds", *New York Times*, 10 de enero de 2006.

[31] J. H. Fowler y N. A. Christakis, "Dynamic Spread of Happiness in a Large Social Network: Longitudinal Analysis over 20 Years in the Framingham Heart Study", *British Medical Journal* 337 (2008): a2338.

[32] D. C. Rettew, K. Reivich, C. Peterson, D. A. Seligman y M. E .P. Seligman, "Professional Baseball, Basketball, and Explanatory Style: Predicting Performance in the Major League" (manuscrito inédito).

[33] K. Pargament y P. Sweeney, "Building Spiritual Fitness in the Army", *American Psychologist* (próximamente). Algunas de las ideas y parte de la redacción de esta sección se tomaron de estos autores.

[34] Para revisiones de los muchos beneficios que reporta la espiritualidad, véanse D. G. Myers, "The Funds, Friends, and Faith of Happy People", *American Psychologist* 55 (2000): 56-67; D. G. Myers, "Religion and Human Flourishing", en *The Science of Subjective Well-Being*, M. Eid y R. J. Larsen, eds. (Nueva York: Guilford Press, 2008), pp. 323-343; G. E. Vaillant, *Spiritual Evolution: A Scientific Defense of Faith* (Nueva York: Broadway Books, 2008); E. A. Greenfield, G. E. Vaillant, N. E. Marks, "Do Formal Religious Participation and Spiritual Perceptions Have Independent Linkages with Diverse Dimensions of Psychological Well-Being?", *Journal of Health and Social Behavior* 50 (2009): 196-212.

[35] H. C. Kelman y V. L. Hamilton, *Crimes of Obedience: Towards a Social Psychology of Authority and Responsibility* (New Haven, CT: Yale University Press, 1990). Véase el capítulo 1.

[36] K. I. Pargament, *Spiritually Integrated Psychotherapy: Understanding and Addressing the Sacred* (Nueva York: Guilford, 2007); K. I. Pargament, *The Psychology of Religion and Coping: Theory, Research, Practice* (Nueva York: Guilford Press, 1997). Ken Pargament es autor de dos libros sobre espiritualidad y psicología.

[37] K. Pargament y P. Sweeney, "Building Spiritual Fitness in the Army", *American Psychologist* (próximamente).

capítulo 8: transformar el trauma en crecimiento

[1] J. D. Kinzie y R. R. Goetz, "A Century of Controversy Surrounding Posttraumatic Stress-Spectrum Syndromes: The Impact on dsm-iii and dsm-iv", *Journal of Traumatic Stress* 9 (1996): 159-79. Una descripción detallada de la historia del diagnóstico de trastorno de estrés postraumático y la controversia que lo rodea.

[2] K. T. Erikson, *Everything in Its Path: Destruction of Community in the Buffalo Creek Flood* (Nueva York: Simon & Schuster, 1978).

[3] Las historias sobre el desastre de Buffalo Creek provienen de M. Seligman, E. Walker y D. Rosenhan, *Abnormal Psychology*, 4ª ed. (Nueva York: W. W. Norton, 2001, pp. 183-184).

[4] American Psychiatric Association, *Diagnostic and Statistical Manual of Mental Disorders*, 4ª ed., revisión del texto (Washington, D. C.: American Psychiatric Association, 1994).

[5] M. J. Friedman, "Posttraumatic Stress Disorder Among Military Returnees from Afghanistan and Iraq", *American Journal of Psychiatry* 163 (2006): 586-593.

[6] C. S. Milliken, J. L. Auchterlonie y C. W. Hoge, "Longitudinal Assessment of Mental Health Problems Among Active and Reserve Component Soldiers Returning from Iraq", *Journal of the American Medical Association* 298 (2007): 2141-2148. En un estudio de casi 90,000 soldados que prestaron servicio en Irak, Charles Milliken y sus colegas concluyeron que 20.3 por ciento de los soldados en servicio activo requiere tratamiento de salud mental seis meses después de regresar a casa. Entre los soldados de reserva, esta cifra llegó a 42.4 por ciento.

C. W. Hoge, A. Terhakopian, C. A. Castro, S. C. Messer y C. C. Engel, "Association of Posttraumatic Stress Disorder with Somatic Symptoms, Health Care Visits, and Absenteeism Among Iraq War Veterans", *American Journal of Psychiatry* 164 (2007): 150-153. Charles Hoge y sus colegas también estudiaron a más de 2,800 veteranos de Irak y concluyeron que 17 por ciento reunía los criterios de tept. El trastorno se asoció con deterioro de la salud, mayor ausentismo laboral y síntomas físicos más graves en general. Estos resultados se mantuvieron incluso cuando en los análisis se controlaron las lesiones físicas.

C. W. Hoge, C. A. Castro, C. S. Messer, D. McGurk, D. I. Cotting y R. L. Koffman, "Combat Duty in Iraq and Afghanistan, Mental Health Problems and Barriers to Care", *New England Journal of Medicine* 351 (2004): 13-22. Por último, en un estudio previo que se realizó con más de 6,000 soldados, Charles Hoge y sus colegas encontraron que la tasa de trastorno de estrés postraumático en los soldados que prestaron servicio en Irak (16 a 17 por ciento) fue mayor que la tasa de los que prestaron servicio en Afganistán (11 por ciento). Esta diferencia se explica por el hecho de que los soldados en Irak tuvieron mayor exposición al combate. Por lo tanto, estas estadísticas probablemente cambiarán a medida que la estrategia militar de Estados Unidos se centre más en Afganistán. Este estudio también pone de relieve que la percepción de los veteranos sobre el estigma fue un obstáculo para recibir atención adecuada para sus síntomas de tept.

[7] Como explica A. C. McFarlane y R. Yehuda, "Resilience, Vulnerability, and the Course of Posttraumatic Reactions", in *Traumatic Stress*, B. A. van der Kolk, A. C. McFarlane y L. Weisaeth, eds. (Nueva York: Guilford Press, 1996), pp. 155-181.

G. Bonanno, "Loss, Trauma, and Human Resilience: Have We Underestimated the Human Capacity to Thrive After Extremely Aversive Events?", *American Psychologist* 59 (2004): 20-28; G. Bonanno, "Resilience in the Face of Potential Trauma", *Current Directions in Psychological Science* 14 (2005): 135-138; G. Bonanno, *The Other Side of Sadness*

(Nueva York: Basic Books, 2009). En dos estudios, George Bonanno de la Universidad de Columbia revisó las pruebas que demuestran que la mayoría de las personas expuestas a un trauma no desarrollan TEPT. Dado que los estudios iniciales de trauma se centraron en personas que buscaron tratamiento (y, por lo tanto, tuvieron problemas psicológicos), Bonanno argumenta que los investigadores han subestimado el potencial de la resiliencia humana. Por lo tanto, hasta hace poco la resiliencia era considerada la excepción, o peor aún, un estado patológico (en otras palabras, la persona no está "trabajando" sus problemas). Bonanno también hace una distinción útil entre la *recuperación* (volver a niveles de funcionamiento previos al trauma después de experimentar síntomas significativos) y la *resiliencia* (la capacidad de mantener un equilibrio estable ante eventos adversos). Según él, la resiliencia es incluso más común que la recuperación.

R. C. Kessler, A. Sonnega, E. Bromet, M. Hughes y C. B. Nelson, "Post-traumatic Stress Disorder in the National Comorbidity Survey", *Archives of General Psychiatry* 52 (1995): 1048-1060. Estudios epidemiológicos de la prevalencia de TEPT en las poblaciones expuestas a traumas han confirmado que la recuperación o la resiliencia son la norma, y no la excepción. En un importante estudio que utilizó datos de la Encuesta Nacional de Comorbilidad (NCS, por sus siglas en inglés), Kessler y sus colegas señalaron que aunque entre 50 y 60 por ciento de la población de Estados Unidos se expone a un trauma en algún momento, sólo 8 por ciento reúne todos los criterios de diagnóstico del TEPT.

S. Galea, H. Resnick, J. Ahern, J. Gold, M. Bucuvalas, D. Kilpatrick, J. Stuber y D. Vlahov, "Posttraumatic Stress Disorder in Manhattan, New York City, After the September 11th Terrorist Attacks", *Journal of Urban Health: Bulletin of the New York Academy of Medicine* 73 (2002): 340-352; S. Galea, D. Vlahov, H. Resnick, J. Ahern, E. Susser, J. Gold, M. Bucuvalas y D. Kilpatrick, "Trends of Probable Post-Traumatic Stress Disorder in New York City After the September 11 Terrorist Attacks", *American Journal of Epidemiology* 158 (2003): 514-524.

Los ataques terroristas del 11 de septiembre de 2001 también proporcionaron información útil sobre las tasas de resiliencia, recuperación y TEPT en la población expuesta. Sandro Galea y sus colegas (2003) llevaron a cabo encuestas en la ciudad de Nueva York y concluyeron que, un mes después del acontecimiento, 7.5 por ciento de los residentes de Manhattan cumplían los criterios de TEPT (17.4 por ciento tenía síntomas de sub-síndrome). Seis meses después, la prevalencia se redujo a 0.6 por ciento (4.7 por ciento para los síntomas de sub-síndrome). En comparación, 40 por ciento de los residentes de Manhattan no exhibió ningún síntoma de TEPT después de los ataques (Galea y colegas, 2002).

[8] P. Sweeney y M. Matthews (comunicación personal, 2009).

[9] R. M. Glass, "Is Grief a Disease? Sometimes", *Journal of the American Medical Association* 293 (2005): 2658-2660. Un análisis de la diferencia entre el duelo normal y el patológico.

[10] L. S. Elwood, K. S. Hahn, B. O. Olatunji y N. L. Williams, "Cognitive Vulnerabilities to the Development of PTSD: A Review of Four Vulnerabilities and the Proposal of an Integrative Vulnerability Model", *Clinical Psychology Review* 29 (2009): 87-100. Una revisión de los factores de riesgo asociados con TEPT.

[11] C. A. LeardMann, T. C. Smith, B. Smith, T. S. Wells y M. A. K. Ryan, "Baseline Self-Reported Functional Health and Vulnerability to Post-Traumatic Stress Disorder After Combat Deployment: Prospective U. S. Military Cohort Study", *British Medical Journal* 338 (2009): b1273.

12 B. L. Green, M. C. Grace, J. D. Lindy, G. C. Gleser, A. C. Leonard y T. L. Kramer, "Buffalo Creek Survivors in the Second Decade: Comparison with Unexposed and Nonlitigant Groups", *Journal of Applied Social Psychology* 20 (1990): 1033-1050. Bonnie Green y colegas investigaron esta hipótesis, y compararon los síntomas de psicopatología que se reportaron entre sobrevivientes litigantes y no litigantes del desastre Buffalo Creek, y no encontraron diferencias. Ambos grupos de sobrevivientes, sin embargo, mostraron mayores índices de ansiedad, depresión y hostilidad que los sujetos de un tercer grupo de control (no expuestos). Estos resultados indican que, en el caso del desastre de Buffalo Creek, los incentivos financieros no exacerbaron los síntomas.

13 R. A. Kulka, W. E. Schlenger, J. A. Fairbank, R. L. Hough, B. K. Jordan y C. R. Marmar, *et al.*, *Trauma and the Vietnam War Generation: Report of Findings from the National Vietnam Veterans Readjustment Study* (Nueva York: Brunner/Mazel, 1990); B. P. Dohrenwend, J. B. Turner, N. A. Turse, B. G. Adams, K. C. Koenen y R. Marshall, "The Psychological Risks of Vietnam for U. S. Veterans: A Revisit with New Data and Methods", *Science* 313 (2006): 979-982; R. J. McNally, "Can We Solve the Mysteries of the National Vietnam Veterans Readjustment Study?", *Journal of Anxiety Disorders* 21 (2007): 192-200; B. C. Frueh, J. D. Elhai, P. B. Gold, J. Monnier, K. M. Magruder, T. M. Keane y G. W. Arana, "Disability Compensation Seeking Among Veterans Evaluated for Posttraumatic Stress Disorder", *Psychiatric Services* 54 (2003): 84-91; B. C. Frueh, A. L. Grubaugh, J. D. Elhai y T. C. Buckley, "U. S. Department of Veterans Affairs Disability Policies for Posttraumatic Stress Disorder: Administrative Trends and Implications for Treatment, Rehabilitation, and Research", *American Journal of Public Health* 97 (2007): 2143-2145.

Christopher Frueh y colegas estudiaron ampliamente el efecto de los incentivos financieros en los veteranos de Vietnam, después de que el Estudio Nacional de Reajuste de Veteranos de Vietnam (NVVRS, por sus siglas en inglés) informara que más de 30 por ciento de todos los hombres que prestaron servicio en Vietnam sufrieron de TEPT en algún momento (Kulka, *et al.*, 1990). Muchos investigadores e historiadores comentaron que el NVVRS probablemente exageraba la prevalencia de TEPT entre los veteranos de Vietnam (por ejemplo, Dohrewend, *et al.*, 2006; McNally, 2007).

Frueh y colegas realizaron una serie de estudios que investigaron los efectos de los pagos por discapacidad en los informes de síntomas de TEPT entre los veteranos de Vietnam. Descubrieron, por ejemplo, que los veteranos que buscaban pagos por discapacidad eran más propensos a quejarse de mayor sufrimiento en todas las áreas de la psicopatología que otro grupo de veteranos con los mismos diagnósticos de TEPT (y que no buscó retribución financiera). Frueh y colegas (2007), por lo tanto, recomendaron que las políticas de discapacidad para veteranos se modificaran para fomentar el empleo remunerado, ofrecer la mejor atención posible y conservar una red de seguridad para los veteranos que lo necesitaran.

14 N. Fear, M. Jones, D. Murphy *et al.*, "What Are the Consequences of Deployment to Iraq and Afghanistan on the Mental Health of the UK Armed Forces? A Cohort Study", *Lancet* 375 (2010) 1783-1797. ¿Por qué hay una gran discrepancia entre las tasas de TEPT británicas y estadunidenses? ¿Acaso es por una distinta exposición al combate? ¿Es la diferencia en los pagos por discapacidad por TEPT? ¿Es el rigor en la interpretación del diagnóstico? ¿Es la diferencia entre los sistemas médicos británico y estadunidense? ¿Es un nivel diferente de aptitud psicológica? Nadie sabe todavía.

15 K. C. Hyams, S. Wignall y R. Roswell, "War Syndromes and Their Evaluation: From the

U. S. Civil War to the Persian Gulf War", *Annals of Internal Medicine* 125 (1996): 398-405; J. M. Da Costa, "On Irritable Heart: A Clinical Study of a Form of Functional Cardiac Disorder and Its Consequences", *American Journal of the Medical Sciences* 61 (1871): 17-52. En su revisión de los distintos síndromes de guerra que han afectado a los soldados estadunidenses a lo largo de la historia, Hyams y colegas señalan que los soldados que participaron en la Guerra Civil de Estados Unidos sufrieron de "síndrome de corazón irritable" con mayor frecuencia, un trastorno descrito por primera vez por Da Costa. Este síndrome incluye falta de aliento, palpitaciones, dolor en el pecho, dolor de cabeza y diarrea, así como otros síntomas, en ausencia de una enfermedad evidente. Hyams y colegas señalan, con razón, que diversos factores físicos y psicológicos podrían causar estos síntomas.

[16] D. Dobbs, "The Post-Traumatic Stress Disorder Trap", *Scientific American* (abril de 2009): 64-69; P. McHugh, *Try to Remember* (Nueva York: Dana, 2008). Tal vez Richard McNally, de la Universidad de Harvard, resume mejor la situación (citado por Dobbs, p. 65): "El TEPT es real, no hay duda, pero como diagnóstico, el TEPT se ha vuelto tan laxo y amplio, se ha integrado tanto a la cultura que es casi seguro que estamos confundiendo otros problemas con TEPT y, por lo tanto, no lo estamos tratando correctamente". El lector inexperto apreciará el reciente resumen de Dobbs sobre los datos que existen sobre las causas y consecuencias del diagnóstico excesivo de TEPT.

Véase también *Try to Remember* de Paul McHugh para un profundo retrato de las políticas psiquiátricas alrededor del TEPT.

[17] R. G. Tedeschi y L. G. Calhoun, "Posttraumatic Growth: Conceptual Foundations and Empirical Evidence", *Psychological Inquiry* 15 (2004): 1-18. Una revisión del concepto de crecimiento postraumático.

[18] F. Nietzsche, *Twilight of the Idols: Or How to Philosophize with a Hammer* (Londres: Penguin Classics, 1990), p. 33.

[19] C. Peterson, N. Park, N. Pole, W. D'Andrea y M. E. P. Seligman, "Strenghts of Character and Posttraumatic Growth", *Journal of Traumatic Stress* 21 (2008): 214-217.

[20] R. Cornum y P. Copeland, *She Went to War: The Rhonda Cornum Story* (Nueva York: Presidio Press, 1992).

[21] R. Tedeschi y R. McNally, "Can We Facilitate Posttraumatic Growth in Combat Veterans?", *American Psychologist* (próximamente). Algunas de las ideas y parte de la redacción en esta sección se tomaron de estos autores.

[22] R. G. Tedeschi y L. G. Calhoun, "Posttraumatic Growth: Conceptual Foundations and Empirical Evidence", *Psychological Inquiry* 15 (2004): 1-18. Las pruebas empíricas respaldan estos dominios de crecimiento, tal como se revisa aquí.

Véase también S. Joseph, "Growth Following Adversity: Positive Psychological Perspectives on Posttraumatic Stress", *Psychological Topics* 18 (2009): 335-344.

[23] W. H. Sledge, J. A. Boydstun y A. J. Rabe, "Self-Concept Changes Related to War Captivity", *Archives of General Psychiatry* 37 (1980): 430-443.

[24] R. G. Tedeschi y L. G. Calhoun, "The Posttraumatic Growth Inventory: Measuring the Positive Legacy of Trauma", *Journal of Traumatic Stress* 9 (1996): 455-71.

[25] R. G. Tedeschi y L. G. Calhoun, *Facilitating Posttraumatic Growth: A Clinician's Guide* (Manwah, NJ: Erlbaum, 1999). Richard Tedeschi y Lawrence Calhoun publicaron una guía para ayudar a los médicos clínicos a maximizar el potencial de crecimiento postraumático en sus pacientes.

Véase también R. G. Tedeschi y L. G. Calhoun, "A Clinical Approach to Posttraumatic Growth", en *Positive Psychology in Practice*, P. A. Linley y S. Joseph, eds. (Hoboken, NJ: Wiley and Sons, 2004), pp. 405-419.

[26] K. Reivich, M. Seligman y S. McBride, "Resilience Training", *American Psychologist* (próximamente). Algunas de las ideas y parte de la redacción en esta sección se tomaron de estos autores. La creatividad y energía de Karen Reivich son la columna vertebral de esta sección del libro y del entrenamiento de instructores de resiliencia.

[27] S. M. Brunwasser y J. E. Gillham, "A Meta-Analytic Review of the Penn Resiliency Programme" (ponencia presentada en la Society for Prevention Research, San Francisco, CA, mayo de 2008).

[28] R. Layard, *Happiness: Lessons from a New Science* (Londres: Penguin, 2005).

[29] R. Layard, "Well-Being Measurement and Public Policy", en *Measuring the Subjective Well-Being of Nations: National Accounts of Time Use and Well-Being*, A. Krueger, ed. (Cambridge, MA: National Bureau of Economic Research, 2008).

[30] R. Layard, "The Teaching of Values" (Ashby Lecture, University of Cambridge, Cambridge, Inglaterra, 2 de mayo de 2007). En una conferencia que se celebró en la Universidad de Cambridge en 2007, Layard expuso sus ideas sobre la educación positiva y cómo podría incorporarse en el sistema educativo británico. Según Layard, los efectos de un programa a gran escala deben ser aún mayores que los observados en los experimentos científicos controlados, "ya que cada niño que tome el programa interactuaría con otros niños que también lo han tomado. Si esto se aplica a todos los niños en una ciudad, debería ser posible modificar toda la cultura de los jóvenes de esa ciudad".

[31] B. Carey, "Mental Stress Training Is Planned for U.S. Soldiers", *New York Times*, 17 de agosto de 2009.

[32] El Programa de Resiliencia de Penn, como se analiza en el capítulo 6.

[33] Como se describe en A. Ellis, J. Gordon, M. Neenan y S. Palmer, *Stress Counseling: A Rational Emotive Behaviour Approach* (Londres: Cassell, 1997).

A. Ellis, "Fundamentals of Rational-Emotive Therapy for the 1990s", en *Innovations in Rational-Emotive Therapy*, W. Dryden y L. K. Hill, eds. (Nueva York: Sage, 1993).

[34] Otro término para decir sesgos cognitivos o distorsiones, como describen A. T. Beck, A. J. Rush, B. F. Shaw y G. Emery, *Cognitive Therapy of Depression* (Nueva York: Guilford Press, 1979).

[35] También conocidos como "creencias básicas", como se definen en J. S. Beck, *Cognitive Therapy: Basics and Beyond* (Nueva York: Guilford Press, 1995).

J. E. Young, J. L. Rygh, A. D. Weinberger y A. T. Beck, "Cognitive Therapy for Depression", en *Clinical Handbook of Psychological Disorders: A Step-by-Step Treatment Manual*, 4ª ed., D. H. Barlow, ed. (Nueva York: Guilford Press, 2008), pp. 250-305.

[36] G. Prati y L. Pietrantoni, "Optimism, Social Support, and Coping Strategies as Factors Contributing to Posttraumatic Growth: A Meta-Analysis", *Journal of Loss and Trauma* 14 (2009): 364-388.

[37] R. A. Emmons, *Thanks! How the New Science of Gratitude Can Make You Happier* (Nueva York: Houghton Mifflin, 2007).

[38] E. L. Gable, H. T. Reis, E. A. Impett y E. R. Asher, "What Do You Do When Things Go Right? The Intrapersonal and Interpersonal Benefits of Sharing Positive Events", *Journal of Personality and Social Psychology* 87 (2004): 228-45.

[39] M. L. Kamins y C. Dweck, "Person Versus Process Praise and Criticism: Implications for Contingent Self-Worth and Coping", *Developmental Psychology* 35 (1999): 835-47.

[40] Se ha investigado mucho sobre el bienestar de las familias de los militares. Algunos ejemplos son: L. M. Burrell, G. A. Adams, D. B. Durand y C. A. Castro, "The Impact of Military Lifestyle Demands on Well-Being, Army, and Family Outcomes", *Armed Forces and Society* 33 (2006): 43-58; B. R. Karney y J. S. Crown, *Families Under Stress: An Assessment of Data, Theory, and Research on Marriage and Divorce in the Military* (Arlington, VA: Rand Corporation, 2007).

[41] B. Levine (29 de julio de 2010), *American Soldiers Brainwashed with "Positive Thinking"*. Consultado el 2 de agosto de 2010 en www.alternet.org/world/147637/american_soldiers_brainwashed_ with_%22positive_thinking%22?page=2.

[42] J. Mayer, *The Dark Side* (Nueva York: Doubleday, 2008), pp. 163-64. En el blog más perturbado que he visto, Thierry Meyssan (20 de mayo de 2010, voltairenet.org) escribió que yo "supervisaba los experimentos de tortura con los prisioneros de Guantánamo. La marina formó un poderoso equipo médico. En particular, invitaron al profesor Seligman a Guantánamo. [...] Fue él quien supervisó los experimentos con conejillos de Indias humanos. Los torturadores estadounidenses, bajo la supervisión del profesor Seligman, experimentaron y perfeccionaron todas y cada una de las técnicas coercitivas". Esto es totalmente falso y sin fundamento.

[43] S. Shane, "2 U.S. Architects of Harsh Tactics in 9/11's Wake", *New York Times*, 11 de agosto de 2009.

[44] P. Lester y S. McBride, "Bringing Science to Bear: An Empirical Assessment of the Comprehensive Soldier Fitness Program", *American Psychologist* (próximamente). Algunas de las ideas y parte de la redacción de esta sección se tomaron de estos autores.

CAPÍTULO 9: SALUD FÍSICA POSITIVA: LA BIOLOGÍA DEL OPTIMISMO

[1] M. Jahoda, *Current Concepts of Positive Mental Health* (Nueva York: Basic Books, 1958). Esta idea se propuso hace tiempo en el libro pionero de Marie Jahoda, *Current Concepts of Positive Mental Health*. Ella propone que "[es] poco probable que el concepto de salud mental sea útil si lo definimos como la ausencia de enfermedad. [...] La ausencia de la enfermedad puede ser un criterio necesario, pero no suficiente, de la salud mental" (pp. 14-15).

C. L. M. Keyes, "Mental Illness and/or Mental Health? Investigating Axioms of the Complete State Model of Health", *Journal of Consulting and Clinical Psychology* 73 (2005): 539-548. Desde entonces la investigación empírica respalda la idea de que la salud mental y la enfermedad mental no son los dos extremos de un continuo sino que constituyen dimensiones separadas del funcionamiento humano. Corey Keyes, por lo tanto, propone un modelo de *dos continuos* para la enfermedad y la salud mental. Utilizando el análisis factorial confirmatorio, encontró un sólido respaldo a su modelo en una encuesta representativa de más de tres mil adultos estadounidenses. Keyes concluyó que sólo alrededor de 17 por ciento de la muestra tenía salud "mental completa" (menos enfermedad mental y más salud mental). Alrededor de 10 por ciento languidecía sin sufrir de un trastorno (enfermedad y salud mental bajas); este grupo corresponde a las personas descritas en el capítulo 8 como "no estar enfermo mentalmente, pero estar estancado y languideciendo en la vida". Finalmente, alrededor de 15 por ciento estaban mentalmente sanos a la vez que sufrían un trastorno psicológico. Estos dos últimos grupos no se ajustan al modelo tradicional que postula una continuidad de la salud y la enfermedad mental, y su existencia, por lo tanto, apoya el modelo de *dos continuos* de Keyes.

Véase también C. L. M. Keyes y S. J. Lopez, "Toward a Science of Mental Health: Positive Directions in Diagnosis and Interventions", en *Handbook of Positive Psychology*, C. R. Snyder y S. J. Lopez, eds. (Nueva York: Oxford University Press, 2005), pp. 45-59.

P. J. Greenspoon y D. H. Saklofske, "Toward an Integration of Subjective Well-Being and Psychopathology", *Social Indicators Research* 54 (2001): 81-108; S. M. Suldo y E. J. Shaffer, "Looking Beyond Psychopathology: The Dual-Factor Model of Mental Health in Youth", *School Psychology Review* 37 (2008): 52-68. Para estudiar a niños, Greenspoon y Saklofske propusieron un modelo similar llamado el "sistema de doble factor". Los investigadores pusieron a prueba y verificaron la validez del modelo en una muestra de más de 400 niños en edad escolar (de tercero a sexto grado). Después, Shannon Suldo y Emily Shaffer (2008) reprodujeron y ampliaron los resultados de Greenspoon y Saklofske. Utilizando una muestra de 349 estudiantes de secundaria, encontraron que 57 por ciento de los niños disfrutaban de "salud mental completa" (alto bienestar subjetivo, baja psicopatología); 13 por ciento eran vulnerables (bajo bienestar subjetivo, baja psicopatología); 13 por ciento eran sintomáticos, pero eran felices (alto bienestar subjetivo, alta psicopatología), y el 17 por ciento restante estaban afligidos (bajo bienestar subjetivo, alta psicopatología). Los investigadores también concluyeron que los niños con "salud mental completa" tenían un gran número de resultados favorables en comparación con los demás (por ejemplo, mayor habilidad de lectura, asistencia a la escuela, éxito académico, apoyo social).

El bienestar subjetivo (o la salud mental positiva), por lo tanto, debe tenerse en cuenta para entender el funcionamiento óptimo, tanto en niños y adolescentes como en adultos.

[2] www.nih.gov/about/budget.htm. Revisa estos datos y trata de hacer tu propia estimación. Mi interpretación es que el 5 por ciento que se destina a la salud y no a la enfermedad es conservador.

[3] Se han realizado numerosos esfuerzos para dirigir la medicina a una definición positiva de la salud y alejarla de una mera definición de salud como ausencia de enfermedad. Algunos ejemplos son la promoción de la salud, las campañas de prevención, y el movimiento por el bienestar. Un artículo que contiene una revisión útil es R. Manderscheid, C. Ryff y E. Freeman *et al.*, "Evolving Definitions of Mental Illness and Wellness", *Preventing Chronic Disease* 7 (2010): 1-6.

[4] M. E. P. Seligman, *Helplessness: On Depression, Development, and Death* (San Francisco, CA: Freeman, 1975). Una relación completa y bibliografía exhaustiva de los experimentos de indefensión con animales. Véase también S. F. Maier y M. E. P. Seligman, "Learned Helplessness: Theory and Evidence", *Journal of Experimental Psychology: General* 105 (1976): 3-46.

C. Peterson, S. F. Maier y M. E. P. Seligman, *Learned Helplessness: A Theory for the Age of Personal Control* (Nueva York: Oxford University Press, 1993); J. B. Overmier, "On Learned Helplessness", *Integrative Physiological and Behavioral Science* 37 (2002): 4-8. Los debates sobre la teoría de la indefensión aprendida continúan hoy en día. Para una breve introducción a la naturaleza de los debates, así como una lista de referencias pertinentes, véase Overmier.

5 D. S. Hiroto, "Locus of Control and Learned Helplessness", *Journal of Experimental Psychology* 102 (1974): 187-193.
   Véase también D. S. Hiroto y M. E. P. Seligman, "Generality of Learned Helplessness in Man", *Journal of Personality and Social Psychology* 31 (1975): 311-327.

6 M. A. Visintainer, J. R. Volpicelli y M. E. P. Seligman, "Tumor Rejection in Rats After Inescapable or Escapable Shock", *Science* 216 (1982): 437-439.

7 S. Plous, "Attitudes Towards the Use of Animals in Psychological Research and Education: Results from a National Survey of Psychologists", *American Psychologist* 51 (1996): 1167-1180. Plous realizó una interesante encuesta entre los miembros de la American Psychologycal Association y descubrió que la mayoría de los cuatro mil encuestados desaprobaban los estudios que implican causar dolor o muerte a los animales. Plous cita los motivos que dieron los encuestados para desaprobar la investigación con animales, entre ellos, motivos relacionados con la validez externa: "Soy neuropsicólogo y he trabajado con ratas y monos en laboratorios. Sin embargo, estoy cada vez más convencido de las diferencias entre los cerebros y comportamientos de los animales y de los seres humanos y creo que, por lo general, hay que estudiar a los humanos"; "antes realizaba investigación con animales, pero creo que el valor de los datos *no* justifica el dolor infligido a los animales". Plous también menciona a los defensores de la investigación con animales, lo que demuestra que, ciertamente, este debate no se ha resuelto.

8 Para comentarios adicionales sobre la importancia relativa de la validez interna y externa en la investigación psicológica, véanse M. E. P. Seligman, "Science as an Ally of Practice", *American Psychologist* 51 (1996): 1072-1079; M. E. P. Seligman, "The Effectiveness of Psychotherapy: The Consumer Reports Study", *American Psychologist* 50 (1995): 965-74.

9 M. E. P. Seligman, *Learned Optimism* (Nueva York: Knopf, 1991).

10 L. Y. Abramson, M. E. P. Seligman y J. D. Teasdale, "Learned Helplessness in Humans: Critique and Reformulation", *Journal of Abnormal Psychology* 87 (1978): 49-74.

11 C. Peterson, A. Semmel, C. VonBaeyer, L. Y. Abramson, G. I. Metalsky y M. E. P. Seligman, "The Attributional Style Questionnaire", *Cognitive Therapy and Research* 6 (1982): 287-300.

12 P. Schulman, C. Castellon y M. E. P. Seligman, "Assessing Explanatory Style: The Content Analysis of Verbatim Explanations and the Attributional Style Questionnaire", *Behaviour Research and Therapy* 27 (1989): 505-12.

13 Para una revisión, véase G. M. Buchanan y M. E. P. Seligman, eds., *Explanatory Style* (Hillsdale, NJ: Erlbaum, 1995).

14 G. M. Buchanan y M. E. P. Seligman, "Explanatory Style and Heart Disease", en *Explanatory Style*, G. M. Buchanan y M. E. P. Seligman, eds. (Hillsdale, NJ: Erlbaum, 1995), pp. 225-232.

15 L. Kubzansky, D. Sparrow, P. Vokonas e I. Kawachi, "Is the Glass Half Empty or Half Full? A Prospective Study of Optimism and Coronary Heart Disease in the Normative Aging Study", *Psychosomatic Medicine* 63 (2001): 910-916.

16 P. G. Surtees, N. W. J. Wainwright, R. Luben, K.-T. Khaw y N. E. Day, "Mastery, Sense of Coherence, and Mortality: Evidence of Independent Associations from the EPIC-Norfolk Prospective Cohort Study", *Health Psychology* 25 (2006): 102-10.

17 E. Giltay, J. Geleijnse, F. Zitman, T. Hoekstra y E. Schouten, "Dispositional Optimism and All-Cause and Cardiovascular Mortality in a Prospective Cohort of Elderly Dutch Men and Women", *Archives of General Psychiatry* 61 (2004): 1126-1135.

18 K. W. Davidson, E. Mostofsky y W. Whang, "Don't Worry, Be Happy: Positive Affect and Reduced 10-Year Incident Coronary Heart Disease: The Canadian Nova Scotia Health Survey", *European Heart Journal* (2010). Consultado el 2 de agosto de 2010 en doi:10.1093/eurheartj/ehp603.

B. Pitt y P. J. Deldin, "Depression and Cardiovascular Disease: Have a Happy Day—Just Smile!", *European Heart Journal* (2010). Consultado el 2 de agosto de 2010 en doi:10.1093/eurheartj/ehq031.

19 H. Tindle, Y. F. Chang, L. Kuller, J. E. Manson, J. G. Robinson, M. C. Rosal, G. J. Siegle y K. A. Matthews, "Optimism, Cynical Hostility, and Incident Coronary Heart Disease and Mortality in the Women's Health Initiative", *Circulation* 118 (2009): 1145-1146.

20 Los tres estudios japoneses sobre el *ikigai* son T. Sone, N. Nakaya, K. Ohmori, T. Shimazu, M. Higashiguchi y M. Kakizaki *et al.*, "Sense of Life Worth Living (*Ikigai*) and Mortality in Japan: Ohsaki Study", *Psychosomatic Medicine* 70 (2008): 709-715; K. Shirai, H. Iso, T. Ohira, A. Ikeda, H. Noda y K. Honjo *et al.*, "Perceived Level of Life Enjoyment and Risks of Cardiovascular Disease Incidence and Mortality: The Japan Public Health Center-Based Study, *Circulation* 120 (2009): 956-63; K. Tanno, K. Sakata, M. Ohsawa, T. Onoda, K. Itai y Y. Yaegashi *et al.*, "Associations of *Ikigai* as a Positive Psychological Factor with All-Cause Mortality and Cause-Specific Mortality Among Middle-Aged and Elderly Japanese People: Findings from the Japan Collaborative Cohort Study", *Journal of Psychosomatic Research* 67 (2009): 67-75.

Véase también P. Boyle, A. Buchman, L. Barnes y D. Bennett, "Effect of a Purpose in Life on Risk of Incident Alzheimer Disease and Mild Cognitive Impairment in Community-Dwelling Older Persons", *Archives of General Psychiatry* 67 (2010): 304-10.

21 Este fenómeno se describe en los siguientes artículos: D. Watson y J. W. Pennebaker, "Health Complaints, Stress, and Distress: Exploring the Central Role of Negative Affectivity", *Psychological Review* 96 (1989): 234-54; S. Cohen, W. J. Doyle, D. P. Skoner, P. Fireman, J. M. Gwaltney y J. T. Newsom, "State and Trait Negative Affect as Predictors of Objective and Subjective Symptoms of Respiratory Viral Infections", *Journal of Personality and Social Psychology* 68 (1999): 159-169; S. Cohen, W. J. Doyle, R. B. Turner, C. M. Alper y D. P. Skoner, "Emotional Style and Susceptibility to the Common Cold", *Psychosomatic Medicine* 65 (2003): 652-57.

22 Esta historia se cuenta en E. Kraepelin, "General Paresis", *Nervous and Mental Disease Monograph* 14 (1923).

23 S. Cohen, W. J. Doyle, R. B. Turner, C. M. Alper y D. P. Skoner, "Emotional Style and Susceptibility to the Common Cold", *Psychosomatic Medicine* 65 (2003): 652-57.

24 W. J. Doyle, D. A. Gentile y S. Cohen, "Emotional Style, Nasal Cytokines, and Illness Expression After Experimental Rhinovirus Exposure", *Brain, Behavior, and Immunity* 20 (2006): 175-181.

25 S. Cohen, C. M. Alper, W. J. Doyle, J. J. Treanor y R. B. Turner, "Positive Emotional Style Predicts Resistance to Illness After Experimental Exposure to Rhinovirus or Influenza A Virus", *Psychosomatic Medicine* 68 (2006): 809-15.

26 M. E. P. Seligman, *Learned Optimism* (Nueva York: Knopf, 1991). Se concluye lo mismo en el capítulo 10 (p. 176): "Si lo atropella un camión Mack, su nivel de optimismo no hará mucha diferencia. Sin embargo, si lo atropella una bicicleta, el optimismo puede desempeñar un papel crucial. No creo que los procesos psicológicos puedan hacer mucho bien

cuando un paciente tiene una carga tan mortal de cáncer como para considerarse 'terminal'. Al margen, sin embargo, cuando la carga del tumor es pequeña, cuando la enfermedad empieza a progresar, el optimismo podría significar la diferencia entre la vida y la muerte".

27 P. Schofield, D. Ball y J. Smith *et al.*, "Optimism and Survival in Lung Carcinoma Patients", *Cancer* 100 (2004): 1276-1282; P. Novotny, R. Colligan y B. Szydlo *et al.*, "A Pessimistic Explanatory Style Is Prognostic for Poor Lung Cancer Survival", *Journal of Thoracic Oncology* (próximamente). Novotny y Colligan *et al.*, concluyeron que los optimistas sobreviven seis meses más que los pesimistas en una muestra mayor de 534 adultos.

28 B. Ehrenreich, *Bright-Sided: How the Relentless Promotion of Positive Thinking Has Undermined America* (Nueva York: Holt, 2009).

29 B. Ehrenreich, *Smile or Die: How Positive Thinking Fooled America and the World* (Londres: Granta Books, 2009).

30 E. Abel y M. Kruger, "Smile Intensity in Photographs Predicts Longevity", *Psychological Science* 20 (2010): 1-3.

31 M. Shermer, "Kool-Aid Psychology", *Scientific American* 39 (2010): 39. Michael Shermer es editor fundador de la revista *Skeptic*. Debido a mi tendencia hacia el escepticismo, me gustan las premisas en las que se basa la revista, pero, en este caso, el escéptico editor no respaldó su escepticismo con fuentes de información primarias.

32 H. Rasmussen, M. Scheier y J. Greenhouse, "Optimism and Physical Health: A Meta-Analytic Review", *Annals of Behavioral Medicine* 37 (2009): 239-256.

Para un acalorado intercambio sobre este metaanálisis, véase J. Coyne y H. Tennen, "Positive Psychology in Cancer Care: Bad Science, Exaggerated Claims, and Unproven Medicine", *Annals of Behavioral Medicine* 39 (2010): 16-26.

L. Aspinwall y R. Tedeschi, "Of Babies and Bathwater: A Reply to Coyne and Tennen's Views on Positive Psychology and Health", *Annals of Behavioral Medicine* 39 (2010): 27-34.

M. Roseman, K. Milette, Y. Zhao y B. Thombs, "Is Optimism Associated with Physical Health? A Commentary on Rasmussen, *et al.*", *Annals of Behavioral Medicine* 39 (2010): 204-206.

M. F. Scheier, J. B. Greenhouse y H. N. Rasmussen, "Reply to Roseman, Milette, Zhao, and Thombs", *Annals of Behavioral Medicine* 39 (2010): 207-09. Lo dejo a criterio del lector educado, pero creo que el resultado del cáncer sigue siendo una cuestión empírica sin resolver, y el enorme conjunto de datos del ejército probablemente lo resolverá dentro de los próximos tres años.

33 H. Tindle, Y. F. Chang y L. Kuller *et al.*, "Optimism, Cynical Hostility, and Incident Coronary Heart Disease and Mortality in the Women's Health Initiative", *Circulation* 10 (2009): 1161-1167.

34 Y. Chida y A. Steptoe, "Positive Psychological Well-Being and Mortality: A Quantitative Review of Prospective Observational Studies", *Psychosomatic Medicine* 70 (2008): 741-756.

Véase también J. Xu y R. Roberts, "The Power of Positive Emotions: It's a Matter of Life or Death—Subjective Well-Being and Longevity Over 28 Years in a General Population", *Health Psychology* (próximamente).

35 G. M. Buchanan, C. A. R. Gardenswartz y M. E. P. Seligman, "Physical Health Following a Cognitive-Behavioral Intervention", *Prevention and Treatment* 2 (1999). Consultado el 14 de noviembre de 2009 en http://proxy.library.upenn.edu:8457/prevention/volume2/pre210a.html.

Véase también M. Charlson, C. Foster y C. Mancuso *et al.*, "Randomized Controlled Trials of Positive Affect and Self-Affirmation to Facilitate Healthy Behaviors in Patients with Cardiopulmonary Diseases: Rationale, Trial Design, and Methods", *Contemporary Clinical Trials* 28 (2007): 748-762.

[36] G. E. Vaillant, *Aging Well: Surprising Guideposts to a Happier Life from the Landmark Harvard Study of Adult Development* (Nueva York: Little, Brown and Company, 2003).

[37] A. Steptoe, S. Dockray y J. Wardle, "Positive Affect and Psychobiological Processes Relevant to Health", *Journal of Personality* 77 (2009): 1747-1775.

[38] G. E. Vaillant, *Aging Well: Surprising Guideposts to a Happier Life from the Landmark Harvard Study of Adult Development* (Nueva York: Little, Brown and Company, 2003).

[39] J. T. Cacioppo, L. C. Hawkley, L. E. Crawford, J. M. Ernst, M. H. Burleson, R. B. Kowalewski, W. B. Kowalewski, E. Van Cauter y G. G. Berntson, "Loneliness and Health: Potential Mechanisms", *Psychosomatic Medicine* 64 (2002): 407-417.

J. T. Cacioppo, L. C. Hawkley y G. G. Berntson, "The Anatomy of Loneliness", *Current Directions in Psychological Science* 12 (2003): 71-74.

[40] L. Kamen-Siegel, J. Rodin, M. E. P. Seligman y J. Dwyer, "Explanatory Style and Cell-Mediated Immunity in Elderly Men and Women", *Health Psychology* 10 (1991): 229-235.

Véase también S. Segerstrom y S. Sephton, "Optimistic Expectancies and Cell-Mediated Immunity: The Role of Positive Affect", *Psychological Science* 21 (2010): 448-455.

[41] Véase, por ejemplo, S. A. Everson, G. A. Kaplan, D. E. Goldberg, R. Salonen y J. T. Salonen, "Hopelessness and 4-Year Progression of Carotid Atherosclerosis: The Kuopio Ischemic Heart Disease Risk Factor Study", *Arteriosclerosis, Thrombosis, and Vascular Biology* 17 (1997): 1490-1495.

A. Rozanski, J. A. Blumenthal y J. Kaplan, "Impact of Psychological Factors on the Pathogenesis of Cardiovascular Disease and Implications for Therapy", *Circulation* 99 (1999): 2192-2217.

[42] K. A. Matthews, J. F. Owens, D. Edmundowicz, L. Lee y L. H. Kuller, "Positive and Negative Attributes and Risk for Coronary and Aortic Calcification in Healthy Women", *Psychosomatic Medicine* 68 (2006): 355-361.

[43] G. M. Buchanan y M. E. P. Seligman, "Explanatory Style and Heart Disease", en *Explanatory Style*, G. M. Buchanan y M. E. P. Seligman, eds. (Hillsdale, NJ: Erlbaum, 1995), pp. 225-232.

[44] A. Steptoe, J. Wardle y M. Marmot. "Positive Affect and Health-Related Neuroendocrine, Cardiovascular, and Inflammatory Processes", *Proceedings of the National Academy of Sciences* 102 (2005): 6508-6512.

[45] J. Thayer y E. Sternberg, "Beyond Heart Rate Variability: Vagal Regulation of Allostatic Systems", *Annals of the New York Academy of Sciences* 1088 (2006): 361-372.

[46] Véase www.nia.nih.gov/ResearchInformation/ ScientificResources/StudyInfo.htm?id=26.

[47] Darwin Labarthe es también autor de D. R. Labarthe, *Epidemiology and Prevention of Cardiovascular Disease*, 2ª ed. (Sudbury, MA: Jones and Bartlett, 2010).

[48] Véase por ejemplo P. D. Savage y P. A. Ades, "Pedometer Step Counts Predict Cardiac Risk Factors at Entry to Cardiac Rehabilitation", *Journal of Cardiopulmonary Rehabilitation and Prevention* 28 (2008): 370-377.

D. M. Bravata, C. Smith-Spangler, V. Sundaram, A. L. Gienger, N. Lin, R. Lewis, C. D. Stave, I. Olkin y J. R. Sirard, "Using Pedometers to Increase Physical Activity and

Improve Health: A Systematic Review", *Journal of the American Medical Association* 298 (2007): 2296-2304. Una revisión y metaanálisis sobre los beneficios que caminar reporta para la salud.

49 Véase la introducción de W. Kaufmann, editor de F. Nietzsche, y P. Gay, *Basic Writings of Nietzsche* (Nueva York: Random House, 2000).

50 D. C. Lee, X. Sui y S. N. Blair, "Does Physical Activity Ameliorate the Health Hazards of Obesity?" *British Journal of Sports Medicine* 43 (2009): 49-51. Se revisa el trabajo de Steve Blair sobre obesidad y actividad física.

51 X. Sui, J. N. Laditka, J. W. Hardin y S. N. Blair, "Estimated Functional Capacity Predicts Mortality in Older Adults", *Journal of the American Geriatric Society* 55 (2007): 1940-47.

52 X. Sui, J. N. Laditka, M. J. LaMonte, J. W. Hardin, N. Chase, S. P. Hooker, S. P. y S. N. Blair, "Cardiorespiratory Fitness and Adiposity as Mortality Predictors in Older Adults", *Journal of the American Medical Association* 298 (2007): 2507-16.

53 J. Cloud, "Why Exercise Won't Make You Thin", *Time*, 9 de agosto de 2009.

54 www.cdc.gov/nccdphp/sgr/index.htm (1999).

55 C. Tudor-Locke y D. R. Bassett, "How Many Steps/Day Are Enough? Preliminary Pedometer Indices for Public Health", *Sports Medicine* 34 (2004): 1-8. Con base en datos anteriores, Tudor-Locke y Bassett propusieron los siguientes índices para evaluar la actividad física determinada por el podómetro: menos de 5,000 pasos al día indica que las personas tienen un estilo de vida sedentario (que, como se ha señalado antes, se asocia con una amplia gama de repercusiones negativas en la salud). Las personas que dan entre 5,000 y 7,499 pasos al día se consideran "poco activas". Las que dan entre 7,500 y 9,999 pasos al día se consideran "algo activos". El límite para clasificar a las personas como "activas" es de 10,000 pasos al día. Aquellos que dan más de 12,500 pasos al día se consideran "muy activos".

CAPÍTULO 10: LA POLÍTICA Y LA ECONOMÍA DEL BIENESTAR

1 Para un análisis interesante de la función que la economía desempeñó en la elección presidencial de 2008 en Estados Unidos, véase el simposio en *PS: Political Science and Politics* 42, núm. 3 (2009), en especial los artículos R. S. Erikson, "The American Voter and the Economy, 2008", *PS: Political Science and Politics* 42 (2009): 467-471; M. S. Lewis-Beck y R. Nadeau, "Obama and the Economy in 2008", *PS: Political Science and Politics* 42 (2009): 479-483.

2 Como se describe en G. Easterbrook, *The Progress Paradox: How Life Gets Better While People Feel Worse* (Nueva York: Random House, 2003).

3 E. Diener y M. E. P. Seligman, "Beyond Money: Toward an Economy of Well-Being", *Psychological Science in the Public Interest* 5 (2004): 1-31.

4 *Ibid.*
   Véase también E. Zencey, "G.D.P. R.I.P.", *New York Times*, 9 de agosto de 2009.

5 Los dos estudios más importantes que descubrieron la epidemia de depresión son: L. Robins, J. Helzer, M. Weissman, H. Orvaschel, E. Gruenberg, J. Burke y D. Regier, "Lifetime Prevalence of Specific Psychiatric Disorders in Three Sites", *Archives of General Psychiatry* 41 (1984): 949-958; G. Klerman, P. Lavori, J. Rice, T. Reich, J. Endicott, N. Andreasen, M. Keller y R. Hirschfeld, "Birth Cohort Trends in Rates of Major Depressive Disorder

Among Relatives of Patients with Affective Disorder", *Archives of General Psychiatry* 42 (1985): 689-693.

6 J. M. Twenge, "The Age of Anxiety? The Birth Cohort Change in Anxiety and Neuroticism, 1952-1993", *Journal of Personality and Social Psychology* 79 (2000): 1007-1021.

7 R. Putnam, *Bowling Alone: The Collapse and Revival of American Community* (Nueva York: Simon & Schuster, 2001).

8 J. F. Helliwell, "How's Life? Combining Individual and National Variables to Explain Subjective Well-Being", *Economic Modeling* 20 (2003): 331-60.

9 Para una revisión, véase R. Biswas-Diener, "Material Wealth and Subjective Well-Being", en *The Science of Subjective Well-Being* (Nueva York: Guilford Press, 2008).

Véase también E. Diener y R. Biswas-Diener, "Will Money Increase Subjective Well-Being? A Literature Review and Guide to Needed Research", *Social Indicators Research* 57 (2002): 119-169.

Por último, para un análisis de la relación entre el dinero y la felicidad en diversos países, véase E. Diener y S. Oishi, "Money and Happiness: Income and Subjective Well-Being Across Nations", en *Culture and Subjective Well-Being*, E. Diener y E. M. Suh, eds. (Cambridge, MA: MIT Press, 2000), pp. 185-218.

10 A. Deaton, "Income, Health, and Well-Being Around the World: Evidence from the Gallup World Poll", *Journal of Economic Perspectives* 22 (2008): 53-72.

11 R. A. Easterlin, "Does Economic Growth Improve the Human Lot?", en *Nations and Households in Economic Growth: Essays in Honour of Moses Abramovitz* (Nueva York: Academic Press, 1974); R. A. Easterlin, "Will Raising the Incomes of All Increase the Happiness of All?", *Journal of Economic Behavior and Organization* 27 (1995): 35-47.

12 J. Wolfers y B. Stevenson, "Economic Growth and Subjective Well-Being: Reassessing the Easterlin Paradox", *Brookings Papers on Economic Activity* (2008): 1-87.

13 Véase E. Diener y M. E. P. Seligman, "Beyond Money: Toward an Economy of Well-Being", *Psychological Science in the Public Interest* 5 (2004): 1-31.

14 Como demuestran E. Diener, D. Kahneman, R. Arora, J. Harter y W. Tov, "Income's Differential Influence on Judgments of Life Versus Affective Well-Being", en E. Diener, *Assessing Well-Being: The Collected Works of Ed Diener* (Nueva York: Springer, 2009), pp. 233-246.

15 R. Inglehart, R. Foa y C. Welzel, "Development, Freedom, and Rising Happiness: A Global Perspective (1981-2007)", *Perspectives on Psychological Science* 3 (2008): 264-285.

16 *Ibid.*

17 Véase R. Biswas-Diener y E. Diener, "Making the Best of a Bad Situation: Satisfaction in the Slums of Calcutta", *Social Indicators Research* 55 (2001): 329-352; R. Biswas-Diener y E. Diener, "The Subjective Well-Being of the Homeless, and Lessons for Happiness", *Social Indicators Research* 76 (2006): 185-205.

18 Véase P. J. Rentfrow, C. Mellander y R. Florida, "Happy States of America: A State-Level Analysis of Psychological, Economic, and Social Well-Being", *Journal of Research in Personality* 43 (2009): 1073-1082.

19 H. Frankfurt, "The Importance of What We Care About", *Synthese* 53 (1982): 257-272.

20 H. G. Frankfurt, *On Bullshit* (Princeton, NJ: Princeton University Press, 2005).

21 G. W. Allport, "The Functional Autonomy of Motives", *American Journal of Psychology* 50 (1937): 141-156.

22 M. E. P. Seligman y J. L. Hager, eds., *Biological Boundaries of Learning* (Nueva York: Appleton-Century-Crofts, 1972).

23 J. Garcia y R. A. Koelling, "Relation of Cue to Consequence in Avoidance Learning", *Psychonomic Science* 4 (1966): 123-124; J. Garcia, B. K. McGowan, F. R. Ervui y R. A. Koelling, "Cues: Their Relative Effectiveness as a Function of the Reinforcer", *Science* 760 (1968): 794-795.

24 M. E. P. Seligman y J. L. Hager, "Biological Boundaries of Learning: The Sauce-Bearnaise Syndrome", *Psychology Today* 6 (agosto de 1972): 59-61, 84-87.

25 Véase, por ejemplo, I. Skre, S. Onstad, S. Torgersen, D. R. Philos, S. Lygren y E. Kringlen, "The Heritability of Common Phobic Fear: A Twin Study of a Clinical Sample", *Journal of Anxiety Disorders* 14 (2000): 549-562.

26 P. F. Sullivan, M. C. Neale y K. S. Kendler, "Genetic Epidemiology of Major Depression: Review and Meta-Analysis", *American Journal of Psychiatry* 157 (2000): 1552-1562.

27 L. Van Boven y T. Gilovich, "To Do or to Have? That Is the Question", *Journal of Personality and Social Psychology* 85 (2003): 1193-1202; L. Van Boven, "Experientialism, Materialism, and the Pursuit of Happiness", *Review of General Psychology* 9 (2005): 132-142.

28 D. Kahneman y D. Lovallo, "Timid Choices and Bold Forecasts: A Cognitive Perspective on Risk Taking", *Management Science* 39 (1993): 17-23; D. Lovallo y D. Kahneman, "Delusions of Success: How Optimism Undermines Executives' Decisions", *Harvard Business Review* 81 (2003): 56-63.

29 Véase el capítulo 7 de B. Ehrenreich, *Bright-Sided: How the Relentless Promotion of Positive Thinking Has Undermined America* (Nueva York: Holt, 2009).

30 G. Soros, *The Age of Fallibility* (Cambridge, MA, Perseus, 2006).

31 Para una revisión, véase S. L. Murray, J. G. Holmes y D. W. Griffin, "Reflections on the Self-Fulfilling Effects of Positive Illusions", *Psychological Inquiry* 14 (2003): 289-295.

Véase también S. L. Murray, J. G. Holmes, D. Dolderman y D. W. Griffin, "What the Motivated Mind Sees: Comparing Friends' Perspectives to Married Partners' Views of Each Other", *Journal of Experimental Social Psychology* 36 (2000): 600-620; S. L. Murray, J. G. Holmes y D. W. Griffin, "The Self-Fulfilling Nature of Positive Illusions in Romantic Relationships: Love Is Not Blind, but Prescient", *Journal of Personality and Social Psychology* 71 (1996): 1155-1180.

32 A. J. Toynbee, *A Study of History* (Oxford: Oxford University Press, 1961). Al historiador Arnold Toynbee se le atribuye haber dicho que la historia no es más que "una maldita cosa tras otra", tesis que defendió en *A Study of History*, su obra ya clásica de doce volúmenes en la que describe y analiza el ascenso, desarrollo y caída de más de veinte civilizaciones.

33 T. So y F. Huppert, *What Percentage of People in Europe Are Flourishing and What Characterizes Them?* (23 de julio de 2009). Consultado el 19 de octubre de 2009 en www.isqols2009. istitutodeglinnocenti.it/Content_en/Huppert.pdf.

Véanse también E. Diener y W. Tov, "Well-Being on Planet Earth", *Psychological Topics* 18 (2009): 213-219; D. Bok, *The Politics of Happiness: What Government Can Learn from New Research on Well-Being* (Princeton, NJ: Princeton University Press, 2009); C. Keyes, "Promoting and Protecting Mental Health as Flourishing", *American Psychologist* 62 (2007): 95-108.

34 La importancia de correlacionar medidas subjetivas con indicadores objetivos se subraya

en A. Oswald y S. Wu, "Objective Confirmation of Subjective Measures of Human Well-Being: Evidence from the U.S.A.", *Science* 327 (2010): 576-578.

[35] M. Berg y R. Veenhoven, "Income Inequality and Happiness in 119 Nations", en *Social Policy and Happiness in Europe*, Bent Greve, ed. (Cheltenham, Reino Unido: Edgar Elgar, 2010). Éste es un ejemplo en el que las inclinaciones políticas y los datos se contradicen y el debate que esto ha suscitado es feroz. La izquierda sostiene que la enorme disparidad en la distribución del ingreso es injusta y que aumentar los impuestos a los muy ricos para reducir esta diferencia haría a la gente más feliz. Se señala como ejemplo a Dinamarca, el país que invariablemente ocupa el primer lugar en satisfacción con la vida. Sin embargo, Ruut Veenhoven ha recopilado datos mundiales al respecto. En su base de datos mundial sobre la felicidad (worlddatabaseofhappiness.eur.nl) correlaciona la magnitud de la disparidad del ingreso con la felicidad y no obtiene ninguna relación. Por tal motivo, es muy probable que si Bill Gates tuviera que pagar mucho más en impuestos, este hecho no afectaría nuestro estado de ánimo ni nuestra satisfacción con la vida.

[36] J. H. Fowler y N. A. Christakis, "Dynamic Spread of Happiness in a Large Social Network: Longitudinal Analysis over 20 Years in the Framingham Heart Study", *British Medical Journal* 337 (2008): a2338. James Fowler y Nicholas Christakis demostraron en fechas recientes que la felicidad de las personas depende de la felicidad de aquellos con los que se relacionan. Dieron seguimiento a 4,739 participantes durante veinte años y concluyeron que los grupos de felicidad (es decir, grupos de personas felices que tienen interconexión social) podían explicarse por el contagio de la felicidad más que por una tendencia de los individuos felices a relacionarse.

Véase también J. Fowler y N. Christakis, "Cooperative Behavior Cascades in Human Social Networks", *Proceedings of the National Academy of Sciences* 107 (2010): 5334-5338.

[37] F. Nietzsche, *Thus Spoke Zarathustra* (Cambridge, Reino Unido: Cambridge University Press, 2006).

Índice analítico

Esta obra se imprimió y encuadernó
en el mes de enero de 2014,
en los talleres de Jaf Gràfiques S.L.,
que se localizan en la
calle Flassaders, 13-15, nave 9,
Polígono Industrial Santiga,
08130, Santa Perpetua de la Mogoda (España)